ANNUAL REPORT
ON DEVELOPMENT OF SCO

(2015)

上海合作组织发展报告

[2015]

主 编·刘 军

时事出版社

书名：上海合作组织发展报告（2015）
ANNUAL REPORT ON DEVELOPMENT OF SCO（2015）

主编：刘军
本书为2011年教育部哲学社会科学发展报告项目（培育）《上海合作组织发展报告》（项目编号：11JBGP031）的阶段性成果

出版单位：教育部人文社会科学重点研究基地华东师范大学俄罗斯研究中心

目　录

第一部分　总论

第二部分　上海合作组织与“丝绸之路经济带”倡议

第三部分　上海合作组织合作领域研究

第四部分　国际关系视角下的上海合作组织

Contents

Introduction

Shanghai Cooperation Organization and the "Silk Road Economic Belt" Initiative

The Cooperative Sectors under Shanghai Cooperation Organization

Shanghai Cooperation Organization Viewed from the Perspective of International Relations

第一部分

总　论

报告一

中国与上海合作组织

孙壮志*

【内容提要】上海合作组织（以下简称“上合组织”）是中国作为创始国参与的第一个区域性合作组织，而且以中国的城市命名，说明中国对该组织的发展承担了重要的责任。上合组织对中国和俄罗斯、中亚国家发展全面睦邻友好与战略伙伴合作关系，对中国的经济发展和国家安全都起着非常重要的作用。中国为上合组织的发展做出了独特的贡献，在机制建设、经济投入、扩大交流等方面都分担了更多的义务。十余年来，中国领导人对该组织的发展路径和方向选择提出了不少重要建议和设想，从战略高度规划上合组织的未来，坚持和倡导协商一致、互利共赢的原则，切实推动各个领域的务实合作，得到了其他成员国的支持和赞誉。

【关键词】上海合作组织　中国的作用　“丝绸之路经济带”倡议

一、中国在上合组织框架内倡导的合作理念与原则

（一）首倡“新安全观”和“上海精神”

中国外交的全新理念和思维，融入上合组织的整个发展进程中。上合组织宣告成立时，中国领导人就强调，“上海五国”首倡了以相互信任、裁军与合作安全为内涵的新型安全观，丰富了由中俄两国始创的以结伴而不结盟为核心的新型国家关系，提供了以大小国共同倡导、安全先行、互

* 孙壮志，中国社会科学院上海合作组织研究中心秘书长。

利协作为特征的新型区域合作模式。它所培育出来的互信、互利、平等、协商、尊重多样文明、谋求共同发展的“上海精神”，不仅是五国处理相互关系的经验总结，而且对推动建立公正合理的国际政治经济新秩序也具有重要的现实意义。①

“新安全观”和“上海精神”是上合组织在各个领域推进合作的理论基础，为其他成员国甚至国际社会广泛接受，也成为上合组织的灵魂和魅力所在。上合组织能够在短时间内迅速成型，组织的凝聚力不断增强，并且得到地区乃至世界各国的看重和认可，其首要原因是它倡导了一种新型的国际政治思维，彻底摒弃了传统的冷战思维，代表了一种全新的国际潮流和时代特征。“新安全观”和“上海精神”的提出，甚至要早于上合组织《宪章》的制定和常设机构的设立。这种先提出一种新的思路，用来指导多边合作的实践，本身就是一个创举。

上合组织成立后，在“上海五国”会晤机制的成功实践过程中，不断完善和提炼而成的“上海精神”，成为这个新成立组织的指导方针。《上合组织成立宣言》中强调：“‘上海精神’是本地区国家几年来合作中积累的富足财富，应继续发扬光大，使之成为新世纪上合组织成员国之间相互关系的准则。”“上海精神”不仅是上合组织成员国处理相互关系的基石，同时也是上海合作组织发展同其他国家与国际组织关系的准则。它丰富了当代国际关系的理论和实践，体现了国际社会对实现国际关系民主化的普遍要求。毫无疑问，“上海精神”对国际社会寻求新型的、非对抗性的国际关系模式具有非常重要的意义。

“新安全观”的实质是超越单方面安全范畴，以互利合作寻求共同安全。中国倡导的“新安全观”成为上海合作组织多边安全合作的重要指导原则，以合作促安全，反对单纯使用武力反恐，通过促进地区的经济发展和政治互信，来消除恐怖主义产生的土壤。利用这样一种新的合作理念与原则，上合组织对解决一系列地区和国际安全热点提出了明确的、具有建设性的立场。2014 年 5 月，在亚洲相互协作与信任措施会议上海峰会上，中国国家主席习近平又在此基础上进一步提出中国倡导的“亚洲安全观”。其核心是共同安全、综合安全、合作安全、可持续安全，搭建地区安全合

---

① 《“上海五国”——上海合作组织资料汇编》，上海社会科学院上海合作组织研究中心，2003 年 8 月，第 71 页。

作新架构，努力走出一条共建、共享、共赢的亚洲安全之路，进一步丰富和发展了上合组织倡导的“新安全观”。

（二）提出建设“和谐地区”的新理念

中国先后举办过三次上合组织峰会，分别是2001年、2006年的上海峰会和2012年的北京峰会，每次都取得了一系列重大成果。中国不仅当好了会议的东道主，而且为该组织框架内的未来合作进行了精心设计，提出了“和谐地区”等具有号召力的新构想。胡锦涛主席在2006年上海峰会上提出，应该全面加强合作，努力把本地区建设成为一个持久和平、共同繁荣的和谐地区。为了实现这一远景规划，他提出四点建议：第一，加强战略协作，巩固睦邻友好；第二，深化务实合作，带动全面发展；第三，拓展人文交流，夯实社会基础；第四，坚持开放合作，维护世界和平。希望国际社会尊重本组织成员国以及观察员国自主选择的社会制度和发展道路，为各国发展提供和谐、宽松的外部环境。峰会的成功与中国作为主席国和东道国有直接关系，其他成员国和与会者对此都表示了感谢。上海峰会上，中国提出的《上海合作组织五周年宣言》获得通过，一些重要建议被写进会议的最后文件，凸显了中国在上合组织中的地位和作用。中国的努力和上海峰会使多边合作迅速达到一个更高的水平。在2015年7月上合组织乌法峰会上，习近平主席提出的重要主张有：坚持“上海精神”，打造本地区命运共同体；加强行动能力，筑牢地区安全屏障；深挖合作潜力，充实务实合作内容；推动民心相通，巩固世代睦邻友好；保持开放互鉴，推动组织发展。这进一步丰富、充实和发展了“和谐地区”的理念。

（三）推动签署《长期睦邻友好合作条约》

在2006年6月的上海峰会上，胡锦涛主席提出关于缔结上海合作组织长期睦邻友好合作条约的建议，指出应该相互尊重和支持各成员国的利益和关切，强化在国际和地区事务中的协调与合作，及时协商共同应对重大国际和地区问题的措施。2007年8月16日，上合组织成员国元首理事会第七次会议在吉尔吉斯斯坦首都比什凯克举行，六国元首正式签署《上合组织成员国长期睦邻友好合作条约》等重要文件。胡锦涛主席在会上特别强调，成员国缔结的长期睦邻友好合作条约，将成为本组织发展史上一座重要里程碑。条约将以法律形式确定成员国人民世代友好、永保和平的夙愿，必将为本组织发展注入强劲动力。他进而提出如下建议：

第一，坚持睦邻友好，认真落实长期睦邻友好合作条约，夯实本组织长期发展的政治基础。第二，坚持共同发展，促进区域经济合作朝着互利共赢的方向发展，巩固上海合作组织发展的经济基础。中方愿以实际步骤推动本组织区域合作发展。今后几年，中方将继续为实施本组织交通、通信、能源等优先领域的重点多边、双边项目提供必要的信贷和融资支持。第三，坚持文化互鉴，推动不同文明平等交流，巩固成员国世代友好的社会基础。第四，坚持对外开放，深化同其他国家和国际组织的合作，为组织发展壮大创造良好的外部环境。2013 年的比什凯克峰会批准了由中国倡议并牵头制定的《〈上海合作组织成员国长期睦邻友好合作条约〉实施纲要》，再次体现了中方引领和塑造上海合作组织未来发展的重要作用。这个重要的文件在此后的几次元首峰会宣言中都得到了重视和体现，如 2014 年上海合作组织成员国元首杜尚别宣言中指出，“成员国认为切实履行 2013 年 9 月 13 日在比什凯克批准的《〈上海合作组织成员国长期睦邻友好合作条约〉实施纲要》（2013—2017 年）具有重要意义”。① 在 2015 年 7 月的上海合作组织成员国元首乌法宣言中，第一句就是“上合组织遵循本组织《宪章》和《长期睦邻友好合作条约》……”②

（四）提出打造命运共同体和利益共同体

2013 年 9 月 13 日，上海合作组织成员国元首理事会第十三次会议在比什凯克举行。习近平主席发表题为《弘扬“上海精神” 促进共同发展》

---

① 《上海合作组织成员国元首杜尚别宣言》，2014 年 9 月 13 日，外交部网站资料，http://www.fmprc.gov.cn/web/gjhdq_676201/gjhdqzz_681964/lhg_683094/zywj_683106/t1190849.shtml。

② 《上海合作组织成员国元首乌法宣言》，2015 年 7 月 11 日，外交部网站资料，http://www.fmprc.gov.cn/web/gjhdq_676201/gjhdqzz_681964/lhg_683094/zywj_683106/t1280586.shtml。

的重要讲话。他强调，需要树立同舟共济、互利共赢的意识，加强合作，联合自强，把上合组织打造成成员国命运共同体和利益共同体，使其成为成员国共谋稳定、共同发展的可靠保障和战略依托。他进而提出四点具体主张：

第一，弘扬互信、互利、平等、协商、尊重多样文明、谋求共同发展的“上海精神”。切实落实《上合组织成员国长期睦邻友好合作条约》，在涉及主权、安全、领土完整、政治制度、社会稳定、发展道路和模式等重大问题上相互支持，共同应对威胁和挑战，维护成员国安全利益和发展利益。在平等、协商、互谅互让的基础上开展互利合作，使成员国成为和睦相处的好邻居、同舟共济的好朋友、休戚与共的好伙伴。

第二，共同维护地区安全稳定。落实《打击恐怖主义、分裂主义和极端主义上海公约》及合作纲要，完善执法安全合作体系，建立应对安全威胁和挑战综合中心，合力打击“三股势力”。支持阿富汗民族和解进程，帮助阿富汗早日实现和平稳定，共同维护地区安全。

第三，着力发展务实合作。把丝绸之路精神传承下去，发扬光大。尽快签署《国际道路运输便利化协定》，开辟从波罗的海到太平洋、从中亚到印度洋和波斯湾的交通运输走廊；商谈贸易和投资便利化协定；推动区域经济合作；加强金融领域合作，成立上合组织开发银行和上合组织专门账户；成立能源俱乐部，建立稳定的供求关系，确保能源安全；建立粮食安全合作机制，在农业生产、农产品贸易、食品安全等领域加强合作。

第四，加强人文交流和民间交往，为上海合作组织发展打牢民意基础和社会基础。要在文化、教育、影视、卫生、体育、旅游等领域广泛开展合作。

2014 年 9 月 12 日，在上合组织杜尚别峰会上，习近平主席发表重要讲话，强调要牢固树立同舟共济、荣辱与共的命运共同体、利益共同体意识，凝心聚力，精诚协作，以维护地区安全稳定为己任，以实现共同发展繁荣为目标，以促进民心相通为宗旨，以扩大对外交流合作为动力，全力推动上合组织朝着机制更加完善、合作更加全面、协调更加顺畅、对外更加开放的方向发展，为本地区人民造福。他指出，上合组织发展正在进入继往开来的关键时期，确保本组织始终沿着既定轨道向前发展，为成员国和成员国人民带来更多安全、更大福祉，是我们肩负的共同责任和使命。

在2015年7月的上合组织乌法峰会上，习近平主席讲话的第一条就是：坚持“上海精神”，打造本地区命运共同体。

二、切实推动各个领域的多边合作进程

早自“上海五国”机制诞生，中国领导人就看到了其特殊的战略价值和广阔的发展前景。在2000年的“上海五国”杜尚别元首峰会上，中国国家主席江泽民建议：充实和完善“上海五国”机制。以五国元首年度会晤为核心和动力，带动五国各有关部门负责人的会晤，促进各个方面、各个领域的具体合作，从而在“上海五国”框架内形成多层次、多领域的会晤机制，并逐步将五国会晤机制发展成为五国合作机制；深化安全领域的合作；推进双边和多边的经贸合作；加强在国际舞台上的合作。① 这些主张对上合组织的建立，以及多边合作优先方向与具体方式的选择，都起到了直接的推动和指导作用，明确了多边机制建设和区域合作的基本思路和重点领域。上合组织成立后，中国的建议就成为启动各领域多边合作的重要基础和依据。

（一）经济领域

中方提出的“先推进贸易投资便利化改善合作环境，再加强经济技术合作使各方从中受益，最后在组织成立10—15年内实现区域内货物、资本、技术和服务的自由流动”的“三步走”设想，也为各方接受。2003年9月在北京举行的上合组织总理会议签署成员国《多边经贸合作纲要》，其确定的目标即以中方的倡议为基础。2012年6月7日，北京峰会通过了中方草拟的《上海合作组织中期发展战略规划》，确定了上合组织第二个十年开展多边合作所涵盖的七个领域的主要行动方向。

中国在上合组织中经济实力最强，是多边经贸合作的积极推动者。中国领导人在2004年宣布向成员国提供9亿美元优惠出口买方信贷，后来又表示可以继续提供新的贷款，并在贷款利率、贷款时限、担保条件等方面

① “江泽民在‘上海五国’元首会晤上发表讲话”，《人民日报》2000年7月6日。

采取更加优惠的措施，使贷款尽早用于各方关心的合作项目。金融危机爆发后，中方决定提供100亿美元的信贷支持，为帮助其他上合组织成员国成功应对危机做出了积极贡献。此外，中方还专门组织贸易投资促进团赴其他成员国，推动同各成员国的进出口贸易和双向投资。各方对中方为区域经济合作所做的积极投入给予了高度评价。中方前后在上合组织框架内为其他成员国提供的贷款总额超过220亿美元，落实了一些重大项目，扩大了上合组织在中亚成员国中的影响。

为使经济合作尽快取得成果，帮助各国企业建立直接联系，解决对各国经济发展有益的双边和项目的融资问题，中国领导人多次建议，要为加强成员国企业间的合作创造条件，同时促进成员国银行间的联系，积极探索多边和双边相补充、政府和企业相结合的合作模式，得到其他成员国的首肯和配合，直接促成了上合组织实业家委员会和银行联合体的建立。

（二）政治安全领域

中国对促进政治、安全领域的多边合作同样做出了实质性的努力，首倡一些部长级会晤机制，多次主办上合组织框架内的经贸、海关、投资、防务论坛和培训活动。中国还利用外长理事会、国家协调员理事会等机制，就影响各国和地区安全、稳定、发展的重大敏感问题与各成员国加强战略磋商。一些重要的政治和法律文件也是在中国提出后，经过各方认真磋商后得到签署的，夯实了上合组织发展的法律基础。此外，在推动反恐和执法合作方面也提出很多现实可行的建议。首次上合组织框架内的反恐军事演习，就是中国和吉尔吉斯斯坦联合举行的；首次由成员国共同参加的多边反恐军事演习，也分别安排在中国和哈萨克斯坦境内进行。

（三）人文领域

中国对人文领域的交流也做了很多具体的推动工作，如2005年10月在莫斯科举行的第四次总理会议上，中国提出要拨出专项资金，在3年内为其他成员国培训1500名不同领域的管理和专业人才。中国先后主办三次上海合作组织文化部长会晤，推动成立上合组织文化产业合作论坛；推动包括“丝绸之路”在内的文化项目列入联合国教科文组织世界遗产名录；举办上合组织青年论坛，增进成员国青年间的交往。2008 年 9 月下旬，中方在乌鲁木齐主办了上合组织成员国边境地区领导人首次会议，就开展成员国边境地区救灾合作，推动建立边境地区联合救灾行动机制，以及开展有关信息交流、人员培训等问题达成共识。中方还建议成立上合组织睦邻友好合作委员会，并于 2013 年 9 月率先成立中方委员会。

可以说，上合组织有声有色地开展多领域合作，与中方的积极努力是分不开的。在 2014 年杜尚别峰会上，中国又提出了一系列务实举措，推动上合组织各领域合作尽快取得积极成果。在维护地区安全稳定方面，中方主张加强维稳能力建设，继续完善执法安全合作体系，健全现有合作机制，尽快赋予上合组织地区反恐怖机构禁毒职能并建立应对安全挑战和威胁中心，标本兼治、多措并举、协调一致地打击“三股势力”。当前应以打击宗教极端主义和网络恐怖主义为重点，中方建议签订反极端主义公约，研究建立打击网络恐怖主义行动机制。

在实现共同发展繁荣方面，中方主张探讨在贸易和投资领域开展更广泛和更高层次的合作，推进区域经济一体化进程，构筑本地区统一经贸、投资、物流空间。挖掘各国过境运输潜力。尽早就建立上合组织金融机构达成一致。加强能源政策协调和供需合作，加强跨国油气管道安保合作。加强粮食政策协调，提高粮食综合生产能力。制订“上合组织科技伙伴计划”，加快环保信息共享平台建设。中方决定，将中国—欧亚经济合作基金最终规模扩大至 50 亿美元。2015 年中国西部国际博览会期间举办了上合组织国家商品展。

在促进民心相通方面，中方主张全方位开展友好交往和人文交流。加强上合组织国际传播能力建设和媒体合作，支持公共政策、政府管理、司法等领域人员培训交流。中方愿在 2015—2017 年间为本组织成员国提供 2000 名官员、管理、技术人才培训名额，未来 5 年内每年邀请 50 名上合组织国家青年领导人来华研修。2015 年成员国共同隆重纪念世界反法西斯战争胜利 70 周年，中亚国家领导人参加了在莫斯科和北京举行的阅兵活动。

在扩大对外交流合作方面，中方强调欢迎有意愿且符合标准的国家申请成为上合组织正式成员。加强成员国同观察员国的合作及同对话伙伴的沟通，密切本组织同联合国、亚信等国际和地区组织的合作。中方欢迎本组织成员国、观察员国、对话伙伴积极参与共建“丝绸之路经济带”，促进地区互联互通和新型工业化进程。①

三、上合组织的未来发展与中国的特殊作用

随着上合组织的发展进入第二个十年，各个领域的合作目标逐步明确，成员国之间的联系越来越密切，多边合作的基础越来越坚实。上合组织的对外交往进入一个新的阶段，扩员进程正式启动，印度和巴基斯坦将成为首批被接纳的新成员，该组织的国际威望和影响力将得到进一步提升。中国作为上合组织发展的重要“引擎”之一，积极推动与其他成员国共建“丝绸之路经济带”，并且把上合组织作为中方倡导的“一带一路”与其他区域机制相互对接的重要平台。

（一）积极倡导全方位合作

1. 上合组织将成为中国与其他成员国巩固战略伙伴关系的基石

上合组织的一个特点是多边合作与双边合作的紧密结合，中国与俄罗斯、中亚国家的双边合作在全方位和多层次上不断发展、深化，也决定了上合组织的合作将在各个领域同步推进。当前，中国与俄罗斯已经建立全面战略协作伙伴关系，与哈萨克斯坦要全面深化战略伙伴关系，与乌兹别克斯坦、吉尔吉斯斯坦、塔吉克斯坦也建立了战略伙伴关系。与两个准成员的关系发展也很具代表性：2005 年，与印度建立面向和平与繁荣的战略伙伴关系，与巴基斯坦决定进一步发展更加紧密的战略伙伴关系。2015 年 4 月，习近平主席访问巴基斯坦时，两国决定把双边关系升格为全天候战略伙伴关系。多边合作要与双边关系相适应，不可能只突出某一个方面。另外，中方还认为，上合组织成员国面临的地区形势和周边环境非常复杂，挑战来自于很多方面，成员国的经济发展需要有一个稳定的内部环境和良好的外部环境，需要解决的是“综合性”的问题。

---

① “习近平出席上海合作组织杜尚别峰会并发表重要讲话”，新华网，2014 年 9 月 13 日，http：//news. xinhuanet. com/world/2014—09/12/c_ 126981493. htm。

2．中国与其他成员国的合作方式具有多样性和灵活性

从上合组织的未来发展看，在不同时期，对于各个成员国来说，面临的首要任务各不相同，要及时进行调整，有针对性地进行有效合作。中国与其他成员国在上合组织框架内确定的合作目标既有短期的任务，也有长期的方向。要发挥各自的优势与合作的潜力，真正推动区域合作，就要不断做出最恰当的选择，还要与其他国际组织和国家建立必要的联系。中国认为，上合组织的良好前景在很大程度上取决于其包容性和开放性。

国际组织根据活动目的、任务和职能的不同，可以分为一般政治性国际组织和专门性国际组织。前者的宗旨、活动领域和职权范围比较广泛，涉及政治、经济、社会、文化等各个方面，也被称为综合性国际组织，活动内容与国际关系密切相关；后者一般只具有专门的职能。① 上合组织显然属于前者。今后一段时间，上合成员国需要推动上合组织的建设，深化多边合作，继续不断充实上合组织的政治和安全方面的利益基础，同时逐步扩大经济和人文合作。面对金融危机以后地缘政治格局变化带来的各种挑战，中国将与俄罗斯、中亚国家一道，共同促进地区的经济繁荣，保障地区的稳定。对于中国来说，要不断扩大与其他成员国的共同利益，充实命运共同体的内涵，巩固持续发展的根基，而途径只能是在继续进行安全合作的同时，加强经济、人文的合作和提升双边关系的水平，密切联系，增强信任。但经济项目的落实不是一朝一夕的问题，双边合作也不会很快达到更高的层次。上合组织近期内仍只能发挥多领域、多层次会晤与协商机制的作用，稳步向区域性合作机制过渡。中国对此也有清醒的认识，不是急于求成，而是因势利导，客观评价落实多边合作措施的条件与可能性，采取灵活的政策实现与其他成员国的互利共赢。

3．客观认识和有效应对未来可能遇到的困难与挑战

上合组织是由双边到多边发展而成的会晤机制，逐步成为区域性合作组织，未来的方向是建立一个能够推进地区经济和安全合作的有效机制。由于组织的形成是从边界相互信任和裁军谈判开始的，因此在安全领域容易找到共同语言。但这种利益的一致性局限在比较狭小的范围之内，如成员国的边界地区以及安全领域的某些具体方向。由于国际环境中的不确定

---

① 蒲傅：《当代世界中的国际组织》，当代世界出版社2002年版，第23页。

因素很多，成员国的实力差距很大，外交政策与安全战略的协调有很大难度，因此如何使成员国多边合作取得更大的成效，是一项非常艰巨的任务。上合组织自成立以来，遇到了不少现实的难题，如如何尽快落实已经通过的各项合作协议，如何处理同其他中亚跨国机制的关系，如何协同推进安全与经济合作，如何解决好同西方的关系等。

中国在上合组织中的特殊地位和重要责任，是各方都反复强调和认同的，特别是中亚国家和众多观察员国，它们对中国寄予的希望很大。上合组织同时接纳印度与巴基斯坦、阿塞拜疆与亚美尼亚这样的曾经发生过武装冲突、至今仍相互敌视的国家，很大程度上是因为这些国家都高度重视对华关系，参与上合组织更多体现外交上对中国所代表的"东方"的优先政策。正因为如此，中国也背上了相对沉重的包袱。国际上普遍认为，上合组织发展得是否成功完全取决于中国的投入。而俄罗斯在区域合作方面明显与中国有不同的选择和目标，其把由自己主导的欧亚经济联盟放在更为优先的位置，对上合组织的经济合作态度比较消极。事实上，中国在上合组织具有一个很大的优势，同时也是最大的难题，就是中国经济实力超过其他所有成员国的总和。这就使得其他成员国一方面对中国的资金投入有很大期待，另一方面又对中国的经济影响有所忌惮，担心本国结构单一、缺乏国际竞争力的经济成为中国的附庸。在某些俄罗斯学者看来，上合组织目前推动的经济项目，特别是基础设施项目，地理上更接近中国，对中国显然更有利，而对俄罗斯没有经济上的帮助。①

尽管多边合作的进程遇到较大的障碍，但经过中国和其他成员国的共同努力，上合组织框架内的合作领域不断拓宽。在国际环境和地区形势错综复杂的变化当中，上合组织不仅生存下来，而且快速成长，在前一个十年顺利解决了组织自身机制建设的问题，第二个十年又提出了推动多边合作的中长期目标，不同层次的会晤机制相继启动，同不少国际组织建立了直接的联系。回顾十多年的历史，上合组织走过了不平凡的道路，取得了超乎想象的成绩：一方面充分反映出该组织的成立具有一种客观的必然性，符合各成员国的根本利益；另一方面也说明中国对上合组织的政策是成功的，坚持大小国家一律平等，增强了组织内部的凝聚力，对各领域合作的

---

① Аждар Куртов. Россия, Шос и Китай: Неоднозначнсстъ Развития, 11.07.2007, http://otchizna.su/world/127.

推进做出了重大的贡献。

（二）上合组织未来的主要发展目标

政治上要不断完善作为区域组织的法律基础，发挥现有机制的作用，密切成员国之间的关系，对共同关心的国际问题表明共同的立场；经济上要不断进行务实合作，在交通、能源、信息等方面落实一些大型合作项目，推动成员国之间在各个层次上的互利合作，为建立自由贸易区做准备；安全上以打击“三股势力”和跨国犯罪为突破口，加强军事和警务安全合作，加大联合执法的力度，增加交流和沟通，共同维护地区的长期稳定。

1. 政治方面的基本任务

作为一个区域性的合作机制，上合组织在政治上的任务首先是增加成员国间的互信，协调各成员国的内外政策，加强多边合作的法律基础；其次是促进成员国之间的合作，解决彼此的争端和矛盾；第三是在国际舞台上相互支持，发出强有力的声音；第四是扩大合作机制，能够及时应对成员国，特别是中亚国家内部的紧急政治事态，维护本地区的政治稳定。

2. 经济领域的合作计划

在相当长的时间内，上合组织都要面对经济发展水平不一、成员国经济政策不同等问题，建立自由贸易区的任务难以在短期内完成。从自身的资源情况和经济改革的进展来看，未来若干年内上合组织在经济领域的合作还要看中国的贡献程度。特别是面对经济“新常态”，中国仍然体现出保持稳定增长的信心，而且迈向世界第一大经济体的步伐不可阻挡，也使其他成员国更加希望扩大与中国的合作。乌克兰危机后，俄罗斯与西方的政治经济关系全面恶化，对与中国的经济合作更为看重。乌兹别克斯坦、塔吉克斯坦、吉尔吉斯斯坦的经济虽然也可以继续以较快速度发展，但面临的困难很多。上合组织在经济方面会稳步推进，但速度不会很快，首先是落实一些较大的合作项目，然后努力实现贸易和投资便利化，稳步提升区域合作的水平和层次。

在中国看来，上合组织经济合作是多主体、多领域、多层次、多种方式的合作，只有如此，才能最大限度地发挥其作用和影响，增强成员国间的联系。多主体体现在政府、企业、民间组织的广泛参与；多领域体现在多边合作的范围和广度逐步扩大；多层次体现在从中央到地方的整体推进。在区域一体化过程中，特别是当全区域范围合作进展缓慢时，通常可由地方层次的合作入手，经逐步完善后，再通过示范效应来促进区域整体的经济发展。中国倡导的上合组织经济合作的方式和目标是务实的、积极可行的，基本依据包括：成员国凝聚力比较强，贸易投资额稳步增长，合作基础不断夯实，制订的各项合作计划正在逐步落实。

3. 安全领域的主要方向

中亚地区的安全形势比较严峻，虽然发生内战和武装冲突的可能性不大，但由于社会矛盾尖锐，出现局部不稳定的机率很高。中亚是非传统安全威胁非常突出的地区，恐怖主义、极端势力、跨国犯罪、生态灾难、非法移民等问题都在影响地区的安全。未来一段时间，中亚地区的种种安全威胁不会减弱，反而可能因周边环境的恶化而出现更多的挑战。众多的安全挑战使上合组织框架内的安全合作可以顺利推动，但各成员国在安全战略上侧重点各异，形成合力也不易。

中亚各种力量的分散与相互制衡仍会继续保持，内部的力量与外部的力量会继续共同发挥作用，外强内弱、内外结合的态势也会保持下去。上合组织在安全方面既要坚持打击“三股势力”，又要关注一些新出现的安全挑战，加强交流与合作。

（三）“丝绸之路经济带”为上合组织开启更为广阔的前景

关于上合组织的发展方向，有各种各样的见解，有的认为其可能会很快在地理上扩大，成为“亚洲的北约”，强化军事安全合作；有的认为其可能首先要在现有六国框架内完善经济和人文合作。[①] 上合组织在迅速完成初创任务、进入稳定发展阶段的同时，已经展示出了它的一些特色：在良好的双边关系基础上提升合作水平，以达到多边的合作层次；在解决边界信任、边界裁军、维护地区安全方面取得了令人瞩目的成就；树立了大国（中国、俄罗斯）与小国（中亚国家）平等合作的典范。今后该组织的发展已经具备了良好的基础和条件。

---

① 谢尔盖·鲁佳宁：“潜力将增长”，《独立报》（俄罗斯）2001 年 9 月 18 日。

上合组织是一个有着广阔发展前景的区域性合作机制，未来可以在地区甚至更加广阔的国际空间内发挥重要作用，这是毋庸置疑的。因为该组织倡导的合作观念、合作模式，符合各成员国的共同利益。但是，国际组织的前途总是要受到国际局势的影响。国际局势有利，组织的发展就会比较顺利；国际环境恶劣，组织框架内的多边合作就困难一些。上合组织真正要成为有影响、有威望、有作为的国际机制，还需经过若干年的切实努力。

各成员国对区域合作都有着现实的需求：中亚国家要通过加入一体化进程，为经济的稳定、持续发展创造条件，扩大市场和增加本国的出口潜力，保持国内的政治稳定；俄罗斯优先考虑的是联合开发油气资源，利用中亚地区的水电潜力，扩大向第三国出口能源的机会；中国在经济领域的优先方向是能源和交通合作，同时希望中亚地区政治和安全领域能够保持稳定。① 中、俄、哈在能源领域有很大的合作空间，中国在交通领域可以给乌、吉、塔等中亚国家很多帮助。乌克兰危机发生后，中亚一些国家甚至俄罗斯都担心有发生“颜色革命”的现实危险，政治上也有必要相互支持，提前防范和消除发生内部动荡的风险和挑战。上合组织可以在这个领域发挥自己独特的作用。

对上合组织发展过程中遇到的困难要有清醒的认识，任何一个成熟的国际组织都要经过数十年的磨合，因为各个成员国毕竟都有自身的利益，国情不同，发展程度不一。今后若干年内，上合组织区域内的政治、经济和安全形势将持续呈现一种不平衡的发展态势，会出现一系列复杂的问题，各成员国将采取不同的对策，这对上合组织框架内的多边合作提出了更高的要求。中国清醒地认识到了这一点，强调要抓住发展机遇，坚持组织的开放性，同时借助“丝绸之路经济带”的建设使上合组织肩负新的历史使命。

2013 年 9 月，习近平主席在哈萨克斯坦首都阿斯塔纳的纳扎尔巴耶夫大学发表演讲时，首次提出建设“丝绸之路经济带”的重要倡议，并且用政策、贸易、道路、货币、民心这“五通”来诠释其深刻内涵。“丝绸之路经济带”倡议提出后，首先受到了中亚国家的欢迎，随后也得到俄罗斯

① 古·拉赫曼图林娜：“上海合作组织：全球化条件下经济合作的发展前景”，《分析观察》（哈萨克斯坦）2005 年第 4 期。

的支持，2015 年 5 月习近平主席访俄时签署了“丝绸之路经济带”与欧亚经济联盟对接的协议。中国领导人又进一步提出，上合组织成员国都是“丝绸之路经济带”沿线的重要国家，上合组织可以成为“丝绸之路经济带”与欧亚经济联盟等区域组织对接的重要平台。2015 年 7 月 10 日，在上合组织乌法峰会上，习近平主席发表《团结互助　共迎挑战　推动上海合作组织实现新跨越》的讲话，就在新的起点上推动上合组织实现新跨越提出五点具体主张：

第一，坚持“上海精神”，打造本地区命运共同体。要继续以“上海精神”为指引，维护国际公平正义，倡导多边主义和开放主义，相互尊重彼此利益，不干涉别国内政，以和平方式解决分歧争端，以共赢理念促进发展繁荣。

第二，加强行动能力，筑牢地区安全屏障。要加强政策沟通和协调，研究应对举措，共同维护各成员国政权、制度、社会安全和稳定，加强同阿富汗的安全合作，强力推进反恐、禁毒、防务合作。中方欢迎成员国签署《边防合作协定》，愿同各方加紧研究起草本组织《反极端主义公约》。

第三，深挖合作潜力，充实务实合作内容。要在贸易和投资便利化、自由化方面迈出更大的步伐。中方愿同各方加强合作，优先实施已经达成共识的互联互通项目。在未来几年，推动建成 4000 公里铁路、超过 1 万公里公路，基本形成区域内互联互通的格局。要推动在成员国建立合作园区，开展联合生产，不断深化产能合作。要坚持成立上海合作组织开发银行这一战略方向。要加强能源、农业合作，加快推动环保信息平台建设，实施好“丝绸之路经济带”同欧亚经济联盟对接，促进欧亚地区平衡发展。

第四，推动民心相通，巩固世代睦邻友好。中方支持成员国在紧急救灾、传染病防治、便利人员往来等领域继续加强合作。中方将连续 5 年在华举办“上海合作组织青年交流营”，并在 2018 年前为成员国 2000 名中小学生举办夏令营活动。

第五，保持开放互鉴，推动组织发展。中方相信，新成员的加入将给上海合作组织各领域合作注入新动力。中方支持本组织继续扩大对外交往，加强同观察员国、对话伙伴合作，健全相应的对话与合作机制，使上合组织的发展成果更多地惠及观察员国和对话伙伴。

乌法峰会上元首们一致支持中方提出的建设“丝绸之路经济带”的倡

议，认为应保障经济社会可持续发展，促进贸易投资便利化，完善物流、信息通信等基础设施建设，促进工业、交通、通信、农业、创新合作，深化文化、科技、卫生、旅游、体育等领域合作。① 这也充分说明，中国关于上合组织与“丝绸之路经济带”相互促进的倡议，得到成员国和观察员国的高度认同，将有助于形成新的强大推动力，加快上合组织框架内区域合作的步伐。

总之，上合组织是一项长期的事业，中国和其他成员国要有艰苦创业、应对挑战的思想准备。同时也要看到，开放、务实、共赢的区域合作是大势所趋，中国与俄罗斯和中亚国家开展多边合作具有良好的基础与条件，随着“丝绸之路经济带”建设的整体推进，上合组织也将展示出巨大的发展潜力。

---

① “习近平出席上合组织乌法峰会并发表重要讲话”，《法制日报》2015 年 7 月 11 日，http://legal.people.com.cn/n/2015/0711/c188502 - 27287969.html。

报告二

上海合作组织中亚国家经济形势综述

王海燕*

【内容提要】2014年，作为上海合作组织创始成员国的中亚四国和参会国土库曼斯坦的经济总体发展有所波动，受世界能源价格下降、乌克兰危机、俄罗斯受制裁等外来因素的影响，各国国民生产总值增长率普遍有所下降，中亚国家的贸易、投资和金融三项产业增减不一，各国货币都有一定幅度的贬值。展望未来，中亚国家经济下行的压力增大，过去保持了多年的经济增速会有所回落，各国都在采取措施应对可能发生的危机，中亚国家经济提振尚需时日。

【关键词】中亚五国　经济发展　评估　前景

本文讨论的是作为上海合作组织创始成员国的中亚四国（哈萨克斯坦、乌兹别克斯坦、吉尔吉斯斯坦和塔吉克斯坦）以及参会国土库曼斯坦，它们并称为中亚五国。受世界能源价格下跌和乌克兰危机等影响，2014年中亚五国经济普遍下滑，增幅有限。各国农业增减不一，工业普遍受到影响；对外贸易下降，汇率跌幅明显，外债大幅增加；普遍面临产业结构调整的难题。展望未来，各国经济下行的压力依然存在，走出困境将任重而道远。

一、各国经济增速普遍有所回落

世界银行认为，全球金融危机爆发之前，世界经济运行良好，平均增

* 王海燕，华东师范大学国际关系与地区发展研究院、教育部人文社会科学重点研究基地华东师范大学俄罗斯研究中心副研究员。

长率保持在3.8%左右。2010—2013年，全球经济增长率下降至3%左右且逐年递减，复苏进程令人失望。2014年低至2.6%，① 全球经济复苏步伐弱于预期，发达经济体经济运行分化加剧；受金融动荡及乌克兰危机影响，新兴经济体和发展中经济体增速普遍放缓；全球就业市场出现积极变化，但青年失业率仍处于较高水平；发达国家物价低位徘徊，新兴经济体和发展中经济体仍存在较大的通胀压力；全球贸易低速增长。

2014年中亚国家的主要贸易伙伴纷纷遭遇经济困境，乌克兰陷入危机、俄罗斯遭遇西方制裁、中亚国家货币与俄罗斯卢布大幅贬值等，给本就基础薄弱、结构单一、对外依赖性过重的中亚国家经济带来了巨大的压力，各国经济受到不同程度的影响。但中亚国家均值6.6%的增长率依然远远高于世界经济增速，更高于独联体平均增速，尤其是土库曼斯坦和乌兹别克斯坦增速依然不减，中亚地区成为独联体最具亮点的区域。

表2.1 中亚国家国内生产总值同比增长率 （%）

	2001年	2005年	2010年	2011年	2012年	2013年	2014年
与上年同比							
哈萨克斯坦	113.5	109.7	107.3	107.5	105.0	106.0	104.3
乌兹别克斯坦	104.2	107.0	108.5	108.3	108.2	108.0	108.1
土库曼斯坦	120.4	113.0	109.2	114.7	111.1	110.0	110.3
塔吉克斯坦	109.6	106.7	106.5	107.4	107.5	107.4	106.7
吉尔吉斯斯坦	105.3	99.8	99.5	106.0	99.9	110.5	103.6
独联体平均	106.2	106.7	104.9	104.7	103.5	102	101
与2000年同比							
哈萨克斯坦	114	164	221	238	250	265	276
乌兹别克斯坦	104	130	195	211	229	247	267
土库曼斯坦	120	212	346	—	442	487	537
塔吉克斯坦	110	159	218	235	252	271	289

① "2015年世界经济增长的三大驱动力"，http://www.cnmn.com.cn/ShowNews1.aspx?id=311627。

续表

	2001年	2005年	2010年	2011年	2012年	2013年	2014年
吉尔吉斯斯坦	105	120	149	158	158	175	182
独联体平均	106	139	169	177	183	187	189

资料来源：作者根据 Индексы физического объема валового внутреннего продукта. Межгосударственный статистический комитет СНГ 的数据整理制作。

哈萨克斯坦经济增速放缓。2014 年 GDP 总值约为 2122.6 亿美元，增长率为 4.3%。固定资产投资 65 740 亿坚戈，① 同比增长 3.9%。工业总产值 184 920 亿坚戈，同比增长 0.2%。其中，采矿业产值同比下降 0.3%，加工制造业产值同比增长 1%。交通运输领域生产总值同比增长 7%，电信生产总值同比增长 8.5%，贸易额同比增长 9%。截至 2015 年 1 月 1 日，在哈注册的法人共有 35.3 万户，同比增长 4.4%。②

乌兹别克斯坦经济依然保持强劲增长。2014 年 GDP 约为 626.2 亿美元，同比增长 8.1%；工业产值增长 8.3%，农业产值增长 6.9%，投资额增长 10.9%，零售贸易额增长 14.3%。通货膨胀率 6.1%，较预期数值大幅减少。税收占 GDP 的比重由 20.5% 下降为 20%，所得税率由 9% 调减至 8%，国家财政盈余占 GDP 比重的 0.2%。乌兹别克斯坦银行体系一直被国际评级机构评定为“稳定”。2014 年乌兹别克斯坦银行体系继续实施改革，巩固发展，为降低央行再融资利率和商业银行贷款利率创造了必要的前提条件，央行再融资利率由 12% 下降至 10%。③

土库曼斯坦经济增速位居独联体前列。土库曼斯坦经济经受住了区域市场的动荡，积极出口油气资源，进行国家投资，2014 年 GDP 约为 479.3 亿美元，同比增长 10.3%，是独联体唯一增速保持了两位数的国家。其中，工业增长 11.1%，建筑业增长 12.8%，固定资产投资增长 6.7%，超

① 2015 年 1 月 14 日中亚国家汇率牌价，哈萨克斯坦 1 美元 = 183.55 坚戈；乌兹别克斯坦 1 美元 = 2409.67 苏姆；土库曼斯坦 1 美元 = 3.50 马纳特；吉尔吉斯斯坦 1 美元 = 59.90 索姆；塔吉克斯坦 1 美元 = 5.33 索莫尼，http://www.yaou.cn/news/201501/14/14313.html。

② 哈萨克斯坦通讯社，阿斯塔纳，2015 年 1 月 14 日。

③ 乌兹别克斯坦卡里莫夫总统的政府工作会议公报，单行本，2015 年 1 月 16 日。

过490亿马纳特。[①] 外贸总额为330亿美元，建筑业投资超过510亿美元。[②] 通货膨胀率保持在平均6%的水平。[③]

塔吉克斯坦增速有所回落。[④] 2014年塔GDP总额为456亿索莫尼，约合92.4亿美元，[⑤] 经济增长6.7%，同比下降0.7%。塔吉克斯坦是世界上最依赖汇款的国家，塔消费的一半依靠汇款。2014年塔吉克斯坦劳务移民汇款总额为39亿美元，占GDP的45%，同比减少8.3%；汇款中卢布占89.1%，美元和欧元各占10.8%和0.1%。[⑥] 塔工业增长5.1%，农业增长4.5%，固定资产投资增长25.3%，零售贸易总额增长6.5%，对外贸易总额为53.16亿美元，同比增长6.6%，失业率2.5%，通胀率7.4%。[⑦]

吉尔吉斯斯坦经济增幅最小。2014年，吉GDP总值为3 972.8亿索姆，约合74亿美元，[⑧] 同比增长3.6%，为中亚增幅最小的国家。2014年，吉尔吉斯斯坦的侨汇收入为22.36亿美元，占国内生产总值的30%，较2013年的22.68亿美元略有减少。其中，21.68亿美元来自在俄罗斯务工的吉尔吉斯斯坦劳工，占总额的97%；此外，来自哈萨克斯坦和美元的侨汇收入分别为0.2亿美元和0.12亿美元。尽管总金额有所下降，但侨汇仍然是吉尔吉斯外汇收入的主要来源之一，并且是拉动吉国内内需的重要动力。[⑨] 若不计“库姆托尔”金矿产值，吉国内生产总值为3 678.4亿索姆（约合68.7亿美元），同比增长4.6%。其中，工业同比下降1.6%，农业产值下降0.6%，建筑业产值增长24.9%，服务业产值增长4.1%。[⑩] 2014年全年，吉通货膨胀率为10.5%。[⑪]

从各国GDP总值看，中亚国家都在增长，但在世界经济排名中，哈萨

---

① 2014年平均汇率1美元兑换3.5马纳特。

② 土库曼斯坦《中立报》，2015年1月12日。

③ 土库曼斯坦独立媒体《趋势》，2015年4月4日。

④ 塔吉克斯坦“亚洲快讯”，2015年1月15日。

⑤ 2014年平均汇率1美元兑换4.9349索莫尼。

⑥ 塔吉克斯坦“AVESTA”网，2015年3月2日。

⑦ 塔吉克斯坦统计署公报，2015年1月15日。

⑧ 2014年平均汇率1美元兑换53.5索姆。

⑨ 吉尔吉斯斯坦国家银行报告，2015年2月16日。

⑩ 吉尔吉斯斯坦国家统计委员会公报，2015年1月16日。

⑪ 吉尔吉斯斯坦国家统计委员会公报，2015年1月22日。

克斯坦和吉尔吉斯斯坦有所下滑，其他国家都有所上升。尤其是哈萨克斯坦，在提前完成进入世界前50位的目标之后，其要完成进入世界前30位的目标将面临越来越严峻的挑战。

从各国人均GDP总值看，2015年初世界平均水平为10 876美元，在国际货币基金组织统计的世界180多个国家中，有60个国家超过这一水平，独联体中只有俄罗斯（1993年和2014年分别为1 238和12 925美元，排名第88和55位）和哈萨克斯坦在世界平均水平之上。在中亚国家中，哈萨克斯坦和土库曼斯坦的人均GDP超过了中国；乌兹别克斯坦、塔吉克斯坦和吉尔吉斯斯坦处于世界较低水平，人民生活水平亟待提高。

表2.2　中亚五国历年来GDP世界排名变化

（GDP单位：亿美元；人均GDP单位：美元）

国家名称	1993年				2000年		2013年		2014年				
	GDP	排名	人均GDP	排名	GDP	排名	GDP	排名	GDP	排名	人均GDP	排名	人口（万）
哈萨克斯坦	51.5	92	304	135	182.9	68	2 203.5	46	2 122.6	47	12 183	57	1 716
乌兹别克斯坦	55.0	88	251	144	137.2	74	564.8	72	626.2	70	2 046	132	3 049
土库曼斯坦	53.6	90	1375	83	50.2	110	405.7	86	479.3	85	8 270	70	524
塔吉克斯坦	6.8	140	121	161	13.7	139	85.0	135	92.4	135	1 113	154	835
吉尔吉斯斯坦	6.67	141	159	148	9.9	147	72.3	142	74.0	143	1 298	148	572

资料来源：由于不同来源数据差异较大，为统一口径，作者根据国际货币基金组织（IMF）网站http：//www.imf.org/external/pubs/历年的数据和http：//www.elivecity.cn/html/jingjifz/2539.html；http：//www.elivecity.cn/html/jingjifz/2993.html；http：//zh.tradingeconomics.com/kazakhstan/population；http：//www.8pu.com/gdp/per_capita_gdp_1993.html；http：//www.elivecity.cn/html/jingjifz/2994.html整理制作。

从国家间发展水平看，中亚国家的经济发展差异还在拉大。哈萨克斯坦从1993年刚独立时起与其他中亚国家GDP总值和人均GDP总值及世界排名较为接近，到经过20多年的发展，差距越来越大。2014年，哈萨克斯坦一国的GDP值（2 122.6亿美元）超过其他中亚四国的GDP总值（1 271.9亿美元）；哈萨克斯坦一国的人均GDP值（12 183美元）接近其他中亚四国人均GDP值之和（12 727美元），呈现一家独大的格局。

二、中亚各国工农业生产普遍放缓

（一）农业

哈萨克斯坦农业微涨。2014年，哈国农业只增长了0.8%。农产品产值为2.51万亿坚戈，同比增长0.8%。其中，畜牧产品产值1.18万亿坚戈，增长3.8%；种植物产品产值1.31万亿坚戈，同比下降1.6%。哈粮食总产量达1 890万吨，其中小麦产量1 700万吨。2014年哈粮食产量加上2013年410万吨存量，且考虑国内市场消费量950万吨，哈可出口粮食700万吨。① 截至2015年1月1日，哈国内牛存栏量591.1万头，同比增长1%；山羊存栏量233.3万头，同比下降1.3%；猪存栏量84万头，同比下降8.8%；马存栏量181.9万头，同比增长2%；绵羊存栏量1 532.7万头，增长1.1%；禽类3 518.2万只，增长3%。② 2014年，哈财政（包括地方财政）拨款498亿坚戈发展畜牧业。2014年哈生产肉类89.89万吨，同比增长3.2%；牛奶502.01万吨，同比增长2.6%；鸡蛋42.725亿个，同比增长10.1%。出口1.2万吨牛肉和肉制品等。③

---

① 哈萨克斯坦国际通讯社，阿斯塔纳，2015年1月9日。

② 国际文传电讯社，阿拉木图，2015年1月13日。

③ 哈萨克斯坦资本网站，2015年1月29日。

表 2.3　中亚国家农业总产值同比增长率　（%）

	2001 年	2005 年	2010 年	2011 年	2012 年	2013 年	2014 年
与上年同比							
哈萨克斯坦	117.3	107.3	88.3	126.8	82.2	110.8	100.8
乌兹别克斯坦	104.2	105.4	106.9	106.6	107.0	106.8	106.9
吉尔吉斯斯坦	107.3	95.8	97.4	102.0	101.2	102.9	99.4
塔吉克斯坦	106.6	101.6	106.8	107.9	110.4	107.6	104.5
独联体平均	107.7	102.8	93.3	119.0	96.8	107.2	100.7
与 2000 年同比							
哈萨克斯坦	117	132	141	179	147	163	164
乌兹别克斯坦	104	136	182	194	208	222	237
吉尔吉斯斯坦	107	114	124	127	128	132	131
塔吉克斯坦	107	153	217	234	258	278	290
独联体平均	108	120	132	157	152	163	169

注：2014 年吉尔吉斯斯坦的农业包括对其农业、林业和渔业的统计数据。

资料来源：Индексы Объема Продукции Сельского Хозяйства. Межгосударственный статистический комитет СНГ. 2015 г。

乌兹别克斯坦农业增幅最大。2014 年，乌农业增长率达 6.9%。作为古老的灌溉农业国，农业是乌传统产业，农业产值占国内生产总值的 25%—30%，出口创汇额占 60%，在国民经济中占有重要地位。非国有经济成分在农业产业中占主导地位，达 99% 以上。乌现有农业用地 2 237 万公顷，其中耕地面积 403.4 万公顷，牧场面积 1 285 万公顷。近年来乌粮食产量基本保持在 600 万—650 万吨，主要产品有小麦、大米。乌还是中亚重要的水果和蔬菜产地，年产瓜果 250 万吨左右，各种蔬菜 400 万吨左右。乌畜牧业有着悠久的历史，以生产毛、肉为主，生产和出口大量羔皮。现养殖羊总头数占世界第二位。养蚕业发达，占世界第六位。乌是世界第五大产棉国、第二大出口国，平均棉花（籽棉）年产量为 350 万吨，棉花产值约占农业产值的 40%，2014/15 年度乌棉花产量预测下调至 92.5 万吨，出口量为58.8万吨。①

土库曼斯坦农业有所增长。2014年土农产品产值6.74亿马纳特，增长14%。土种植业主要为棉花和小麦，2014年年产粮食120万吨，小麦160万吨；棉花105万吨，同比增长6.6%。2014年土农业综合体完成生产及服务计划104.2%，完成农业部计划103.1%，完成水资源管理部工作计划101.3%。与上年同比，2014年自然资源保护部完成104.2%，粮食联合体完成110.6%，村镇服务联合体完成102%，棉花行业完成102%，食品工业联合体完成106.2%，畜牧联合体完成107.7%，马业联合体完成112.1%，均比上年有所增长。②

吉尔吉斯斯坦是唯一农业负增长的中亚国家。2014年吉农业负增长0.6%，包括小麦、大麦和玉米等在内的粮食总收成同比减少18%。③ 2014年全年，吉国家农林牧渔业的总产值为1 943.946亿索姆（约合36.23亿美元），同比下降0.6%。在农业产值结构中，种植业占50.6%，畜牧业占47.5%，农业服务占1.6%，林业和狩猎业占0.2%，渔业占0.1%。④ 吉国粮食对外依存度仍然较高，而且由于索姆贬值和国内能源与交通费用上涨等因素，面粉等粮食的进口价格高企。

塔吉克斯坦农业出现较高增长。2014年塔农业增幅为4.5%。2014年塔农业产值为167.57亿索莫尼，约合42.6亿美元；其中种植业产值为145.33亿索莫尼，约合29.45亿美元，同比增长0.9%；畜牧业产值为64.89亿索莫尼，约合13.15亿美元，同比增长12.5%。2014年塔粮食产量131.78万吨，同比下降5.4%；蔬菜产量154.95万吨，同比增长4%；土豆产量85.37万吨，同比下降23.5%；肉产量19.87万吨，同比增长14.9%。⑤ 由于塔农业生产日益多元化和国际市场棉花价格下跌，2014年塔最大宗农产品棉花的种植面积为17.8万公顷，比上年减少1.2万公顷，

---

① “2014/15年度乌兹别克斯坦棉花产量预测下调至92.5万吨”，棉花价格信息网，2015年4月24日。

② “2014年土库曼斯坦GDP同比增长10.3%”，全球经济数据网，2015年1月22日，http：//www.qqjjsj.com/zylssj/47538.html。

③ 联合国粮食及农业组织的综述报告，2015年1月28日。

④ 吉尔吉斯斯坦国家统计委员会的统计公报，2015年1月30日。

⑤ 塔吉克斯坦统计署公报，2015年1月15日。

棉花产量37.27万吨，同比下降5.1%；籽棉产量37.3万吨，比原计划减少5.1%。①

总体上，在中亚五国中，哈萨克斯坦不但粮食完全能够自给，蛋禽人均拥有量在独联体当中排在前列；还保持世界前十大粮食出口国地位，近年来每年出口量超过600万吨。② 拥有最多人口的乌兹别克斯坦自独立以来，大力发展粮食种植，改变了单一棉花种植结构，近年来不仅实现了粮食自给，而且进入了粮食出口国行列；同时，棉花出口一直占世界前十位，成为其重要的出口创汇产品。土库曼斯坦、吉尔吉斯斯坦和塔吉克斯坦虽然都是农牧业占比较高的国家，但由于农业发展的条件和水平有限，粮食还不能自给。

（二）工业

哈萨克斯坦主要工业品生产普遍下降。2014年哈国内工业生产规模同比增长0.2%。其中，矿山开采和原料加工业下降0.3%，加工业增长1%，供电、天然气和暖气等供气增长2.3%，供水下降5.5%。煤和铁矿开采有所下降，天然气、有色金属开采均有不同程度的增长。③ 2014年，哈主要工业品生产普遍下降。能源领域，石油开采量为6 792.7万吨，同比降低2.2%；凝析气开采量为1 291.8万吨，同比增长5%。2014年哈天然气开采量为429.22亿立方米，同比增长1.6%，其中气状天然气开采量为212.72亿立方米，同比增长3.4%；石油伴生气开采量为215.61亿立方米，同比降低0.5%；煤开采量为1.1384亿吨，同比下降4.8%。能源加工领域，生产包括航空汽油在内的汽油302万吨，同比增长10%；煤油11.38万吨，下降16.4%；柴油501万吨，下降2.6%；燃烧用重油366.1万吨，下降2%。④ 金属开采领域，铁矿石开采量为5 150.2万吨，同比下降0.4%；铜矿开采量为3 866.1万吨，同比下降6.4%；铜锌矿开采量为526万吨，同比下降5.4%；铅锌矿开采量为666.3万吨，同比下降8.4%。

---

① 塔吉克斯坦“亚洲快讯”，2015年1月16日。

② 国际文传电讯社，阿拉木图，2015年7月1日。

③ 国际文传电讯社，阿斯塔纳，2015年1月19日。

④ 国际文传电讯社，阿拉木图，2015年1月14日。

金属加工领域，生产粗锌324 754吨，同比增长1.4%；未精炼铜293 948吨，同比下降16.5%；铜精矿46.03万吨，同比增长4.5%；锌精矿34.66万吨，同比下降4.1%；未精炼钢399.3万吨，同比增长14%。机械工业领域，生产轻型汽车37 157辆，同比下降0.8%；卡车2 567辆，同比增长11.3%。建材领域，水泥生产量为797.7万吨，同比增长12.8%；平板轧材253.7万吨，同比增长11.4%；镀锌平板轧材52.7万吨，同比增长2.6%；镀锌铁和镀锡平板轧材7.67万吨，同比下降10.6%；铁合金171.5万吨，同比增长0.5%；硅酸盐砖和矿渣砖产量135万吨，同比增长4.5%。此外，生产电能945.67亿度，同比增长2.1%；[①] 开采铀22 829吨，同比增长1.5%，铀产量在世界上名列前茅。[②]

表2.4 中亚国家工业总产值同比增长率 （%）

	2001年	2005年	2010年	2011年	2012年	2013年	2014年
与上年同比							
哈萨克斯坦	116	114	118	103.8	100.7	102.3	100.2
乌兹别克斯坦	107.6	103.8	108.5	106.3	107.7	108.8	108.3
吉尔吉斯斯坦	105.4	87.9	109.8	111.9	79.8	134.3	98.4
塔吉克斯坦	115.0	109.7	109.2	105.7	110.4	103.9	105.1
独联体平均	104.9	105.5	107.8	104.7	102.7	100.4	100.7
与2000年相比							
哈萨克斯坦	112	153	201	209	210	214	215
乌兹别克斯坦	108	133	210	224	241	262	286
吉尔吉斯斯坦	105	101	115	129	103	138	130
塔吉克斯坦	115	173	198	209	232	241	252
独联体平均	105	137	156	164	168	169	167

资料来源：Индексы Объема Продукции Промышленности. Межгосударственный статистический комитет СНГ. 2015 г。

① 国际文传电讯社，阿斯塔纳，2015年1月14日。

② 国际文传电讯社，阿斯塔纳，2015年1月27日。

乌兹别克斯坦工业增幅最大。2014 年乌工业增长 8.3%，位居独联体国家前列。乌兹别克斯坦工业门类较齐全，其中机械工业、纺织工业、建筑业、化学工业等是乌国的支柱产业。2014 年乌兹别克斯坦汽车行业产值 8.9 万亿苏姆，约合 37 亿美元。从产量上看，全年生产轿车 24.57 万辆，五十铃牌客车和货车 3 800 辆，MAN 牌货车 1 200 辆，发动机 13.37 万台。此外，2014 年乌还出口轿车 5.5 万辆，主要销往俄罗斯、哈萨克斯坦、阿塞拜疆、乌克兰、白俄罗斯以及印度尼西亚、巴西、土耳其和韩国等。①

土库曼斯坦工业发展较好。2014 年土工业品产值 4.2 亿马纳特，增长 33.7%。土支柱产业较为单一，主要是石油天然气工业、纺织工业等。2014 年土库曼斯坦天然气开采量为 760 亿多立方米，出口 450 亿多立方米，2015 年计划开采 800 多亿立方米。② 土库曼斯坦为实现出口路线多元化战略，提早制订计划增加天然气开采量。目前土天然气出口计划主要为：土库曼斯坦—中国管道，计划产能 650 亿立方米/年；俄罗斯，100 亿立方米/年，虽然天然气管道基础设施输气能量远远大于此供应量；伊朗，200 亿立方米/年；土库曼斯坦—阿富汗—巴基斯坦—印度（塔比）管道，330 亿立方米/年；跨里海天然气管道，300 亿立方米/年。如果每年增产 100 亿立方米天然气，土总出口量将达 1 600 亿—1 700 亿立方米/年，上述已签约出口量 30 年内可达 5.4 万亿立方米，而加尔克内什和亚什拉夫超大气田储备量就有 26.2 万亿立方米，而且这里正在进行的勘探工作明确表明储备量还将增加。③ 土石油天然气工业和矿产资源部表示，土库曼斯坦完全可以保障天然气所有出口线路的供应，包括伊朗、俄罗斯、中国、塔比和跨里海项目，甚至还有能力向其他更多国家出口。

吉尔吉斯斯坦是中亚唯一工业负增长的国家。2014 年吉工业总产量为 1 675.522 亿索姆（约合 31.23 亿美元），同比下降 1.6%；采煤 169.6 万吨，同比增长 20%。④ 未来吉政府将致力于推动电力兴国战略，继续推动卡姆巴拉金 1 号水电站和纳伦河上游梯级水电站建设，以期在 2025 年将发

① “2014 年乌兹别克斯坦轿车产量达 24.57 万辆”，2015 年 2 月 13 日，http://uz.mofcom.gov.cn/article/jmxw/201502/20150200898442.shtml。

② 土库曼斯坦石油天然气和矿产资源部报告，2015 年 2 月 15 日。

③ 中亚新闻，2015 年 2 月 8 日。

④ 吉尔吉斯斯坦“卡巴尔”国家通讯社，2014 年 12 月 24 日。

电量翻番，提高到每年300亿千瓦时。继续建设电力输送网络和相关基础设施，推动建设小型水电站和可再生能源电站项目，拟修订《可再生能源法》，以吸引私营资本投入该领域，如建设太阳能电站等。①

塔吉克斯坦工业生产保持稳定增长。2014年塔工业生产总值为105.29亿索莫尼，约合21.34亿美元，同比增长5.1%。塔工业结构中，采矿业产值为2.83亿美元，占比为13.3%；加工制造业为14.1亿美元，占比为66.1%；能源工业（电力、天然气和水）产值为4.41亿美元，占比为20.6%。② 2014年塔金属开采、煤炭工业、木材加工、造纸、机械制造、化工业、轻工业和建材工业均有不同程度的增长。其中，煤炭产量87万吨，创历史新高；③ 由于国际市场铝制品价格疲软，塔最大宗工业品原铝产量连年下滑，2014年达12.12万吨，平均价格每吨1 870美元。④

在产业发展方面，乌兹别克斯坦在机械制造、化学工业等领域取得了长足进步，哈萨克斯坦保留了金属工业领域的优势，乌、哈工业早已止住了独立伊始时期的大衰退，各门类发展得较为齐全，并正在向更加健全的方向发展。土库曼斯坦工业特色突出，主要集中在能源、纺织等几个领域。吉尔吉斯斯坦和塔吉克斯坦的工业较为薄弱，无论是已有产业的保留还是新产业的建立都差强人意，亟待发展。

三、中亚各国第三产业不容乐观

（一）中亚各国内贸大幅增长，外贸普遍下滑

据美国传统基金会公布的全球经济自由度排名情况显示，2014年哈萨克斯坦在全球185国家（地区）中列第67位，属于“较自由经济体”；吉尔吉斯斯坦列82位，属于“中等自由经济体”。据《华尔街日报》和美国传统基金会发布的年度报告《2015经济自由度指数》显示，在参评的178个国家中，独联体国家中的塔吉克斯坦、俄罗斯、白俄罗斯、乌兹别克斯

---

① 吉尔吉斯斯坦“卡巴尔”国家通讯社，2015年4月28日。

② 塔吉克斯坦国家统计署公报，2015年1月15日。

③ 塔吉克斯坦“亚洲快讯”，2015年1月6日。

④ 塔吉克斯坦“亚洲快讯”，2015年1月29日。

坦以及乌克兰属于“较不自由经济体”。①

2014 年，受俄、哈等主要贸易伙伴经济不景气以及国际市场黄金行情下探等影响，中亚国家总体出现内贸大幅增长、外贸普遍下滑的态势。

表 2.5　中亚国家零售贸易指数

	2001 年	2005 年	2010 年	2012 年	2013 年	2014 年
与上年同比,%						
哈萨克斯坦	116	114	118	113	116	112
乌兹别克斯坦	110	105	114	114	114	114
土库曼斯坦	132	126	172	192	192	172
吉尔吉斯斯坦	106	114	98	111	109	109
塔吉克斯坦	101	110	108	116	119	107
独联体平均	112	114	108	108	106	102
与 2000 年相比,%						
哈萨克斯坦	116	184	278	352	408	457
乌兹别克斯坦	110	129	274	356	416	475
吉尔吉斯斯坦	106	165	231	283	308	336
塔吉克斯坦	101	202	314	397	472	503
独联体平均	112	175	275	321	340	347

资料来源：Индексы Объема Продукции Промышленности. Межгосударственный статистический комитет СНГ. 2015 г。

哈萨克斯坦内贸增长，外贸下降。2014 年，哈国内零售业规模达 6.021 万亿坚戈，同比增长 12.1%；企业数量增长 15.2%，食品和非食品市场份额分别是 34.9% 和 65.1%。截至 2015 年 1 月 1 日，零售企业库存量 3 248 亿坚戈。② 2014 年，哈进口农产品原料和加工产品总值 40 亿美元（其中，总值 10 亿美元的农产品哈无法生产），同比下降 6%，其中从关税

① 哈萨克斯坦资本网站，2015 年 1 月 28 日。

② 国际文传电讯社，阿拉木图，2015 年 1 月 13 日。

同盟国家进口农产品原料和加工产品同比下降10%。①

表2.6　中亚国家进出口总额　　（百万美元）

国别	2000年			2013年			2014年		
	总额	其中		总额	其中		总额	其中	
		往独联体国家	往其他国家		往独联体国家	往其他国家		往独联体国家	往其他国家
出口									
哈萨克斯坦	8 812	2337	6 475	84 700	10 881	73 819	78 238	9 810	68 428
吉尔吉斯斯坦	511	214	297	2 007	1 011	996	1 880	890	990
塔吉克斯坦	784	374	410	943	177	766	977	250	727
独联体[1]	137.7	26.3	111.4	742.3	133.5	608.8	694.0	112.6	581.4
进口									
哈萨克斯坦	5 040	2 732	2 308	48 806	22 672	26 134	41 213	17 425	23 788
吉尔吉斯斯坦	558	302	256	5987	2 944	3 043	5 732	2 780	2 952
塔吉克斯坦	675	560	115	4046	1 916	2 130	4 339	2 173	2 166
独联体[1]	65.6	30.1	35.5	513.3	124.6	388.7	451.3	101.0	350.3
差额									
哈萨克斯坦	3 772	-395	4 167	35 894	-1 1791	47 685	37 025	-7 615	44 640
吉尔吉斯斯坦	-47	-88	41	-3 980	-1 933	-2 047	-3 852	-1 890	-1 962

①《哈萨克斯坦真理报》，2015年4月7日。

续表

国别	2000 年			2013 年			2014 年		
	总额	其中		总额	其中		总额	其中	
		往独联体国家	往其他国家		往独联体国家	往其他国家		往独联体国家	往其他国家
塔吉克斯坦	109	−186	295	−3 103	−1 739	−1 364	−3 362	−1 923	−1 439
独联体[1]	72.1	−3.8	75.9	229.0	8.9	220.1	242.7	11.6	231.1

注：独联体是10亿美元。

资料来源：Экспортно-Импортные Операции. Межгосударственный статистический комитет СНГ. 2015 г。

2014年哈萨克斯坦货物进出口额为998.9亿美元，与上年同比下降6.5%。其中，出口729.8亿美元，下降4.5%；进口269亿美元，下降11.5%。贸易顺差460.8亿美元，增长0.1%。中国是哈第一大贸易伙伴，为哈第二大出口市场和第一大进口来源地。出口市场方面，意大利、中国、荷兰和法国为哈前四大主要出口伙伴，2014年哈萨克斯坦对上述四国出口分别为160.5亿美元、98.1亿美元、87.3亿美元和46.9亿美元，其中对中国、荷兰和法国出口分别下降30.7%、10.3%和10.9%，对意大利出口增长5.4%，对上述四国出口额合计占哈出口总额的53.9%。进口市场方面，中国、德国、美国和乌克兰是哈前四大进口来源国，2014年哈自上述四国分别进口74.4亿美元、23.3亿美元、19.9亿美元和12.1亿美元，分别下降9.2%、17.1%、16%和46%，四国合计占哈进口总额的48.3%。哈贸易逆差主要来源地依次是德国、美国和越南，2014年逆差额分别为18.8亿美元、15.7亿美元和2.7亿美元。贸易顺差主要来自意大利、荷兰和瑞士，2014年顺差额分别为149.9亿美元、84.2亿美元和43.6亿美元。①

乌兹别克斯坦内贸和外贸都有所增长。乌总统卡里莫夫在其政府报告中曾指出，2014年乌新增500多家小型企业从事出口经营，贸易顺差1.8

① 哈萨克斯坦统计委员会统计公报，2015年4月29日。

亿美元，这一进步得益于乌对外经济活动银行支持小型公司及私人企业出口项目专项基金的设立。2014 年，该基金支持将 2 400 个项目的商品及服务推向海外市场，在其协助下，出口企业共签署了 12.5 亿美元出口合同，其中 8.4 亿美元商品已于 2014 年实现出口。此外，该专项基金还积极支持企业研究海外市场，寻找国外合作伙伴，参与国际竞标，签订出口合同，获取国际贸易证书以及海关文件许可等。① 2014 年中国与乌兹别克斯坦双边贸易额 42.71 亿美元，同比下降 5.76%。其中，中方出口 26.75 亿美元，同比增长 2.34%；中方进口 15.96 亿美元，同比下降 16.79%。中方贸易顺差 10.79 亿美元。从进出口商品结构上看，中国对乌出口主要商品为工程机械、空调、冰箱等机械设备及器具，其次为电机、电气、音像设备及其零附件，天然气管道等钢铁制品，货车、起重车等车辆及其零配件，钢板等钢铁制品与塑料及其制品也占有一定比重。中国自乌进口主要商品为大宗原料产品，首先是天然气，金额 8.03 亿美元，占进口额的 50.28%，同比下降 17.02%；其次为棉花，23.9 万吨，同比下降 23.9%，金额 5.26 亿美元，占比 32.92%，同比下降 21.26%；第三是天然铀，金额 2.14 亿美元，占比 13.39%，同比下降 4%。②

土库曼斯坦内贸和外贸在中亚国家中涨幅最大。2014 年，土贸易总额 84.82 亿马纳特，达 72% 的惊人增长率，其中批发贸易额 23.59 亿马纳特，零售贸易额增长 17%。③ 2014 年，土外贸总额为 330 亿美元，增长 3.6%。④ 中国是土第一大贸易伙伴，2014 年中土双边贸易额为 104.7 亿美元，同比增长 4.4%。其中，中方出口 9.54 亿美元，同比下降 16.1%；中方进口 95.16 亿美元，同比增长 7.0%。中国主要向土出口机电和高新技术产品、金属制品、服装、鞋等，主要从土进口天然气、棉花、棉纱等。⑤ 土耳其为土库曼斯坦第二大贸易合作伙伴，2014 年两国双边贸易额增长

---

① “乌兹别克斯坦 2014 年黄金外汇储备增长 16 亿美元”，2015 年 1 月 20 日，http://uz.mofcom.gov.cn/article/jmxw/201501/20150100872783.shtml。

② 中国海关统计公报，2015 年 2 月 2 日。

③ 土库曼斯坦《中立报》，2015 年 1 月 10 日。

④ “2014 年土库曼斯坦 GDP 同比增长 10.3%”，2015 年 1 月 22 日，http://www.qqjjsj.com。

⑤ 中国海关总署统计公报，2015 年 4 月 3 日。

26.6%，超过60亿美元。目前，大约有600家土耳其公司活跃在土库曼斯坦，双方在能源、建筑、交通、加工业、食品工业等领域合作广泛。①

吉尔吉斯斯坦内贸有所增长，外贸明显下降。2014年，吉内贸涨幅为9%；对外贸易额76.1亿美元，同比下降5.9%。其中，吉出口额18.8亿美元，同比下降6.3%；进口额57.3亿美元，同比下降4.3%。2014年吉主要出口商品，如农产品、纺织缝纫品和黄金等出口额下降幅度较大：水果、皮革、蔬菜、服装、黄金出口分别下降90%、20.8%、31.7%、4.6%、2.7%；主要转口商品的进口量大幅下降，如鞋类、服装及其配件分别下降33.6%、18.1%。② 2014年中吉双边贸易额为52.98亿美元，同比增长3.1%。其中中方出口52.43亿美元，同比增长3.3%；中方进口0.55亿美元，同比减少10.7%。③

塔吉克斯坦内贸和外贸都有小幅增长。2014年塔内贸增幅为7%，在中亚国家中增幅最小，但远超独联体平均2%的增幅。2014塔进出口总额为53.2亿美元，其中进口43.4亿美元。主要进口产品有石油产品、氧化铝、交通工具、小麦和面粉，石油产品为塔第一大进口商品，进口额为5.08亿美元，进口数量为58万吨，同比增长60%；④ 进口液化气29.5万吨，价值1.8亿美元，同比增长13%，金额增加10.5%，主要进口国是哈萨克斯坦，占78%，其他还有土库曼斯坦、俄罗斯、吉尔吉斯斯坦和拉脱维亚；⑤ 进口小麦77.5万吨，同比增加21.4%，主要从哈萨克斯坦进口；同时进口18.9万吨面粉，同比下降4.4万吨（18.7%）。⑥ 主要出口产品有铝及其制品、棉花、蔬菜及水果，2014年出口水果、蔬菜、瓜类产品18吨，同比减少21%，其中干果出口8.8吨，洋葱出口7.6吨。塔吉克果蔬产品的最大出口国为哈萨克斯坦，约占出口总量的77%。⑦ 与塔开展对外贸易的国家有98个，其中包括10个独联体国家和88个非独联体国家。与

① 土库曼斯坦独立媒体"趋势"，2015年3月4日。

② 吉尔吉斯斯坦国家统计委员会统计公报，2015年2月10日。

③ 中国海关统计公报，2015年4月2日。

④ 塔吉克斯坦国家海关总署统计公报，2015年1月19日。

⑤ 塔吉克斯坦"亚洲快讯"，2015年1月20日。

⑥ 塔吉克斯坦"AVESTA"网，2015年1月26日。

⑦ 塔吉克斯坦"亚洲快讯"，2015年1月21日。

独联体国家的贸易额占45.1%，与非独联体国家贸易额占54.9%。与独联体国家的贸易赤字为17亿美元，与非独联体国家贸易赤字为13亿美元。①2014年中国占塔贸易额的17%，仅次于占27.5%的俄罗斯，排在第二位。②

（二）中亚各国固定资产投资普遍增加，外来投资普遍下降

哈萨克斯坦固定资产投资和外国投资都有所增长。2014年哈固定资产投资额6.575万亿坚戈，同比增长3.9%。最具吸引力的行业是采矿工业（占投资总额的30.3%）、运输和仓储（18.3%）与不动产（10.2%）。资金来源主要是私有资金，占比57.9%；国家预算资金占比20.1%，银行贷款占比5.2%（其中外国银行贷款占0.8%），借款16.8%（其中非居民企业借款12.1%）。③截至2014年10月，哈吸引外资数量不断增加。其中2014年第二季度哈吸引外国直接投资流量66.6亿美元，环比增长15.3%。其中，采矿业吸引直接投资26.5亿美元，占比38.83%，环比增长13.75%；科教活动15.2亿美元，占比22.86%，环比增长2.68%；加工业8.546亿美元，占比12.84%，环比增长31.24%；零售批发、汽车摩托车修理7.61亿美元，占比11.43%，环比增长3.55%。④2014年上半年，荷兰、美国、中国、瑞士、俄罗斯对哈直接投资分别34亿美元、23.4亿美元、9亿美元、8.2亿美元、7亿美元，分列前5位，第二季度比第一季度普遍大幅提高。

表2.7　中亚国家固定资产投资总额同比增长率　（%）

	2001年	2005年	2010年	2012年	2013年	2014年
与上年同比,%						
哈萨克斯坦	144.7	134.1	97.0	104.1	106.9	103.9

① 塔吉克斯坦“AVESTA”网，2014年12月16日。

② 塔吉克斯坦“亚洲快讯”，2015年1月29日。

③ 哈萨克斯坦国家经济部统计委员会公报，2015年1月13日。

④ 哈萨克斯坦《斜体字报》，2015年10月24日。

续表

	2001 年	2005 年	2010 年	2012 年	2013 年	2014 年
乌兹别克斯坦	104.0	105.7	109.2	112.7	109.8	109.6
土库曼斯坦	…	…	114.1	138.0	107.1	106.1
吉尔吉斯斯坦	85.5	105.9	90.8	142.1	107.5	121.6
塔吉克斯坦	…	111.5	112.6	76.7	117.2	125.3
独联体平均	114.3	111.7	105.6	107.0	101.2	97.4
与 2000 年相比，%						
哈萨克斯坦	145	308	445	477	510	530
乌兹别克斯坦	104	128	322	391	430	471
吉尔吉斯斯坦	86	78	159	219	235	286
塔吉克斯坦	…	168	798	629	738	924
独联体平均	114	185	270	317	321	312

资料来源：Индексы Объема Продукции Промышленности. Межгосударственный статистический комитет. СНГ 2015 г。

乌兹别克斯坦固定资产投资和外国直接投资普遍大幅增长，经济发展后劲强。由于一批大型生产设备工艺改造、道路交通及基础设施项目的实施，2014 年乌固定资产投资总额 146 亿美元，同比增长 10.9%；占 GDP 的比重为23.3%，同比增长0.1%。2014 年，乌私企自有资金投资额43 亿美元，同比增长 10.3%，几乎占到总投资额的 30%；商业银行投资额 17 亿美元，同比增长 20%，其中 73% 的投资用于生产建设，40% 的投资用于机械设备采购。此外，乌政府鼓励发展高新技术生产，对本地原材料进行高科技深加工项目予以投资政策上的支持，2014 年共有 154 个总价值 42 亿美元的现代化高科技设备改造项目投产。① 乌国外投资和贷款 30 亿美元，超过投资总额的 21.2%；共使用外国直接投资和贷款 23 亿美元，同比增长 9.3%。截至 2015 年 1 月 1 日，乌外资企业共注册有 4 883 家，

① “2014 年乌兹别克斯坦投资总额达 146 亿美元”，2015 年 1 月 20 日，http://uz.mofcom.gov.cn/article/jmxw/201501/20150100872781.shtml。

2014 年新注册 433 家外资企业。其中，有 110 家企业投资来自中国，69 家来自俄罗斯，42 家来自英国，36 家来自韩国，29 家来自土耳其，16 家来自印度。外资企业主要业务方向为：工业领域（219 家）、贸易与餐饮领域（100 家）、建筑领域（18 家）、农业（16 家）、交通与通信（11 家）、其他生产领域（46 家）、卫生体育领域（19 家）。①

土库曼斯坦固定资产投资和外国直接投资微涨。2014 年土各类投资总额增长 6.7%，在 GDP 中占比 44%。其中，社会型项目建设占总投资比 40%，建设并交付使用的各类大型建设项目 456 个，主要用于铺设供水管道，建设公路、输电线路、电话网络等；生产型项目建设占 60%。② 外国投资主要在油气开采和加工领域。

吉尔吉斯斯坦固定资产投资大幅增加，外国投资降幅居中亚国家之首。2014 年吉经济可谓“冰火两重天”：一方面，固定资产投资涨幅高达 21.6%，居独联体前列；另一方面，外国直接投资锐减。据欧亚发展银行发布的独联体国家经济形势报告显示，吉 2014 年净吸引外国直接投资 1.87 亿美元，同比下降 70%，主要投资来源国对吉投资都有所下降，其中中国、英国、加拿大和俄罗斯对吉投资分别下降 1.3 倍、0.5 倍、0.3 倍和 2.2 倍。外国对吉直接投资的三大领域仍为地质勘探、加工业和金融中介，占总额的 77%。③

塔吉克斯坦固定资产投资涨幅最大，吸引外资有限。2014 年塔固定资产投资明显增长，全年投资额为 73.86 亿索莫尼，约合 14.97 亿美元，同比增长 25.3%。2014 年塔主要投资领域有：建筑（占比 32.8%）、能源（17%）、交通及通信（16.3%）、矿产开采（8.7%）等。主要投资来源：国家投资占 42%，私人投资占 28.8%，外国投资占 20.3%。④ 据塔投资及国有资产委员会消息显示，2014 年塔拟吸引外资 6.95 亿美元，主要投向经济优先发展领域，其中贷款 3.97 亿美元，直接投资 2.98 亿美元。⑤

---

① 乌兹别克斯坦国家统计委员会公报，2015 年 1 月 26 日。

② 土库曼斯坦《中立报》，2015 年 1 月 10 日。

③ 吉尔吉斯斯坦《比什凯克晚报》，2015 年 3 月 10 日。

④ 塔吉克斯坦国家统计署数据，2015 年 1 月 16 日。

⑤ “塔吉克斯坦 2014 年拟吸引外国投资 6.95 亿美元”，2014 年 3 月 21 日，http：//tj.mofcom.gov.cn/article/jmxw/201403/20140300525313.shtml。

（三）中亚各国金融发展水平相对较低

哈萨克斯坦金融资产有增有减。2014 年，国际评级机构标准普尔将哈外币和坚戈长期主权信贷评级从 BBB + 下调至 BBB，展望为负。随后重新评定了哈人民银行股份公司评级，展望由稳定降为负，长期和短期评级为 BB +/B，在国家分级为 KzAA –。① 哈生产粗金 49 207 吨，同比增长 15. 6%；粗银和半成品银 981 882 吨，同比增长 1. 9%。② 包括央行外汇储备和国家基金资产在内的黄金外汇储备，环比下降 2. 7%，同比增长 7. 3%；国家基金资产环比下降 4. 2%，同比增长 3. 9%；国际外汇储备增长 17%；央行净国际储备增长 15. 7%；外汇资产增长 12. 32 亿美元；黄金资产增长 33. 2%。③ 2014 年，哈积累了十分牢固的经济储备，国家黄金外汇储备达 1020 多亿美元，其中国家基金储备达 730 多亿美元。截至 2014 年底，哈总外债从 2013 年的 1 499 亿美元增加到 1 570 亿美元，增长 4. 8%，其中国家和由国家担保的外债达 86. 35 亿美元，占 5. 5%，2013 年为 61. 56 亿美元，占比 4. 1%；非国家担保的外债增至 1 484. 27 亿美元，2013 年为 1 437. 74 亿美元；公司间债务为 792. 01 亿美元，占比 50. 4%。④ 其中，93. 6%（1 471 亿美元）为长期债务，6. 4%（99 亿美元）为短期债务。87. 3% 的债务为外汇，主要的债权国为：荷兰占 27. 2%，英国、中国、美国、法国、日本、俄罗斯、中国香港、维尔京群岛、瑞士、韩国、德国分别占比 17. 1%、10. 2%、8. 1%、6. 8%、3. 5%、3. 4%、3. 3%、2. 6%、1. 1%、1. 1%、0. 7 %。⑤

乌兹别克斯坦金融发展较为稳健。国际著名评级机构穆迪和标准普尔分别对乌外经银行（NBU）做出最新信用评级，其中穆迪的评级是：本币存款长期信用为 B1 级，外币存款长期信用为 B2 级；标普的评级是：长期信用 B + 级，短期信用为 B 级。评级机构分析员认为，乌外经银行在吸引

---

① 国际文传电讯社，阿斯塔纳，2015 年 2 月 12 日。
② 国际文传电讯社，阿拉木图，2015 年 1 月 14 日。
③ 国际文传电讯社，阿拉木图，2015 年 1 月 9 日。
④ 国际文传电讯社，阿拉木图，2015 年 3 月 31 日。
⑤ 哈萨克斯坦中央银行统计公报，2015 年 4 月 14 日。

外资和为外贸业务提供服务方面，继续保持着在本国的领军地位。[①] 2014 年乌黄金产量[②]同比增长 4 吨，产量增至 102 吨，由世界第 8 位跃居世界第 7 位；[③] 黄金外汇储备增长 16 亿美元。[④] 乌商业银行向居民提供的本外币储蓄种类已超过 250 种；2014 年底，居民储蓄余额与上年同期相比增加了 30.8%。[⑤] 乌总统 2014 年 12 月 4 日签署总统令，扩大了必须强制结汇的小微企业出口商品清单，自 2015 年 1 月 1 日起，出口天然气、冰铜、沉积铜、铜条和型材、铜线的小微企业外汇收入的 50% 必须强制结汇，出口农产品和野生植物的外汇收入的 25% 必须强制结汇。[⑥] 此外，2014 年乌政府获得国外赠款 169 笔，合计达 2.155 亿美元。从赠款的用途来看，获赠最多的领域是教育、科学和职业培训，其余依次为卫生环境发展、强力部门和海关部门设备装备、现代信息通信技术、社会保障和文体发展。[⑦]

土库曼斯坦金融资产规模明显小于经济总量，金融业发展水平较低。土法律规定银行体系包括中央银行、商业银行、微型金融组织和信用社等，但实际上除央行外只有商业银行。目前土库曼斯坦共有 13 家银行，包括 6 家国有商业银行、3 家股份制银行、3 家外资分行、1 家外资银行代表处。土中央银行直接向总统负责，国有资产在商业银行资产中占有绝对优势。土拥有证券市场专门法和股份公司法，但国家高度垄断经济。土经济总量在中亚五国中居于第三位，人均收入水平仅次于哈萨克斯坦，位于中亚第二位，远超吉尔吉斯斯坦和塔吉克斯坦，但其金融资产总量在中亚五国中处于末位。2013 年广义货币供应量仅为 11.99 亿美元，在中亚五国货币供

---

① 穆迪和标普对乌兹别克斯坦外经银行做出信用评级，乌兹别克斯坦“UzReport”网，2015 年 3 月 31 日。

② 2014 年世界黄金产量为 2860 吨，同比增长 60 吨。世界前三大黄金开采国为中国（430 吨）、澳大利亚（265 吨）、俄罗斯（230 吨）。

③ “乌兹别克斯坦成为世界第七大黄金生产国”，2015 年 2 月 16 日，http://uz.mofcom.gov.cn/article/jmxw/201502/20150200900319.shtml。

④ “乌兹别克斯坦 2014 年黄金外汇储备增长 16 亿美元”，2015 年 1 月 20 日，http://uz.mofcom.gov.cn/article/jmxw/201501/20150100872783.shtml。

⑤ 乌兹别克斯坦“UzReport”网，2015 年 2 月 9 日。

⑥ 同上。

⑦ “2014 年乌兹别克斯坦获国外赠款约 2.16 亿美元”，2015 年 4 月 7 日，http://uz.mofcom.gov.cn/article/jmxw/201504/20150400934872.shtml。

应总量中占比仅为 1.28%，而同期土库曼斯坦 GDP 中亚占比达到 11.52%，金融发展水平与其经济总量存在较大差距。土外债负担较小，外汇储备丰富，政府偿债能力较强。2013 年土外债负债率为 21.42%，在中亚五国中排名第四。2013 年土外汇储备达到 293 亿美元，在中亚国家中仅次于哈萨克斯坦，同时实行固定汇率制度，资本管制较严格。①

吉尔吉斯斯坦金融发展堪忧。一方面，吉金融开放度高，外资银行具有同等的国民待遇，可以自由经营当地本币和外汇业务；另一方面，贷款利率高企，非银行金融机构发展相对滞后，支付体系电子化程度低。此外，吉银行业务占 GDP 比重小，融资成本高，存贷款规模小，分支机构普及度较高，风险基本可控。近年来吉国国家债务水平持续上升，截至 2014 年 12 月 31 日，吉外债余额为 34.37 亿美元，较 2013 年底增长 2.78 亿美元，超过吉国内生产总值的 50%，已接近 60% 的“警戒线”。其中双边优惠贷款 18.68 亿美元，双边非优惠贷款 0.1 亿美元，多边优惠贷款 15.18 亿美元，多边非优惠贷款 0.41 亿美元。吉国最主要的三个债权方为：中国进出口银行，11.16 亿美元，占吉外债总额的 32.47%；世界银行，6.72 亿美元，占 19.55%；亚洲开发银行，5.84 亿美元，占 16.99%。吉国的其他主要债权方和欠债数额分别为：俄罗斯，3 亿美元；日本，2.29 亿美元；国际货币基金组织，1.85 亿美元；德国，0.96 亿美元；土耳其，0.9 亿美元；伊斯兰开发银行，0.59 亿美元。②

塔吉克斯坦金融形势不容乐观。塔共有 8 家黄金生产企业，2014 年塔生产 3.4 吨黄金，生产贵金属总额为 16.75 亿索莫尼，同比增加 1.83 亿索莫尼；③ 目前塔已探明 10 个黄金产地，黄金储量 500 吨。④ 2014 年塔国家预算收入超过 133 亿索莫尼，比 2013 年多 18 亿索莫尼。其中日常收入为 115 亿索莫尼，专项收入为 7.309 亿索莫尼，贷款和赠款为 10 亿索莫尼。⑤ 2014 年对塔提供人道主义援助总额超过 5 780 万美元，向塔提供人道主义

① 朱苏荣：“推动中国——土库曼斯坦金融合作”，《金融时报》2015 年 2 月 9 日。

② 吉尔吉斯斯坦财政部报告，2015 年 1 月 29 日。

③ 塔吉克斯坦“AVESTA”网，2015 年 1 月 26 日。

④ 塔吉克斯坦“亚洲快讯”，2015 年 1 月 8 日。

⑤ 塔吉克斯坦“AVESTA”网，2015 年 1 月 23 日。

援助最多的国家是：美国占56.5%，荷兰占9.4%，俄罗斯占7.8%，中国占5.8%，丹麦占4.7%。中国是塔主要债权国，截至2015年年初，塔对中国欠款为9.11亿美元。[①] 金融市场方面，截至2014年第四季度初，除塔中央银行外，塔共有17家银行、332家分支机构、1家非银行金融机构及119家小型信用机构。目前，塔没有统一规范的全国性货币市场和资本市场，没有证券交易机构，每年仅发行少量国债。金融服务和支付结算方面，塔金融机构主要从事存款、转贷款、社会福利和保障金发放等基本银行业务，银行卡使用率很低。截至2014年1月1日，塔吉克斯坦有发卡信贷机构12家，银行卡数量76.13万张，人均拥有银行卡不足0.1人/张。存贷款方面，塔银行体系中存款余额远远小于贷款余额，外币余额远远大于本币余额，贷款供给能力较弱，贷款资金大量依赖外部资金或财政资金转贷，2014年塔贷款机构的存款余额达67亿索莫尼，比2013年增加了19.2%；存款余额构成中本币占34.3%，外币占65.7%；自然人及法人的存款数额，与同期相比分别增加了14.6%和27.9%，其份额分别占存款余额的63%和37%。[②]

总体看，中亚五国的第三产业都有所发展，但总体发展较为缓慢，波动较大，水平较低，对各国经济的贡献率还有待提高。

四、前景展望

世界银行在2015年年初的“世界经济展望报告”中预测，2015年全球经济增长率将达3%，而2016年和2017年将分别增长3.3%和3.2%。报告称，在度过令人失望的2014年之后，2015年发展中国家应该会感受到经济增速有所加快，其主要原因在于石油价格的下跌、美国经济的复苏、全球资金利率保持低位以及一些新兴市场大国制约因素的减弱。报告预测，2015年世界主要原料商品价格将大幅下降。其中，石油平均价格将达53美元/桶，较2014年下降45%，这也将导致天然气和煤价格下降。镍、锡、铅、铜、锌、铁和铝2015年价格平均将下降5.3%，2016年可能呈现小幅增长。其中，镍的价格下降15%，铜的价格下降8%。贵金属如金、

① 塔吉克斯坦“亚洲快讯”，2015年1月29日。

② 塔吉克斯坦“AVESTA”网，2015年1月23日。

银等价格2015年下降2.9%，2016年还将继续下降0.7%。化肥价格2015年下降2.1%，2016年还将继续下降0.8%；食品价格2015年下降4.2%，粮食价格下降3.7%，其中小麦和大米下降2%，玉米下降7%；各种天然原材料价格平均下降6%，其中木材下降3%。[①] 2015年发展中国家经济增速将由2014年的4.4%加快到4.8%，2016年和2017年将分别达到5.3%和5.4%。根据世行预测，欧洲发展中国家及中亚国家2014年经济增长速度低于预期，为2.4%，主要原因是欧元区经济增长的不稳定和俄罗斯经济发展的停滞。2015年，上述地区的经济增速将达3%，而2016年和2017年的增长速度将分别达到3.6%和4%，但各国的发展速度将有很大差别。[②] 欧洲复兴和开发银行预测，2015年，随着俄罗斯GDP可能增长4.8%，哈萨克斯坦GDP将可能增长1.5%，吉尔吉斯斯坦增长3.2%，塔吉克斯坦增长4.4%，乌兹别克斯坦增长7.8%，土库曼斯坦增长9.7%。[③]

2015年，中亚国家经济下行的压力普遍加大。

（一）中亚国家面临各种问题需要解决

一是乌克兰危机导致西方制裁俄罗斯，卢布大幅贬值，从俄罗斯进口商品激增，中亚国家的产品与俄产品相比无竞争力，导致哈萨克斯坦等国众多企业减产甚至停产，近些年来实施的加快工业创新计划、商业路线图和农业经营取得的成就将严重受损。

二是卫生和植物卫生措施、技术监督措施等非关税壁垒制约着欧亚经济联盟成员国相互贸易的发展，贸易的非关税调节给下列产品的出口带来了很高的费用：俄罗斯和白俄罗斯的化学产品，俄罗斯和哈萨克斯坦的木材加工产品，白俄罗斯的农产品，哈萨克斯坦的电力、电子和光学设备等。从整体上来讲，壁垒所产生的费用占白俄罗斯对俄、哈出口值的15%，占

---

① 哈萨克斯坦资本网站，2015年1月26日。

② “世界银行预测2015年全球经济将增长3%”，2015年1月27日，http://uz.mofcom.gov.cn/article/jmxw/201501/20150100882800.shtml。

③ 哈萨克斯坦资本网站，2015年1月20日。

哈对俄出口值的16%和对白俄罗斯出口值的29%，占俄对哈、白出口值的25%。① 这些降低了欧亚经济联盟共同市场的效率，特别是制约着技术领域的发展和协作，增加了企业成本，降低了各国对欧亚经济一体化带给各国经济发展的预期。

三是移民问题对中亚国家经济的影响凸显。俄罗斯是吸收中亚国家移民的主要国家，由于俄经济下降明显，对劳动移民的吸收减少，主要靠劳动移民汇款带动本国GDP的乌、塔、吉等中亚国家受到影响。根据俄罗斯移民署统计，截至2015年1月22日，俄境内共有221.5万乌兹别克斯坦公民，较2014年6月减少15%；吉尔吉斯斯坦公民54.5万人，与2014年6月相比几乎没有变化；塔吉克斯坦公民99.9万人，较2014年6月减少15%。②

四是“影子经济”已经对哈、吉等中亚国家的经济安全构成了严重威胁。高昂的税收、低效的行政手续、不透明的法律以及腐败等，都导致中亚国家企业经营走入“影子”，税收大量流失。如哈国内涉及“影子经济”的企业比例达34.7%；③ 目前吉国“影子经济”规模达40%—60%，国家财政每年无法收缴的税收额达40%。自吉国独立以来的20多年内，由于“影子经济”而未能进入国家预算的总金额达2 010亿索姆（约合33.95亿美元），其主要领域为贸易、服务业、建筑业、房地产业等。④ 目前吉政府跨部门委员会已经编制了《2015—2017年缩减“影子经济”政府措施纲要》（草案），并将继续制订具体的、有可操作性的落实措施计划。

（二）中亚国家纷纷采取措施应对风险

哈萨克斯坦总理官网发布的政府与央行2015年经济政策主要方向联合声明中表示，平抑外部经济冲击保障社会经济发展为2015年哈经济政策的

---

① “非关税壁垒制约着欧亚经济联盟成员国相互贸易的发展”，2015年4月12日，http://kz.mofcom.gov.cn/article/jmxw/201504/20150400938271.shtml。

② “截至2015年1月22日，俄罗斯境内共有221.5万乌兹别克斯坦公民”，2015年1月27日，http://uz.mofcom.gov.cn/article/jmxw/201501/20150100879450.shtml。

③ 国际文传电讯社，阿拉木图，2015年4月9日。

④ 吉尔吉斯斯坦“卡巴尔”国家通讯社，2015年3月30日。

主要方向；保持宏观经济环境的稳定，实施积极的财政政策，实现经济稳定增长，提高哈经济综合竞争力为经济政策的主要任务。2015 年哈国经济政策方向的主要内容有：全面实施“光明大道”的新经济政策，大力推动基础设施建设；提高哈经济综合竞争力，大力扶持中小型企业；保障宏观经济环境的稳定；实施积极的财政政策，改善银行状况。[①]

乌兹别克斯坦总统卡里莫夫在 2015 年年初批准了《2015—2019 年乌兹别克生产本地化纲要》，总进口替代金额达 175 亿美元，纲要包括实施生产竞争力强的进口替代和出口导向产品项目，使本地化水平达到 36% 以上。本地化项目应满足矿产资源深加工要求，生产 1 225 种有需求的产品，实现 2016 年替代进口 35 亿美元的目标，并创造 13 300 个就业岗位。实施本地化纲要的企业，给予为期 3 年的一系列优惠政策，包括免征海关税费、免征利润税、财产税等。[②]

土库曼斯坦国民会议于 2015 年通过《土库曼斯坦工商会法》，[③] 借鉴国际经验适时调整土工商会职能；制定新法律以推动出口型产业的发展，新法律赋予了土工商会的重要任务之一为提高产品及服务出口量；还制定了国际商务仲裁条例，以应对国际贸易纠纷问题。土总统别尔德穆哈梅多夫表示，未来几年内土将重点发展出口型产业，工商会将在出口活动发挥重要作用。

2014 年 12 月底，本国斯坦总统阿塔姆巴耶夫签署法令，宣布 2015 年为“巩固国民经济年”。法令声明，吉需要采取措施改革对外依赖性过强的本国经济，增强其内生动力；同时，2015 年吉成为欧亚经济联盟正式成员国，为此需要提高吉尔吉斯商品与服务的竞争力，并积极维护好国家利益。“巩固国民经济年”的具体宗旨包括：大力支持出口导向型和替代进口型产业的发展，推动吉国产商品和品牌在国内外市场的发展，扩大吸引外资，新增就业岗位等。

塔吉克斯坦工业和新技术部将着手制定塔纺织业发展五年新战略，瑞士政府将对此提供援助。新战略将致力于确定塔纺织业发展制约性因素，

① 国际文传电讯社，阿斯塔纳，2015 年 12 月 24 日。

② 乌兹别克斯坦《新世纪报》，2015 年 3 月 2 日。

③ 土库曼斯坦独立媒体“趋势报”，2015 年 3 月 30 日。

挖掘塔纺织业发展潜力，提高纺织产品竞争力等。①

2015 年中亚国家依然面临俄罗斯和西方因乌克兰危机进行的制裁战导致的卢布暴跌、石油价格大幅下跌导致的贸易平衡资产和外汇收入减少以及中亚国家汇率下降等风险。尽管中亚各国纷纷采取措施，但各国经济形势依然不容乐观，各国将发展的希望寄托到参与中国倡导的“丝绸之路经济带”建设上来，纷纷将未来发展战略与中国的发展战略对接，中亚国家与中国的经济发展从未像现在这样向更加紧密的方向发展，并正在形成休戚与共的命运共同体和利益共同体。如果各国通过改善国民经济结构，积极参与“丝绸之路经济带”建设，大力发展基础设施建设等措施，同时积极与俄、中、美、欧盟、伊斯兰世界国家等战略伙伴合作，积极与国际组织交往，可能会达到世界银行的预期，但中亚各国经济提振尚需时机和时日。

① 塔吉克斯坦“亚洲快讯”，2015 年 2 月 4 日。

报告三

上海合作组织人文教育合作综述

贝文力　顾　恒*

【内容提要】2014—2015 年，上海合作组织全面落实《长期睦邻友好合作条约实施纲要》，在人文领域凝心聚力、精诚协作，交流方式更加多元、合作尺度更加深入、战略内涵更加突出，彰显了旺盛的生命力。上合组织弘扬丝绸之路精神，积极打造文化包容的利益共同体，推动民心相通，不断夯实本地区各国友好交往的民意基础。

【关键词】上合组织人文教育　丝绸之路精神　民心相通

一、多边交流

（一）多边人文合作机制全面推进

2014—2015 年，上海合作组织多边人文合作涉及更多、更具体的合作领域。

2014 年 6 月 10 日，上海合作组织成员国文化部长第十一次会晤在塔吉克斯坦举行。俄罗斯文化部副部长提议，鉴于 2015 年是世界反法西斯战争胜利 70 周年，希望 2015 年在上合组织框架内开展多边文化活动，共同纪念这一历史上的伟大事件。代表们还表示，今后将在青年文化工作者的交

* 贝文力，华东师范大学国际关系与地区发展研究院党总支书记、教育部人文社会科学重点研究基地华东师范大学俄罗斯研究中心副主任；顾恒，华东师范大学附属紫竹小学教师。

流互换、文化领域专业人才的培养、各国文化专业机构之间的直接交流等方面进一步加强协作，用丰富多彩的双边及多边文化活动加强上合组织成员国之间的凝聚力。①

在2014年9月发表的《上海合作组织成员国元首杜尚别宣言》中，元首们积极评价了人文领域的合作成果，支持在文化、科技、创新、教育、卫生、旅游和体育领域进一步开展多边和双边合作，促进睦邻友好合作关系发展和情感融合，推动文明间对话，造福上合组织地区人民。② 中国国家主席习近平在元首会议上指出，要加强上海合作组织国际传播能力建设，弘扬上海合作组织主旋律，向世界讲述更多“上合故事”，发出更多“上合声音”。③ 对媒体和传播能力建设的高度支持为开辟人文合作新渠道提供了重要保障。

2014年10月8日，第五届上海合作组织成员国教育部长会议在俄罗斯举行。各方一致同意将继续交换有关部际和校际间在教育领域开展现代化建设，举办教学与研究论坛、学术研讨会和专题研讨会的相关信息，商定为纪念世界反法西斯战争胜利70周年在教育机构举办相关活动。会议通过了创建上海合作组织大学和保障其运行的2015—2016年主要活动计划，肯定了“教育学”和“生态学”专业研究生培养协议的重要意义，并确定了上合组织大学特别毕业证书。④

在2014年12月发表的《上海合作组织成员国政府首脑（总理）理事会第十三次会议联合公报》中，各成员国肯定了上合组织成员国文化部长会议（2014年6月10日，杜尚别）和上合组织成员国教育部长会议

---

① “杨志今副部长出席上海合作组织成员国文化部长第十一次会晤”，文化部外联局，2014年6月17日，http://www.culturalink.gov.cn/portal/pubinfo/111005/20140618/535182a46d0c4a77bebbf2aa494f1d4f.html。

② 《上海合作组织成员国元首杜尚别宣言（全文）》，外交部门户网站，2014年9月13日，http://www.fmprc.gov.cn/mfa_chn/ziliao_611306/1179_611310/t1190849.shtml。

③ “习近平在上海合作组织成员国元首理事会第十四次会议上的讲话（全文）”，外交部门户网站，2014年9月12日，http://www.fmprc.gov.cn/mfa_chn/ziliao_611306/zyjh_611308/t1190748.shtml。

④ “第五届上海合作组织成员国教育部长会议联合新闻公报”，上海合作组织官网，2014年10月8日，http://www.sectsco.org/CN11/show.asp?id=802。

(2014 年 10 月 8 日，巴尔瑙尔）取得的成果，并强调应尽快完成《上海合作组织成员国政府间科技合作协定》（2013 年 9 月 13 日，比什凯克）生效程序，继续落实《上海合作组织成员国政府间卫生合作协定》（2011 年 6 月 15 日，阿斯塔纳），在环境保护领域开展切实协作。上合组织秘书长梅津采夫强调，上合组织有广阔和明显的特色、传统和天分，在人文领域中小企业有很多发展机会。利用那些准备支持博物馆、档案馆、出版社和剧院，以及艺术、影视、人文科学和旅游合作的相关企业的潜力非常重要。① 秘书长和总理理事会对科教文卫领域的全面关注，体现了人文合作正朝着全方位、宽领域的方向积极发展。

2015 年 3 月 28 日，中国政府发布《推动共建丝绸之路经济带和 21 世纪海上丝绸之路的愿景与行动》，强调民心相通是“一带一路”建设的社会根基，指出传承和弘扬丝绸之路友好合作精神，在沿线各国广泛开展文化交流、学术往来、人才交流培养合作、媒体合作、旅游合作、科技合作、公共卫生合作、青年和妇女交往、民间组织合作等，将为深化双多边合作奠定坚实的民意基础。②《愿景与行动》的颁布为人文合作的深入开展注入了新的强劲动力，也使上合组织各丝路文明古国间的传统联系具有新的时代特点。

（二）人文合作亮点频现、成果丰硕

2014—2015 年间，上合框架内多边人文合作开展得如火如荼，基础项目影响深远，常规活动亮点频出。与此同时，上合组织还不断聚焦时代热点，努力开启丝路建设新局面，高度重视纪念二战胜利 70 周年，积极推进抗击传染病领域合作，加强旅游交流，把人文合作推向了一个新的高度。

1. 建设新丝绸之路

自 2013 年 9 月和 10 月习近平主席分别提出建设“丝绸之路经济带”

---

① “上海合作组织秘书长梅津采夫在上合组织成员国政府首脑（总理）理事会第十三次会议上的讲话稿（2014 年 12 月 14—15 日，阿斯塔纳）”，上海合作组织官网，2014 年 12 月 15 日，http://www.sectsco.org/CN11/show.asp?id=824。

② 《推动共建丝绸之路经济带和 21 世纪海上丝绸之路的愿景与行动》，外交部门户网站，2015 年 4 月 1 日，http://www.fmprc.gov.cn/ce/ceit/chn/sbyw/t1251177.htm。

和“21世纪海上丝绸之路”的战略构想以来，“一带一路”建设得到了上合成员国的积极响应，也为彼此的人文合作带来了新的契机。

2014年6月22日，在第38届世界遗产大会上，中国、哈萨克斯坦和吉尔吉斯斯坦三国联合申报的“丝绸之路：长安—天山廊道的路网”成功申报世界文化遗产。这是世界上第一个以联合申报的形式成功列入《世界遗产名录》的丝绸之路项目。联合申遗进一步增进了中国和哈、吉等中亚国家的传统友谊，与“丝绸之路经济带”一起成为新时期上合成员国和平对话、共同发展的新纽带。① 2014年7月19日，“丝绸之路万里行”大型人文历史体验全媒体活动在西安启动。本次万里行全程15 000公里，历时6个月。丝路各国媒体强强联合，用全新的视角将丝路文明和经济进行了点—线—面的串接和现实观照，展现了当今新丝绸之路上的激情与活力。2014年11月6日，大型文物展览“丝绸之路”在中国国家博物馆开幕，展览汇集了全国16个省区市的近500件文物珍品，全方位地展现了丝绸之路上的风土人情、商贸往来和文化交流。2014年12月，“丝绸之路国际文化论坛”在哈萨克斯坦举行，与会者围绕“共创21世纪丝绸之路文化带”、“传统文化艺术的时代创新和多边合作”、“民间艺术的传承与发展”、“丝绸之路文化遗产的共享与传播”展开了广泛的交流与对话，力图形成一个自下而上的长期合作机制。2015年5月，“新丝绸之路全球文化交流之旅”、“新丝路，新画景——艺术家新丝绸之路行”等活动陆续开幕，沿线各国的艺术家们通过画笔弘扬古老的丝路传统，将丝路精神载向世界。

“新丝绸之路”系列活动突破了地理限制，建立了对多种文明的认知。它最终形成了一种更为广阔的世界观与相对平等的交流方式，促成了上合组织各种文明之间的密切互动。

2. 纪念反法西斯战争胜利70周年

2015年是第二次世界大战胜利70周年，上合组织高度重视。2015年5月9日，俄罗斯举行红场阅兵，上合各成员国方阵一同参加了阅兵。在7月举行的上合组织乌法峰会上，各成员国元首发表了关于世界反法西斯战争暨第二次世界大战胜利70周年的声明，强调引以为豪的伟大功勋、并肩战斗的记忆以及牢不可破的友谊是成员国捍卫自由独立的共同财富，也是

① “2014文化热点回眸”，《中国文化报》2015年1月6日，http：//epaper. ccdy. cn/html/2015—01/06/content_ 144220. htm。

为世界公正与安全而斗争的道义指南；高度评价中国人民的英勇精神和功绩；坚决反对从道德和法律上歪曲二战成果，以及忘记这一全人类悲剧教训的图谋。2015 年 9 月 3 日，中国在北京举行纪念中国人民抗日战争和世界反法西斯战争胜利 70 周年大会和阅兵式，上合成员国元首参加，成员国军队方阵与中国军队一起通过天安门广场接受检阅，同时举行了包括图片展、汽车拉力赛等在内的数量众多的双边和多边纪念庆祝活动。相关活动的举办提供了回顾和铭记历史的机会，表达了上合组织维护国际和平与稳定的决心和愿望。

3. 共同抗击传染性疾病

近年来，由于埃博拉等病毒的全球性蔓延，在抗击传染性疾病方面展开国际合作显得愈发迫切。对此，上合组织银联体提出了一个多边合作的建议，即建立保障健康和社会公民支持的机构，以促进欧洲医学和传统中医治疗潜力的融合、患者的康复和疾病的预防。[①] 2015 年 4 月 16—17 日，上合组织卫生防疫部门领导人第四次会议在莫斯科举行。会议审议通过了联合声明和由俄方起草的《关于加强上海合作组织成员国应对传染病扩散的挑战与威胁能力的建议》。[②] 2015 年 5 月 25—26 日，“上合组织成员国传染性疾病抗击领域的合作前景”国际会议在索契举行。会议讨论了上合区域内卫生和防疫领域的新威胁，并就大型国际活动期间卫生防疫保障问题展开了讨论。这一系列活动都有助于完善防止传染病传播机制，保障民众的卫生防疫状况，为上合组织成员国开展卫生疾病合作注入新的动力。

4. 展开旅游多边合作

随着中俄旅游年活动的蓬勃开展，上合框架内也开始部署旅游多边合作。2014 年 3 月，上合组织旅游合作专家会议指出，要加强旅游从业人员的培训合作，开展旅游领域联合营销活动，明晰旅游合作的具体路径。2015 年 3 月 25 日，上合组织在莫斯科召开了旅游部门领导人首次会议。各方呼吁进一步发展旅游领域的多边和双边关系，加强上合组织内各国人

---

① “上海合作组织秘书长梅津采夫在上合组织成员国政府首脑（总理）理事会第十三次会议上的讲话稿（2014 年 12 月 14—15 日，阿斯塔纳）”，上海合作组织官网，2014 年 12 月 15 日，http：//www. sectsco. org/CN11/show. asp？ id = 824。

② “我代表出席上合组织成员国卫生防疫部门领导人会议”，卫生计生委网站，2015 年 4 月 22 日，http：//www. gov. cn/xinwen/2015—04/22/content_ 2851386. htm。

民之间的睦邻友好关系，提高旅游业对上合的经济贡献。与会者就2015年制订上合组织旅游发展规划达成一致。①

为了激励青年们学习上合组织国家的历史和文化，促进上合组织空间内青年们的相互流动，上合组织还创建了青年卡（SCO Youth Card）。持卡人在上合组织地区国家境内旅行时可享有优惠，涉及机票或火车票、宾馆或旅馆住宿、餐饮、参观文化活动机构及订购旅游服务（游览服务、组团旅游），优惠程度可能达到80%。② 2015年6月，丝绸之路旅游部长会议在西安开幕，会议就提升丝路沿线国家旅游便利化水平、开展联合推广、提升旅游交流品质等议题进行了深入探讨。丝路特色旅游不仅有利于带动上合旅游合作的深入开展，也为实现沿线国家的共同繁荣提供了便利。

（三）教育合作求真务实、稳步开展

2014—2015年间，上合组织不断深化教育合作，在上合组织大学的运行机制、人才培养、专业规划、青年交流等方面开展了大量的工作。面对教育合作过程中不断出现的新问题，上合组织开始以新的眼光和思路审视自我，着力探索适合本组织的教育发展模式。

1. “教育无国界”教育周

2014年10月7日，第八届上海合作组织“教育无国界”教育周在俄罗斯巴尔瑙尔举行。活动期间举行了上合组织大学培养方向工作组会议。上合组织大学项目院校代表签署了“教育学”和“生态学”专业研究生培养计划。2015年5月28日，第九届上海合作组织成员国“教育无国界”活动在俄罗斯别尔哥罗德开幕。与会者就国际交流、新型教育的发展前景、法律保障合作及专家委员会工作效率问题进行了讨论。

2. 上海合作组织大学

办学7年以来，上合大学的组织规模不断扩大，目前已经有82所项目

---

① “上海合作组织成员国旅游部门领导人第一次会议结果信息报文”，上海合作组织官网，2015年3月25日，http：//www. sectsco. org/CN11/show. asp？id = 845。

② “上合组织成员国创建青年卡（SCO YOUTH CARD）倡议推介会”，上海合作组织2014—2015年俄罗斯轮值主席国官方网站，2015年3月23日，http：//cn. sco-russia2015. ru/program/20150323/1013241449. html。

院校，其工作也由最初的学生交流发展到科研合作，并成立了生态学和区域学方向两个中方研究中心。在不断理顺发展思路、完善组织机构和相关法律文件的同时，上合组织大学在创新运行机制、厘清专业发展方向、加强人才合作培养等领域取得了积极的办学成果。可以说，上合大学已经进入一个新的发展阶段。上合大学中方校长委员会主席孙玉华建议将双学位联合培养的可能性和具体操作方式，借助上合大学平台拓展校际间的国际合作、国内合作等相关问题纳入部署的轨道。

3. 上合组织成员国大学生暑期交流

2014 年 7 月“首届上合组织大学生之春艺术节”在俄罗斯赤塔举行，艺术节涵盖了艺术表演、体育比赛、青年政策研讨、青年记者媒体论坛等多个活动，为上合组织青年间的沟通交流构筑起了文化之桥。① 为了给上合大学项目学生培训外语基础和国情文化知识，使他们更好地适应国外的学习和生活，2014 年 8 月上合组织大学暑期俄语强化培训在大连外国语大学进行。此次培训由俄语综合课、出国留学讲座和中俄学生交流会三部分组成，解决了学员们留学期间的基本语言障碍，推动了上合大学的内涵建设。2014 年 7 月和 2015 年 7 月，华东师范大学分别举办了第五届和第六届上合组织成员国大学生暑期学校，主题分别是“促进文明间的对话，增强民族间的感情”和“庆祝伟大胜利、促进和平发展、增强了解融合”。成员国学生代表通过专题讲座、汉语学习、文化考察、“国家日”、圆桌会议、创意大赛、与中国学生和各界人士交流、“做一天上海人”等活动，加深了对中国语言、文化、历史和当代生活的了解，增进了彼此间的友谊和互信。

4. 学术研讨会

2015 年 4 月 28 日，第四届独联体及上海合作组织国家汉语教学国际研讨会暨欧亚汉语教师协会年会在莫斯科国立语言大学举行。欧亚汉语教师协会自 2014 年 6 月成立以来，在促进俄及独联体国家汉语教学、中国文化研究、汉语教学方法创新等领域开展了大量工作，取得了丰硕成果。莫斯科国立语言大学校长哈列耶娃表示，随着中国与独联体国家各领域交往的

① 参见 Константин Ильковский. Фестиваль стран ШОС укрепит гуманитарное сотрудничество организации// ИТАР-ТАСС. 2014 - 7 - 2. http：//tomsk. bezformata. ru/listnews/festival-stran-shos-ukrepit/21628376/。

不断加深，独联体国家学生对中国经济社会发展及中国文化表现出的兴趣愈加浓厚，各国汉语教学规模和学习汉语的人数不断扩大。欧亚汉语教师协会必将在独联体国家发挥其独特的作用，搭建起独联体国家高校与中国高校建立深层次关系的重要平台。①

二、双边交流

（一）双边人文合作机制建设加快

2014—2015 年，随着一系列联合宣言、公报和会议纪要的签署，上合各成员国间的双边人文合作机制得到进一步加强。中俄通过媒体积极释放深化合作的信号，中哈着手将“一带一路”与“光明之路”对接，中吉、中塔、中乌聚力青年教育和交流，独联体国家之间也以“共建一带一路”、“建设欧亚经济联盟”、“纪念二战胜利 70 周年”为契机展开密切合作。

中俄高层交往空前频繁。两国领导人相互出席对方举办的二战胜利 70 周年庆祝活动，在金砖国家和上海合作组织峰会、二十国集团峰会、亚太经合组织领导人非正式会议等国际场合保持接触。此外，两国通过总理定期会晤及该机制下设的人文合作会议取得了积极的成果，《中俄人文合作委员会第十五次会议纪要》《关于实施中俄共同庆祝第二次世界大战胜利 70 周年人文领域活动计划的纪要》《关于增补中俄青年友好交流年活动计划的纪要》等政府间协议相继签署。2014 年 5 月，习近平与普京共同签署了《中俄关于全面战略协作伙伴关系新阶段的联合声明》，指出要重点实施《中俄人文合作行动计划》，确保两国青年友好交流年活动顺利举行，并准备筹办两国媒体交流年活动。2015 年，200 名俄罗斯中小学生赴华参加夏令营。

《中哈总理第二次定期会晤联合公报》高度评价了双方互办的“国家文化日”，肯定了 2017 年在哈萨克斯坦举办“中国旅游年”的重要意义。公报指出双方将共同采取措施，打造“丝绸之路”旅游产品。此外，两国

---

① “驻俄罗斯大使李辉在莫斯科语言大学出席第四届独联体及上海合作组织国家汉语教学国际研讨会暨欧亚汉语教师协会年会”，驻俄罗斯大使馆，2015 年 4 月 30 日，http：//www. fmprc. gov. cn/mfa_ chn/wjdt_ 611265/zwbd_ 611281/t1259704. shtml。

在高新技术、创新和科技成果转化领域互利合作潜力巨大，因此支持共同建立“中哈技术合作中心”。《中哈联合宣言》以广播影视为重点，指出同意推动开展丝绸之路广播影视交流合作项目，中方邀请哈方派团或选送影片参加“丝绸之路国家电影节”。

在2014年签署的《中吉关于进一步深化战略伙伴关系的联合宣言》《中塔关于进一步发展和深化战略伙伴关系的联合宣言》《中乌联合宣言》中都表达了进一步加强和扩大人文领域合作的愿望。各方就人才培养等教育问题达成了共识。中方表示将继续每年向吉、塔、乌等国提供政府奖学金，并根据实际需要增设孔子学院。2014年，198名塔吉克斯坦中小学生赴华参加夏令营活动。

（二）人文教育活动异彩纷呈

1. 文化沟通

（1）开展主题年、文化日活动。继互办“国家年”、“语言年”、“旅游年”后，中俄两国又将人文合作主题确立为“青年”，共同举办“青年友好交流年”。在这一框架下，中俄策划实施了“中俄青年雪地足球赛”、“中俄青年联合交响乐团音乐会”、“中俄人文社科青年学者论坛”等300多个活动项目，交流规模达数万人次。莫斯科中国文化中心揭牌一年多来，积极实践，常态化开展活动逾百场，从“品读中国”读书周到“圆明重光——圆明园旅游文化莫斯科展”，从“影动梦想——中国当代动漫艺术展”到“礼乐中国——湖北省博物馆馆藏商周青铜器特展”等，无一不在推广和传播着璀璨的中华文化。根据俄权威民调机构“列瓦达中心”2014年10月的数据显示，中国已成为俄民众心目中最友好的国家。这些都为双方进一步开展人文合作和共同提升软实力奠定了坚实基础。2014年5月和10月，中塔互办文化日，“邂逅高山之国摄影展”、“中华餐饮文化日”等活动相继举行，增进了中塔两国人民的相互了解和友谊。2014年10月，哈萨克斯坦中国文化日亮相阿斯塔纳，“中国陶瓷—紫砂”艺术展、“中国美丽乡村”摄影展等吸引了数百名哈萨克民众。

（2）开辟红色旅游线路。2015年3月，第三届中俄旅游合作论坛在莫斯科举行。论坛围绕中俄旅游合作，就为中国游客赴俄旅游创造舒适环境、推动“中国友好”项目务实合作以及在华为俄游客建立类似项目等议题进行了深入探讨，力图尽早实现两国公民互访总量突破500万人次的目标。为了进一步拓展中国市场，俄罗斯为中国游客特别开辟了与俄共苏共历史、革命导师列宁生平等相结合的红色旅游路线，游客们可以在莫斯科、圣彼得堡、喀山等城市一边欣赏美丽风光，一边探寻红色印记。

（3）发展文化产业。2014年10月，中俄动漫企业合作签约仪式在莫斯科举行。按照协议，双方将根据中俄文化和历史共同创作剧本，并按投资比例共享版权收益。这是中俄在动画电影制作领域的首次合作，标志着两国动漫产业深度合作又向前迈进了一步。在中俄电影合作分委会第七次会议中，两国相互介绍了各自电影产业发展情况，并就互办电影节、相互展映反映二战胜利70周年题材的影片以及中俄合拍影片等问题广泛交换了意见。2015年6月上海国际电影节开幕之际，“2015中外影视译制合作高级研修班”正式启动。来自俄罗斯、哈萨克斯坦等国的专家、影片制作人等一起就提高中外影视作品跨语言互译的规模、层次与质量、规范，打造长效国际影视合作机制展开了深入讨论。这一系列的文化产业合作对于形成产业对接、实现优势资源互补、提升经济效益、提高国家文化竞争力和吸引力起到了巨大的推动作用。

2. 教育交流

（1）高校协作与联合办学。继中俄工科、艺术、经济类高校联盟及中国东北地区与俄罗斯远东、西伯利亚地区大学联盟后，2014年4月中俄双方联合12所师范院校又成立了中俄教育类高校联盟。这一联盟对于凝聚中俄高水准教育类院校的力量，丰富中俄人文交流的内容和机制具有重要意义。同年5月，在中俄两国元首的见证下，两国教育部门签署了关于北京理工大学和莫斯科国立大学在深圳创办“中俄联合大学”的谅解备忘录。这一合作项目具有开创性意义和很强的示范效应。此外，中俄高校还开展了各类留学项目。2015年在俄中国留学生为2.5万人，在中国的俄罗斯留学生约1.5万人，两国计划到2020年将互派留学生人数增至10万人。①

（2）学术研讨与交流。2014年8月，清华大学举办“第七届政治学与

① “俄罗斯文化中心主任：扩大青年交流让中俄友谊列车永不停步”，2014—2015中俄青年友好交流年官方网站，2014年12月26日，http：//www.sinorusyouth.com/news2/detail/5492/20141226/239907.html。

国际关系学术共同体年会”，上合大学“区域学”方向13所项目院校的30名学生共同参加了此次年会。年会回顾了百年来国际关系变迁的历史进程，反思了国际体系转型的规律。此次年会为扩大上合项目学生视野起到了积极的促进作用。2014年10月，第十一届中俄大学校长论坛成功举办，论坛围绕“中俄区域性大学青年交流”的议题，总结了中俄高等教育教学经验，促进了中俄高校教学和科研合作向纵深发展。2014年12月，华东师范大学举办中俄联合研究院·中俄青年学术精英讲习班，目的在于加强中俄学术合作，搭建两国共同的学术交流平台，同时也旨在建立两国青年学术精英的研究网络。来自中、俄等国的专家学者，以及俄罗斯驻华公使陶米恒等做了主题演讲。2015年6月，在乌兹别克斯坦撒马尔罕国立外国语学院举行的为期两天的“伟大丝绸之路上的普世价值观与民族价值观：语言、文化和教育”国际学术研讨会上，中乌学者就振兴古丝绸之路进行了学术交流，就丝绸之路上的普世价值观与民族价值观、语言、文化和教育展开了深入讨论。

（3）中俄经典与现当代文学互译出版。为改变当前中俄关系政治火热、经济升温、文学冷清的局面，2013年中俄联合签署了《“中俄经典与现当代文学作品互译出版项目”合作备忘录》。双方商定，6年内双方相互翻译并出版对方国家不少于50种经典作品，或双方共出版不少于100种图书。2014年9月3日，老舍的《猫城记》、王蒙的《活动变人形》、铁凝的《笨花》、莫言的《生死疲劳》等10部中国文学作品被译为俄文，作为项目首期成果在俄正式出版发行。2014年底，《谢德林作品集》等15部俄罗斯文学作品被译成汉语在中国出版发行。2015年4月，中俄双方就互译出版项目由100种扩大至200种作品事宜进行磋商，并就举办中俄联合书展以及邀请中国作家代表团参加“欧亚文学”国际作家论坛等事宜达成共识。①

3. 媒体对话

媒体对于重要信息的传播、优质资源的收集、国家形象的提升具有重要作用。近年来，上合成员国越来越重视加强媒体合作，利用媒体夯实双

① “中俄经典与现当代文学互译出版项目有望扩容”，莫斯科中国文化中心，2015年4月20日，http：//www. culturalink. gov. cn/portal/pubinfo/104001/20150421/a4c36171a2414e5882bce9755b9d345a. html。

边和多边合作的民意基础。新华社、中央电视台、《人民日报》等5家中国媒体在哈萨克斯坦设立了记者站，哈媒体赴华建站的数量也在逐年增加。吉尔吉斯斯坦国家卡巴尔通讯社网站设立了首个中国专栏“中国之窗”，开启了现代化媒体时代中吉新闻合作的新阶段。中国国际广播电台与俄罗斯5家国家级媒体建立了合作关系，涵盖通讯社、报纸、电台、电视台和互联网媒体，建立起中俄文化传播和交流合作的长效机制。莫斯科中国文化中心与人民网达成战略合作，借助彼此平台，开展与外宣、文化有关的衍生活动，共同在俄罗斯推介中国形象，推进中华文化“走出去”。

4. 技术协作

2014年，中俄科技合作的步伐不断加快。6月，中俄高技术和创新合作工作组第八次会议在北京举行；8月，中俄总理定期会晤委员会科技合作分委会第18届例会在中国召开；10月13—16日，中国以“伙伴国”身份参加第三届莫斯科“开放式创新”国际论坛暨展览；10月25—26日，俄罗斯作为“主宾国”参加第七届上海“浦江创新论坛”。此外，双方还在“中俄青年友好交流年”的框架下举办了系列青年科技交流活动，推动中俄科技合作可持续发展。[①] 在双方政府的支持下，多个合作项目取得突破。益生菌联合实验室实现了益生菌产品的小量生产，为儿童消化道疾病带来了福音。中俄超硬材料联合研究工程中心实现了“纳米立方氮化硼制备技术引进”项目的产业化中试。中俄特种粘接材料联合研究工程中心搭建了实验室级别的合成、检测线。在“一带一路”建设的带动下，中俄共同签署了《关于合作开发建设中俄丝绸之路高科技产业园的合作备忘录》，确定在陕西西安市与俄罗斯莫斯科分别建设一个高科技产业园区，通过“一园两地”的模式，加强中俄两国的科技经济合作。[②]

面对哈、吉、塔、乌等国科技水平的实际状况，中方积极提供科技援助。中国华为公司同哈电信部门合作，准备在两年内使4G网络覆盖到哈全境，大幅提高哈移动通信质量，为哈公民通信联络、开展网络商业和远程教育等提供更大便利。在过去的一段时间内，中兴在乌兹别克斯坦实现了

---

① “科技处与俄方商讨2014年双边科技活动计划”，中国驻俄罗斯大使馆，2014年4月11日，http：//ru. china-embassy. org/chn/kjhz/hzgk/t1146085. htm。

② “中俄丝路合作打‘创新’牌科技产业成‘热点板块’”，中国新闻网，2015年1月20日，http：//www. chinanews. com/gn/2015/01 – 20/6987329. shtml。

一系列商务电信项目，如扩大全球移动通信系统网、为乌电信公司提供基础设施现代化服务、投入生产商用交互式网络电视等。中兴还与乌兹别克斯坦的主要移动运营商保持顺利合作，联合生产智能手机，赢得了较好的市场。新疆兵团科技援外项目“中吉现代农业技术联合研究与示范中心”已获得国家科技部立项支持，这对提高吉尔吉斯斯坦的农业生产水平和科技创新能力具有重要意义。

三、人文交流合作前景展望

2014—2015 年间，随着上海合作组织各成员国间的政治互信不断加深，经济往来日益密切，上合组织在人文领域的合作取得了许多新突破，且颇具时代特色。围绕“一带一路”、“青年交流”、“媒体合作”等热点，上合组织开展了丰富多彩的人文活动，然而如何在这几方面做实做深，真正实现各成员国的相互理解和共同繁荣，释放和发挥文化软实力，还需要做进一步的思考和探索。

（一）抓住共建丝路的重要契机

1. 理解文化多样性，实现共生共荣

《愿景与行动》中特别强调倡导兼容并蓄、求同存异，尊重各国发展道路和模式的选择，实现共生共荣。因为丝绸之路沿线交融了中华、中亚、斯拉夫等多种文化，汇聚了佛教、伊斯兰教、东正教等多种宗教。如何发挥多样文明的优越性，促进文化认同，减少文化冲突，这就需要沿线各国人民增进人文交流与文明互鉴，相逢相知，互信互敬。

从近几年上合人文合作的总体状况来看，虽然合作的涵盖面和影响力不断扩大，但这一切变化基本局限在中俄两个大国之间。而中国与哈、吉、塔、乌的人文合作主要停留在政府层面，民间很难有机会接触到对方的文化。中国前驻哈萨克斯坦大使乐玉成表示，人文交流始终是中哈合作的一块短板。中国文化在哈的影响不仅无法与俄罗斯相提并论，也不如韩国、土耳其等国。这一方面是由于文化差异，另一方面推介宣传也有待进一步加强。在哈萨克斯坦，走进书店几乎找不到一本中国文学作品，就连介绍中国的书籍也很少见。当地观众几乎看不到中国原产的电影、电视剧，偶尔放映的中国影片基本上都是从俄罗斯二次引进的商业片。[①] 因此，上合组织要转变这种人文合作不够平衡和深入的状态，把握好此次共建“一带一路”的重要契机，加强引导文化资源向哈、吉、塔、乌集中展示的力度，同时打开部省合作的新局面，发挥边疆民族地区的示范效应和文化优势，使丝路各国的多样文化真正走入民心。

2. 保护文化遗产，实现可持续发展

2014 年 6 月，中、吉、哈三国联合申请的“丝绸之路：长安—天山廊道路网”入选《世界遗产名录》，申遗成功迈出了文化先行的第一步，它必将为沿线地区带来不可估量的发展动力。它不仅可以拉近民众与文化遗产之间的距离，密切民众间的情感，还能拉动沿线各国的经济增长，促使丝路经济带成为新的国际纽带。因此，保护丝路文化遗产至关重要。中国丝绸博物馆馆长赵丰建议，要开展丝路文化遗产调查，设立公益性的丝路文化专项基金，资助保护丝路文化遗产、弘扬丝路文化精神的项目。同时，充分利用丝绸之路沿线博物馆和文艺院团的功能，把丝绸之路展览、表演以及数字产品推向海外。[②]

“一带一路”沿线国家除了拥有丰富的物质文化遗产外，也蕴藏了大量的非遗富矿。在联合国教科文组织《人类非物质文化遗产代表作名录》中，俄罗斯塞梅斯基的文化空间与口头文化、吉尔吉斯斯坦的阿肯艺术与吉尔吉斯史诗说书人等大批非遗项目，都来自丝路沿线国家。中国入选的新疆木卡姆艺术、福建南音、妈祖信俗等世界非遗项目，与丝绸之路经济带和海上丝绸之路也有着极其密切的历史渊源。因此，“一带一路”的建设同样适用于非遗的保护与合作。上合各成员国可根据各自非遗资源的特点与优势，交流互鉴、合作探索，寻找参与共建的契合点，仿照之前联合申遗的做法，联合申报非遗项目，唤起世界对非遗保护的长久关注，也反过来推动“一带一路”的可持续发展。

---

① “驻哈萨克斯坦大使乐玉成接受‘中国媒体丝路行’记者采访”，中国驻哈萨克斯坦大使馆，2014 年 6 月 3 日，http：//www. fmprc. gov. cn/mfa_ chn/dszlsjt_ 602260/t1161653. shtml。

② “两会代表委员建言‘一带一路’”，《中国文化报》2015 年 3 月 16 日，http：//culture. people. com. cn/n/2015/0316/c172318 –26697069. html。

3. 发展文化产业，实现文化融合

在第二届中俄文化论坛上，俄罗斯专家阿·尼·阿利姆斯基表示，要尽快改变当今文化交流活动多以欣赏学习为主体，文化贸易、文化投资等产业概念相对薄弱的现状。① 文化产业是近年来兴起的朝阳产业，它是经济发展新的增长点和新的蓝海。丝绸之路具有巨大的产业投资潜能，一方面借助丝路文化产业基金的平台效应，可以推动丝路文化走出去；另一方面，通过丝路文化与科技、旅游的有效融合，可以促进万众创新，推动文化产品、旅游线路的发展。因此，上合组织的文化合作应被赋予更为丰富的含义，抓住丝路文化交流的机遇，带动相关产业的联动发展，以此实现真正意义上的文化融合。

（二）搭建青年交流的广阔平台

青年是国家的未来，他们意气相投、情趣相近，最容易结下纯真的友谊，也最容易互相传播和学习各自的文化。因此，大力推动青年的人文交流，为他们搭建广阔的互动平台，是着眼于成员国关系长远发展的重要举措。在上合组织框架内，最大的青年交流平台莫过于“上合组织大学”，如何完善该大学的运行机制，加快大学内涵建设，以教育为切口，促使青年交流向纵深迈进，是目前需要着力解决的问题。

表 3.1　2012—2013 学年度外派及来华学生情况

（外派总计：7 人；来华总计：4 人）

专业方向	交流形式	申请交流学校	人数
区域学	外　派	俄罗斯莫斯科国立语言大学	7
能源学	来　华	哈萨克斯坦萨特巴耶夫国立技术大学	4

① “俄文化专家：文化交流应被赋予更为丰富的含义”，《中国文化报》，2014 年 12 月 8 日，http：//culture. people. com. cn/n/2014/1208/c172318 –26165857. html。

表 3.2　2013—2014 学年度外派及来华学生情况

（外派总计：30 人；来华总计：6 人）

专业方向	交流形式	申请交流学校	人数
生态学	外　派	俄罗斯人民友谊大学	2
		俄罗斯西伯利亚联邦大学	3
区域学	外　派	俄罗斯莫斯科国立语言大学	13
		俄罗斯莫斯科国际关系学院	3
	来　华	吉尔吉斯斯坦比什凯克卡拉萨耶夫人文大学	2
能源学	外　派	俄罗斯莫斯科动力工程学院	53
	来　华	哈萨克斯坦萨特巴耶夫国立技术大学	4
信息技术	外　派	俄罗斯圣彼得堡国立信息技术机械与光学大学	4

资料来源：“上海合作组织大学中方项目院校交流动态”，上合组织大学中方校办，2014 年 5 月 22 日。

从总体发展的情况来看，2013 学年的中方外派学生数较上一学年有了显著的增加，专业方向主要集中在区域学和能源学，并且这两个专业来华就读的学生数也呈上升趋势。而其他几个专业由于语言和教育体系的差异问题暂时还没有学生来华交流。这就说明上合大学在迅速发展的同时，成员国各项目院校之间的合作认同感还有待进一步加强，合作思路还有待进一步明晰，合作机制还有待进一步完善。

在研究对策时，专家学者建议，各成员国政府在资金、招生以及培养等政策上应予以更多的支持和扶持；要加大上合大学的宣传力度，提升上合大学的知名度和影响力；调动项目院校的主动性，拓展合作的方向；求同存异，积极探索合理有效的合作路径，尽快完成合作双方的课程对接，实现学分互认，推动学士合作项目的开发进程，拓展科研合作的空间。同时，随着上海合作组织的不断壮大，上合组织大学可以尝试向实体化方向探索，实现上合大学的可持续发展。①

① “上海合作组织大学发展远景及发展策略”，上合组织大学中方校办，2013 年 5 月 29 日，http：//www.usco.edu.cn/CHS/ywzx/20130529/183.htm。

（三）发挥媒体传播的积极作用

媒介就像是受众身后的火光，将其背后的事物投射到前面的洞壁上形成影像，人们借助这些影像去感知实际的存在，理解现实的社会，并据此做出反应。美国新闻评论家和作家沃尔特·李普曼曾就媒体对社会发展的影响力做过这样的比喻。① 近年来，中俄媒体频频接触，尤其是随着“媒体交流年”的到来，媒体合作呈现出欣欣向荣的发展态势。如果把这种态势拓展至整个上合组织，通过媒体传播信息、沟通交流、相互借力，对于成员国国际形象的展示、国际话语权的提升，无疑具有积极的意义。因此，上合各主流媒体应该秉持互信互助理念，不断深化交流合作，为夯实上合成员国的友谊根基、增进战略互信、维护发展利益，做出新的巨大贡献。

① “媒体合作，合力讲好中俄故事（钟声）”，《人民日报》2015 年 6 月 23 日，http：//paper. people. com. cn/rmrb/html/2015—06/23/nw. D110000renmrb_ 20150623_ 2—03. htm。

第二部分

上海合作组织与“丝绸之路经济带”倡议

报告四

上海合作组织与“丝绸之路经济带”建设前景

A. 阿姆列巴耶夫*

【内容提要】本文重点讨论了上合组织在当前世界发展中的国际定位、欧亚经济联盟与“丝绸之路经济带”对接，以及哈萨克斯坦参与中国“丝绸之路经济带”建设等问题。当前上合组织发展处于新的历史转型点，新形势下的上合组织需定位为一个能够承担更多国际责任并维护全球安全与稳定的新型国际组织。目前这一角色定位的转变面临不少困难与挑战。“丝绸之路经济带”是中国的全球定位理念，客观地反映出中国不断增长的世界影响力、巨大的经济发展成就以及实现中华民族伟大复兴的远大抱负。这一理念合乎中国历史发展的内在逻辑。虽然欧亚经济联盟与“丝绸之路经济带”之间存在一定差异，但原则上它们之间互不冲突，完全可以互相兼容。当前它们之间对接合作的关键问题主要涉及多边利益的协调。鉴于中国强大的经济实力和影响力，中亚国家不可能忽视中国的倡议。它不仅可以为丝路沿线各国创造更多经济增长机遇，还将为区域合作注入新鲜活力。哈萨克斯坦愿意与中国在政策沟通、道路联通、贸易畅通、信息相通等领域开展富有成效的合作。

【关键词】上海合作组织　“丝绸之路经济带”　中国　哈萨克斯坦　前景

引　言

成立于2001年的上海合作组织（以下简称“上合组织”），迄今为止，

---

* A. 阿姆列巴耶夫（Амребаев А. М.），哈萨克斯坦总统基金会世界经济与政治研究所首任总统与国内政策中心主任。

在其发展进程中经历了一定程度的变化，即由一个旨在解决苏联与中国之间边境发展问题、重点打击中亚地区“三股势力”的区域组织，逐渐演变成一个全新的国际组织。未来欧亚大陆可能将以它为雏形，构建新的经济架构。正如俄罗斯联邦外交部部长谢尔盖·拉夫诺夫（Сергей Лавров）在总结上合组织乌法元首峰会成果时指出的那样：“对所有成员国来说，上合组织是一个非常适合探讨欧亚经济联盟与‘丝绸之路经济带’对接具体事项的便利平台。”① 虽然上合组织一开始专注安全问题，加之俄罗斯竭力阻拦中国扩展上合组织功能的尝试，但本组织还是提出将经济合作作为维护地区安全与稳定的主要基石之一。

当前形势正在发生变化。能源价格骤降致使俄罗斯经济面临增长下滑的困难时期，而乌克兰危机引发的俄罗斯与西方国家之间的冲突，以及俄被迫“转向东方”的策略，更是恶化了国内的经济状况。现在，俄罗斯试图抓住一切机会来打造“非西方”世界，进而分散其在当前动荡世界秩序中的战略支点布局。在此过程中，俄罗斯通常把中亚国家视为自己的“软肋”，与中国这样有分量的独立的世界玩家共同组建的上合组织，正好可以承担这一角色。当前上合组织在地区和全球政治中的角色正发生着实质性变化。俄罗斯政治家对与美国单极霸权进行斗争的可能性后果了然于心，即在国际关系主要行为体参与的情况下，共同改变“游戏规则”，抑或改变自身和当前的国际体系，还包括对世界秩序的态度。俄罗斯领导人似乎不愿意放弃自己的原则性立场，准备斗争到底，同时将越来越多的新玩家吸引到改写全球规则的进程之中。

在我们看来，俄罗斯对外政策新近的所有国际倡议主要驱动力在于：不仅将原苏联加盟共和国纳入到欧亚一体化进程中，而且还把其他有别于西方的重要玩家吸引到暂时还处于“韬光养晦”的上合组织以及非西方大国联盟——金砖国家。有趣的是，两极体系解体之后，俄罗斯的“全球反攻”战略及其以西方全球化模式失败为契机改组世界的企图在世界不同地区获得积极响应，尤其是在那些两极时代被称为“发展中世界”和“不结盟”国家所在区域。具体而言，包括一直保有革命热情的拉美国家，如今被西方国家视为所有多元文化、社会灾难的始作俑者以及对抗西方自由价值观的极端主义

① Лавров С. Пресс-конференция Министра Иностранных дел России С. В. Лаврова 《на полях》 саммитов БРИКС и ШОС. Уфа, 9 июля 2015 года.

源头的伊斯兰世界国家，还有没能赶上现代化列车的大多数非洲国家，以及拥有强大威权体制、现代化潜力和能够创造“经济奇迹”模式的东南亚国家。由大国向强国，同时也向当今世界经济发展火车头转变的中国，同样也表现出对单极世界的不满及其发展前景的质疑。所有这些国家都与美国强硬地维持对世界发展议程设置的垄断权，同时以自己价值观、现存的西方金融结构和随意使用武力的方式来推进世界进程的企图迎头相撞。

当然，受篇幅限制，我们无法在本文中就上述世界秩序转型的所有层面展开论述，因此本文将重点探讨上合组织在当前世界发展中的定位、欧亚大陆的“丝绸之路经济带”建设，以及转型中的区域与全球力量组合（欧亚经济联盟与金砖国家）等问题。

一、上合组织与新形势下中央欧亚地区组织的定位

正如上文所指出的那样，上合组织正处于转型之中，这是针对当前国际热点问题进行的新定位。过去上合组织作为中俄两国维护中亚地区安全的角色定位，目前正面临重新被评估。自组织成立以来，打击“三股势力”就作为六个成员国开展相互协作的基础，目前这仅是上合组织需要解决的一系列国际问题中的一部分。在世界秩序危机以及包括上合组织在内的各地区迫切需要走出金融危机的形势下，上合组织面临新的安全形势与协作模式。这里的安全首先是指构建和谐社会空间，促进社会经济良好发展，避免“三股势力”的出现及其进一步蔓延。各国都清楚，诸如极端主义、恐怖主义和毒品等毒瘤产生的主要根源在于社会经济问题没有得到解决，国家制度运行效率低下，社会处于隔绝状态以及存在不同种类的发展失衡问题。如此看来，上合组织的传统安全功能定位无法满足应对当前越来越凸显的一系列现实问题与新挑战的需要。

在俄罗斯与西方在军事、意识形态以及社会经济领域进行对抗的背景下，上合组织不管是成员国个体，还是作为对世界秩序有相似看法的空间整体，目前来说都显得七零八落，且该组织主要以消极应对的方式来处理当前区域与全球政治发展面临的新挑战。如果说之前区域层面评估、解决地区安全问题的“上海精神”把这些别具一格的区域国家联合起来，那么当前上合组织正卷入修改世界规则的“全球游戏”之中。究其原因，不仅因为本组织内有

中俄两大全球玩家，还在于上合组织与中亚地区是不同行为体的地缘政治与地缘经济利益展开激烈角逐之地。因此，我们将探讨上合组织所在区域的地缘政治问题，以便理解当前地区发展变化的逻辑。

目前，中央欧亚地区受到外部势力的极大关注，既包括上合组织的参与国俄罗斯与中国，也包括以美国为首的非上合组织国家，甚至还包括企图破坏上合组织的“伊斯兰国”。这些外部势力提出各种战略，旨在重构这个非常重要的地缘政治空间。对我们来说，这些具有划时代意义的倡议包括：（1）俄罗斯主导下的欧亚一体化，旨在整合后苏联空间；（2）“丝绸之路经济带”，作为中国在中亚地区的具有长远战略考量的一个地缘经济方案；（3）美国的“新丝绸之路”构想，旨在将本地区与美国的全球利益进行捆绑；（4）“伊斯兰哈里发”构想，旨在把中亚国家纳入它的极端主义计划，也就是如今的“伊斯兰国”。

鉴于此，需要指出的是，地区地缘政治不仅需要新独立国家的参与，更为重要的是，要解决域外大国所提出的不同区域发展方案之间的矛盾。本地区国家能够随意开展地缘政治行动的空间十分有限，其行为也会受到世界主要大国（美国、中国、俄罗斯）和“灰色跨国网络玩家”的区域地缘政治游戏的限制。因此，对区域各国来说，尤为关键的是：将本国对外政策构想进行调整，并适应这些域外大国的战略利益与战略倡议。在此背景下，大多数后苏联国家的对外战略都具有多方向性的特征也就不足为奇了。这在很大程度上有助于它们在开展对外政策方面拥有更多余地，既可以维护国家稳定，也可以实施本国相应的现代化战略举措。另外一个重要方面是，这些新独立的国家试图在保持本国特殊文明认同的情况下，实现具有稳定发展前景的政治、经济、社会转型。对这些国家来说，现代化是它们加入各种有效的且能助其脱离“失败国家”窘境的区域或全球体系的主要动力。

正因为如此，在自由主义取得全球范围内“胜利”以及福山的“历史终结论”影响下，后苏联国家纷纷选择了新的国家战略原则，在政治方面推行民主化，在多数经济领域推行自由化与国有财产私有化。虽然中亚国家的对外战略颇为相似，但区域内至少形成了两种地缘战略发展模式，即开放型与封闭型。“开放型”模式主要以哈萨克斯坦、“受革命洗礼”的吉尔吉斯斯坦，以及在一定程度上饱受过内战之苦的塔吉克斯坦为代表。“封闭型”模式则以推行独立发展模式的乌兹别克斯坦以及宣布国家永久性中立的土库曼斯坦为代表。

“开放型”模式不仅为开展大规模经济合作提供了极大机遇，还需要国家领导人有足够勇敢的政治举动，但这些机遇并不是在所有领域都能够被出色地利用。比如，如果说哈萨克斯坦独立之初就宣布把对外资开放作为国家优先发展方向，并积极为外国公司提供获取本国利润可观的原料开采综合体的资产，同时利用获得的资金开展积极的经济结构改革的话，那么吉尔吉斯斯坦则首先将“开放”作为一种政治工具，并宣称自己是中亚的“民主岛”。这一举动最终导致该国两场革命的爆发、社会经济不稳定以及国家权力体制动荡。在经济领域，虽然吉尔吉斯斯坦是中亚第一个加入世界贸易组织的国家，但也是中国商品转口到后苏联国家的商贸集散地。吉尔吉斯斯坦模式也是标志性的，其意义体现在初始资本积累条件下中国经济的扩张程度难以控制。这在一定程度上成为白俄罗斯、哈萨克斯坦与俄罗斯成立关税联盟的某种推动力，并被视为阻挡中国商品的工具。吉尔吉斯斯坦领导人不得不展现其“对外政策平衡术”，比如在军事政治大国之间寻求平衡。关于“玛纳斯”机场的传闻大家早已耳熟能详。这样的平衡术不是有针对性地实现国家经济现代化，而是造成国家机制的垮台，引发人民诉诸“集会民主”的方式，结果使得国家政治与经济之间越来越多地出现脱节现象。

由于这种开放性政策，塔吉克斯坦国内不同政治、经济势力集团也卷入了内战，致使塔国内出现家族式治理体制，还被迫在中国与俄罗斯的利益之间寻求妥协让步。中国主要通过经贸的形式将塔国吸引到自己的影响范围，俄罗斯则把重点放在军事战略方面。与此同时，目前对塔吉克斯坦以及整个地区都具有战略意义的罗贡水电站建设问题迄今仍然悬而未决。

总体上来看，俄罗斯积极将这三个“开放型”国家吸引到一系列后苏联国家合作平台，比如独联体、欧亚经济共同体、欧亚经济联盟和集体安全条约组织，试图维持其过去的影响力。与此同时，上合组织为这三个国家提供了新的战略机遇窗口，在对外政策方面，它们可以发挥一定程度参与地区事务的潜力。但是，这些国家也积极地拓宽本国对外政策的其他方向。比如，哈萨克斯坦通过倡议亚洲相互协作与信任措施会议机制（简称“亚信会议”）来打造更加广泛的区域安全模式，还与吉尔吉斯斯坦共同参加“突厥合作项目”。哈萨克斯坦努力将本国的对外政策方向多元化，通过扩大型的战略伙伴模式（类似于欧盟与东欧部分国家的联系国协定）来挖掘本国的主要贸易伙伴欧盟的发展潜力。塔吉克斯坦则试图与文明大国伊朗建立战略伙伴关系。

关于地缘政治定位的“封闭型”模式，需要指出的是，乌兹别克斯坦选择了旨在保持并发展本国工农业潜力的独立自主、自力更生与不结盟的对外发展战略。地区唯一的中立国家，且拥有丰富天然气资源的土库曼斯坦在一定程度上也实行类似的战略。与此同时，乌兹别克斯坦对外政策的特征是更倾向于双边关系模式。即使在独联体或上合组织多边外交框架内，它的对外决策也趋于务实，旨在避免面临的障碍与外界的反对。乌国通过实行与域外大国等距离外交的方式，十分积极地推广其对外政策的主权化构想，同时努力使这些大国之间互相制衡。拥有无比丰富天然气资源，并面向国际消费市场的土库曼斯坦，则倾向于“封闭型国家”发展模式。这也解释了有关土库曼斯坦向俄罗斯国有天然气公司的供气策略及其与中国之间的大规模合作。除时不时、象征性地参与一些国际论坛、独联体会议、突厥国家峰会、里海国家领导人会晤之外，土库曼斯坦很少参与其他一体化合作组织。

尽管存在区别，总体而言，中亚国家整体上建立了与自己国家发展相适应的对外政策定位与“政策方针”模式，这种模式能够适应本地区新的结构秩序。如此看来，苏联解体后的中亚地区形成了过渡性的政治经济体制，它们对各式各样的外部地缘政治架构具有一定的易变和塑造性特征。这种状况对满足世界主要力量中心的地缘政治雄心较为有利。从这个层面来看，中国的全球地缘经济构想“一带一路”是一个相同的方针，旨在适应本国当前经济形势，进一步发掘本国与中亚地区的发展潜力。

在丝绸之路沿线国家中，因无法准确地评估本国发展潜力和参与构建全球秩序的能力，俄罗斯显得比较特别。对过去强大国力的怀念和试图开展“地缘政治反攻”的念头，掩盖了俄罗斯对自身现实潜力的评估，及其对本国在世界影响力限度的认知。当前，虽然俄罗斯试图规划与设计以欧亚一体化、上合组织与金砖国家为代表的地缘政治与地缘经济架构，并作为替代西方国家的选择，但与已有世界力量中心相比，俄罗斯还有待发挥其协作潜力与影响力。除俄罗斯宣扬的那些目标之外，这些组织或联合体的每个参与国都有自己的看法，还有基于本国优先国家利益建构世界秩序的不同观念。事实将会证明，这些国家不可能一直充当这些宣言的“忠实维护者”。正如我们通常所说的：“在政治活动中，没有永恒的朋友，也没有永恒的敌人，只有永恒的利益。”

除欧亚一体化与集体安全条约组织等被俄罗斯领导人视为具有特殊影响力的平台之外，中国也积极参加其他合作形式，这些合作有别于俄罗斯提出的地缘政治倡议。与此同时，中国认为与俄罗斯之间不是盟友关系，而是处于战略协作伙伴关系的最高水平。俄罗斯领导人对待“丝绸之路经济带”倡议的“政策方针”让人感兴趣。应该指出的是，俄罗斯一直以来把中国在上合组织框架内强化与中亚国家之间的经济合作视为对本国利益的“威胁”，并且慎重地关注中国在中亚地区的每一个倡议，同时通过不同的官僚式程序阻挠中国的倡议。从这个意义来看，关税同盟的建立被不少专家视为针对中国经济扩张的举措。在对待“丝绸之路经济带”倡议上，部分俄罗斯专家迄今仍然无法接受中国“铺设”途经中亚地区的丝路倡议，而是提出从中国经远东再到欧洲的特殊运输路线的建议。比如，俄罗斯的中亚问题专家克尼亚泽夫（А. Князев）认为，“丝绸之路经济带”是中国在中亚地区的经济扩张工具，建议俄罗斯与欧亚经济联盟制定针对中国扩大对这些后苏联国家经济影响力的举措，① 这些国家被视为俄罗斯的特殊利益区。

另外一个案例则是俄罗斯加入亚洲基础设施与投资银行（简称“亚投行”）的决定姗姗来迟。尽管俄罗斯最终采取了这样的“政策方针”，但是乌克兰危机之后变幻莫测的国际形势极大地改变了其原有政策。众所周知，俄罗斯做出了接纳克里米亚为本国联邦主体以及与兄弟国家——乌克兰和西方进一步冲突的决定，这些都极大地限制了它的对外政策行动。就如俄罗斯知名中国问题专家马斯洛夫（А. Маслов）所言：“克里米亚事件之后，整个世界都处于全球力量中心对抗的阴影之下。包括哈萨克斯坦在内的中亚国家也开始生活在另外一个世界，它们也许还没有完全明白这一点，政治、经济转向东方的趋势得到强化。我认为，克里米亚局势对中国有利。根据局势发展来看，如果中国不是俄罗斯最大贸易伙伴的话，那也是主要贸易伙伴。这将导致各国在贸易、生产、高科技交换与其他方向的合作结构发生变化。考虑到中国是世界最大的电脑、软件和其他配件供应国，还将对俄罗斯与中亚国

---

① 《Зачем это все? Как и у ЕАЭС, у китайского проекта Экономического пояса Шелкового пути нет целеполагания》, Александр Князев и Константин Сыроежкин, 20 апреля 2015 года. https：//zonakz. net/view-zachem-ehto-vse-kak-i-u-eaehs-u-kitajjskogo-proekta-ehkonomicheskogo-pojasa-shelkovogo-puti-net. html? mode = comments.

家进一步施加影响。因乌克兰危机，与西方冲突束缚了俄罗斯。”① 最终，俄罗斯仅剩下“转向东方”的选项，只能将其视为维护国际影响力的可行战略选择。事实上，这样的现实状况迫使俄罗斯领导人在中亚地区违背自己的地缘政治雄心，让中国根据途经中亚地区的传统路线来规划“丝绸之路经济带”。

就如美国专家科恩（Джош Коэн）所言：“在俄罗斯的后院——中亚地区，俄罗斯实力的锐减与中国实力的不断增长，表现得尤为显著。中国在经济领域迅速取代俄罗斯。中国将哈萨克斯坦与土库曼斯坦的石油、天然气产地与本国国土连接起来，损坏了俄罗斯在本地区的战略立场，使俄罗斯失去了对中亚国家能源走向国际市场的控制力。不久前，中国还提出了雄心勃勃的新倡议——丝绸之路。中国打算向基础设施网络投资几百亿美元，旨在把本国与欧洲市场联系在一起。丝绸之路可能让俄罗斯建立的欧亚联盟毫无存在意义，也可能会使本地区的地缘政治竞争进一步加剧。”② 通过分析目前的局势，可以得出一个结论：此举是俄罗斯领导人迫于无奈的决定，试图在遭受西方孤立的条件下，以此来换取中国领导人对俄罗斯的政治支持，抑或通过吸引印度来推进上合组织的扩员进程。

至于作为上合组织成员国的中国，需要指出的是，中国加入上合组织的初衷是努力确保自己战略大后方的安全，特别是本国的西部地区。这一任务已在上合组织运行的前十年内得到解决。事实上，“三股势力”的蔓延已得到制止，在上合区域反恐机构的协调下，所有成员国还采取协商一致的措施来打击它们。与此同时，中国由于最近几年经济迅速发展，进一步强化了与中亚各国的双边经贸关系，但是区域经济发展的潜力远未被充分发掘出来。

在能源价格较高与经济发展向好的条件下，如果说俄罗斯忽视中亚各国在后苏联空间内努力推进经济快速与平等发展的诉求，破坏其主导地区不同模式的话，那么中国则进一步发掘中亚地区的经济潜力，积极投资各国的原料资产，发展基础设施，促进与地区内各国之间的贸易联系。中国这种参与地区经济现代化的积极姿态，一方面迫使俄罗斯试图通过“去除”所谓的

---

① Казахстану придется делать трудный выбор? Интервью в Exclusive, 16 апреля 2014. http：//exclusive. kz/biznes/23982.

② 《Альянс Москва - Пекин. Забудьте!》. Джош Коэн, 9 июля 2015. Intersection, intersectionproject. eu/ru/article/russia-world/альянс-москва-пекин-забудьте.

“中国经济扩张”来塑造自己在中亚地区的特殊影响力；另一方面也增加了中国对当前双边经济关系发展的不满，同时努力维护在本地区已有投资与实施的项目。

最终，俄罗斯提出了关税同盟方案，被许多专家解读为应对中国在中亚地区日益活跃的经济存在。俄罗斯试图把中亚地区从过度依赖中国的影响之中脱离出来，其主要依靠哈萨克斯坦总统在1994年提出的保有经济联系的前苏联加盟共和国之间的“文明离婚”理念，这种欧亚一体化理念被克里姆林宫的政治技术官僚所借用。虽然欧亚一体化的所有参与国都强调本合作模式的开放性，但其中不可能会有中国的位置。中国妄图敲开已被建立的“城墙”，在“上海对话”的进程中，一年又一年地遭到俄罗斯对这一进程的阻挠。中国与后苏联空间的自贸区构想，完全被俄罗斯领导人否决。此外，虽然大家熟知中国与越南之间的地区性摩擦，但与越南签署相应的协议被视为欧亚经济联盟所取得的“突破性国际成就”。

以积极主动、能干的习近平主席为代表的新一代领导人上台执政，标志着中国与西部邻国关系取得实质性“突破”。2013年9月，中国领导人在访问中亚国家过程中，提出了建设“丝绸之路经济带”倡议。自此之后，“丝绸之路经济带”与“21世纪海上丝绸之路”成为中国的全球定位理念。这也是中国式的国际政治路线图，它客观地反映出中国不断增长的世界影响力、本国经济快速发展所取得的成果，以及旨在实现中华民族伟大复兴的“中国梦”。这一理念合乎中国历史发展的内在逻辑。“中国路径”的发展特点表现为：在漫长的历史文明发展长河中，中国曾经是世界发展的重要中心，许多的全球文化倡议正是在这里诞生。从本国作为世界发展中心的角度，中国提出这些倡议是站得住脚的，且有权利按照自己的构想与价值观来构建世界。历史上，中国的中心化意识形态，即“世界中心”，来源于“中央国家”，并以它为核心建立和设计世界。但在历史的不同发展阶段，这样的构想客观上与世界其他文明图景是相冲突的。比如，历史上中国曾有一段时期处于世界发展边缘，也曾经历“鸦片战争”时期，遭受西方国家和日本的入侵，还有国民党傀儡政府执政时期。

新中国的成立开启了中国历史发展新阶段，中国在经济发展领域取得了巨大成绩，同时也标志着中国人民从忍受屈辱向民族复兴、实现“中国梦”的道路迈进。几代中国领导人一如既往地带领国家向着这个方向努力，致力于实现振兴民族的长期战略，其中也包括恢复中国作为“中央国家”的全球影响力。当前，第五代中国领导人正致力于实施以平等国家身份走向世界舞台的国家战略。在外界看来，这个战略实施起来异常艰难，且比较敏感。大家所熟知的中国伟大改革家邓小平的24字对外战略指导方针——冷静观察，沉着应付，稳住阵脚，韬光养晦，有所作为，决不当头，现在正在发生一些变化，并在中国积极参与构建和谐世界的倡议中得到进一步体现。

二、上合组织与新世界秩序构建前景：全球与地区视角

自近代欧洲史，即所谓的“地理大发现”以来，世界曾长时间处于西方强国的殖民控制中。如今，我们又看到西式的全球化与世界政治的西化。当代国际关系体系建立在全面拓展西方国家利益的基础上，并覆盖各个领域。比如，迄今仍然存在的由国际金融组织组成的布雷顿森林体系完全为以美国为首的西方服务，因为在任何条件下它始终将世界置于美国的美元发行中心控制之下，以确保美国在所有世界发展领域的领导地位。

当前形势下，我们还注意到，美国这种“大胃口”使世界金融发展呈现不平衡的特征，最终导致美国领导的西式全球化模式出现危机。世界文明的其他地区则出现反对不公平世界秩序的浪潮。伊斯兰世界对这一浪潮的抵制，以及最近俄罗斯与西方的激烈冲突就是这方面的例子。但俄罗斯、伊斯兰世界与西方之间的冲突是一次非对称性的冲突，因为从促进国家进步的主要条件——金融实力与科技发展的角度来看，不管是西方与俄罗斯还是西方与伊斯兰世界，抑或西方与俄罗斯和伊斯兰世界共同组成的联盟，都不具备与美国实力相称的潜力。如果这样认为的话，那么把世界经济快速发展的各大力量中心联合起来则更具现实意义。

这里需要提到由巴西、俄罗斯、印度、中国与南非组成的金砖国家合作倡议，它被视为世界发展的替代性选项。这一倡议于2009年提出，目前没有建立机制化的组织机构，主要利用现有的各种平台开展对话与协调立场。这五个国家加在一块拥有巨大的发展资源与影响力，包括25%的世界陆地面积、40%的世界人口、约24%的世界GDP，以及不断增长的经济发展潜力。与此同时，五国还积极参与世界财富的公平分配，同时以平等身份参与国际关系治理体系。

在2015年举行的金砖国家乌法峰会上，五国签署了建立应急储备安排协议，规定在货币流通出现问题的情况下，参与国相互提供援助。中国注资410亿美元，巴西、印度、俄罗斯各注资180亿美元，南非注资50亿美元，总共是1000亿美元。与此同时，还宣布建立资本分配方式相同的金砖国家开发银行，提出建立投资基础设施股本的共同机制倡议。金砖五国的元首们认为，这些金融工具应该成为世界银行与国际货币基金组织的替代性选择。巴西总统迪尔玛·罗塞夫（Дилма Русеф）谈道：“金砖国家将在改变全球金融结构的道路上迈出重要一步。”俄罗斯总统将金砖国家银行称为世界最大的多边金融机制之一。然而，专家们的看法则相异。一些专家认为，发展中市场的比重不断增长，但国际货币基金组织与世界银行的结构却没有任何变动。由于美国国会的阻挠，发展中国家无法获得国际货币基金组织更多的配额。这促使发展中国家建立新的替代性金融机构，旨在解决当前的不平等问题。其他专家则认为，金砖国家建立的金融工具与其说是一种现实的替代性选项，还不如说是一种政治进程，因为金砖国家的注资总量根本无法改变西方在当前世界金融体系中的牢固地位。①

由此看来，如果要客观地评估金砖国家意义的话，那么需要指出的是，目前它仅是一种发展中国家对现有国际体系规则不认可的真实体现。这种不满暂时还不足以对现有秩序造成严肃、有力的替代性威胁。更进一步言之，中国未必愿意放弃美国的四万亿美元国债来强化金砖国家，因为正是这些债券进一步维持着中国在发展中国家市场的影响力。显然，这里谈的不是此意。中国参与金砖国家，很有可能是想通过联合潜在盟友，将其视为一种对美国这个全球对手表达不满的工具。

这建构了一种历史背景，在此背景之下，我们关注到中国提出走向世界舞台的一系列倡议。与俄罗斯和散乱的伊斯兰世界不同的是，据购买力平价计算，中国目前是世界第二大经济体，拥有与美国相称的经济实力。但与此同时，中国与美国在其他发展领域（军事、科技）也存在极大差距，而这些领域对于开展世界发展模式的竞争更加重要。因此，中国领导人在宣布自己的全球倡议的同时，将本倡议不针对任何国家的问题置于首位，并邀请所有国家参与合作，包括美国和其他西方国家。“丝绸之路经济

---

① ＄200 млрд против ＄2 трлн：смогут ли страны БРИКС создать альтернативу МВФ，08. 07. 2015. http：//top. rbc. ru/finances/08/07/2015/559d33369a7947d227dba889.

带”与“21 世纪海上丝绸之路”倡议都不具有联盟和机制化的性质（即不建立某种组织结构）。

这是中国式倡议的重要原则，因为此举可以消除那些针对中国、企图打造全球化中国模式（中国治下的和平）来对抗西方的无端指控。我们认为，虽然世界继续保持平衡、和谐发展需要建立替代性与竞争性的调控体系，但对中国而言，俄罗斯试图将中国拖进与西方的对抗之中是危险的举动。即使这与西方自由主义意识形态相匹配（西方认为，竞争的存在是任何体系维持生命力的有力保障）。目前，西方研究者认为，中国正在世界的不同发展领域构建这种替代性调控体系。比如，在银行领域，中国倡议亚洲基础设施与投资银行来替代亚洲开发银行；在政治领域，通过倡议建立金砖国家来替代“八国集团”；在安全领域，则强化亚洲相互协作与信任措施会议。此外，中国可能不仅将这些机构作为对抗西方和西方全球化模式的尝试，还可以提升自身在当代国际关系体系中的竞争力和生命力。就如中国国家主席 2014 年 8 月在蒙古国演讲中指出的那样，中国不仅邀请所有国家参与经济合作，也向世界和邻国开放，愿意为它们提供更多的共同发展机遇和发展空间，“欢迎搭乘中国发展快车”。

中国不断地提出一系列政治、经济倡议，这意味着中国在上合组织中的作用越来越大。当中国在上合组织框架内增强经济影响力的时候，俄罗斯在这一领域却无动于衷，反而在自己领导下的后苏联空间一体化方面对自己的伙伴国施压，甚至有时使用不正当方式。比如，吉尔吉斯斯坦第二次“革命”前夕出现的状况，或“玫瑰革命”之后与格鲁吉亚的军事紧张与战争升级，以及乌克兰问题。这种举动与俄罗斯媒体所宣扬的看法相悖，既不会增强俄罗斯的威信，也不会扩大它的国内外影响力，而是会使其陷入与西方国家之间的激烈冲突境地，甚至暗地里引起包括上合组织伙伴国在内的诸多邻国和朋友的反对。国内经济形势恶化与面临政治封闭的威胁，促使俄罗斯领导人“转向东方”，并联合非西方国家组成联盟。最终，这次“转向”迫使俄罗斯承认中国与中亚国家开展大规模经济合作的权利，还把中国与俄罗斯不同领域与方向的利益连接起来，并把两个拥有核潜力、互相对抗将导致不可估计后果（乌兹别克斯坦总统卡里莫夫语）的国家——印度和巴基斯坦作为上合组织扩员的对象国。上合组织的物质实力以及参与世界事务的现实潜力，都将有助于本组织参与全球竞争和新的国际秩序的设计。

鉴于此，目前上合组织活动领域远远超出打击“三股势力”的范围以及本组织所在的中亚地区。事实上，本组织不得不定位为一个不仅解决区域问题，而且致力于解决其他所有国际热点问题的国际组织。也许这才是当前上合组织扩员的内涵所在，这种内涵并非数量意义而言，而是指观念和构想层面。问题不在于新加入成员想做什么，而是如何与新加入成员国一道在上合组织所辖范围内充实本组织的合作内涵，同时解决当前面临的新问题。我们认为，上合组织扩员的主要目标之一是巩固组织的主要功能，同时增强本组织在解决传统、非传统地区与全球发展问题方面的影响力和潜力。当前的问题在于：必须确定新成员在上合组织内的功能性地位，以及本组织的国际定位，从而在质的层面提升上合组织的发展水平。为什么上合组织需要接纳印度、巴基斯坦与伊朗？它们又出于何种用意加入上合组织？对于这些原则性问题的详细回答，有助于我们理解本组织发展的内涵意义。正如上文所言，上合组织正成为一个承担并维护更大范围内国际稳定的全球组织。

上合组织两个大国的雄心早已超越中亚地区，中国的潜力也要求它从质的层面进一步转变由大国到强国的思维意识。其他组织成员国也被吸引到这一积极的进程中，不得不调整本国的战略发展规划，以适应世界强国的计划与战略。比如，中国更为积极的对外政策与对外经济定位，需要其他成员国加入它的“丝绸之路经济带”等方案。而作为全球重量级玩家的俄罗斯，其恢复国际影响力的地缘政治雄心，以及在美国单极霸权之后修改世界游戏规则的企图，给上合组织发展提出了新的条件和新的定位模式。不少国家被剥夺了在好与坏之间进行选择的现实性权利，类似于“三股势力”的其他替代性选项变得越来越少。比如，作为俄罗斯近邻的哈萨克斯坦参与欧亚一体化进程，亚美尼亚、吉尔吉斯斯坦与塔吉克斯坦对俄罗斯的经济、政治、军事的依赖。有趣的是，上合组织通过吸收相互敌视的国家——印度和巴基斯坦，来改革本组织的举措，可能会进一步破坏本地区的稳定。尤其是将塔吉克斯坦“艾里”军用机场租给印度空军，会对地区已有的力量平衡构成严重挑战。这一事实会被视为针对中国及其盟友巴基斯坦，以及打算加入本组织的其他国家的不友好举动。印度与美国之间不一般的友好关系也说明了这个问题，它已经成为西方在南亚地区的特别代表。允许印度在中亚地区的军事存在，是否仅是俄罗斯的暂时策略，还是旨在平衡中国在中亚地区影响力的战略决定？

本组织其他中亚小国的分量与意愿，都不足以平衡世界大国及其在上合空间实现它们宏大发展方案的日益增长的雄心壮志。这些小国充其量扮演配角，而不是上合组织实实在在的参与主体。在我们看来，拥有核武器的新成员，加入上合组织极大地改变了当前的世界秩序轮廓，进一步强化了西方与非西方互相对立的极化趋势。另外一个与之相对立且对上合组织发展构成一定“风险”的影响因素，是伊朗核问题协议的签署以及联合国可能取消对伊朗的制裁。这表明，伊朗加入上合组织的进程不会受到任何政策上的限制。但是，俄罗斯试图以任何代价打造“反西方”联盟的无法控制的举动，甚至忽视上合成员国的利益，不能不引起它们的担忧。虽然上合组织官方文件中写着本组织是非联盟集团，但却处于被直接卷入无法控制且感情用事的对抗境地。显然，此举会使上合组织两大国——俄罗斯与中国的角色和地位发生变化，也会让其他小国进一步脱离本组织的倡议和决策进程，甚至会出现新成员之间的“利益冲突区”。问题还在于：上合组织大国是否仅以解决狭隘特殊任务的区域国家和边缘国家的身份继续发展，比如边界问题的解决？目前看来，这个问题的答案并不明确。俄罗斯与中国在国际政治中都有自己的国家定位（虽然这种看法在很大程度上未必是理性和最佳的）。这样的雄心意志，需要合法化或者受到其他区域、世界大国，甚至整个国际社会的认可。其他的上合组织成员国还没有完全成为事实上的世界政治主体，当前仅限于通过宣言的方式积极参与国际事务。

俄罗斯与中国走向全球政治舞台的表现，是这两个国家积极倡议，并设计诸如金砖国家和亚信会议这样的新国际合作模式，它们将在这些国际机制中扮演主要角色，并谋求世界强国地位。中国超越了邓小平“韬光养晦”的对外学说，这构成其积极参与当前国际事务的主要驱动力。在此之前，这是不曾有过的，即使是在本国范围之内也同样。与此同时，从快速发展与开拓新市场的合理性角度，我们也可以理解中国的这种坚毅性。考虑到俄罗斯经济的不景气及其国内政治现代化前景的不明朗，虽然存在一定程度的质疑，但俄罗斯越来越坚定地抵抗美国的单极霸权，也是一个显著案例。

从这个层面来说，虽然上合组织宣称忠于“上海精神”的原则，同时强调本组织的非联盟性质，而且金砖国家和上合组织乌法元首峰会也展现出这样的宣示意义，但上合组织不得不大幅度地修改本组织的基本原则和主要任务。过去几年的发展经验表明，目前本组织成员国之间难以达成妥协，在印度和巴基斯坦加入之后，更不用说成员国之间能够轻易地找到共同切合点。也就是说，成员国之间在涉及本组织发展的一系列问题上存在各种分歧。上合组织可能将成为一个复杂的国家间组织，这表现在发展水平、地缘政治雄心、国际定位、经济与军事潜力、发展目标以及价值观等各个层面。因此，完全可以预测本组织将来有走向军事政治联盟的倾向。当然俄罗斯也很好地展现了本组织的巨大潜力、吸引力以及它的国际声望，并试图成为反美国单极霸权的急先锋，但是上合组织小国则不愿选边站，担心卷入这场全球斗争游戏。这将会把各国稳定发展置于危险处境，还会极大地缩小它们对外政策的回旋空间。如此看来，目前上合组织正处于历史的转折点，所有成员国需要采取更加灵活巧妙的政策来应对当前的诸多挑战。

三、上合组织与“丝绸之路经济带”倡议：对接形式问题

2013 年 9 月，中国国家主席习近平在哈萨克斯坦首都阿斯塔纳提出了建设从本国通向欧洲的“丝绸之路经济带”倡议。这是一个宏大的地缘政治与地缘经济倡议。就消费指数而言，当前中国经济居于世界主要地位，且拥有强大的经贸潜力和金融投资能力。中亚国家不可能忽视中国的这一倡议，即使它们已经加入其他地缘战略联盟、联合体和国际协议。

“丝绸之路经济带”建设涉及一系列领域，中国领导人在 2013 年秋于纳扎尔巴耶夫大学发表的演讲中首次提及，之后在 2015 年春召开的博鳌论坛上提出“一带一路”构想时，对此做了进一步阐述。“一带一路”构想的实质在于“五通”：政策沟通、设施联通、贸易畅通、资金融通、民心相通。

按照中国国家主席的说法，首先要强化政策方针的相互了解。地区各国完全可以交换经济发展战略及其落实举措的信息，同时基于求同存异原则，以政策方针为基础，遵循为地区经济一体化开“绿色通道”的原理，

通过协商来制订区域合作规划及其相关活动。① 这在实践中意味着什么？在我们看来，这里涉及各国之间协调并通过政策方针，旨在提供“绿色通道”，也即建设“丝绸之路经济带”的最惠政治待遇制度。这意味着，在双边和多边层面承认并支持中国的倡议，同时顾及地区已有的一体化组织，比如欧亚经济联盟、上合组织，以及“一带一路”发展倡议。每个参与国将本国发展规划融入这一方案显得十分重要。这一构想不可能是某一国家的专项特权，也不是由一国制定之后被其他国家接受的过往实践。这一构想中应该包含另外一种理念——各国合作的共同愿景，即每个参与国基于国家利益、潜力的考量，需要在建构新经济空间的过程之中得到重视。因此，不同层次的立场协调显得尤为重要，包括从微观层面的企业、商业团体、国家发展纲要，到宏观层面的国家间战略对接。

比如，早在 2013 年 9 月的阿斯塔纳，哈萨克斯坦总统是所有领导人中第一个支持中国提出的“丝绸之路经济带”倡议的国家元首。自那时起，哈萨克斯坦制订新的经济规划“光明之路”的工作就启动，旨在将本国融入国际发展。接下来，哈中两国政府于 2014 年底签署了支持“丝绸之路经济带”倡议的备忘录，并制定了详细的行动纲要。需要指出的是，在上合组织框架内通过的《2025 年前上海合作组织发展战略》的“目标与任务”中，清楚地写明了上合组织成员国对“丝绸之路经济带”倡议的共同立场，即视“丝绸之路经济带”为本组织推进经济合作的有利条件之一。目前，我们注意到，“丝绸之路经济带”沿线不同国家和地区组织，对中国倡议的政策方针正在发生变化。

道路联通，是习近平主席提出的“丝绸之路经济带”倡议的重点领域。② 中国领导人在阿斯塔纳的演讲中也重点强调，上合组织在打造跨欧亚陆上交通走廊方面的作用。习主席这样指出：“上合组织成员国正在进行

① Цит. по: “Совместное строительство ‘Экономического Пояса Шелкового Пути’ от 7 сентября 2013 года, из книги Си Цзиньпин ‘О государственном управлении’”. Издательство литературы на иностранных языках, Пекин, 2014. С. 391.

② Цит. по: “Совместное строительство ‘Экономического Пояса Шелкового Пути’ от 7 сентября 2013 года, из книги Си Цзиньпин ‘О государственном управлении’”.

简化交通运输程序的谈判，应该尽快签署这项文件并付诸实施。它有助于打造‘太平洋到波罗的海’的宏大交通走廊。在此基础之上，我们愿意与感兴趣的国家积极探讨跨境交通基础设施问题，并逐渐构建连接东亚、西亚和南亚的运输网络，为各国经济发展与人员往来提供便利。”①

这样，我们亲历了“丝绸之路经济带”倡议的诞生，这是一个针对上合组织成员国，旨在构建高效交通运输网络，并具有巨大政治、经济潜力，能够促进民间文化交流的宏大倡议。这一区域倡议与在雅加达提出的“21世纪海上丝绸之路”，共同构成了中国整合这条交通走廊沿线各国经济潜力的全球构想。

鉴于此，可以将中国的倡议划分为三个阶段：第一阶段是完善上合组织跨境交通基础设施倡议的提出；第二阶段是“西进”的同时，构建东向与南线的“海上走廊”，这可以视为倡议从最初限于上合组织区域层面扩大到全球层面；第三阶段，将倡议进一步转化成全球地缘战略构想“一带一路”。

2015 年春，中国国家主席习近平提出的“一带一路”构想，可以称之为中国当代全球地缘经济定位，即一个提出诸多经济倡议和推进世界经济秩序转型与和谐发展的中心。对于许多“一带一路”的潜在参与国而言，将这一倡议视为中国（作为新经济霸权）强加全球游戏规则的看法是不成立的，因为该倡议规定在不同地缘政治领域开展积极经济合作，需要获得中方特定的意向协议。与此同时，中国也准备考虑并在财政上支持丝绸之路沿线各国以某种方式强化与中国的合作意愿。因此，目前许多参与本项目的国家领导人正在开展密集协商，愿意将本国国家发展纲要与世界经济的“火车头”——中国的利益对接起来。

我们认为，需要提一下哈萨克斯坦的新经济规划“光明之路”，这是一个旨在参与全球经济发展的宏大构想。对哈萨克斯坦而言，这一构想需要进一步强化其在两大世界经济发展中心——欧盟与亚太地区之间的经贸联系。今天，这两大地区既是世界消费与生产中心，也是科技创新与金融中心。它们不仅可以为投资东道国，而且也可以为过境运输国创造更多的

---

① Цит. по：“Совместное строительство ‘Экономического Пояса Шелкового Пути’ от 7 сентября 2013 года，из книги Си Цзиньпин ‘О государственном управлении’”.

经济增长机遇。因此，对诸如哈萨克斯坦这样的多数国家来说，丝绸之路经济带途经本国具有关键性意义。

据《中国日报》报道，中国副总理张高丽在重庆表示，中国正在规划中蒙俄、新亚欧大陆桥、中国—中亚—西亚、中国—中南半岛、中巴、孟中印缅六大经济走廊建设。哈萨克斯坦参与“新亚欧大陆桥”建设。目前这个方向的几个发展方案正在研究之中。

“丝绸之路经济带”的基础设施部分，规划了由中国西部地区通向欧洲和南亚主要经济发展中心的几条路线，总长为0.85万—1.1万公里。预计，北线将经过哈萨克斯坦和跨西伯利亚铁路线。海上路线则途经哈萨克斯坦港口阿克套，以及与哈萨克斯坦国土相连的里海港口马哈奇卡拉和巴库，最后经过土耳其和黑海海域。

俄罗斯“瓦尔代”国际辩论俱乐部发布的报告指出，南线将经过吉尔吉斯斯坦、乌兹别克斯坦、土库曼斯坦、伊朗和巴基斯坦，最后到达波斯湾所在的印度洋地区。

中线长度为6240公里，将巴库—第比利斯—喀拉铁路线、里海、中亚和阿拉木图连接起来，运输时间为16天。总的运输成本约为4900美元，这使得本条路线更加划算。专家们认为，如果“光明之路”项目规划的另一条热兹卡兹甘—别伊涅乌铁路线得以完工的话，那么这条线路的长度将可能缩短988公里，运输时间也将缩短到12天，届时将成为最短的运输路线。同时，还需要指出的是，随着利润可观的交通物流能力的增长，货物的总量也会随之增加。

但是，大部分的基础设施都还在建设之中，很难说，几年前决定开工修建的铁路，能够确保来自中国或者运到中国的货流量会大规模增加，特别是当前很多因素并没有全部考虑进去。现在，哪怕有一条从中国通向欧洲的路线途经这些国家，它们都会积极地推动本国基础设施建设，因为这是“丝绸之路经济带”建设的基础。

这方面需要指出的是，自宣布“丝绸之路经济带”倡议的那一刻起，中方在构建牢固的金融支撑和发展制度方面已经做了大量工作。中国此举旨在保持“一带一路”构想的稳定性与吸引力，还设立了总额为400亿美元的丝路基金以及倡议建立1000亿美元资本的亚洲基础设施与投资银行。亚投行的主要目标是投资亚洲的基础设施建设。根据亚投行章程，参与国须支付20%的银行资本，剩下的80%将根据需要提供。亚投行最大股东包括：中国（注资297.8亿美元）、印度（83.7亿美元）、俄罗斯（65.4亿美元）以及欧洲国家德国（45亿美元）。相比较而言，世界银行资本超过2200亿美元，亚洲开发银行资本为1750亿美元，非洲开发银行资本为1000亿美元，金砖国家开发银行资本为1000亿美元。目前正在筹集亚投行的投资项目，并就优化各国参与“丝绸之路经济带”开展科学研究，同时找出地缘政治风险与发展机遇变得越来越重要。

哈萨克斯坦总统纳扎尔巴耶夫提出的新经济规划倡议“光明之路”，旨在大规模发展本国交通物流基础设施，同时还有针对性地制定了落实本项目的国家投资，包括正在探讨与中国丝绸之路经济带所规划的交通走廊的对接事项。众所周知，2015年5月8日俄罗斯总统普京与中国国家主席习近平签署了《欧亚经济联盟与丝绸之路经济带建设对接合作》协议，规定各国愿意就规划中的运输走廊开展协调工作。这样一来，发展交通基础设施被当前许多丝绸之路倡议参与国提上了优先议事日程。

中国国家主席提出的倡议的第三个关注重点是贸易畅通。按照中国领导人的说法，丝绸之路经济带沿线约有30亿人口，这些国家的市场规模和潜力都是独一无二的，因此与它们之间的经贸、投资合作具有巨大潜力。各方应该研究简化贸易与投资程序，并在这方面采取相应措施，消除贸易壁垒，降低贸易与投资成本，提升地区经贸合作的速度与质量，进而实现互利共赢。① 如果各国能够建立统一的，至少协调一致的贸易与投资协作规则的话，那么这样的市场确实将拥有史无前例的巨大潜力。但是，这种合作形式存在一系列障碍，首先是经济发展水平与发展模式的差异，还有不同的贸易制度。虽然一些国家在很大程度上已经贸易自由化，但是并未放弃保护主义以及保护本国市场免遭外部影响的措施。目前，欧亚地区经济进一步发展的复杂问题之一是不同合作模式的对接问题，特别是欧亚经济一体化与“丝绸之路经济带”之间的对接。关键的问题在于，欧亚经济联盟与“丝绸之路经济带”之间涉及多边利益的协调。接下来，我们将详细论述这个问题。

---

① “Совместное строительство ‘Экономического Пояса Шелкового Пути’ от 7 сентября 2013 года, из книги Си Цзиньпин ‘О государственном управлении’”. Издательство литературы на иностранных языках. Пекин, 2014. С. 392.

首先，这两个发展方案存在一系列的差异。欧亚经济联盟是一个制度化的正式组织，签署了相应的正式协议，并建立了确保本组织运行的各种机构，比如欧亚经济委员会和联盟成员国元首峰会。也就是说，加入该联盟的国家需要承担一定的国际法义务并限制国家主权，以实现所有成员国的共同利益。虽然哈萨克斯坦一直坚持联盟的经济合作模式，但是其他成员国越来越多地提出新的相互依赖模式，并触及所有国家的政治利益，比如共同的欧亚议会倡议、货币一体化等。欧亚经济联盟主要指向后苏联空间的一体化，这会给我们的外国伙伴借口，即指责俄罗斯主导并恢复“苏联一体化模式”。显然，它们错误地理解了欧亚经济联盟参与国的目标与意义，这会对正在运行的组织构成一定程度的挑战。我们发现，白俄罗斯领导人周而复始地严厉批评欧亚经济联盟合作模式。因此，可以说，欧亚经济联盟正处于自我完善和制度不稳定的发展阶段。

与欧亚经济联盟不同的是，“丝绸之路经济带”一开始就不是一个制度化的方案，而是一个功能性发展方案。参与国之间的协作不需要建立某种形式的组织模式，比如某种联盟，而是对各国都持开放态度的贸易自由方案。它的主要任务是，强化方案参与国的功能意义与重要性，但也带有不同程度的影响力。中国作为地区和全球经济发展的发动机，代表着一个中心，由此向西有“丝绸之路经济带”，向东有“海上丝绸之路”。这是中国特色的经济全球化模式，既建立在参与国的意愿基础之上，同时也把本国在不同经济发展中心之间构建经济走廊的考量结合起来。丝绸之路经济带上的发展中心主要以欧盟与中国为代表，它们之间越来越密切的相互联系，符合各国的根本利益。这样一来，“丝绸之路经济带”的主要任务，是在拥有高技术、创新和独立自主市场的欧盟，与世界经济的“火车头”、拥有巨大金融资源并快速发展的中国之间，构建有效的协作模式。而其他的潜在参与国需要自行决定本国的角色：或作为原料基地，或称为经济走廊的过境国。

欧亚经济联盟的任务并非是全球性的，主要专注于保持和发展一个有限的市场机制。这个市场拥有1.7亿人口，相似的经济发展水平、社会标准，致力于实现资本、劳动力、商品与服务的自由流通。欧亚经济联盟模式旨在进一步强化后苏联并不发达经济体的一体化进程，实现共同发展，并以一个整体走向国际市场。同时，从全球层面来看，本组织的发展潜力是比较有限的，因为仅仅依靠欠发达的金融、交通基础设施，以及主要面向出售自然资源的国际市场的经济发展，是远远不够的。在西方对俄罗斯的经济制裁下，欧亚经济联盟极大地压缩了成员国对外政策与对外经济空间，变成一种没有活力的“封闭式”协作模式，这与布雷顿森林体系的金融全球化模式是相对立的。

虽然中国与西方存在一定程度的意识形态争论，但正是西方因素的存在，使得作为快速发展经济体的中国所提出的“丝绸之路经济带”倡议得以存活。中国的倡议体现为一种经济全球化的成功模式，它建立在世界贸易组织原则之上，同时把美元作为国际贸易结算的主要储备货币。虽然存在意识形态的冲突，但西方却是中国的主要贸易伙伴和繁荣发展的可靠保障。甚至亚洲基础设施与投资银行的也并非一些专家所分析的那样，旨在替代亚洲发展银行，而是试图将国际金融机构的注意力集中到中国日益增长的金融实力上来，从而在世界财富分配方面提出自己的合理诉求，还将大量投资引向中国需要发展的方向，比如中国参与并构建的高效交通物流走廊。最近发生的事件表明，西方国家积极参与筹建亚投行，而俄罗斯则长时间地思考，以衡量自己的地缘政治收益。

如果欧亚经济联盟模式坚持在联盟框架内实现协调一致的经济政策的话，那么“丝绸之路经济带”则向参与国提供了自主选择的机会，并且可以同步推行本国经济发展战略，同时也不会损害它们的经济与政治主权，至少中国并未明确提出来。从这个层面来看，“丝绸之路经济带”的开放性，有助于参与国在这项宏大项目中找到适合自己的价值。

哈萨克斯坦特别愿意与欧亚各国进一步拓宽合作。在这方面它有足够多的理由，主要原因之一是地缘政治。哈萨克斯坦位于欧亚大陆的心脏地带，是一个内陆国家。对哈国而言，最重要的目标是走向世界市场。因此，哈萨克斯坦的新经济战略提出了促进东方与西方、北方与南方之间的相互协作，并实现现代化与高效发展的目标。同时，这些领域具有不同程度互补的发展潜力。比如，西欧是世界最大、最富的消费市场，而亚洲则具有巨大的生产能力等。此外，哈萨克斯坦作为一个内陆国家，也希望通过邻国与世界海洋运输线把自己与世界连接起来。哈萨克斯坦还处于当代世界两大地缘政治中心——俄罗斯与中国之间，自然而然地受到两国的密切关注。哈国需要随时根据各方的利益来衡量自己的对外政策与对外经济选择。

在这个方面，哈国试图利用不同领域的影响力来为本国和地区发展谋利，同时兼顾各种各样的动机与发展方案。

在哈萨克斯坦看来，第一，这项倡议有助于挖掘本国的交通物流潜力；第二，哈萨克斯坦成为世界贸易组织成员之后，在一定程度上可以进入中国巨大的消费市场，而这可能会成为哈国经济增长的驱动力；第三，哈萨克斯坦可以成为东方与西方之间活跃的经济走廊，这可能有助于哈国成为高技术和本国经济巨大投资的重要来源。

但是，经过认真的研究之后，所有这些机遇的充分利用，可能会遇到来自国内外的不同性质的阻碍。外部问题表现在中国的竞争对手会阻碍哈萨克斯坦积极参与丝绸之路经济带。不管是俄罗斯还是美国，甚至某种程度上由不同国家和区域组织构成的伊斯兰世界，都会对哈萨克斯坦有自己的定位，并试图将哈国吸引到自己的影响与合作范围。众所周知，哈萨克斯坦实行多方向的对外政策，希望以此来平衡所有外部因素对本国经济发展的影响。实践表明，哈国保持稳定发展的条件是平衡外部影响的存在，即每个方向可以平衡另一个方向。哈萨克斯坦曾经长时间地处于俄罗斯的经济保护之下，结果本国经济结构处于极不稳定状态，并且单方面地依赖俄罗斯。在俄罗斯帝国时期，哈萨克斯坦是原料殖民地。这种单一型经济结构在苏联时期进一步恶化，哈国主要发展原料开采型工业，受制于俄罗斯中部的重工业企业。当前，哈萨克斯坦加入欧亚经济联盟，旨在保存已有的经贸联系。对哈国来说，其战略任务是改变原料型的经济发展模式，同时实现工业创新、发展高科技农业以及构建发达交通物流设施的国家项目。后面两大目标直接与“丝绸之路经济带”目标相吻合，即对面向世界市场的交通物流体系更新换代，经济多元化，除发展能源产业之外，还要发展高效农业生产，并向邻国（首先是中国）出口农产品。

从哈萨克斯坦的利益来看，欧亚经济联盟与“丝绸之路经济带”原则上是不冲突的，完全可以互相兼容。俄罗斯与中国就中亚问题达成一致立场，对于哈萨克斯坦及其开展平等经济合作、保持国家稳定具有积极影响。虽然俄罗斯与哈萨克斯坦存在竞争，但在向中国供应能源方面，处于同一个经济联盟的两国完全可以协调立场。同时，两国企业的相互竞争，可以提升向中国供应能源的效率及其价格优越性。中国的粮食市场也非常巨大，俄罗斯与哈萨克斯坦的供应商完全可以消化它。虽然在构建从中国经哈萨克斯坦与俄罗斯通往西欧的交通物流线方面还存在一定的政治与组织制度的复杂性，但俄方并未直接对此表示反对。相反，这条路线还可以成为俄罗斯“转向东方”战略的组成部分。在西方制裁以及俄罗斯反西方制裁的条件下，“丝绸之路经济带”有助于俄罗斯打破西方“经济封锁”，同时在务实基础上，与包括西方在内的其他国家建立经贸关系。由于美国这个外来因素的存在，目前关于俄中在中亚地区竞争的问题可以放到一边。对中国来说，本国西部毗邻的中亚地区保持稳定尤为重要。在其他国家参与的情况下，中国希望中亚作为稳定的原料和陆上过境运输区域。因此，中国与俄罗斯、哈萨克斯坦保持较好的战略伙伴关系，完全符合“丝绸之路经济带”建设的精神和内涵。

众所周知，哈萨克斯坦准备将200亿美元左右的本国资金投资于“丝绸之路经济带”项目，同时吸引外资。在“丝绸之路经济带”建设方面，哈萨克斯坦准备付诸以下具体行动：

对哈国来说，最关键的举措将是“东—西”铁路走廊，其主要装货地点包括位于哈中边界的多斯特克和阿腾科里站，以及里海边上的阿克套港。在缩短路程方面，正在建设总长为988公里的热兹卡兹甘—别伊涅乌铁路支线，2016年可能正式交付运行。这个项目有助于打造经阿克套、巴库到土耳其和南欧国家的交通走廊，从而确保经乌津—别列克特—郭尔港路线到达波斯湾国家。根据哈萨克斯坦政府的计划，2020年前多斯特克和阿腾科里站的通货能力将提高一倍，从2270万吨增加到4500万吨，阿克套港吞吐量则增加到2200万吨。

2014年，哈萨克斯坦、土库曼斯坦和伊朗三国总统正式启动了从哈萨克斯坦经土库曼斯坦到伊朗波斯湾海岸的铁路支线建设。虽然哈萨克斯坦境内总长达到900公里，但这条支线在波斯湾国家方向实现了战略突破，未来可能加入途经高加索、土耳其和南欧的“欧洲—高加索—亚洲运输走廊组织”（TRACECA）。这些路线的特点在于：可以使商品供应更趋多元化，激活连接东南亚国家、中国、中亚与中东的南—南运输走廊和最短的“东—西”路线。

2016年，“西欧—中国西部”公路运输走廊上的哈萨克斯坦路段将完全投入运行，据哈萨克斯坦投资与发展部公路委员会专家评估，哈国境内路线的总造价为8250亿坚戈，总长度为2787公里，回收期到2019年。众所周知，整条公路总长为 8500 公里，中国境内到连云港为 3425 公里，俄罗斯境内为 2233 公里。

事实上，哈萨克斯坦已经积极地参与到过境运输项目，并投入相应的资金，就等 2020 年来自中国或者运往中国的集装箱运输量的大幅度增长。据国际货币基金组织专家的评估，每年欧洲与亚洲之间的潜在贸易额为 6000 多亿美元，货物量为 3.3 亿吨。目前这些货运主要由海上集装箱承担，但是需要花费 45 天时间。陆上运输走廊，比如经跨西伯利亚走廊需要 14 天，经哈萨克斯坦的直线走廊为 10 天。考虑到所有潜在的风险，经哈萨克斯坦的这条路线是最具竞争力的交通走廊。在哈萨克斯坦新经济规划“光明之路”和目前正在实施的制度改革战略“百步计划”两个文件中，都写入了发展多式联运项目。这有助于互相调整不同种类的运输工具，在“丝绸之路经济带”沿线构建区域交通物流中心。

同时，需要指出的是，哈萨克斯坦正在关注中国中部与西部地区的快速发展，因为从这些地区经哈萨克斯坦转运的利润，高于经由中国东南地区的运输线路。但是，哈萨克斯坦认为，需要极大地提高来自这些地区产品的生产质量，特别要重视生态标准。据了解，这种构想已纳入中国领导关于本国经济多元化的规划之中。哈萨克斯坦期待，中国的西部地区也将出现类似本国东部和东南部自贸区的发达生产和高新技术经济区。中国西部是一个拥有 400 亿美元出口潜力和 1200 亿—1250 亿美元区域生产总值的快速发展地区。

正如上文所提到的，哈萨克斯坦政府与中国政府在 2014 年年底签署了关于“光明之路”规划与“丝绸之路经济带”相互支持与关系的备忘录。双方正在实施打造工业产能的联合项目，为“丝绸之路经济带”提供急需产品服务。比如，预计投资 140 美元开发数十个工业项目，同时将一系列中国、企业生产转移到哈国境内，在运输走廊沿线建立新的合资企业。

哈萨克斯坦正有针对性地开展将国际知名运营商吸引到货物运输的工作。哈国运营商“КеденТрансСервис”将邀请哈、俄、白三国组建的联合运输物流公司，以及迪拜环球港务集团（世界最大的集装箱码头运营商，其资产包括 60 个正在运营和 11 个正在修建中的港口与货运站）开展合作。哈萨克斯坦还将与这家公司合作改造阿克套港，并在霍尔姆斯发展物流综合体。

中方拥有足够现代的高速铁路运输技术。中国似乎提前做好了推进区域合作的准备。2010 年，中国从德国、日本、法国、加拿大购买了成套高铁模型。显而易见的结果是，当代中国在建设高速铁路和移动组建方面已经差不多掌握了所有技术。当前中国有机会成为世界主要先进高铁技术的出口国，其产品可以出口到亚洲和欧亚国家，包括俄罗斯、哈萨克斯坦、白俄罗斯和其他国家。

“丝绸之路经济带”的信息畅通，也应该是开展合作的方向。中国国家发改委、外交部和商务部联合发布的行动文件中指出，各国应该强化在铺设跨境光纤通信线路、制定跨大陆水下光纤线路项目、优化卫星通信等方面的工作，同时拓展合作和信息交流。

综上所述，“一带一路”构想是一个非常重要的中国倡议。不管是在国家间双边关系层面，还是在不同类型的多边组织，尤其是上合组织框架内，它都能为区域合作注入新鲜活力。

（张严峻　万青松　李安华　译）

报告五

“丝绸之路”与欧亚一体化
——两大战略项目相结合的前景

C. 比留科夫*

【内容提要】“丝绸之路”是中国提出的一个重大项目，亚洲基础设施投资银行是配合该项目实施的一个重要金融机构。俄罗斯政府加入了亚投行，也愿意在欧亚区域与中国的“丝绸之路”项目进行合作与对接。但在俄罗斯学界存在着不同的看法，有的观点认为俄罗斯能从中获益，也有的观点认为俄罗斯会被边缘化，特别是俄罗斯的远东地区。把“丝绸之路”项目与欧亚经济联盟结合起来，具有非常重要的意义和现实性，不仅会带动中亚的经济和社会发展，也会推动俄罗斯西西伯利亚和东西伯利亚地区的发展。

【关键词】“丝绸之路经济带”项目　欧亚一体化　中俄关系　中亚国家

全球化进程对各种地区组织都产生了深刻影响，在全球范围内，人力、商品、资本、金钱等加速流转。在现阶段，全球化也使现存的各种次区域组织形式有了深层次的改变。因此，一些研究人员指出了再区域化（ре-территориализация）现象，即各种形式的区域组织进行大规模的重组和变更。不仅一些国家，还有一些大都市（世界级城市）正在成为全球化进程中的关键因素。目前，在欧洲，不同层级的空间—地区组织正逐步取代传

* C. 比留科夫（Сергей Бирюков），俄罗斯克麦罗沃国立大学政治学系教授。

统的规制和管理模式。①

在当代政治学中，关于民族国家的作用及其主权特点的变化仍然是争论的议题，在这方面经常可以听到一些截然相反的观点。例如，日本学者、当代著名管理学理论家大前研一认为，从“无国界的人类交往和经济联系”的角度看，民族国家今天实际上已经过时了。② 但相当大部分的学者并不认同类似的看法，其他一些研究人员指出了全球政治的下列属性：(1) 全球政治参与者的数量前所未有地扩大：公共的、私人的行为体；国家的、非国家的行为体。然而，国家仍然扮演着调控者、主导者的角色。(2) 全球政治具有多层次的特点。相互关系和相互作用体现在全球的、超国家的、国际的、跨国的、国家的、地区的和城市的各个层面。(3) 各个参与者的相对实力取决于他们的“硬资源”和“软资源”，其中包括军事资源。(4) 当前，不仅是内、外政策的相互影响，更为关键的是内、外政策范围和领域之间的区分。(5) 全球政治参与者之间相互关系的特点，就是越来越难以追踪、控制和引导。③ 与此同时，世界进入了各种危机之中，其中包括：商品与服务生产过剩危机；债务危机；结构危机；经济刺激危机；人口过剩危机；思想与文明的危机。④ 由于上述危机，世界再次进入政治紊乱期——遭受巨大挑战的是现代政治秩序的基础，如国际法、国家主权、国界的不可侵犯、已有的国家间联盟的牢固性等。已有规则和规范被破坏，需要新的努力来巩固国际政治的稳定性，要求重新思考适用于新地缘政治条件的“稳定”的意义与内容。

乌克兰危机和顿巴斯的流血冲突，表明了后苏联空间内局势的不稳定和独联体秩序的危机，也引发了对欧亚一体化进程的质量与绩效问题的思考。

走出全球系统性危机更有前途的出路，可能是建立大型的地区和跨地

① N. Smith, “Geography, difference and the politics of scale”, in J. Doherty, E. Graham, and M. Malek, editors, *Postmodernism and the social sciences*, Macmillian, London, UK, 1992, pp. 57 – 79.

② K. Ohmae, “The rise of region state”, Foreign Affairs, 1993, Spring, p. 78.

③ Segbers K, Raiser S, Volkman K, “Globalisierte Städte als Weltakteure”, Welttrends, N. 53. Winter. 2006/2007, S. 122 – 123.

④ http://www.alternatio.org/articles/articles/item/46167.

区市场，并使之集群化（就是所谓货币区）。这是一个避免全球战争的结构性选择方案。经历了各种形式的区域危机之后，这个方案的可能性还是非常大的。光是那些大规模杀伤性武器所带来的危险，就使第三次世界大战的结果无法确定，这迫使一些相关参与者去寻找解决问题的其他途径。集群化是一个长期的、多方面的过程，这个过程与其他一系列方案共存。

在当代的挑战中也有新的机遇，如中国提议创立的亚洲基础设施投资银行（AIIB），参与的国家有英国、德国、法国、意大利、澳大利亚和韩国等。筹建亚洲基础设施投资银行的倡议，是中国国家主席习近平在2013年提出的。2014年10月，包括印度、新加坡、越南、菲律宾、蒙古国、孟加拉国、文莱、柬埔寨、哈萨克斯坦、科威特、老挝、马来西亚、缅甸、尼泊尔、阿曼、巴基斯坦、卡塔尔、斯里兰卡、泰国和乌兹别克斯坦在内的20个国家，签订了关于建立新的国际金融机构的协议。亚投行法定资本为1000亿美元，初始投资500亿美元。

中国倡导下建立的这个银行，客观上会加强中国的经济影响，还可以强化中国在亚洲的地位。亚投行能与美国及其盟友持有相当份额的世界银行、亚洲发展银行相竞争。

根据现有的有关亚投行项目的信息，还无法对其进行预测和总体的评价。① 在此情况下，该机构现有的、众所周知的一些特点引起了业界的关注。首先，亚投行项目方案是一年多前宣布建立的金砖国家银行方案的竞争对手。其次，一个在南亚（亚洲）地区发起的项目，一系列西方国家表达了参与其中的兴趣，这是史无前例的。第三，美国对此项目明确表示不满，美国不认为其盟友与第三世界国家合作的类似形式是行之有效的，而且也不认为是有充足根据的。第四，国际货币基金组织总裁克里斯蒂娜·拉加德称，国际货币基金组织有意与亚投行进行合作。所有这些都说明，关于投资政策前景的看法，在国际金融权力集团内部有着非常大的分歧。显然，亚投行的建立，目的是对一系列大的、有获利潜力的基础设施项目投资，其中也包括超出亚洲大陆范围的项目。无论如何，这都意味着，要在国际金融领域重新划分影响范围，就要求欧亚经济联盟国家的领导人做出相应的反应。在这种情况下，如果同意扩大在中亚地区的合作，并将欧

---

① “It’s no surprise that China is promoting a solution to the shortage of infrastructure capital in Asia”, The Guardian, October 27, 2014.

亚经济联盟的项目与“丝绸之路2.0”相结合，那么俄罗斯参与到中国倡议的亚洲基础设施投资银行中来就是确定的了。

俄罗斯副总理伊戈尔·舒瓦洛夫（Игорь Шувалов）称，亚投行对俄罗斯的重要性只有在宣布对一些基础设施项目进行投资或者决定提供投资后，才能评估。

俄罗斯国立高等经济大学东方文明发展教研室副教授米哈伊尔·卡尔波夫（Михаил Карпов）说：“俄罗斯想扩大与中国合作的想法非常强烈，但目前双方合作的具体项目还不多。并且最终也没有搞明白亚投行的运行机制，自然对参与其中有什么益处产生疑问。”

俄罗斯科学院远东所副所长奥斯特洛夫斯基（Островский）解释说：“美国很快会意识到，他们正冒着失去与一个最大的经济区进行合作的风险，这是对华盛顿的政治地位和美国商业的潜在巨大打击。”他的观点是，美国将试图通过华盛顿控制下的金融制度来影响亚投行的政策。但如果尝试无效的话，那美国将不得不加入亚投行。“这是对美国形象的打击。”

同时卡尔波夫认为，亚投行未必会威胁美国的地缘政治地位。“美国经济稳定，并积极介入到石油市场中来。此外，在今天的世界金融领域，还没有可以替代美元的选项，人民币还不是可兑换货币。据环球同业银行金融电讯协会（SWIFT）的数据，人民币在国际货币结算使用排行榜中排第七位。亚投行的法定资本和股份资本，还是要用美元来标明。”①

另一个对当今全球挑战与问题的应对举措，是金砖国家组织的成立。金砖国家首先是一个经济联合，其任务是建立独特的“平行经济现实”，独立于在美国的国际货币发行中心。正因为如此，金砖五国峰会的主要议题是对国际货币基金组织进行改革，建立金砖国家开发银行和外汇储备库，以及制定金砖国家经济伙伴战略。这个经济伙伴战略文件还附有共同投资项目的具体清单，例如“新丝绸之路”框架内的运输通道。

近年来，世界经济增长的“火车头”正是金砖国家，2014年金砖国家的GDP总额几乎与美国的GDP持平。②

2015年7月8—9日，在俄罗斯乌法（巴什科尔托斯坦共和国）与上

① http：//www. gazeta. ru/business/2015/03/30/6618801. shtml.

② https：//eadaily. com/news/2015/07/10/vasiliy-stoyakin-ukraina-stanovitsya-evroigilom.

海合作组织峰会一同召开的金砖国家第七次峰会上，通过了下面一系列决议：建立金砖国家能源联盟；与恐怖主义做斗争；金砖国家太空合作；将“丝绸之路经济带”与欧亚经济联盟框架内的合作相对接；关于伊朗加入金砖国家，特别是要在2015年7月签订协议之后解除对其的制裁。

还有另一个重要的步骤，与俄罗斯重新确定面向东方的对外政策相关联，就是2014年俄罗斯天然气工业股份公司签订的向中国销售天然气的长期合同。2014年5月21日，俄罗斯天然气工业股份公司与中国石油天然气集团公司签订了为期30年的向中国供应天然气的合同。俄罗斯天然气工业股份公司总裁阿列克谢·米勒（Алексей Миллер）在接受记者采访时称，这个合同的总额为4000亿美元，中国每年将会获得俄罗斯提供的380亿立方米天然气。①

签订合同并不意味着立刻就可以向中国输送天然气，而且这份合同的总额看上去也不是特别出众。向中国输送天然气的技术参数——300亿立方米/年，仅仅是初始的水平。俄罗斯领导人指出，俄罗斯有能力与中国展开与欧洲相当水平的合作。俄罗斯领导人也正在考虑更重要的问题，即对基础设施和跨地区运输系统进行现代化改造。

这样，在俄罗斯与西方国家关系持续僵化的背景下，俄罗斯领导人越来越坚定地尝试在中国这一方“开展”俄罗斯经济，这就把中国的战略追求与俄罗斯的欧亚一体化追求结合起来了。“丝绸之路”是中国在后苏联空间内的一个超大战略，其主要任务是建立经中亚国家通往欧洲的欧亚运输、能源、贸易通道。对俄罗斯来说，“欧亚项目”是其在后苏联空间内所有对外政策的基石。但在乌克兰危机以及与西方关系急剧恶化的情况下，莫斯科的这一战略显然需要补充推动力，其中就包括发展与中国的伙伴关系。

中国那些与官方观点接近的专家们也指出，对北京来说，把自己的战略与正积极开展的欧亚一体化进程相结合的时刻到来了。“中国现在面临两个挑战，就是经济、军事安全，以及经济发展”，中国国际问题研究院常务副院长阮宗泽说，“为此，中国提出‘丝绸之路’这一倡议。这个倡议应当把中国与中亚及其巨大的潜力结合起来。并且俄罗斯如果愿意的话，也

---

① http：//ria. ru/infografika/20140521/1008659818. html#ixzz3fPg8VqpP.

可以加入到‘丝绸之路’中来”。

2015年5月，俄中两国领导人在会晤中，已经原则上商定将把欧亚经济联盟与“丝绸之路”两大项目对接，为建立国际新秩序提供新的推动力。5月8日，俄罗斯总统普京与中国国家主席习近平签署了《关于丝绸之路经济带建设与欧亚经济联盟建设对接合作的联合声明》和《中俄两国关于深化全面战略协作伙伴关系、倡导合作共赢的联合声明》。据官方公布的消息，在这些文件的基础上，两国将在很多项目上开展合作，如莫斯科—喀山高铁建设等。俄罗斯总统新闻发言人德米特里·佩斯科夫（Дмитрий Песков）说，中国的“丝绸之路”是一个令人印象深刻的项目，兼具经济、地缘政治及其他意义；目前，双方领导人有意把“丝绸之路”与欧亚经济联盟对接。为了促进协议的实施，双方还签订了其他一些文件。佩斯科夫还强调，在这些文件中，有很多非常重要的、实质性的合作项目。在他看来，“这体现了两国关系的水平，预示着良好的发展前景”。①

当前，专家学者们对中国的全球思想——“新丝绸之路经济带”这一战略，展开了研究。这一思想提倡建立从中国西部边境经中亚、伊朗，通往欧洲的基础设施网。这个倡议是在新的欧亚与全球背景下提出的，有着特定的地缘政治和地缘经济方面的考虑。②

几千年来，世界两个主要的经济活动与科学文化发展的中心，就是欧洲和中国。几个世纪以来，二者势均力敌，在北美成为世界第三个中心之前，二者皆处于发展的两极，并且现在仍是这样。

中欧之间的商品贸易量规模庞大，现在主要是通过海路进行。经海路运输，可以以便宜的价格来输送更多的商品与原料，但有一系列的问题。问题之一就是速度。基于对客观上“缩减”现代交通空间与同步加快贸易和交换速度的考虑，速度是现代生活节奏与经济新要求条件下非常重要的因素。

对远距离快速运输大量商品的需求，重新引起了对陆上交通的关注。结果就是对古丝绸之路的兴趣重新燃起，并应当赋予其以现代的内容。

今天，对陆上交通现代化的需求是十分明显的。当今条件下，从中国东部沿海地区运输货物集装箱到德国，需要将近36天时间。货物列车完成

---

① http：//tass. ru/ekonomika/1955964.

② Россия и Китай - стратегическое партнерство. пт，08/05/2015.

这个任务需要两周，这个时间还可以大大缩短。据世界贸易组织的数据，2013 年欧盟的出口总额为 2. 3 万亿美元，进口总额为 2. 23 万亿美元。今天中国是欧洲商品的第二大进口国（紧随美国之后），同时其商品也主要出口到欧盟国家。

现在，“丝绸之路”这个战略可以依托中国正在快速发展的交通基础设施。其中就有已经全部建成的 4120 公里的双线铁路：连云港—兰州段铁路长度为 1760 公里；兰州—乌鲁木齐段为 1900 公里（就是众所周知的兰新铁路）；从乌鲁木齐到阿拉山口的中哈边境还有 460 公里的铁路，现在从那里有最长的铁路线通往阿斯塔纳、叶卡捷琳堡和莫斯科。

还有 2013 年就已经投入运营的一条新铁路，是经霍尔果斯连接中国和哈萨克斯坦的铁路。霍尔果斯距乌鲁木齐 670 公里，从这里通往阿拉木图的距离 290 公里的铁路也已建成。早在 2006 年就有提议要铺设贯穿中亚的统一铁路，但这个想法至今仍是纸上谈兵。哈萨克斯坦在建设通往中国、吉尔吉斯斯坦边境的铁路时，选择了宽轨。

一、中国对“新丝绸之路”前景的看法

中国对美国在亚洲建立所谓的“轴心”的反应就是，扩大中国在亚洲的影响力。众所周知的“一带一路”，也就是现代的丝绸之路网，不仅可以增强五个结合——贸易、基础设施建设、投资、资本和人力的结合，同时还可以建立有共同利益、命运和责任的联合体。中国期待着出口的多样化，推动欧亚的发展，拓展获得粮食和能源供应的途径，减少对美元的依赖，提高发展中国家在国际事务中的参与度等。中国领导人的另一个想法是，创办亚洲基础设施投资银行，并成功吸引了 57 个创始成员国，其中有德国、英国和法国。

中国推动的交通网面向广阔的地理空间。陆地部分穿越了亚洲、欧洲和非洲大陆，在北部连接了中国、中亚、俄罗斯和欧洲，在南部通过中亚、印度洋把中国与波斯湾、地中海相连。海路始于中国的沿海地区，经中国南海、印度洋一线通往欧洲。据分析，这就涵盖了 44 亿人口和 2. 1 万亿美元的生产总值，占世界总人口的 63% 和世界 GDP 的 29%。

中国对这一战略的想法，比战略本身的规模还令人印象深刻。五个结

合（贸易、基础设施建设、投资、资本和人力）将促进“一带”和“一路”这个亚洲双翼的建立。“一带一路”将把亚洲建成为一个“有着共同的利益、命运和责任的共同体”。中国是这只飞翔雄鹰的头。

中国圈为中国打开了各种各样的出口市场。中国在美国和欧洲拥有传统市场，但同时这些市场就像很多大市场一样，已经萎缩了。更重要的是，在某些领域，如太阳能电池板、电器生产或是电话通信和建筑服务，这些传统市场或者已经充满，或者渗透了大量的贸易和投资关税保护措施。丝绸之路沿线发展中国家在中国的进口结构中，还有很大的潜力。据中国商务部的数据，中国从丝绸之路沿线国家的进口额，已经占到中国2015年第一季度总进口额的26%。

中国将会有更多获得能源和粮食的途径，将更少地受到美国军队所控制的交通路线的限制。中国80%的石油进口运输经过马六甲海峡，这里受到美国军事和商业组织的控制。而货物若经巴基斯坦瓜德尔深水港运输，则可缩短中国到欧洲运输距离的85%。瓜德尔港是中国—巴基斯坦经济走廊的一部分，为此中国签订了价值460亿美元的投资协议，这大约占巴基斯坦年GDP的1/5，是美国对巴基斯坦投资总额的10倍。

中国凭借其生产力、国内市场和外汇储备，足以建立自己的经济带。不顾美国反对加入亚投行的劝诫，世界大多数经济体（57个）作为亚投行的创始国都参与其中。

中国现在正在实施世界经济发展中最大的一个项目——新丝绸之路。这个项目可能对世界经济版图做出革命性的改变。这一战略还被许多人看作东方与西方在夺取欧亚大陆控制权战役中放的“第一枪”。

有种观点认为，古丝绸之路可能会以现代运输、贸易和经济走廊的形式复苏，这条通道从上海一直通到柏林。“一路”将途经中国、蒙古国、俄罗斯、白俄罗斯、波兰和德国，长度将近1.3万公里，将形成一个达到地球圆周1/3长的经济区。

从地图上看，新丝绸之路始于中国中部的西安市，然后向西至兰州（甘肃）、乌鲁木齐（新疆）、霍尔果斯（新疆），霍尔果斯距中哈边境不远；先往中亚西南方向至伊朗北部地区，再向西穿过伊拉克、叙利亚、土耳其；从伊斯坦布尔越过博斯普鲁斯海峡，然后转向欧洲西北方，其中要穿越保加利亚、罗马尼亚、捷克和德国；到达德国杜伊斯堡之后，又转向荷兰的鹿特丹，从鹿特丹向南至意大利的威尼斯，在那里与海上丝绸之路的一段相遇。海上丝绸之路始于福建省的泉州市，然后经广州（广东）、北海（广西）、海口（海南），往南穿越马六甲海峡；从吉隆坡至加尔各答，越过印度，之后穿越印度洋到达肯尼亚的内罗毕；从内罗毕向北，绕过非洲之角，然后经红海至地中海，经过雅典，与陆上丝绸之路在威尼斯交汇。

两条丝绸之路的路线体现了这一项目的规模——丝绸之路和海上丝绸之路相连，形成一个大的体系，连接了三个大陆。如果说有哪种形式可以反映中国想借助于贸易与文化交流的网络，回到“天下”的地位的话，那么这就是“新华”路线。甚至“丝绸之路”这一项目的名称也是取材于古代中国的丝绸之路，当时的中国曾经与世界其他地区有着密切的商品与信息交往。

中国设想的经济前景是广阔而令人印象深刻的。根据新华社的一篇文章，丝绸之路将为中国以及周边每个想获得发展的国家带来新的机遇和新的未来。文章还预计，将建立从太平洋西部延伸到波罗的海的“经济合作区”。

虽然这些目标比较外露，但还不明确的是，究竟是什么将会把丝绸之路周边这些零散的国家联系到一起（既包括陆上的，又包括海上的）。中国今天在讨论沿线的基础设施建设（特别是铁路与港口）时，说的更多的是快速运输的可能性。中国的计划是要建立贸易网，在这个网络中商品更丰富、贸易更高级。北京计划发展与丝绸之路周边国家的经济联系，以提高每个国家的生产力。根据这一理念，中国不止一次地强调与丝绸之路沿线大多数国家的经济的融合性，可以对相关国家的关键工业领域给予技术支持。

中国还希望利用丝绸之路来“加强资本趋同与货币一体化”，换言之，就是在这个区域里货币交换要足够容易。新华社指出，中国的货币——人民币现在在蒙古国、哈萨克斯坦、乌兹别克斯坦、越南和泰国得到越来越广泛的使用。但文章没有说要使人民币成为丝绸之路的主要货币，而是提出在贸易过程中将主要使用当地货币。

中国希望借助于经济交流，遵循“互相尊重、互相信任”的原则，建立一个与丝绸之路周边的每一个国家进行大规模文化与政治交流的网络。

其结果就是，丝绸之路不仅是要打造一条经济贸易之路，同时也要打造一个有着“共同利益、行动和责任”的联合体。丝绸之路反映了中国要建立一个从东亚到西欧的新的相互依赖的经济与政治共同体的想法。显然，中国认为中国倡导的原则将会成为这个新共同体的引导力。新华社报道，中国“智慧”的作用，在建立开放的世界经济与国际关系体系过程中日益显著。

尽管公布了这些计划，但目前对于如何实现的细节尚不清楚。陆上和海上丝绸之路是否会受到中国与一些国家所签协议的限制？或者是否会扩展到中国与一些地区集团的关系，如欧盟和东盟？是否会在此基础上建立包含丝绸之路周边国家在内的跨地区自由贸易区？或者中国是否将扮演联合这一切的一个中间环节的角色，比如说，不需要签订任何专门的协议，直接将哈萨克斯坦与德国联合起来呢？

总之，这一项目是要建设高速铁路、公路、输电网和光纤网络，沿线的城市与港口的经济将得到大力推动。

这一项目同样重要的另一个部分是海上丝绸之路（MSR），它越过中亚和印度洋，将中国与波斯湾、地中海相连。

新丝绸之路项目完成之后，将像古丝绸之路一样，可以使中国获得通往三个大陆——亚洲、欧洲和非洲的出口。基础设施建设网将打通全世界最长的一条经济走廊，涵盖44亿人口，能带来21万亿美元的收益。

新丝绸之路的想法，是中国国家主席习近平在2013年首次提出的。在对丝绸之路进行投资的框架内，中国领导人还提出建立亚洲基础设施投资银行，以保证对丝绸之路的先期投资，中国出资额为470亿美元。

中国号召国际社会参与到亚投行中来，或是作为创始成员国，或是作为合作伙伴。要求成员国要有投入，也接受来自国际基金（如世界银行）的投资，以及私有企业、国家企业和地方自治机构的投资。

签署亚投行章程的有大部分西欧国家，还有丝绸之路沿线国家和亚洲国家。其中有北约组织12个创始国（英国、法国、荷兰、德国、意大利、卢森堡、丹麦、冰岛、西班牙、葡萄牙、波兰和挪威），还有美国在亚洲的三个主要军事同盟国家（澳大利亚、韩国和新西兰）。

在试图说服其盟友反对加入亚投行失败后，美国改变了策略，并且声称美国一直支持这个项目。但《华尔街日报》2014年11月报道，美国还在到处游说，反对中国亚投行新的基础设施发展计划……也包括在七国集团电话会议期间。

丝绸之路框架内第一个大型经济发展项目，将在巴基斯坦进行。中国已经在那里运作了很多年，即对瓜德尔港进行投资和建设。瓜德尔港是深海港，可以通往阿拉伯海，中国将长期租赁该港。

瓜德尔港将成为伊朗—巴基斯坦天然气管道的起点，这条管道最终将通往中国。管道的波斯段和中国—巴基斯坦段的建设将由中国出资。

毫不奇怪的是，作为美国的盟友，印度反对中国提议在伊朗的阿拉伯海上建立一个港口，这个港口距瓜德尔港只有几百公里。中国提议将伊朗的能源经阿富汗绕过巴基斯坦出口到印度。

美国建议印度拖延港口项目的进展，直至伊朗与西方最终签订核协议。这个协议已于2015年7月签订。

中国与世界上大多数国家都愿意开展史上最大的经济发展项目，这一项目对世界经济影响重大。这个项目可能会开展几十年，需要花费数千亿美元，如果不是几万亿美元的话。这对世界经济与贸易意味着什么，难以想象。由此，那些世界上大的对冲基金，如高盛集团、黑石集团急着对基础设施进行数十亿美元的国际投资，就不足为奇了。

毫无疑问的是，这么大型而又复杂的项目，将会遭遇地缘政治上的障碍。无疑，世界政治将会进行一场“大博弈”。美国总统奥巴马（Барак Обама）在发言支持跨太平洋伙伴协议时，这样评价目前的形势：“如果我们不制定规则，中国自己就可以制定这个领域的规则。”

在世界经济增长出现问题的背景下，欧洲还在与全球经济下滑做斗争，与此同时，中国经济增长放缓，但中国因何还能拿出这个项目来，说该项目蕴含着很多的机遇？

还需要清楚的是，近1.3万公里的新型高速铁路的建设需要多少费用？项目如果进展顺利的话，将会带动世界经济萧条领域的发展，其中包括资源开发和建筑领域。

我们来看一下，在这个涵盖世界广大区域的战略框架内，将会创造多少个就业岗位。实际上在每个领域，贸易与商业的复兴都有着巨大的前景。

丝绸之路涉及贸易和基础设施的发展。其中值得期待的一个好处就是，可以拓宽知识的交流，促进教育和文化成果的交流。

对全世界来说，这个战略的开展具有标志性意义。这个大型战略有着巨大的潜力，可以再次刺激贸易、工业、发明创造、思想与文化的发展。同时，越来越清楚的一点是，地缘政治上的冲突可能会导致东方与西方在夺取欧亚大陆控制权的问题上展开新的“冷战”。

中国新华社推介了一系列题为“新丝路新梦想”的文章，旨在阐释丝绸之路的历史与文化意义，以及传播中国的睦邻友好政策。

新华社的这些文章还清晰地阐明了中国丝绸之路经济带和海上丝绸之路的功能与前景。最令人好奇的是一幅展示两个项目的地图，这幅地图表明了中国计划的规模。

这样，丝绸之路项目的理念看上去是非常庞大的。中国国家主席习近平提出的这个战略是2015年讨论最多的话题，它面向中国未来的十年，并且正在改变着欧亚大陆。有亚投行强大投资支持的丝绸之路经济带和海上丝绸之路象征着21世纪的中国，并给予欧亚大陆新的机遇。

中国最大的新闻机构——新华社，开通了一个新的信息服务系统（新华丝路），旨在为“一带一路”周边国家的投资者们提供经济和金融信息支持。

中国在开放的同时，也在创造条件，世界可以影响中国社会，同时中国的项目也具有全球影响力。一些专家指出，中国从地缘政治角度对欧亚大陆的关注，可以看作对奥巴马政府“重返亚洲”政策的回应。但新丝绸之路不能被认为是针对任何人的对立战略。

即将成为世界第一经济大国的中国，完全能够意识到与权利并存的还有责任。在这个意义上，“丝绸之路”可以被理解为类似于马歇尔计划的战略——支持中国的邻国，促进其经济发展，并在北京制定的体系中给予其地位。①

而且，邀请俄罗斯共同建设21世纪的欧亚大陆，这是在新丝绸之路框架内加强中国与欧洲合作的措施——俄罗斯是欧亚大陆合作网络中必需的一环。

在丝绸之路框架内，将会有数十亿的投资，还有公路、铁路建设，将更多地扩大贸易。未来，在完全覆盖欧盟和其他欧洲国家的同时，新丝绸

---

① http：//cont. ws/post/71825.

之路项目将会成为覆盖地区的经济增长点。

“丝绸之路 2.0”也将扩大中国在中亚地区国家的影响，特别是在吉尔吉斯斯坦和哈萨克斯坦。中哈 2014 年的贸易额增长了 11.3%，达到 286 亿美元。中国国有公司在许多哈萨克斯坦的石油天然气项目中占有很大份额。应当指出的是，中国政府早在 2006 年就提出铺设贯穿中亚的铁路，但这个想法目前还未实现。哈萨克斯坦选择了铺设宽轨铁路通往哈中、哈吉边境，并且打算在建设新的哈中铁路时继续选择宽轨。此外，中国已经拨出 400 亿美元，投入到连接亚洲与欧洲的基础设施建设。

关于“丝绸之路”，专家们有着不同的看法。俄罗斯科学院远东研究所研究员彼得罗夫斯基（Владимир Петровский）确信，俄罗斯对这个项目是非常感兴趣的：“两国领导人第一次讨论这个问题，还是在中国国家主席来参加索契冬奥会的时候。那时俄罗斯总统普京说，俄罗斯对这个项目很感兴趣，并且会参与进来。”

彼得罗夫斯基的主要理由是，中国想实现该项目的决心和愿望很坚定：“中国在任何时候都将会推动这个项目的进展，并且这个项目也会变成现实——无论是有俄罗斯还是没有俄罗斯参与，无论是有欧亚经济联盟或是没有欧亚经济联盟的参与。”他证明自己的观点说：“当然，最好还是参与到这一战略中来，这是互利的。中国在推进这个项目的同时，还在创建非常强大的金融机构，俄罗斯和其他欧亚经济联盟国家都可以利用这些机构的资源来促进本国经济中的基础设施发展。”

同时，专家的意见还指出，在中亚进行新的基础设施建设来取代苏联时期建造的但已经损坏的基础设施，这将给莫斯科带来损失，并且会削弱对南部前苏联国家的影响力。

比如，莫斯科国际关系学院东方学教研室副教授科尔逊就指出，“丝绸之路”这一理念是中国国家主席习近平 2013 年在哈萨克斯坦提出的，这与欧亚经济联盟和关税同盟的建立时间重合。他说：“中国遇到的情况是，我们不止一次地拒绝在上合组织框架内建立自由贸易区，这样就使得中国商品的竞争力被欧亚经济联盟隔绝开来。这个新丝绸之路概念绕过了欧亚经济联盟空间。”

在讨论俄罗斯从新丝绸之路中能获得什么好处的时候，科尔逊却得出这样一个结论：这个战略的实现，会使得俄罗斯的基础设施丧失价值，使俄罗斯远东地区的价值降低。“如果看一下地图的话，我们是在更北的位置。我们的西伯利亚大铁路将失去地缘战略意义。实际上这意味着对我国兴趣的降低，特别是降低远东地区的地缘战略意义。这不得不引起注意。”

同时，乐观主义者指出，中国出口的最短路线是要经过欧亚运输走廊。悲观主义者则提议，不能用其他的因素来衡量，而是要看看世界政治地图——中—欧之路的大部分，是在距离俄罗斯领土更南的地方。

俄罗斯政治学家特罗菲姆丘克（Григорий Трофимчук）则指出，现在急需为丝绸之路经济带和欧亚经济联盟对接提供信息保障。在他看来，把丝绸之路经济带与欧亚经济联盟对接的项目已经获得了政治上的支持，但现在非常需要信息保障，这方面仍待改善。

“对丝绸之路经济带的宣传，在社会与政治方面是非常积极的。俄罗斯社会已经对这个项目听得很多了，也包括把欧亚经济联盟与丝绸之路相对接的问题。至于对可以参与到这个项目的俄罗斯商业以及具体公司来说，情况就完全不同了。没有足够的信息让俄罗斯商人了解到，他们的公司可以以怎样的方式参与进来，”特罗菲姆丘克在接受新华社的采访时称，①“不仅应当有宣传，而且需要非常的专业化。需要给商人们和各个公司介绍这个超大项目，首先是中等企业，而且不仅是大公司。需要宣传这个项目有什么具体内容；丝绸之路经济带与欧亚经济联盟是怎样对接在一起的；在整个沿线中将建设什么基础设施，哪怕是在一条高铁沿线上，将有怎样的住房建设和基本建设，以及有什么样的贸易中心等等。就是这样一些专业化的内容（具体参数的确定），目前还没有。”

特罗菲姆丘克说，商人们需要具体的信息，这样才更容易把基础设施建设和与之相连的所有部分变成现实。而当这项工作初有成效、带来最初盈利的时候，物价将会稳定。当丝绸之路沿线国家的人们看到火车票、商品、必需服务的价格降低的时候，就会促进社会的稳定。那么就未必有人会反对什么了。今天，就像一位专家指出的那样，这样的尝试正在进行，并且日益增多。

“我们自己也在努力向俄罗斯民众宣传，但我们需要更广阔的平台，”特罗菲姆丘克建议，“在新华社的网站上开辟一个专门的板块，或者做一个

① https：//www. facebook. com/grigory. trofimchuk/posts/1680584968831868：1.

网站，以更加鲜活、开放的形式来宣传这个项目。这样可以在足够快的时间里为俄罗斯社会提供信息，并使其有积极的反应。”①

目前能使俄罗斯参与到中国提出的项目中来的关键，是要有某些中国参与的在俄罗斯境内的补充项目的开展。其中，在中国国家主席访问莫斯科的前一天，中国媒体宣布，中国准备与俄罗斯签订合同，由中国公司铺设莫斯科至喀山的高铁（这条铁路未来将会通往北京）。俄罗斯将会从把古代商业之路变为超现代的主干线战略中获得什么好处，将会得以明确。

二、竞争性的项目——跨大西洋贸易与投资协议

亚投行的成功建立以及在南中国海的冲突，引发了这样的讨论——美国应该如何应对中国实力的增强。美国正在积极回应中国提出的“一带一路”，这个项目体现了中国经济外交中史无前例的进步，也是应对美国随处可见的狂妄战略的有节制的回应。

同时，在很大程度上引发现有全球危机的美国又提出自己的方案，即建立两个美国占主导地位的自由贸易区：TTIP（Transatlantic Trade and Investment Partnership）——跨大西洋贸易与投资伙伴协议，还有 TPP（Trans-Pacific Partnership）——跨太平洋伙伴关系协定。

TTIP 可能会成为对欧盟的替代，以及俄罗斯的欧亚经济联盟的一个竞争性项目。TPP 与亚太经合组织、东盟是竞争关系，而且会成为遏制中国和俄罗斯在亚太地区日益增长的影响力的因素之一。

自然，并非所有的欧洲人都支持建立 TTIP 的想法，因为这个战略会从实质上影响到欧洲本身，而且在很多方面是负面的影响。

在研究这个战略的时候需要注意以下几点：

（1）取消美国与欧洲之间的贸易和关税壁垒，会削弱某些欧洲国家保护本国国民经济中具有战略意义行业的能力，容易遭受外国不诚信竞争和倾销的影响。

（2）取消关税之外的壁垒——社会的、经济的、技术的壁垒以及东道国执行的其他标准，所影响的不仅是经济主权，还有政治主权，以及劳动

---

① https：//www. facebook. com/grigory. trofimchuk/posts/1680584968831868：1.

者和消费者的权利。

（3）通过建立域外仲裁法庭，来解决投资和经济上的冲突，这实际上意味着对民族国家权力的践踏，以及跨国集团的直接控制。TTIP如果实现的话，欧洲将会被美国大公司和法律事务所扼杀。要知道，在TTIP框架内计划的非政府仲裁法庭（投资者—国家争端解决——ISDS）上，美国大公司可以直接对欧洲国家提起诉讼。

（4）以欧盟贸易专员卡雷尔·德古赫特（Карел де Гюхт）为团长的欧盟代表团正在进行的谈判，没有受到社会、大多数专家以及政党的关注。欧盟成员国议会也没有参与到讨论中来，许多重要的观点都不被社会所知。这就使得跨国集团可以绕过医疗、环保、民族文化等领域的规则和要求。此外，由于爱德华·斯诺登（Эдвард Сноуден）的泄密，我们才知道欧洲代表和政客们的谈判都被美国特工监听了，这就使美国代表团在谈判过程中获得了极大的优势。

（5）协议使欧洲的社会冲突急剧尖锐化，改变了劳动、资本、公民社会和跨国集团间的力量平衡。欧洲国家现有的社会模式具有比美国更高的维权标准，这种模式将会被重新评估，而最近几十年的“社会斗争结果”或将被取消。未来，这将会造成深远的社会与政治结果。

（6）欧盟较高的卫生、生态和社会标准将降到美国的水平，结果就是欧洲的卫生与生态标准被破坏，货架上的商品也要更换。遭到破坏的还有维护民族文化和身份认同的机制，最终结果就是使欧洲经济中的战略行业受到美国的控制。这样，所有经济争端的解决，都将在不受欧洲人自己控制的仲裁法庭上进行。

（7）由于美国提出了开放“数字市场”，欧洲人非常担心私人生活和个人信息会被泄露。就像在爱德华·斯诺登披露的文件中指出的一样，美国特工违反了互联网和电话网的准则，无论是在美国本土还是世界其他地区。

美国对TTIP特别感兴趣——不仅出于与中国在经济上进行对立的目的，还要为美国产品夺取大的有支付能力的市场。据报道，法国前财政部长、国际货币基金组织前总裁多米尼克·斯特劳斯·卡恩（Доминик Стросс-Кан）在法国参议院声明，欧洲处于非常不利的地位。谈判是以非常“不透明”的方式进行的，文件没有公布，也没有拿出来讨论。在斯特劳斯·卡恩看来，这对欧洲来说是个非常复杂的协议，不要天真地认为这个协议只是针对关税制度的自由化，其目的不是为双边贸易减负，因为关税壁垒已经不是很多。美国是要强加给欧洲新的标准——技术的、生态的、社会的标准。很清楚的一点是，这样的标准制定后，欧洲就会美国化，并且丧失其重要的标准和机制。在现在正在形成的多极化世界里，欧洲将不会成为一个独立的力量中心，而是成为美国的经济附庸。TTIP 框架内的新市场将会禁止欧洲人支持那些“产能低”的经济领域，美国的需求将主宰一切。

美国同时要与亚太地区签订自由贸易区协定。《跨太平洋伙伴关系协定》（TPP）涵盖亚太地区 12 个国家，但没有中国。TPP 的使命就是要取代东盟、亚太经合组织，这些组织都是美国认为不太有效的。TPP 要保证美国操控亚太，保持与中国的平衡。

今天令人非常担心的是，TTIP 将不顾各方的反对而得以实现。美国和欧洲的精英们就这样秘密地达成一致。美国在为建立自己的大联盟下赌注，欧洲在其中只是从属性的。这将会给多极化世界这一理念带来打击，多极化世界是要使美国、欧洲和金砖国家的利益平衡。因此，把“丝绸之路”战略与欧亚经济联盟结合起来，在今天是具有非常重要的意义和现实性的。①

三、把两大战略相对接对俄罗斯有什么好处

俄罗斯联邦是世界上领土面积最大的国家。在分析现代俄罗斯领土政策制度的同时，各个领域的专家们把俄罗斯的领土空间分为地缘政治、行政和经济区域。

对于我们现在研究的这个主题来说，最主要的首先是俄罗斯在地缘政治和行政方面的转型。

在分析俄罗斯各地区基础设施的时候，阿斯特拉罕国立技术大学教授科马罗夫（М. П. Комаров）是这样解释地缘政治问题的：“莫斯科被认为是现在的中心，从中心向外辐射出四条射线，分别是莫斯科—东方、莫斯

---

① http：//el-murid. livejournal. com/2368663. html.

科—西方、莫斯科—北方、莫斯科—南方。这几条射线的外围地区就是地缘政治区，这些区域相应地就被称为‘俄罗斯的东方’、‘俄罗斯的西方’、‘俄罗斯的北方’、‘俄罗斯的南方’。”

在莫斯科—北方和莫斯科—东方这两个方向都是海岸线，没有其他国家。因此，在北方和东方，俄罗斯有着封闭的地缘政治边界，在这里的主要任务是维持现状，不要有领土分裂。

北方又可以分成几条射线，分别是莫斯科—穆尔曼斯克、莫斯科—马加丹—堪察加。这个空间连接了俄罗斯联邦大部分的领土。

“俄罗斯的东方”包括乌拉尔南部地区、西伯利亚南部地区、阿尔泰、图瓦、布里亚特、阿穆尔河沿岸地区和滨海边疆区。

为使俄罗斯联邦各地区与世界市场进一步一体化，需要先解决很多的问题。其中特别重要的是，确立西伯利亚和远东地区的新地缘政治地位，改变这个地区在国家经济中的地位。

而在莫斯科—西方和莫斯科—南方，情形则完全不同，这里没有海岸线，俄罗斯比较容易受到打击。这里的地缘政治形势最为紧张，且存在内政和对外政策上的问题。

另一位专家杜金（А. Г. Дугин）在总结俄罗斯国内地缘政治问题时指出，离心力和向心力缘于诸多历史因素，同时影响着这些地区。此外，距离地缘中心（莫斯科）的物理距离不是永远与“地缘政治距离”相符的。这些距离不仅取决于联系的数量和质量，还取决于地区形成的独立性、形式以及地区的民族文化特点。

俄罗斯国内地缘政治主题的主要内容，将是解释清楚这四个外围地区的地缘政治结构，以及连接其与中心地区“射线”的特点。

与此同时，俄罗斯必须解决一系列更具体的国内地缘政治问题。需要提醒的是，直到现在，俄罗斯广大的领土，特别是在北方和远东地区，尽管有丰富的自然资源，但还没有被开发，而且依靠一国的力量未必能够做到。比如，据现在已经不存在的俄罗斯苏维埃联邦社会主义共和国国家计划委员会属下的中央经济科学研究所在20世纪80年代对外高加索乌多坎山区的铜矿所做的推测（汞中的含铜量为30%），开发铜矿投入的资本要用40年才能收回。有着同样命运的，还有在阿尔汉格尔斯克州和摩尔曼斯克州沿海大陆架发现的石油。

在开发几百年后，外乌拉尔地区人口比较密集的地区，也只限于西伯利亚大铁路沿线南部地区的狭长地带，在某些地区其宽度只有100—200公里。

经济开发地区与人口稠密地区并没有融合到一起，其间还有广阔的无人区。穆尔曼斯克州、科米共和国的北部，就与俄罗斯欧洲部分的中心之间出现了“断层”，远东的南部地区（滨海边疆区、哈巴罗夫斯克边疆区和阿穆尔州）与外高加索地区也是断裂开来的。

因此，在形成国内地缘政治战略和地区政策的重要内容的时候，不仅要依托于战略性问题的解决，还要依托于地区政策的严格执行，首要的就是大力开发那些有前景但人口稀少的地区。这需要国家采取积极的、有针对性的地区政策，包括经济、移民和社会方面的政策。

基于对解决上述问题必要性的考虑，必须制定俄罗斯国内地缘政治空间改革的客观标准。笔者认为，这些标准应当有以下几点：（1）确定新地区的规模，要与有效地保障生活和管理的需求相适应，决不允许出现行政区划的碎片化问题；（2）维护各地区之间的历史联系，以及已经形成的经济体系与关系；（3）要考虑那些打算联合的地区居民的意见和利益；（4）也要关注历史上多民族地区在利益上的矛盾和冲突；（5）要提高整个国家政府系统的可靠性和有效性。

近期的问题和任务是，在发展经济的基础上，优化行政区划，以渐进的方式巩固和促进地区的发展。这些并不是目标本身，而是为了解决下列与俄罗斯经济和社会的现代化、与从能源经济向高科技模式转型相关的问题：合理地划分权力和资产，依法监督，打破垄断，为建立经济主体间真正的竞争创造条件；（1）合理分权，重新分配权力，对联邦关系补充现实内容，这会使各地区为独立发展蓄积资源；（2）与腐败做系统性的斗争，既依靠国家的力量，同时也吸引公民社会参与其中；（3）为在高科技基础上进行的经济结构改革创造必要条件；（4）去行政化，为中小企业的发展创造条件；（5）要持续地对教育、科学、文化、卫生和社会保障体系进行现代化改造，使这些领域从资源“消费者”向人力与社会资本的“生产者”转变；（6）为地方自治建立真正的法律、经济和社会基础，使其在面对国家和金融工业集团时，有真正的自治权。

俄罗斯国家是否已经做好准备发起一场“自上而下”的变革，不久的将来会说明这一切。但俄罗斯社会对改变的需求，今天已经非常强烈，并且还会继续增长。

综上所述，大力开发外乌拉尔地区是俄罗斯国内地缘政治中最重要的任务。但这一任务的完成，靠开发西伯利亚和远东地区的某个项目未必就能做到。因此，丝绸之路项目与欧亚经济联盟的对接，不仅会带动中亚，也会推动俄罗斯西西伯利亚和东西伯利亚地区的经济与社会发展。

此外，对全球化挑战的应对之一就是欧亚一体化进程。哈萨克斯坦以与俄罗斯和白俄罗斯平等伙伴的身份积极参与其中。三个参与到形成统一欧亚空间过程中的友好国家，联合各自的力量来应对当今涵盖后苏联空间的许多国家的非现代化、社会衰落、政治混乱和不断增长的激进情绪。

同时，俄罗斯、哈萨克斯坦和白俄罗斯总统提出的欧亚一体化新模式，应当考虑到与全球化进程相关联的新的政治现实。因为参与欧亚一体化进程的国家希望建立“多层级管理体系”，要求关注地区、国家和国际政治空间相互紧密交织的现象。① 而且要在新条件下，维护和保卫民族国家的利益。后者要求不应当把民族主权理解为国家在某个封闭地域空间内的自我孤立，而是要把国家变为新的地缘政治和地缘经济现实的创造者。真正能维护后苏联空间国家主权的，显然是在多样化相互交织的联系和逐渐形成的协调机制基础上的多维度的一体化。

正因为这样，焕然一新的欧亚联盟不应当是传统帝国秩序的复活，而应当是灵活协调欧亚联盟内部国家间利益的权力网络结构与机制。三国领导人提出的建立欧亚联盟的战略使命，就是要成为联系欧盟“大空间”与正在崛起的东南亚“大空间”（以中国为中心）之间的“战略桥梁”。如此规模宏大的任务，要求更清晰地确定这一战略参与国应当担负起的任务。

四、对中亚国家的意义

此前，单边的对外政策导致了俄罗斯在中亚地位的衰落，并丧失了很多对中亚地区施加影响的工具。俄罗斯自由主义设计师们妄图超越俄罗斯

---

① B. Hocking, “Grenzen überbrücken, Verbindungen schaffen”, in Krämer, R. (ed.), *Regionen in der Europäischen Union. Beiträge zur Debatte* (Potsdamer Texzbücher, vol. 1), Berlin, Wissenschaftsverlag, 1998, S. 26.

的欧亚属性，只想保留其中的欧洲部分，他们眼中的中亚就像是实行专制统治的、落后国家的“大杂烩”。他们认为，俄罗斯只有甩掉这个“包袱”，才有利于进行自由改革、建立民主。基于这样的理念，俄罗斯在20世纪90年代初所采取的维护自身狭隘利益的政策，导致了与中亚国家在许多经济和文化联系上的断裂，过早地推动中亚国家在1993年脱离卢布区，以及中亚国家缩减其开采的能源经俄罗斯石油管道的输送。

由于俄罗斯单方破坏了其在中亚地区的影响，这个地区成为俄罗斯主要地缘战略竞争者们施加影响的目标，首先是美国和土耳其，还有伊朗和巴基斯坦。并非偶然的是，支持这一政策的思想家布热津斯基（З. Бжезинский）在其一系列的著作中直接指出，支持中亚国家的独立，使其对抗俄罗斯的压力和一体化努力，帮助其加强国民经济、军事力量，寻找能源输出的其他途径，这都符合美国的战略利益，因为这样可以封锁“苏维埃帝国”的复兴，保证通往里海沿岸能源通道的畅通。

从2005年起，随着欧亚一体化进程积极展开，中亚成为当前世界政治中的重要一环。这一地区政治发展的主要趋势是怎样的呢？

政治学家卡赞采夫（А. Казанцев）指出，从18世纪经典地理学角度来看，被称为亚洲中央地区的是蜿蜒于中国、印度到中东地区的河流流域地区（非大洋地区）。在苏联时期，“中亚”（Центральная Азия）这个概念是相对于蒙古国周围地区而言的，是与“中部亚洲”（Средняя Азия）这个概念有区别的（后者不包括哈萨克斯坦）。①

从当代国际关系术语的角度看，“中亚”（Центральная Азия）是苏联解体后出现的自称，包括五个后苏联共和国（哈萨克斯坦、吉尔吉斯斯坦、塔吉克斯坦、土库曼斯坦和乌兹别克斯坦）。另外还有例如美国的概念——“大中亚”（Большая Центральная Азия），其中包括了阿富汗，甚至还有巴基斯坦的部分地区。

在未来100年内，两个因素将对改变这一地区各国国界有着决定性的意义——外部的（国际政策的作用，特别是大国的政策）和内部的（中亚地区国家内部的结构变化）。

中亚地区地缘政治的“中央性”（центральность）以及本地区国家对

---

① http：//www. vesti. uz/index. php？option = com _ content&view = article&id = 42040.

外部援助的需求，都引起大国（中国、俄罗斯、美国、欧盟国家、印度等）积极介入该地区事务。这种趋势在未来还将继续，当然大国之间未必会在此进行“新的大博弈”，而且可能在解决一些重要的地区问题（如恐怖主义、“失败国家”和毒品交易）时进行合作，同时在其他领域保持竞争关系。本地区作为能源产地，以及以欧亚大陆东—西和南—北为轴线的新贸易路线通道，还将吸引其他国家。

中亚国家不能靠一己之力解决的关键问题有：（1）社会现代化进程和经济去工业化问题；（2）人口爆炸与日益加剧的高失业率，特别是这些现象在各个地区都有；（3）本地区内大多数国家的不稳定性；（4）边界争议和资源争夺（能源、水源和土地等）；（5）非常严重的影子经济；（6）地区极端主义的扩张，其源头出现在本地区一系列国家里；（7）中亚一些国家内部精英分裂，争夺影响力；（8）种族和民族国家的身份认同与次种族和次区域结构间的冲突。

个别专家认为，在一系列假设因素出现的情况下，对中亚地区的控制权可能会完全转移到中国手里（“以中国为中心的世界”场景，Синоцентричный мир）。这些因素有：2014—2020 年美国彻底离开阿富汗和中亚地区；欧洲长时间的经济危机；欧亚一体化进程失败带来的俄罗斯必然的经济、人口发展停滞等。控制权向中国的转移将是渐进的，是使用“软实力”工具的结果。类似战略的一个实例就是在 2015 年初开始建立的上合组织“共同市场”（这个市场将延伸到中亚地区和俄罗斯的亚洲部分，还将联合一系列后苏联空间内的成员，例如俄罗斯的欧洲部分、亚美尼亚和白俄罗斯）。结果就是在 60—100 年后，“以中国为中心的世界”的假设完全是可能的，因为现在中国的立场看上去要比其他在中亚地区有着自己利益的大国更强硬。

苏联的复兴或者说俄罗斯帝国复兴的方案，今天看来就是个幻想，是不可能实现的。如果俄罗斯能够快速建立对邻国来说行之有效和有吸引力的社会经济发展模式的话，那么第二个场景假设就非常有可能——“后苏联空间的再次一体化”（例如在欧亚经济一体化的基础上）。但现在俄罗斯现代化机遇的受限性，还有来自西方国家日益加剧的压力，都使得这个方案无法实现。

按照欧洲模式构建中亚地区一体化的构想在今天是不现实的，因为在本地区国家执政精英之间存在着矛盾，而且本地区大多数国家都参与到其他更大规模的一体化项目中去了（欧亚经济联盟与上合组织），还有自我封闭的国家（土库曼斯坦），或者加入了全球经济机构（世界贸易组织）。中亚国家间关系中的一些问题（首先是水—能源—生态问题），在最近的几十年里是难以解决的。

美国到处游说的“大中亚”模式，包括阿富汗，或者甚至把巴基斯坦和经过自由改革的伊朗加进来（场景三，“中亚一体化”），只是停留在理论层面。但这个方案不可避免地会遭到中国和俄罗斯的抵制。“哈里发国”的场景设想，与在一定条件下本地区内建立统一的伊斯兰国家，是可能的，但不是在整个中亚地区，而是在其中的某些部分，首先是在费尔干纳盆地。

1991 年本地区在前苏联共和国基础上出现的国家，都面临着较高的非传统安全危险（恐怖主义、宗教极端主义、贩卖毒品）。其中的某些国家（特别是吉尔吉斯斯坦和塔吉克斯坦）的特点是“脆弱性”，也就是说，在“失败国家”的边缘不断摇摆。邻近阿富汗，这使得新的威胁得到了强化。阿富汗是 20 世纪末 21 世纪初典型的“失败国家”。所有这些趋势都说明，在一定的时期内，本地区各国的边界有可能会发生变化。

在中亚地区，当代的国界线是因出现了新兴的独立国家而产生的，同时还保留了复杂而又矛盾的种族和次种族结构。众所周知，现在这些国家的国界及其身份认同，在很大程度上都是由布尔什维克在 20 世纪 20—30 年代的民族和领土划分过程中人为造成的。在这种情况下，忽略了部落的（哈萨克人、土库曼人）、地区的（吉尔吉斯人、乌兹别克人、塔吉克人）、跨部落的（萨尔特人、突厥人、穆斯林）的概念，不顾原有的政治行政边界（布哈拉、希瓦、浩罕汗国）和语言边界（撒马尔罕讲塔吉克语的乌兹别克人、塔吉克斯坦讲乌兹别克语的居民），也不顾草原的自然边界（费尔干纳盆地、浩罕汗国过去的部分地区、曾是希瓦汗国领土的阿姆河下游盆地）。所有这一切都在新兴的独立国家间引发了民族—部落和民族—地区等问题上的严重分歧，而且这些问题至今都没有得到解决。

新的民族身份认同的顺利确立也是事实。在前苏联中亚地区的所有国家里出现了民族身份认同，在哈萨克斯坦甚至出现了公民（哈萨克斯坦）身份认同。哈萨克人（或是哈萨克斯坦人）、吉尔吉斯人、乌兹别克人、土库曼人、塔吉克人都有着自己的身份认同、独立性、国家和相应的领土，这已成为事实，这不仅是由后苏联的历史，也是由苏联历史所见证的。不大可信的是，在不久的将来，有人能够通过建立“哈里发国”、恢复苏联或者是其他超民族的帝国结构来打破这个现实。这些企图都会遭到大多数民众的一致抵制。

总之，上述观点都说明，场景假设五（完全解体）是不太可能的。在极端的情况下，这个地区特别是南部地区，可能会重蹈阿富汗从1978年开始的政治发展覆辙。不排除一些国家的“部分”解体，特别是那些“脆弱”国家，首当其冲的就是吉尔吉斯斯坦和塔吉克斯坦。

乌兹别克斯坦、土库曼斯坦和哈萨克斯坦通常被认为是比较稳定的国家。然而，费尔干纳盆地的伊斯兰极端主义、民族间关系紧张、撒马尔罕归属问题的争议等，都是潜在的不稳定因素。在土库曼斯坦与阿富汗的边境地区伊斯兰极端分子的扩张，使得土库曼斯坦的状况也并非无懈可击。

中国和俄罗斯非常希望维护中亚地区的和平与稳定。中国和俄罗斯把这一地区看作实现大项目（特别是经济领域的项目）非常有前景的地区。并且，这一地区的大多数国家，要实现社会经济现代化，都不能不参与到中国和俄罗斯倡导的大型经济项目中去。因此，将中国的“新丝绸之路”与现在正在进行的欧亚一体化进程相结合，从客观上讲，对该地区希望得到快速稳定发展的国家非常有利的。

（班　婕　译）

报告六

“丝绸之路经济带”倡议与俄中合作

B. 卡普斯京*

【内容提要】“丝绸之路经济带”的重点路线途经中亚国家与俄罗斯的国土，因此俄罗斯不可能对这一倡议持漠视态度。在西方经济制裁俄罗斯的大背景下，俄罗斯对外贸易的优先方向开始从西方转向东方。俄罗斯需要利用好参与“丝绸之路经济带”倡议带来的机遇，提升与所有上合组织成员国之间的合作水平。在与西方国家关系紧张的情况下，俄罗斯与亚洲国家，包括中国、中亚国家在内的东部近邻国家之间的关系需要取得进展。因此，即便从政治的角度来看，俄罗斯都应成为“丝绸之路经济带”倡议的积极参与方。

【关键词】“丝绸之路经济带”倡议　俄罗斯与中国合作　俄罗斯与西方关系

2013 年 9 月 16 日，中国国家主席习近平在阿斯塔纳的纳扎尔巴耶夫大学演讲时，提出了共建“丝绸之路经济带”的构想，将其作为中国与中亚国家、俄罗斯之间深化合作的一种形式。中国领导人对这一倡议非常重视。“丝绸之路经济带”建设已经成为“十三五”（2016—2020 年）规划的组成部分。该倡议还出现在当前许多重要的政治文件中，比如 2015 年的社会经济发展规划和政府年度工作报告并且着眼于长远谋划。据了解，实现“丝绸之路经济带”倡议需要 30 年时间。接下来，中国正筹划建设“七

* B. 卡普斯京（Вадим Капусткин），俄罗斯圣彼得堡国立大学经济系世界经济教研室副教授。

带”，涵盖交通、能源、贸易、信息、科技、农业和旅游领域。未来可能形成从中国西北省份、中亚到中东欧的大范围自贸区。丝路沿线约30亿人口，这毫无疑问是一个庞大市场，具有巨大潜力。

众所周知，丝绸之路或古丝绸之路早在公元1世纪就已出现。事实上，它曾经是不同路线的总和，许多商队通过这些路线把中国传统出口商品运往中东、地中海国家的市场。这样，中国的商品就进入了罗马帝国，之后进入拜占庭帝国和其他欧洲国家。从西方返回东方途中，商队则把欧洲的玻璃和铁制品、中亚的玉石和其他商品运回中国。古丝绸之路的价值很大，一直持续到15世纪末。地理大发现时代的开启以及国际海运的发展，极大地降低了通过陆路商队运送商品的兴趣。

自马可·波罗关于中国的奇妙游记问世以来，丝绸之路总是让人产生由衷的兴趣。现在，撒马尔罕、巴库、塔什干、布哈拉这样的古城再次受到世界的关注。考虑到“丝绸之路经济带”倡议来自中国，旨在通过它将本国与欧洲联系起来，这一倡议可以在与邻国相互协作之中得以实现。与1500—1600年前差不多，新丝绸之路的路线也途经中亚国家与俄罗斯的国土。在任何情况下，俄罗斯都不可能对“丝绸之路经济带”倡议持漠视态度。

一、苏中经贸关系

俄（苏）中关系史需要追溯到1949年中华人民共和国成立之前的很长时段。中俄（苏）拥有的长达4000多公里的陆地边界，构成了两国在不同领域开展互惠合作的重要前提条件和客观因素。1917年的十月革命与苏联的快速发展，对中国国内一系列社会事件产生了重大影响。列宁亲自参与并指导制定了对中国的政治方针。支持中国的劳动人民和所有致力于国家和社会解放的进步力量成为这一方针的基础。苏维埃政府在1917年12月向当时正式代表全中国的北京政府，提议研究基于平等和相互尊重主权的原则建立双边关系的问题。① 之后，双方开展了一系列外交活动，包括

① Рахманин О. Б. К истории отношений России-СССР с Китаем в XX веке. Обзор и анализ основных событий. Изд. 3-е, доп. М.: Памятники исторической мысли, 2002.

1919 年 7 月 25 日俄罗斯苏维埃联邦社会主义共和国人民委员会向中国南、北方政府和人民发出了一份基于一系列互惠条件签署双边关系协议的呼吁书。当时的中国被许多不平等条约所束缚，沦为帝国主义国家（英国、葡萄牙、日本和法国）的半殖民地、商品销售市场和工业原料产地。它们还把中国的农业生产置于自己的利益之下。中国的财政、关税、对外贸易和所有种类的交通工具，也都由这些帝国主义国家来领导。与苏联签署的协议成为中国解放的起点，这当然是帝国主义国家所不允许的，并把苏联的政策视为挑战。

随着中华人民共和国的成立，苏中两国建立了外交关系，这是符合中国和苏联利益的互利合作。1950 年签署的《苏中友好同盟互助条约》为两国关系的发展和深化奠定了国际法基础。苏联以 1% 的利息向中国提供 3 亿美元的贷款，更是促进了两国的经济联系（这一利息条件在当时的世界贷款政策中是史无前例的）。

苏联的援助以及两国全方位经济合作关系的建立，包括合作的法律基础和 1949—1952 年提供的物资援助，对当时处于极度困难的中国来说，都具有重大意义（1951 年西方对中国实行贸易封锁）。在这些条件下，苏中两国贸易额迅速提高。如果说，1948 年苏联仅在中国出口贸易总额中占据第九位，那么 1949 年则上升到第三位，到 1950 年底位居第一。① 苏联成为中国商品销售的稳定大市场。1950 年，苏联在中国出口总额中的比重为 28.7 %，中国向苏联供应轻工业、纺织产品，以及苏联本国短缺的部分有色金属。

中国第一个五年计划（1953—1957 年）的任务是为国家工业化奠定前期基础。苏联继续为中国提供技术援助，同时协助中国建立各种工业企业，扩大各类设备的供应量。苏中两国还制定了培养中国科技队伍的大规模纲要，旨在满足中国经济增长的需要。两国还开展广泛的科技与文化合作。1954 年发布的苏中政府联合文件指出，两国在发展双边合作和国际形势评估方面持一致看法。还需要指出，苏中两国共同参与了朝鲜战争（1950—1953 年），并支持朝鲜共产主义政府对抗由美国及其盟友支持的韩国军队。

与任何长期复杂的历史进程一样，两国关系发展并非一帆风顺、平稳

① К истории отношений России-СССР с Китаем в XX веке.

无事。曾经的兄弟般友谊被激烈的对抗所取代，双方矛盾最终演变成武装冲突。20 世纪 60 年代初，两国关系在很短时间内步入政治对抗阶段，经贸额下降幅度超过 40 %（1968 年为 8600 万卢布，1969 年为 5100 万卢布）。①

自 20 世纪 80 年代初以来，苏中关系进入新的发展阶段，其特点是出现稳定化趋势并开始建立合作关系。1982 年两国恢复了边境贸易，1983 年双边贸易额与上年同期相比增加了 1.5 倍。②1985 年 7 月，两国在莫斯科签署了关于贸易、支付以及开展经济、技术合作的长期政府间协议。两国相互贸易额在之后的一段时期达到了 12 亿卢布，1990 年达到 30 亿卢布。换句话说，与 1985 年相比，双边贸易额增长了一倍。③ 其他领域的合作也活跃起来，比如两国工会组织之间的联系，互派学生、进修生以及教师交流得以恢复。

表 6.1 苏中贸易额 （单位：10 亿卢布）

年份	1986	1987	1988	1989	1990
贸易额	1.8	1.5	1.849	2.4	2.7

数据来源：К истории отношений России-СССР с Китаем в XX веке。

如表 6.1 所示，1986—1900 年，苏中相互贸易总体呈现不断增长态势（除 1987 年下降）。两国间的商品交换并非对等：1981—1989 年间，中国从苏联进口了 780 万吨钢材和生铁，1700 万立方米的成材和木材、有色和稀有金属，11.9 万辆小汽车，57 架飞机。苏联从中国进口的产品主要为食品（肉、肉罐头、花生、谷物和水果），以及轻工产品、纺织品。

苏联总共参与中国境内 400 多家工业企业、单一车间和其他设施的建设、修复和扩大。1991 年苏联解体翻开了两国关系新的一页。

① К истории отношений России-СССР с Китаем в XX веке.

② Там же.

③ Там же.

二、20 世纪 90 年代的俄中经贸关系

俄罗斯联邦脱胎于之前的俄罗斯苏维埃联邦社会主义共和国，被公认为是苏联在联合国安理会的常任理事国和其他国际组织的合法继承者。还需要指出的是，与其他 14 个苏联加盟共和国不同的是，俄罗斯联邦承担了苏联对其他国家和国际组织的大部分经济义务和债务。

虽然俄罗斯联邦在一定时期拥有无可比拟的科技、自然资源和教育潜力，但许多学者仍然指出俄中两个友好国家之间经济发展水平有高低的事实，以及中国在这方面的领先地位。还有一部分研究者重点关注两国转型的起点和路径。俄罗斯最著名的中国研究专家、俄罗斯科学院季塔连科院士（Титаренко М. Л.）认为：首先，俄中两国在政治、社会、文化和经济方面的发展呈现不同的走向。俄罗斯拥有 1700 多万平方公里的领土，却仅有苏联一半的人口——1.45 亿。俄罗斯领土面积超过中国一倍，但人口仅约占中国人口的 1/10。① 与此同时，约 70% 的国土不适合国民长期居住，或者归为风险耕作区。其次，1949 年中华人民共和国成立之后的中国社会经济发展，始终处在统一且不断完善的社会主义经济社会体系——中国特色社会主义——框架之内。可以依据中国的经济奇迹去评价这种被选定的发展方针的有效性，即中国经济取得了史无前例的成就。俄罗斯通过“休克疗法”替换社会经济体制之后，在 2000 年前确立了寡头—资本主义体制，引入了西方自由主义最糟糕的样板。②

针对需要调整与苏联加盟共和国贸易关系的问题，中国外交部表示，愿意与所有加盟共和国发展关系，并于 1991 年 12 月 27 日宣布承认俄罗斯联邦和其他 11 个加盟共和国的独立。同日，俄中政府间双边关系和两国经贸合作谈判启动，并于 1991 年 12 月 31 日完成谈判，俄中签署两国关系议定书。

在国内危机、生产下降的情况下与中国开展各个领域合作的过程中，

---

① Юй Кэпин, Титаренко М. Л. Об особенностях трансформации Китая и России// Проблемы Дальнего Востока. 2014. №. 3. С. 12 – 29.

② Там же.

俄罗斯所占的份额和能力都受到极大限制。中国开始更加苛刻、有选择性地看待各种协议的签署问题。与此同时，双方宣布在和平共处五项原则的基础上发展友好、睦邻关系。

关于经贸领域，需要指出的是，两国经贸关系已经朝着市场关系变化。在（1992 年）3 月访问中国的过程中，俄罗斯联邦对外经贸联络部长阿文（П. Авен）签署了俄中政府间经贸合作协议，双方相互给予贸易最惠国待遇，减少了关税调控规则程序。

俄罗斯出口中国的商品以机械制造产品和成套设备为主，进口主要为民用商品。1992 年，俄中贸易额达到 50 亿美元，其中公司与企业的直接交易额比重占到 80 % 左右，① 这验证了上文谈到的两国经贸合作转入市场关系轨道。

边境地区的合作也得到强化。比如：中国政府打造了毗邻俄罗斯和独联体边界的“北方开放带”；在满洲里设立了中俄贸易区和边境经济合作区；哈巴罗夫斯克边疆区与辽宁省签订了长期合作协议。

1992 年 12 月 17—19 日，俄罗斯总统叶利钦对中国进行了访问，在此过程中还举行了与杨尚昆、李鹏、江泽民的会晤。12 月 18 日，叶利钦与中国国家主席杨尚昆签署了《关于俄罗斯联邦与中华人民共和国关系基础的联合声明》和 24 项政府间协议。双方强调，在部分问题上存在立场分歧，并不构成两国开展互利合作的障碍。两国还指出了在能源（包括核能）、农业、交通、通信、空间开发和其他领域开展经济合作的重要性。

两国经贸关系呈现不平稳的发展态势。1993 年中俄贸易额与上年相比增长了 31 %，达到 77 亿美元，其中边境贸易额占到约 80 %。1994 年的双方贸易额与 1993 年相比则减少了 34%。专家认为，这与俄罗斯市场上过度充斥着来自中国的质量低下的“倒爷”商品有关系。此外，俄罗斯联邦采取了调控对外经贸活动的新措施，即设立出口原料资源配额，提高关税税率。中国国内此时则减少了基础建设，导致从俄罗斯进口黑色金属、建筑技术、交通设备等需求的减少。总体来看，1993—1994 年中国出口到俄罗斯的贸易结构比较稳定，以民用工业产品（衣服、鞋、针织品等）和食品类（肉、水果、海产品、茶和花生）为主，比重分别占 43.4 % 和

---

① К истории отношений России-СССР с Китаем в XX веке.

29 %。①

在 1994 年的中俄贸易额中，黑色金属比重占 49. 9 %，成为中国进口最多的贸易产品之一，其次是交通工具（14. 6 %）、电站设备（9. 7 %）、矿物肥料（14. 6 %）、燃料和油（5. 5 %）以及有色金属。需要指出的是，这段时期内的零售贸易在总贸易额中的比重显著增加（从 20 世纪 90 年代初的 25 % 增长到 1994 年中期的 90 %）。

值得一提的是，1993 年 3 月发生在莫斯科的事件（总统与议会的斗争）并未改变中国对俄的政策方针。时任中国外交部长钱其琛在 1993 年 3 月 23 日的记者招待会上表示："不管俄罗斯发生怎样的变化，中国将始终基于和平共处五项原则与其发展关系。"②

1994 年 9 月 2—6 日，中国国家主席江泽民对俄罗斯的正式访问是一个重要事件。双方最高领导层谈及了两国贸易和军事合作问题，并签署了关于不使用核武器对准对方的宣言和联合声明，以及中俄边界协议。

需要指出世界最大政党——中国共产党所实施政策的空前成绩。中国多次超额完成社会现代化规划中的经济指标。1994 年的中国对外贸易额与上年相比增长 20. 9 %，1995 年则增长 18. 6 %；③ 1995 年底，中国外汇储备总共为 736 亿美元（增加 220 亿美元）；外资使用总额为 370 亿美元（中国境内有超过 10 万家外国投资企业在运行）。

1995 年，俄罗斯申请加入亚太经合组织，该组织成立的宗旨是确保亚太地区经济稳定增长与繁荣（中国自 1991 年起成为该组织成员国）。1995 年，俄中两国达成从实物交换过渡到外汇结算的协议。两国所有边界以法律文件形式固定下来，还签署了俄中文化合作议定书。1995—1996 年，中国对俄直接投资占对外总投资的 6 %。

边境贸易的继续发展发挥了重要作用。中国经济学家认为，边境贸易有着广阔的前景，因为这是互利的。然而，两国各级领导人多次指出，双边贸易额仍比较小。叶利钦在一次演讲中呼吁："把俄中贸易额提高到 200

---

① К истории отношений России-СССР с Китаем в XX веке.

② Там же.

③ По данным, http: //statistics. apec. org/.

亿美元。"①（当时的俄中贸易额为55亿美元）②

虽然两国发展遭遇一定困难（亚洲金融危机、自然灾难、俄罗斯的经济危机以及接下来的债务破产等），但到20世纪末中国已经成为俄罗斯第三大贸易伙伴，俄罗斯则是中国第十大贸易伙伴。两国在不同领域开展了广泛的相互协作，对出现的全球问题持相似的看法，同时开始在各种国际论坛框架内开展合作，比如亚太经合组织。

三、2000年以来的俄中经贸关系

新千年伊始，2000年5月7日，普京上台执政，这对俄罗斯来说具有标志性的意义。需要指出的是，普京正式就任俄罗斯总统后，其对外政策的优先方向之一就是东部和欧亚方向。早在1999年，俄罗斯政府总理普京在亚太经合组织峰会期间，就与中国国家主席江泽民举行过会晤（叶利钦因病无法前往参会）。媒体特别强调普京关于俄中政治关系的谈话，他表示将与中国在所有领域发展战略伙伴关系，同时拓展经贸合作。2000年，中国外交部长唐家璇访问俄罗斯，并与普京会面，双方讨论了两国在上合组织框架内的合作，探讨了如何使这项合作更加有效率的问题。

2000年特别重要的事件是，6月17—19日俄罗斯总统普京与中国国家主席江泽民在北京举行了会晤。会谈结束后，两国领导人发表了俄罗斯联邦与中华人民共和国联合宣言，以及两国关于反导防御问题的联合声明。在最终公布的文件中，双方确认了21世纪中俄战略协作关系的法律基础。

2001年，江泽民对俄罗斯联邦进行了访问。7月16日，普京与江泽民在克里姆林宫举行了会谈。同日，两国签署了《俄中睦邻友好合作条约》，条约的第一条包含了原则性立场："缔约双方基于长期基础，发展睦邻、友好、合作、平等互信的伙伴与战略协作关系。"③ 2001年6月15日，中国、俄罗斯、哈萨克斯坦、吉尔吉斯斯坦、塔吉克斯坦、乌兹别克斯坦在上海发表宣言，宣告上海合作组织诞生。

我们现在通过分析经济协作，来看一下国家间相互关系的实践内涵。

---

① К истории отношений России-СССР с Китаем в XX веке.

② Там же.

③ Проблемы Дальнего Востока. 2001. №. 5. С. 6 – 11.

据中国国家统计局的数据，2006 年中国 GDP 总量与 2005 年相比增长了 10.7 %，达到 20.94 万亿元（2.68 万亿美元）。① 圣彼得堡国立大学世界经济教研室副教授波波娃（Л. В. Попова）指出，世界贸易组织协议框架下的市场自由化极大地提高了中国对外资的吸引力，使其成为所有发展中国家中最大的外来直接投资东道国。② 据 2006 年中国商务部的数据，中国东部地区总共吸引外资 569 亿美元（占总量的 90.3 %），中部地区吸引外资 39 亿美元（占总量的 6.2%），西北地区为 22 亿美元（占总量的 3.4%）。这将导致社会经济发展的不平衡，加剧沿海地区与内陆地区之间的紧张关系。几十年来，专家们认为，多极世界的形成并不符合美国的利益，特别是中国作为其中重要的一极。

2012 年，中国北京大学战略研究中心学者戴旭在《人民日报》俄语网站发表的文章《中俄应该建立欧亚大联盟》引起了专家们的讨论。作者认为，俄中发展紧密关系是美国战略压力的结果，俄中经济互补是对抗美国能源封锁和市场限制的强大工具。北京确实向莫斯科提出共同对抗美国霸权主义企图和巩固欧亚空间的建议。在中印俄三角关系框架内建立战略伙伴关系的重要性，也不止一次被提及。两国对未来全球格局也持相似看法。应该承认，自 20 世纪中叶以来经济领域发生了许多变化，现在俄罗斯的经济地位让位于中国。同时，国际经验表明，只有在双边经济关系充实政治关系的条件下，战略伙伴关系才会持久和稳固。

表 6.2 2007—2014 年俄中贸易额 （单位：十亿美元）

年份	2007	2008	2009	2010	2011	2012	2013	2014③
贸易额	40.3	55.9	39.5	59.3	83.5	87.5	88.8	88.4
增长（%）	140.6	138.7	70.6	150.3	140.8	104.8	101.5	99.5
出口	15.9	21.1	16.7	20.3	35.2	35.7	35.6	37.5
增长（%）	100.9	133.0	78.8	121.8	173.4	102.0	99.7	105.3

① Байчоров А. Китаизация：последствия роста мощи Китая для мира в XXI веке. М.：Международные отношения，2013. 192 с.

② Попова Л. В. Китайская экономика в условиях кризиса：антикризисные меры и перспективы развития// Вестник СПбГУ. Сер. 5. 2009. Вып. 3. С. 32－46.

③ 不包括台湾在内。

续表

年份	2007	2008	2009	2010	2011	2012	2013	2014
进口	24.4	34.8	22.8	39.0	48.3	51.8	53.2	50.9
增长（%）	189.1	142.4	65.7	171.2	123.9	107.6	102.7	95.7
差额	-8.5	-13.6	-6.2	-18.7	-13.1	-16.1	-17.6	-13.4

资料来源：俄罗斯联邦关税署数据（По данным ФТС РФ）。

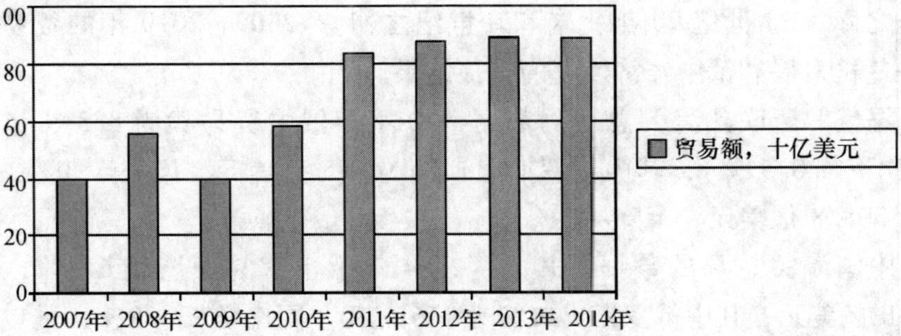

图 6.1　2007—2014 年俄中贸易额（单位：十亿美元）

资料来源：俄罗斯联邦关税署数据（По данным ФТС РФ）。

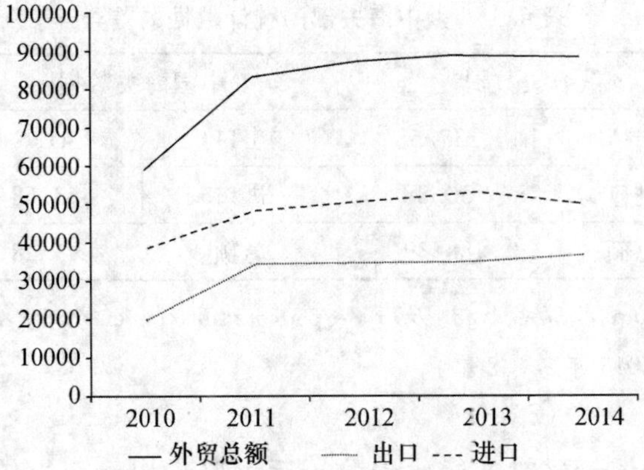

图 6.2　2010—2014 年俄中贸易的发展曲线（百万美元）

资料来源：http：//proved-partner. ru/analytics/research/26930-pazvopot-na-vostok- aktualynaya-situatsiya-i-pepspektivy-topgovli-possii-i-kitaya. html。

历史表明，俄中贸易发展明显落后于两国政治关系，直到 2000 年才发生了转折，两国贸易额增长到80亿美元。接下来，这种增长趋势继续保持。双边贸易额从2001年的107亿美元，历史性地增加到2013年的888亿美元。在世界金融危机背景下，2009年两国贸易额曾下降到395亿美元（见表6.2）。

2000年以来稳定的经济形势证明了两国经贸合作的巨大潜力，成为实现稳定合作的良好政治前提。近十年的俄中经贸发展准确地反映出两国国内宏观经济形势的变化。第一次贸易繁荣景象出现在俄罗斯经济走出转型困境之际（20世纪90年代末和新世纪之初），2009—2010年的贸易变化则是危机发展和俄中经济恢复的直接结果。

据俄罗斯联邦海关总署的数据，2014年俄中贸易额为883.9亿美元（同比下降0.5%），其中俄罗斯出口额为375亿美元，增长5.3%；进口额为508.8亿美元，下降4.3%。

中国海关总局的数据则显示，2014年俄中贸易额增长6.8%，达到952.8亿美元，其中俄罗斯出口额为416亿元，同比增长4.9%；进口额为536.8亿美元，同比增长8.2%。与2013年相比，贸易增幅为5.7%，这主要得益于俄罗斯出口的增长。①

表6.3　俄中海关部门统计数据的差异　（单位：十亿美元）

	俄海关数据		中国海关数据		差异
2014年	出口	37.5	出口	41.6	-4.10
	进口	50.88	进口	53.68	-2.80
	总额	88.39	总额	95.28	-6.89

资料来源：http：//www.ved.gov.ru/exportcountries/cn/cn_ ru_ relations/cn_ ru_ trade/（访问时间2015年5月8日）。

对商品目录统计材料进行比较分析后可以看出，双方统计的最大差异出现在以下领域：矿物燃料、石油、石油产品；天然和人造毛皮、针织品

① Российско-китайское торгово-экономическое сотрудничество/ Министерство экономического развития РФ. http：//www.ved.gov.ru/exportcountries/cn/cn_ ru_ relations/cn_ ru_ trade/.

服装、丝绸服装、其他丝绸制品；鞋；镍；能源、技术和其他设备；车床；泵和其他；电器和设备；录音器材。

2014 年，俄罗斯的贸易逆差为 133.797 亿美元（-23.6%）。[①] 这表明，日益增长的贸易逆差仍保持消极趋势，且在总贸易额中的比例逐渐扩大。俄罗斯贸易逆差的增长主要受进出口增速不平衡的制约。

据 2014 年度的统计数据，俄罗斯成为中国第九大贸易伙伴国。作为比较，美国以 5551.2 亿美元贸易额位居中国贸易伙伴首位，同比增长 6.6%；排在第二位的是香港，贸易额为 3760.9 亿美元，同比下降 6.2%；排在第三位的是日本，贸易额为 3124.4 亿美元，与上年持平。自 2010 年开始，中国已经连续四年成为俄罗斯第一大贸易伙伴国。2014 年的统计数据证明了俄中专家的评价，他们认为 2013 年两国贸易放缓是暂时性的，主要受一系列客观因素的影响。在 21 世纪头十年，商品贸易结构开始发生不利于俄罗斯的变化。俄罗斯出口的商品以矿物燃料为主，首先是石油和石油产品。如果说在 1999 年这些产品的比重为 7.8%，那么到 2014 年则增加到了 71.63%（与 2013 年相比，增长 10.7%）。总体来看，2014 年原料产品（燃料能源、矿石、木材、木炭）比重占俄罗斯出口中国产品的 88.83%。[②]

近十年来，机械和装备占俄罗斯出口的比重急剧下降。1999 年此项比重为 25.3%，这些机械和装备不仅向中国，还向独联体国家供应。到 2014 年，机械和装备在俄罗斯的出口额中仅占 1.12%，但与上年相比还增长了 0.3%。总体来看，2014 年的贸易商品结构没有发生实质性的变化。2014 年俄罗斯主要的出口商品仍旧为：矿物燃料、石油、石油产品（占出口中国贸易总额的 71.6%），木材（占 7.0%），有色金属（4.0%），化学产品（3.8%）以及碳原料（3.0%）。[③]

同时，中国出口到俄罗斯的商品种类则发生了巨大变化，以高附加值的产品为主。传统的劳动密集型商品（服装、鞋、玩具等）仍占较大比重，但自 2002 年开始机械制造、电子技术产品的比重开始上升并位居首位。2014 年中国出口俄罗斯的商品主要包括：机械和技术产品（占

---

① http://www.ved.gov.ru/exportcountries/cn/cn_ru_relations/cn_ru_trade/.

② Там же.

③ Там же.

36.1%，同比下降3.5%），化学产品（占8.4%，同比下降1.3%），纺织服装（占6.7 %，同比增长0.6%），针织服装（占5.9% ，同比下降0.6%），鞋类（占6.0%，同比增加0.7%）。①

两国相互贸易结构是与俄中比较优势相匹配的：俄罗斯拥有丰富的自然资源，中国则拥有发展制造业的良好条件——相对低廉的劳动力成本。同时，在俄罗斯经济中可以发现GDP产业结构与出口结构之间的失衡现象，这表明经济的现有潜力并未被完全发掘。还需要指出的是，中国经济的快速发展受制于对能源需求的增长，特别是石油。波波娃（Л. В. Попова）在题为《俄罗斯石油出口中国的前景》的论文中指出，中国石油外交的重点对象国逐渐变为哈萨克斯坦和俄罗斯，因为传统上中国大量进口石油的地区——中东地区，被中国的战略竞争对手美国所控制，这将使中国处于特别脆弱的境地。就供给可靠性与畅通性而言，俄罗斯是石油领域更具吸引力的伙伴国。

关于中俄投资合作，两国自签署关于鼓励与保护投资的政府间协议以后，在投资领域的相互协作进一步扩大。这一协议巩固了两国投资合作的法律基础。俄中的投资合作也不完全与两国的政治、经济关系相匹配。当前中亚地区拥有包括煤、石油、天然气等能源资源在内的品种齐全的原料储藏，它们为大型投资项目创造了现实基础。从俄中双方来看，危机时期两国都曾通过各自的倡议来拓展中亚经济空间。

据俄罗斯联邦统计局的数据，截至2013年底，中国对俄投资累计总额为321.3. 亿美元（与2012年的数字相比，增长15 %），其中直接投资约为17亿美元（增长14.9 %）。2013年，中国对俄经济投资为50.3亿美元（与2012 年相比，增长580 %），其中直接投资2.538亿美元（增长19.6 %）。2013年，中国成为俄罗斯第四大投资伙伴国（占俄罗斯年度外资总额的8.4 %），仅次于塞浦路斯、荷兰和卢森堡。中国对俄主要的投资领域仍旧集中在资源开采、林业、能源、贸易、家电、通信、基建和服务业领域。

---

① http://www.ved.gov.ru/exportcountries/cn/cn_ru_relations/cn_ru_trade/.

表 6.4　2009—2013 年中国对俄经济累计投资　（十亿美元）

	2009	2010	2011	2012	2013
总投资	10.343	27.940	27.619	27.919	32.130
直接投资	0.939	0.942	1.389	1.461	1.679
其他投资	9.405	26.998	26.227	26.458	30.877

资料来源：俄罗斯联邦统计局数据（По данным Росстата）。

中国企业对俄罗斯的大型投资项目包括：（1）中国国有石油公司购买俄罗斯第二大天然气公司诺瓦泰克（Новатэк）在“雅玛尔—液化天然气”项目中的20%股权（价值8.1亿美元）；（2）中国投资集团购买俄罗斯世界最大的钾肥公司——乌拉尔钾肥（Уралкалия）12.5%的股权（价值20亿美元）；（3）中国有色金属建设股份有限公司投资位于俄布里亚特共和国境内的东西伯利亚金属集团的联合项目（价值7.5亿美元）；（4）中国国家能源集团投资于俄罗斯联合石化集团公司（Синтез）的联合项目（价值11亿美元）；（5）中国投资集团获得莫斯科交易所5.4%的股权（价值1亿美元）；（6）中国建设银行获得俄罗斯对外贸易银行2%股权（价值1亿美元）。①

俄罗斯对中国的投资一直以来都较少。截至2013年底，俄罗斯对中国累计投资总额为0.5589亿美元（与2012年相比，下降50.5%），其中直接投资为0.3896亿美元（同比下降42.2%）。俄罗斯对中国投资的主要领域为生产行业、建筑、物流。②

2004—2009年，俄中在投资合作定期工作组（由俄罗斯经济发展部与中国国家发改委在2004年组建）框架内，共举办了五次双边投资论坛。2012年4月，中国副总理李克强在访问莫斯科过程中举行了贸易投资论坛，共签署了27个价值144亿美元的商业协议。③

俄中在中亚地区的投资协作，符合中国的长期地缘政治利益。中俄都

---

① http://www.ved.gov.ru/exportcountries/cn/cn_ru_relations/cn_rus_projects/.

② Там же.

③ Дяо Сюхуа. Состояние и перспективы экономического сотрудничества между Россией и Китаем// Проблемы Дальнего Востока. 2013. № 1. С. 48 – 58.

没有其他选项，因为美国正企图在亚洲心脏地带打造自己的势力影响圈。① 但是俄罗斯科学院远东所东北亚与上合问题专家巴拉金（В. Балакин）认为，俄中投资合作存在着现实的对立领域：能源。中国领导人有意获得对中亚地区全部能源的许可权，俄罗斯则要巩固对该地区能源供给路线的控制权。②

综上所述，我们可以认为，2014 年出现了一系列史无前例的对俄中经济全面发展有利的因素。中国东北财经大学专家刁秀华在其文章《俄中经济合作现状与前景》中指出了促进两国经济合作的五大因素：政治互信的巩固、双边贸易的互补性强、两国领导人的高度互信、俄罗斯加入世贸组织以及两国法制机关的有效合作。俄中最具前景的合作领域为能源、投资与银行业，两国在纳米技术、节能、生物技术、高铁建造领域的联合项目也具有广阔前景。③

四、乌克兰危机背景下的俄中关系

2013—2014 年席卷乌克兰的严重政治危机，在世界上引起极大反响。随后克里米亚加入俄罗斯联邦以及乌克兰东南部的军事冲突，导致俄美、俄罗斯与北约之间原有的矛盾进一步激化。2014 年 7 月 17 日，发生在乌克兰东南部激战区的马来西亚航空波音 777 客机空难，还未公布国际调查结果，美国及其北约盟友就已指控受俄罗斯支持的通过军事行动对抗基辅政权的志愿军制造了这起空难。这成为俄罗斯与西方冲突一个新阶段的起点。美国以及迫于其压力的欧盟，从制裁几十名俄罗斯大企业家和高官，开始转向对俄罗斯经济的能源、财政、军工产业领域进行制裁。④

---

① Ивасита Акэю. Дзёкай кёрёку кико то Нихон［*Шанхайская организация сотрудничества и Япония*］// Юрасиа сого тайва кёкай. Токио, 2011. С. 61.

② Балакин В. Геополитическая подоплека российско-китайского инвестиционного взаимодействия в Центральной Азии// Проблемы Дальнего Востока. 2013. №. 1. С. 73 – 78.

③ Дяо Сюхуа. Состояние и перспективы экономического сотрудничества между Россией и Китаем.

④ Смирнов П. Е. НАТО и перспективы《Большой Европы》в свете кризиса наУкраине// США - Канада. Экономика, политика, культура. 2014. №. 12. С. 3 – 20.

俄罗斯在叙利亚和伊朗问题上取得的政治成绩，正处于危险境地。许多研究者和观察家并不满足于谈论“新冷战”的开始，开始预测世界处于第三次大战的边缘。正如俄罗斯科学院社会学信息研究所社会学与社会心理学研究室主任叶夫列缅科（Д. Ефременко）所言：“从第二次广场集会开始，美国就成为俄罗斯的主要对手，美国不仅将乌克兰危机视为对欧洲安全的威胁，而且将其视为恢复自己全球领导国地位的机会。”欧洲的许多观察家在乌克兰危机中看到，奥巴马政府将调整近几年推行的“再平衡”对外政策方针。这一政策旨在应对中国的挑战。

2014 年 4 月 29 日，美国国务卿克里在大西洋委员会主办的题为“走向统一自由欧洲”的会议上表示：“在完成主要远征使命 20 年后，乌克兰危机使得我们的联盟（北约）再次回到最初的使命，即维护联盟成员国的领土完整与跨大西洋安全。”①

如果考虑到此番表态的具体背景，这意味着俄罗斯将再次扮演北约企图遏制的主要威胁的角色。这样一来，整个俄罗斯—北约协作机制将遭遇麻烦，该机制在 1997 年双方签署基本法案之后并非一帆风顺。

包括中国在内的世界大国，都对乌克兰危机给予了密切关注。中国加大对乌克兰局势关注度的原因是多方面的。也许，最主要的原因之一是近几年乌中两国关系中包含了经济与地缘政治利益的维度。在乌克兰危机之前，乌中关系达到了较高水平（2010 年亚努科维奇当选总统后，两国关系变得活跃起来），并建立了战略伙伴与合作关系。截至 2011 年，乌中两国签署了 200 多个具有法律效力的文件。② 两国关系在许多重要战略方向得到了发展。第一，中国成为乌克兰在亚太地区的主要贸易伙伴。据 2012 年的统计数据，乌中贸易额达到 97.82 亿美元。其中，乌克兰对中国出口贸易额为 18.58 亿美元，从中国进口的贸易额为 79.24 亿美元。中国在乌克兰 217 个贸易伙伴中位居第二。2013 年，乌中两国通过扩大进口（增长

---

① Kerry J. Remarks at the Atlantic Council's "Toward a Europe Whole and Free" Conference, Washington, DC. 29.04.2014, http://www.state.gov/secretary/remarks/2014/04/225380.html.

② Страны СНГ и Балтии в глобальной политике Китая// Доклады РИСИ. Проблемы национальной стратегии. N.1 (10). 2012. М.: РИСИ, 2012. С.7 – 56. http://www.riss.ru/journal/arhiv/2012/j10 – detail.

9.2%）和出口（增长46.4%）贸易，进一步提高了贸易额。① 第二，乌中两国还在军工领域开展合作。事实上，中国已成为乌克兰军工产品的最大买家。第三，最近几年来，乌中之间制定了大量联合投资项目。

由此不难得出结论，中国不可能不关注乌克兰的动荡局势和政治危机，同时也会遭受直接影响。

中国最初表现出审慎立场，直到2014年2月底都未就乌克兰危机问题做出过激声明，也未加入任何外交行动。与此同时，在中国的官方立场中出现了越来越多的反西方言辞因素，这是中俄对乌克兰局势持相似立场的具体体现。2014年2月6日，第22届冬奥会前夕，中国国家主席习近平与俄罗斯总统普京在索契举行了会晤。在会谈过程中，两国领导人详细探讨了包括乌克兰冲突在内的国际问题。最终，俄中罕见地谴责了外部势力对乌克兰局势的干涉。②

乌克兰国内局势最终导致总统亚努科维奇于2014年2月22日从基辅出逃，政权落入国家反对派代表手中。这个事件在某种程度上成了中国对乌克兰立场的转折点。中国事实上准备与乌克兰新政权开展合作。局势的复杂性还在于，中国在地缘政治层面被迫向俄罗斯的立场靠近。中俄立场接近的具体例证，就是中国更加明显的反西方尤其是反美立场。如果考虑到最近几年中俄把美国视为国际舞台上的主要竞争对手，这就很容易让人理解。其结果是，中俄形成了针对美国的对一系列热点国际问题的共同立场（伊朗和朝鲜核问题、叙利亚局势等）。

由于克里米亚危机的发生，中国被迫表明自己的立场。中国立场的特点在于，在言语上不赞成俄罗斯的立场，但同时也不支持美国、英国、法国对俄罗斯在克里米亚行为的强烈批评。库兹涅佐夫（Д. Кузнецов）博士认为，由于中国境内的分离主义，中国不能够支持俄罗斯。“很显然，在本国领土范围内存在严重的分离主义问题（西藏自治区、新疆维吾尔自治区、内蒙古自治区），中国坚决反对任何形式的分离主义，永远不会公开支持某国吞并另一国领土的行径，甚至也不会对此使用模棱两可的外交术语。在

---

① Кузнецов Д. Украинский кризис 2013 – 2014 гг. и позиция Китая// Проблемы Дальнего Востока. 2014. №.4. С.13 – 24.

② 《Жэньминь жибао》онлайн. 07/12/2013. http：//russian.people.com.cn/.

最好的情况下，中国克制性地保持沉默。”①

关于吞并克里米亚事件，与西方国家不同的是，中国没有对俄罗斯提出任何批评，但也没有支持克里米亚的公投结果。在乌克兰东南部地区的卢甘斯克、顿涅茨克和其他各州形势恶化的情况下，中国也持同样立场。在联合国安理会讨论乌克兰问题时，中国持中立、均衡的立场，在表达对乌克兰局势担忧的同时，呼吁各方通过政治、外交渠道解决问题。

众所周知，即使在最尖锐的国际争端中，中国一直尽力保持中立立场。但在乌克兰危机以及克里米亚问题上，对西方特别是美国而言，中国的外在中立更有利于俄罗斯。就像有媒体指出的，中国是俄罗斯沉默的盟友，这是由两国的地缘政治诉求和具体的经济利益所决定的。

一些专家观察到乌克兰危机以及对俄实行的制裁机制所带来的巨大经济收益，认为处于经济封锁中的俄罗斯将能源供应转向中国，中国将填补西方在俄罗斯的投资真空，同时成为俄罗斯市场最大的商品供应国。②

上文提到的这些领域对两国合作发展而言是最具前景的论断，在这里得到了进一步验证。2014 年，两国领导人共会见了五次。2014 年 5 月 20—21 日，在俄罗斯总统普京对中国的访问过程中，两国签署了几十份双边协议，其中包括俄罗斯天然气股份有限公司与中国国家石油公司之间的天然气购买协议。协议规定，俄方将自 2018 年起，通过“东线”向中国供应天然气。未来 30 年里，俄罗斯每年将向中国供应 380 亿立方米天然气，总价值为 4000 亿美元。

上文还提到，2014 年俄罗斯出口中国的主要商品为矿物燃料、石油和石油产品（占出口总贸易额的 71.6%）。根据已签署的协议，当前几大石油项目正在落实之中。从伊尔库茨克州通往中国的“东西伯利亚—太平洋”石油管道建设已经结束，自雅库特通往中国的“西伯利亚力量”天然气管道也已经开工。这一工程将耗资 750 亿美元，其中中国承担 250 亿美元。还计划建设从西西伯利亚通往中国的“阿尔泰”天然气管道，输气量为每年 300 亿立方米。③ 俄中之间传统的军事技术合作也继续保持，特别是年度军事演习（“海上协作”与“和平使命”）。俄罗斯表示，愿意向中

① Кузнецов Д. Украинский кризис 2013—2014 гг. и позиция Китая.

② 《Жэньминь жибао》онлайн. 12/03/2014. http：//rassian. people. com. cn/.

③ http：//www. gazprom. ru/about/production/projects/pipelines/ykv/.

国供应最新式武器。

俄中在国际政治框架内进行着有效协作。两国在联合国、上合组织地区反恐机构和其他多边论坛上的协作，为巩固国际和平做出了巨大贡献。俄中共同打击恐怖主义、极端主义、分裂主义、非法的武器与毒品贩运。两国还在禁止在太空部署武器、禁止任何形式的大规模杀伤性武器扩散，以及禁止核武器试验方面持相似立场。

最近两国关系中较为重大的事件是，2015 年 5 月 8 日中国国家主席习近平对俄罗斯的正式访问。双方会谈之后，共签署了 30 份协议，为落实不同领域的几十个合作项目创造了良好的开端。双方合作已经从能源项目拓展到共同研究远太空。

在会谈过程中，双方讨论了最具合作前景的能源领域，谈及了石油、天然气、电能、核能与节能领域的合作项目，包括俄罗斯水能股份有限公司与三峡集团的合作协议、俄罗斯电网股份有限公司（ОАО《Россети》）与中国国家电网集团共同组建合作企业落实电网项目协议等。特别需要指出的是，俄罗斯天然气股份有限公司与中国国家石油公司之间签署了战略合作协议。

《俄中联合声明》[①] 指出，两国打算增加对交通、能源与基础设施领域的投资。俄中将继续加强两国在使用本国货币进行贸易结算方面的工作。众所周知，俄罗斯银行已经采用中国的银联支付系统，两国还将进行数额达 1500 亿元人民币的货币交换，这有助于两国在相互结算中放弃使用美元。中国还向一系列俄罗斯银行（外经银行、农业银行、对外贸易银行等）提供 40 亿美元的贷款。[②]

两国还计划修建从莫斯科至北京的铁路线，旨在缩短两国首都之间的距离，该项目将耗资 2320 亿美元。此外，俄中打算共同研制发动机和电子组件，在卫星导航、月球探索、太空研究等领域开展合作。

五、“丝绸之路经济带”倡议与俄罗斯的选择

2015 年 7 月，在习近平主席访问俄罗斯期间，俄中发布了《关于深化

---

① Официальный сайт Президента РФ，http：//www. kremlin. ru/supplement/4969.

② http：//veb. ru/common/upload/files/veb/news/review/2015/op20150512. pdf.

全面战略协作伙伴关系和推进互利合作的联合声明》以及《欧亚经济联盟与丝绸之路经济带对接合作的联合声明》。

俄罗斯总统普京表示，欧亚经济联盟与跨欧亚贸易实施方案“丝绸之路经济带”之间开展合作，未来有可能在欧亚大陆形成共同的经济空间，因为在初始阶段就意味着整个欧亚大陆的共同经济空间正在形成。2014 年 5 月 29 日，关税同盟与统一经济空间的参与国（俄罗斯、白俄罗斯、哈萨克斯坦与亚美尼亚）签署了建立欧亚经济联盟条约。在欧亚经济联盟框架内将确保商品、服务、资本与劳动力的自由流通，在不同的经济行业领域也将实行协调一致的政策。①

丝绸之路作为在中亚、南亚和欧洲国家之间打造交通、能源和贸易走廊的方案，旨在强化各国间的科技合作和深化经济协作。这个方案将建立统一的欧亚经贸空间和跨大陆交通走廊。对中国来说，实现这一方案的主要目标是缩短从中国运往欧洲的货物的时间（据估算，将从 45 天缩短为 10—13 天）。②

在该倡议的支持规划中，中国领导人宣布建立亚洲基础设施投资银行，并出资 470 亿美元，为落实本倡议提供必需的资金支持。中国邀请国际社会作为创始国和伙伴国加入这一倡议。据了解，银行成员国将缴纳入股金。同时，包括世界银行在内的国际组织，以及参与国政府、私有和国有企业的投资也可以参与。③

58 个国家成为亚洲基础设施投资银行的创始国，其中包括大部分西欧国家以及新丝绸之路沿线国家。它们之中有 12 个北约成员国（英国、法国、荷兰、德国、意大利、卢森堡、丹麦、冰岛、西班牙、保加利亚、波兰、挪威）以及美国在亚洲的三大盟友（澳大利亚、韩国与新西兰）。④

美国在企图说服自己的盟友放弃加入亚投行失败之后改变了态度，表示支持这一倡议。2014 年 11 月的《华尔街日报》指出，美国在七国集团

---

① Деловая газета《Взгляд》онлайн，http：//vz. ru/news/2015/5/8/744325. html.

② Там же.

③ http：//www. vestifinance. ru/articles/57732.

④ http：//www. aiibank. org/html/pagemembers/.

电话会议期间，曾经表示反对中国建立基础设施投资银行的倡议。①

分析家认为，区域大国——伊朗、土耳其、埃及和巴基斯坦开始转向东方。欧洲国家迄今为止，仍旧没有完全理解中国新丝绸之路的重要性。此外，俄罗斯直接参与了这一方案。

相反，本区域内的国家意识到了中国倡议的严肃性。当许多国家宣布加入亚投行时，它们也关注着亚投行的具体情况。这些国家当然希望成为这一宏大方案的一部分。此外，中国计划对三大银行投入至少620亿美元的资金来资助新丝绸之路。中国国家开发银行获得320亿美元，中国进出口银行获得300亿美元。此外，中国政府将给中国农业发展银行提供额外资本。②

俄罗斯科学院远东研究所彼得洛夫斯基（Владимир Петровский）认为："不管俄罗斯、欧亚经济联盟是否愿意合作，中国在任何情况下都将推进自己的倡议，并付诸实施。最好的选择当然是参与这一倡议，双方都会获益。中国组建了实力相当雄厚的投资机构和基础设施建设规划来推动这一倡议。俄罗斯与欧亚经济联盟成员国可以利用这些机制的资源来推进本国经济和基础设施发展。"③

还有一些俄罗斯专家对"丝绸之路经济带"倡议给俄罗斯带来的好处持乐观看法。比如，俄罗斯联邦运输部副部长齐杰洛夫（Алексей Цыденов）认为，"这完全不是竞争，而是共同实现大项目的机遇"。在他看来，这些全球性的项目结合在一起，将发展运输潜力，巩固经济，提高丝绸之路沿线地区人民生活水平。齐杰洛夫表示："这是一种潜力和发展愿景，不会对西伯利亚大铁路和贝—阿铁路（贝加尔—阿穆尔铁路）构成威胁，而是对其的补充。每一条路线和走向都有自己的货物来源。这首先是指中国西部通往欧洲的路线。"他认为，当前中国西部远离海洋，依靠陆路运输。而这一区域主要出口高技术产品，对运输速度的要求更高。他最后指出："我们正在发展这个方面，我们清楚自己在服务、质量和货物运输速

① http：//www. wsj. com/news/economy； http：//www. vestifinance. ru/articles/57732/print.

② http：//www. vestifinance. ru/articles/57732/print.

③ http：//www. bbc. com/russian/international/2015/05/150507_ russia_ china_ silk_ route.

度方面拥有一定的竞争优势。”①

此外，更新贝—阿铁路和西伯利亚大铁路的大项目正在实施之中，这将使货物运输量提高一倍。俄罗斯还计划发展东部港口和修建连接这些港口的铁路。齐杰洛夫还谈道：“所有这些都可与丝绸之路发展理念对接。比如，中国资金援助的一个明显案例——莫斯科至喀山的高铁项目。”该项目成了莫斯科到北京高铁线方案的主要组成部分。2014 年 5 月 8 日，普京与习近平见证了这一项目备忘录的签署。

同时，许多专家认为，丝绸之路的建设与发展不应该限制已有的方案和协议。俄罗斯高等经济大学世界经济与世界政治系主任卡拉加诺夫（Сергей Караганов）谈道：“丝绸之路一开始就应该是开放性的，包括与欧盟之间的协作。”他认为，需要为中西伯利亚和东西伯利亚地区建立新的交通物流架构，同时将印度、伊朗和中国西部连接起来。他还认为，未来 10—15 年，中国西部地区将会比中国其他地区发展得更快。②

俄罗斯外交家、东方学家伊瓦申佐夫（Глеб Ивашенцов）赞成卡拉加诺夫的看法。他注意到，“丝绸之路经济带”与“21 世纪海上丝绸之路”将对俄罗斯、中国、印度共同建构新欧亚以及与欧洲部分大国之间的合作打下基础。他认为：“两个方案的首要任务都在基础设施与交通运输领域，同时通过一体化机制来加以补充。上海合作组织能够成为两条丝绸之路之间的纽带，因为上述三个国家都参与了该组织。海上丝绸之路没有印度的参与是无法建成的。”③

卡拉加诺夫认为，上合组织不仅可以成为纽带，还可以成为正在形成中的世界经济政治集团之一的组织基础。世界正在形成这样一些联盟：一个是以美国为首的联盟，还有一个可能将在拉美形成。他还补充道：“最具潜力，同时也是最大的经济或者经济政治联盟，将有可能出现在欧亚大陆。很可能，它的形成将以上合组织作为组织基础。中央欧亚应该发挥关键作用，首先需要发展交通与物流路线。”他认为，中国目前所持有的过多资本需要流通。而俄罗斯则相反，一方面缺少资本，另一方面也需要发展这一

① http：//eurasiancenter. ru/politicsexperts/20150605/1004118210. html.

② Там же.

③ Там же.

广阔的区域。欧亚经济联盟可以为两个一体化方案共生提供法律基础。①

针对“丝绸之路经济带”倡议的落实情况，中国官方立场的特点表现在以下方面：第一，需要依靠区域内各国的内部潜力来深化合作，特别是中国与俄罗斯之间的合作。第二，与美国倡议不同的是，这项倡议首先指向中亚国家与中国、俄罗斯之间的合作，其次才是与其他国家的合作（例如印度、巴基斯坦、伊朗等上合组织观察员国）。在习近平的言论中，根本没有提及阿富汗，认为这是一个单独的问题。第三，与欧盟的立场不一样，习近平首先谈到了政治合作，指出需要把政治协作作为经济合作的基础。第四，中国领导人把现有国际组织——上合组织与欧亚经济联盟之间的合作，视为本区域深化合作的最重要因素。② 这意味着，中国将不把俄罗斯、哈萨克斯坦、白俄罗斯推动的欧亚一体化（2015 年亚美尼亚、吉尔吉斯斯坦加入该进程）视为对抗其利益或上合组织的竞争对手，相反，把它视为有益的组成部分。

这种立场大体上与俄罗斯总统、政府表明的官方立场是一致的。俄罗斯积极评价中国的倡议，这在 2014 年 5 月普京总统访问中国、两国共同发布的联合声明中得到体现：“俄方认为，中方提出的建设‘丝绸之路经济带’倡议非常重要，高度评价中方愿在制定和实施过程中考虑俄方利益。双方将寻找‘丝绸之路经济带’项目和将建立的欧亚经济联盟之间可行的契合点。为此，双方将继续深化两国主管部门的合作，包括在地区发展交通和基础设施方面实施共同项目。”③

但是，还有另外一些不同观点。一些俄罗斯专家认为，实施“丝绸之路经济带”倡议不会给俄罗斯带来特别大的经济、政治收益。比如，莫斯科国际关系学院专家科尔逊（Владимир Корсун）认为：“只要看一下地图，我们位于欧亚北部区域。西伯利亚大铁路正在失去它的地缘政治意义。

---

① http：//eurasiancenter. ru/politicsexperts/20150605/1004118210. html.

② Укреплять дружбу народов, вместе открыть светлое будущее. Выступление Председателя КНР Си Цзиньпина в Назарбаев университете. 16. 09. 2013. http：//kz. china- embassy. org/rus/zhgx/t1077192. htm.

③ Совместное заявление Российской Федерации и Китайской Народной Республики о новом этапе отношений всеобъемлющего партнерства и стратегического взаимодействия. 20 мая 2014. http：//www. kremlin. ru/ref_ notes/1642.

这意味着外界将越来越少地对这一广阔区域感兴趣，远东正在失去它的地缘政治价值。这必须引起警惕。”① 其他一些专家也表达了担忧。而“丝绸之路经济带”框架内的交通走廊具体路线地理范围的不确定性更加剧了这种担忧，特别是从中国途经中亚和里海沿岸国家通往巴库的铁路线投入运营，再一次印证了“丝绸之路经济带”路线将绕开俄罗斯的事实。

俄罗斯政府并未公开质疑加入包括“丝绸之路经济带”在内的、所有旨在发展欧亚空间一体化的重大倡议的必要性。2014 年的联合宣言中指出：“俄中认为，进一步发展地区经济合作、改善成员国投资环境、加强实业界之间的联系，是上合组织的优先任务。”② 鉴于此，“丝绸之路经济带”倡议可以在上合组织框架内成为本组织成员国开展多边合作的催化剂，同时需要与地区其他国际机制的项目进行协调，比如联合国开发署和教科文组织。这有助于集中大量的资金与资源，促进中亚国家在没有区域外部势力干涉的情况下发展本国经济。

许多俄中专家观察到两国发展互利合作的巨大潜力。俄罗斯高等经济大学国际研究中心负责人、项目主任博尔达切夫（Тимофей Бородачев）在接受俄《消息报》采访时指出：“客观来说，俄中不会成为竞争对手。两国之间没有任何相应的理由开展竞争。作为欧亚空间内正在推进的两个项目——以俄罗斯、哈萨克斯坦为首的欧亚经济联盟和中国的‘丝绸之路经济带’，它们是互补的，各自带给区域国家完全不同的东西。欧亚经济联盟旨在建立从中国西部边界到欧盟东部边界的统一法律空间，为经济交流创造便利条件。中国的倡议旨在大规模投资交通、物流和生产领域。”③

中国华东师范大学国际关系与地区发展研究院俄罗斯中心副主任杨成在接受俄罗斯《报纸报》采访时指出，2015 年中国将对丝绸之路项目投入 1.2 万亿元，同时中国各省份也将对这些项目投入约 0.4 万亿元（相当于

---

① http：//www.bbc.com/russian/international/2015/05/150507_ russia_ china_ silk_ route.

② Совместное заявление Российской Федерации и Китайской Народной Республики о новом этапе отношений всеобъемлющего партнерства и стратегического взаимодействия. 20 мая 2014. http：//www.kremlin.ru/ref_ notes/1642.

③ http：//www.zrpress.ru/business/primorje_ 17.07.2015_ 73324_ rossija-pytaetsja-ukhvatitsja-za-kusok-novogo-shelkovogo-puti.html.

政府投入的1/3）。他还指出，中国早在2003年就试图在上合组织框架内振兴丝绸之路，但项目因其他成员国的反对不得不推迟。①

最后还想补充一下，中国的“一带一路”倡议未来几年打算投入近万亿美元的资金，完全可以满足沿线60个国家的需求。人们可以担忧竞争，也可以谈论风险，但应该承认这样的既定事实，即未来十年中国将领衔世界经济发展。

俄罗斯外长拉夫罗夫（Сергей Лавров）在访问中国的过程中对俄罗斯与西方专家谈到：“俄罗斯非常重视来自战略盟友和友好伙伴的所有倡议……‘丝绸之路经济带’倡议的主要任务，是促进广阔空间的整体发展，涵盖中国西北省份、中亚、高加索和中东欧一系列区域。”在此背景下，我们的外长指出：“中国伙伴愿意尊重俄罗斯的利益，准备与俄罗斯就充实本方案的实质内容开展紧密协调。”②

使用本国货币进行结算有助于两国合作方案的实施。俄罗斯总统普京认为，使用卢布和人民币进行结算具有广阔前景。这意味着美元在世界能源市场中的地位将下降。他在亚太经合组织峰会上表示：“中俄伙伴以本国货币结算，在任何情况下都是两国非常具有前景的合作方向。这将有助于拓宽我们的贸易机会，极大地影响世界金融与能源市场。”他还强调，此举对于世界经济、世界金融和世界能源市场都是好兆头。③

但是，在西方制裁下，俄发展贸易和其他经济合作形式的努力遭到阻碍。对俄罗斯出口来说，石油价格是最重要的因素。自2014年下半年开始，随着俄罗斯最重要的出口商品——石油的价格在世界市场的跌落，俄罗斯的出口数量也呈现下降趋势，这也导致俄罗斯进口外国商品能力的降低。虽然各方都给予期待，但2014—2015年度俄中贸易额没有增长，而是出现下降。据2014年的统计数据，俄中贸易额为881亿美元，有小幅度减少，同比下降0.8%。同时，俄罗斯对中国的出口额为375亿美元，同比增长5.4%。俄罗斯与欧盟的贸易额同比也下降了8.8%。④ 截至2014年

---

① http：//www.zrpress.ru/business/primorje_ 17.07.2015_ 73324_ rossija-pytaetsja-ukhvatitsja-za-kusok-novogo-shelkovogo-puti.html.

② http：//www.pravda.ru/economics/rules/globalcooperation/02—05—2014/1206269-china-0/.

③ http：//expert.ru/2014/11/10/podvinut-dollar/.

④ http：//expert.ru/2015/02/2/menshe-tovarov-horoshih-i-raznyih/.

底，俄罗斯与世界各地区所有伙伴国的贸易额总体减少了5.7%。这从另一个侧面表明，中国作为俄罗斯对外贸易伙伴的意义进一步得到了提升。

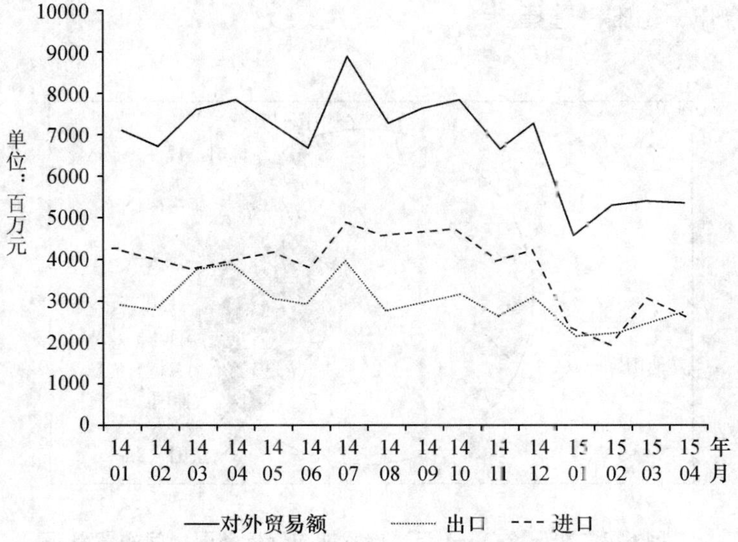

图6.3　2014年1月—2015年4月俄中贸易变化（百万美元）

资料来源：http：//proved-partner. ru/analytics/research/26930-pazvopot-na-vostok-aktual ynaya-situatsiya-i-pepspektivy-topgovli-possii-i-kitaya. html。

从图6.3的数据中我们可以看到，俄中贸易关系的低迷趋势主要出现在2014年中期。出现这一变化的主要原因在于石油价格跌落。相应地，作为俄罗斯主要出口产品之一的天然气价格也出现了下降。正如上文所指出的那样，除了出口量下降之外，卢布汇率的降低也导致进口支付能力的下降。2015年1月，俄罗斯对中国的出口量和从中国的进口量都呈现显著下降的趋势。据俄罗斯海关数据，2015年前4个月，俄中贸易额与上年同期相比下降了29.4%。

与此同时，中国仍以206亿美元的贸易额成为俄罗斯最主要的贸易伙伴（占俄罗斯总贸易额的11.8%），大大超过第二大（与德国贸易额为154亿美元）和第三大伙伴国（与荷兰贸易额为150亿美元）。需要指出的是，在上述时间内，与德国和荷兰的贸易额下降幅度最大，分别为35.2%

和37.3%。[①] 由于相互制裁和激烈的政治对抗，未必可以期望与西方国家特别是与欧盟的贸易额，可能在短期内出现由现在的消极变为积极的发展势头。同时，寄希望于增加与中国和其他上合组织、亚太经合组织成员国之间的合作，是唯一选择。

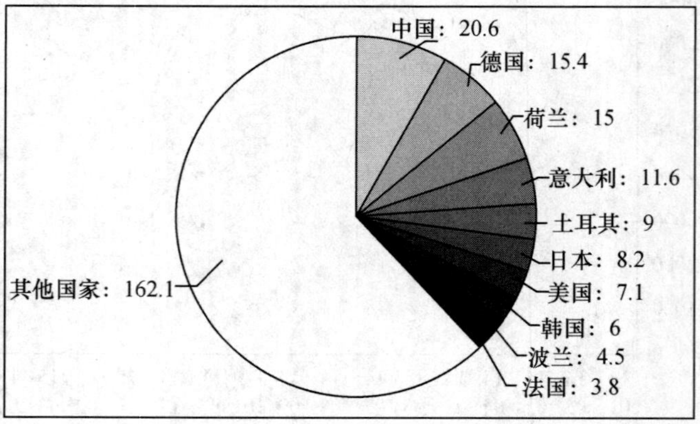

图6.4 2015年1—4月，俄罗斯与远近邻国之间的贸易结构（十亿美元）

资料来源：http：//proved-partner. ru/analytics/research/26930-pazvopot-na-vostok-aktua lynaya-situatsiya-i-pepspektivy-topgovli-possii-i-kitaya. html。

遗憾的是，最近一年来，俄罗斯与其他上合组织成员国之间的贸易也呈下降趋势。表6.5中的数据很好地体现了2015年前4个月俄罗斯与上合组织国家和其他独联体国家之间进出口贸易的显著下降。唯一的例外是俄罗斯从塔吉克斯坦的进口出现增长，但是对其的出口额则在下降。与中亚国家贸易出现下降的原因，与上文谈到的俄中贸易下降的原因是类似的。构成相互贸易的基石——石油、天然气以及其他矿物原料价格的下降，导致俄罗斯对这些国家的出口价格下降，进口潜力相应地也处于下降趋势。

① http：//www. customs. ru/index2. php? option = com_ content&view = article&id = 21498&Itemid = 1977.

表 6.5 2014 年 1—4 月与 2015 年 1—4 月俄罗斯与独联体国家贸易变化

（单位：百万美元）

国别	出口（百万美元）		进口（百万美元）	
	2015 年 1—4 月	与 2014 年 1—4 月同比	2015 年 1—4 月	与 2014 年 1—4 月同比
阿塞拜疆	889.6	-3.7%	88.7	-45.5%
亚美尼亚	358.3	+7.6	36.5	-56.6%
白俄罗斯	4879.9	-27.3%	2342.6	-41%
哈萨克斯坦	3442.4	-21%	1622.3	-33.5%
吉尔吉斯斯坦	517.4	-25%	18.5	-26.3%
摩尔多瓦	461.6	-25%	53.0	-42.2%
塔吉克斯坦	236.4	-26.5%	21.1	+234.9%
土库曼斯坦	254.8	-27.8%	14.9	-61.4%
乌兹别克斯坦	796.1	-22.7%	179.6	-47.5%
乌克兰	3155.3	-61.2%	1696.1	-58%

资料来源：http：//www.customs.ru/index2.php？option = com _ content&view = article&id = 21498&Itemid = 1977。

六、结 语

俄罗斯对外贸易的优先方向开始从西方转向东方。但遗憾的是，目前来看，这在很大程度上是宣言性质的。要想将其变为现实，俄罗斯应该解决下面的一系列问题：

第一，不是口头上，而是以实际行动，尽力将本国贸易出口结构多元化，减少对世界石油、其他燃料和原料市场行情的过度依赖。扩大高技术含量产品的比重，这有助于俄罗斯进出口贸易的稳定发展。参与“丝绸之路经济带”，有助于增加俄罗斯交通、贸易和其他种类服务的出口。

第二，需要更加积极地利用已有组织、机制的优势。从相互贸易增长的角度看，欧亚经济联盟的建立暂时还未创造出显著收益，需要寻找新的吸引点来增强成员国企业的参与积极性，也许需要消除阻碍相互贸易发展的官僚主义因素。还应该积极地挖掘上合组织的潜力，来发展与本组织所有成员国的互利经贸关系。目前，俄罗斯政府并未打算与中国建立自贸区机制，担心来自中国的商品进口急剧增长。但是，作为世贸组织成员国，俄罗斯越来越多地开放市场，与邻国和主要贸易伙伴的相互贸易逐渐自由化的趋势是无法回避的。因此，需要利用好参与“丝绸之路经济带”倡议带来的机遇，提升与所有上合组织成员国之间的合作水平。

第三，需要更加积极地发展交通基础设施。快速铺设从西向东的石油、天然气管道是不现实的。即使签署建设“西伯利亚力量”天然气管道协议，也不会让人对其快速投入施工寄予希望，但还有其他路径。新建和对已有的公路、铁路进行现代化升级，有助于提升货物运输的速度，让双方的贸易更加有利可图。这里需要再次指出俄罗斯积极参与“丝绸之路经济带”建设的必要性。这种强大的外部刺激因素，有助于加快俄罗斯新建和对现有公路、铁路进行现代化升级的步伐。新丝绸之路有几条路线的可能性较大，这将是俄罗斯交通基础设施发展的强大推动力。

第四，政治宣言需要通过经济现实来巩固。如果俄罗斯没有实际行动去落实关于将对外贸易的重点从西方转向东方的倡议，那么接下来选民将不再相信这些言语。在与西方国家关系紧张的情况下，俄罗斯需要在发展与亚洲国家，以及包括中国、中亚国家在内的东部近邻国家之间的关系中取得进展。因此，从政治角度来看，俄罗斯需要成为“丝绸之路经济带”倡议的积极参与方。不应该忽视，美国及其在欧洲的盟友对新丝绸之路的路线，都有自己的算盘。在他们的规划中，既有进一步孤立俄罗斯的企图，同时也有排挤俄罗斯参与丝绸之路的可能性。

如此看来，俄罗斯有充足的理由积极参与“丝绸之路经济带”倡议。如果此举无法实现，那么俄罗斯将名副其实地处于边缘位置，丧失在欧亚经济联盟、上海合作组织和亚太经合组织框架内发展一体化的大部分潜力。此外，拒绝参与这项大规模的倡议也可能会减少国内经济联系，特别是本国欧洲部分与西伯利亚、远东广阔区域之间的经济联系。

（万青松　译）

报告七

“独联体化”与“丝绸之路经济带”建设——基于上海合作组织与独联体的比较视角*

万青松**

【内容提要】在2015年5月8日中俄共同发表的《关于丝绸之路经济带建设和欧亚经济联盟建设对接合作的联合声明》中，上海合作组织再次被赋予重要使命，成为两区域发展方案对接合作的重要平台。如何将上合组织打造成“丝绸之路经济带”建设的倚重平台，已成为当前需要深入研究的现实问题。本文认为，这一问题的回答需要我们借鉴欧亚地区已有区域合作的成功经验和失败教训。鉴于此，本文选取欧亚地区两个较大且具有一定国际影响力的区域国际组织——上合组织与独联体，通过分析它们的发展历程，我们发现两组织具有诸多相似之处：从历史和政治条件来看，两组织是在相似的背景下成立的；从组织结构来看，两组织都是“大国+小国”的权力结构且主要的机制设置大同小异；从组织功能来看，两组织的安全、经济功能相似；从运行效率来看，目前两组织都面临运行效率低下的问题且无法完全履行自己的职能，继续发展面临挑战。独联体20余年的发展历程最显著的特征可以被概括为“独联体化”。上合组织要想在“丝绸之路经济带”与欧亚经济联盟对接合作过程中发挥关键性作用，有必要

* 本文系笔者主持的2016年度华东师范大学人大文社会科学青年研究项目“跨国政治协作空间及其建构——以‘一带一盟’对接合作为例”（项目编号：2016QN013）、2016年度华东师范大学人文社会科学智库成果第一批培育项目“中俄‘两河流域’合作面临的问题与对策研究”（项目编号：2016ZK004）的阶段性研究成果。

** 万青松，华东师范大学国际关系与地区发展研究院、教育部人文社会科学重点研究基地俄罗斯研究中心政治学博士后，主要从事俄罗斯与欧亚地区问题研究。

吸取独联体的发展经验和教训，防止本组织出现类似“独联体化”的趋势。

【关键词】独联体　上海合作组织　独联体化　“丝绸之路经济带”

一、“丝绸之路经济带”倡议与争论中的上合组织未来定位

欧亚地区连接欧洲、亚太两大世界经济最为活跃的区域，资源禀赋丰富，经济能量尚未得到完全释放。苏联解体之后的欧亚地区处于分化再聚合的历史时期，尚未形成强大的地缘经济集团。中国通过双边、多边机制尤其是上海合作组织在欧亚地区获得了安全、政治和经济上的收益。但是中国最近几年却遭遇了一定程度的发展困境，如上合组织框架内的多边经济合作止步不前，制定的多边项目和规划基本没有实现，更没有带来预期的收益；俄罗斯单独主导的地缘经济集团逐渐成形。2015 年 1 月 1 日，欧亚经济联盟正式启动运行，这意味着俄罗斯加速推进整合欧亚空间的宏大战略，最终使俄罗斯成为未来国际战略格局中一支不可忽视的重要力量，促进世界“多力量中心”与新的国际政治经济秩序的形成。[①] 这可以视为俄罗斯整合欧亚空间战略的新阶段。面对欧亚地区正在发展的地缘政治经济形势变化，中国应该如何制定切实可行的战略参与欧亚地区一体化进程和制定欧亚区域规则，避免出现排斥中国的地缘经济集团，进而促进区域

① 近几年，俄罗斯政界、学界围绕新的国际格局问题进行了热烈的讨论，至今为止基本已经形成了一致的看法。如果仔细分析俄主要领导人近两年在各个重要场合的讲话以及有关俄罗斯对外政策的纲领性文件，特别是俄外长拉夫诺夫（Сергей Лавров）对国际局势的官方表述，我们可以发现，包括总统、总理、外长在内的俄最高领导人一致认为，世界正在形成新的多力量中心国际体系，其主体不仅包括国家行为体（发达国家和发展中国家），还包括非国家行为体（全球治理机制和区域一体化组织）。换句话说，世界的命运不能够由一个超级大国、相互对抗的军事政治集团、少数大国和全球力量中心来决定。新的国际关系多中心体系将以联合国宪章为法律基础。这个体系的特点主要表现为多个新的力量中心的出现以及新的经济、政治中心逐渐向亚太地区转移。在这个新的国际体系中，俄罗斯视自己为新的世界力量中心，这是由俄的军事、政治、地缘、经济实力，文化、人口潜力以及主张以国际法和公正至上处理国际事务的立场所决定的。俄领导人认为，这样的定位有助于俄罗斯在世界政治中扮演维持全球平衡、维护地缘政治稳定、构建稳定的国际体系的角色。俄官方相关阐述，参见 Концепция

国际组织内经贸发展与政治互信的良性互动，最终实现中国区域组织外交战略的整合以及欧亚地区内持续、稳定、持久与高效的区域大合作，这些都是摆在中国政府面前的迫切问题。对于中国来说，解决好这些问题将在安全、政治、经济方面具有重大战略意义。

鉴于此，2013 年 9 月中国国家主席习近平在访问中亚大国——哈萨克斯坦的过程中，提出了“丝绸之路经济带”倡议，旨在通过创新的合作模式，以点带面，从线到片，使欧亚各国经济联系更加紧密、相互合作更加深入、发展空间更加广阔，逐步形成区域大合作，最终造福沿途各国人民。[①]同年 10 月 24—25 日，习主席在北京召开新中国成立以来的第一次中央周边外交工作会议上着重指出，要同有关国家共同努力，加快基础设施互联互通，建设好“丝绸之路经济带”。[②]这次周边外交会议确立了奋发有为的中国特色大国外交战略，将中国周边作为首要重点布局地区，“丝绸之路经济带”就是具体体现之一。这次会议也可以视为中国为实施“丝绸之路经济带”倡议进行的顶层设计，对后续工作的开展都具有十分重要的指导意义。

在同年 11 月召开的中国共产党十八届三中全会会议上，审议通过了《中共中央关于全面深化改革若干重大问题的决定》。《决定》提出，加快

внешней политики Российской Федерации, Утверждена Президентом Российской Федерации В. В. Путиным 12 февраля 2013 г. ; Путин В. , Россия и меняющийся мир// Московские новости. 27 февраля 2012; Выступление Министра иностранны дел России С. В. Лаврова на юбилейной международной конференции《Россия в мире силы XXI века》, приуроченной к 20-летию СВОП и 10-летию журнала《Россия в глобальной политике》. 8 декабря 2012; Сергей Лавров. Российская дипломатия и вызовы XXI века// Международная жизнь. №. 9. Сентябрь 2012。俄罗斯学者的相关讨论，参见 Примаков Е. М. Мысли вслух. М. :《Российская газета》, 2011; Россия в полицентричном мире. Под. ред. А. А. Дынкина, Н. И. Ивановой, 2011; Владимир Давыдов. БРИКС как фактор становления полицентричного режима международных отношений// Международная жизнь. №. 5. 2011。

① “习近平在纳扎尔巴耶夫大学的演讲（全文）”，新华网，2013 年 9 月 8 日，http://news. xinhuanet. com/world/2013—09/08/c_ 117273079. htm。

②习近平：“让命运共同体意识在周边国家落地生根”，新华网，2013 年 10 月 25 日，http://news. xinhuanet. com/2013—10/25/c_ 117878944. htm。

同周边国家和区域基础设施互联互通建设，推进“丝绸之路经济带”，形成全方位开放新格局。[①] 2014 年3 月，“丝绸之路经济带”被正式写入中国政府工作报告有关2014 年重点工作的内容。[②] 2015 年3 月28 日，中国国家发展改革委、外交部、商务部联合发布了《推动共建丝绸之路经济带和21 世纪海上丝绸之路的愿景与行动》，首次以官方文件的方式详细阐述了“一带一路”提出的时代背景、共建原则、框架思路、合作重点、合作机制、中国的具体行动等内容。[③] 这份文件的发布标志着“丝绸之路经济带”进入全新的建设时期。

根据这份文件，“丝绸之路经济带”将重点畅通三条路线，包括中国经中亚、俄罗斯至欧洲（波罗的海）；中国经中亚、西亚至波斯湾、地中海；中国至东南亚、南亚、印度洋。我们发现，这三条路线之中有两条线的必经之地都是中亚，可见中亚国家是中国实施“丝绸之路经济带”倡议的重点对象国，这也解释了为什么习近平主席选择在中亚大国——哈萨克斯坦提出这一战略倡议。作为中国最大的邻国，又是中国最重要的战略协作伙伴的俄罗斯，毫无疑问也是共建“丝绸之路经济带”最重要的国家之一。这样，中亚国家和俄罗斯在中国“丝绸之路经济带”倡议中再次占据重要地位，处理好与俄罗斯、中亚国家的关系则是中国建设“丝绸之路经济带”的重要保障。

从地理范围来看，“丝绸之路经济带”重点路线所在区域与上海合作组织成员国、观察员国、对话伙伴国所处地域是大面积重合的。也正因为如此，如何定位上海合作组织在构建“丝绸之路经济带”中的地位与作用成为学界探讨的热点问题。

在大多数外国学者眼中，“丝绸之路经济带”是中国新一届政府提出

---

① 十八届三中全会《决定》：“推进丝绸之路经济带、海上丝绸之路建设”，人民网，2013 年 11 月 15 日，http：//politics. people. com. cn/n/2013/1115/c1001 － 23559215. html。

② 李克强：“政府工作报告——2014 年3 月5 日在第十二届全国人民代表大会第二次会议上”，新华社北京 2014 年 3 月 14 日电，http：//news. xinhuanet. com/politics/2014—03/ 14/c_ 119779247. htm。

③ 国家发展改革委、外交部、商务部：“推动共建丝绸之路经济带和21 世纪海上丝绸之路的愿景与行动”，新华网，2015 年 3 月 28 日，http：//news. xinhuanet. com/world/2015— 03/28/c_ 1114793986. htm。

的最重要战略倡议之一，必须严肃对待。然而倡议提出之初，由于内涵模糊，具体目标不明，一度引起不少学者的猜疑。① 其中，有学者对上合组织未来发展前景表示担忧，② 认为“丝绸之路经济带”倡议旨在把上海合作组织成员纳入中国的政治经济影响力范围，③ 未来上合组织的作用可能进一步被边缘化。中亚国家对中国“丝绸之路经济带”也存有疑虑，担心这是中国资本输出、过剩产能输出的一种方式，来自中国的廉价商品会冲击它们的制造业，影响国内民族工业的发展等。④ 针对上述担忧，中国做出了积极回应，通过实际行动增信释疑。

2014 年 2 月，习近平主席赴俄罗斯索契参加冬奥会期间，与普京总统就“丝绸之路经济带”建设问题达成了初步共识。⑤ 同年 5 月，俄罗斯总统普京来中国上海参加亚信峰会，中俄两国再次就上述问题展开协商。在 5 月 20 日发布的《中华人民共和国与俄罗斯联邦关于全面战略协作伙伴关系新阶段的联合声明》中，重点提及了上合组织与“丝绸之路经济带”倡议。俄方认为，中方提出建设“丝绸之路经济带”的倡议非常重要，并对中方在制定和实施该战略过程中充分考虑俄方利益的做法给予了高度评价。双方还强调，进一步发展地区经济合作、改善成员国投资环境、加强实业

---

① Воробьев В. О китайской идее построения《экономического пространства Великого шелкового пути》//Россия в глобальной политике. №. 3. 2014. Святослав Терентьев. 《Шелковый путь》… мимо России. http：//inst. eurasec. com/ak-tual_ tem/4015/；Дергачев В. Будет ли Евразийский Союз частью китайского суперпроекта. http：//www. dergachev. rU/analit/The _ Great _ Silk _ Road/04. html # . YFUhYaKGimw；Лузянин С. Г. Китай：《шелковая политика》возвышения. http：//news. rambler. ru/24174931/；Сергеев М. Пекин дипломатично подвинул путинский проект Евразийского союза. http：//www. ng. ru/economics/2013 – 10 – 14/1_ pekin. html.

② Воробьев В. О китайской идее построения《экономического пространства Великого шелкового пути》. С. 142 – 151.

③ Лукин А. Идея экономического пояса Шелкового пути и евразийская интеграция// Международная жизнь. №. 7. 2014.

④ 2015 年 9 月 18—20 日，在上海召开的第十二届中亚与上海合作组织国际学术研讨会上，与会中亚国家专家学者的发言整理，http：//www. coscos. org. cn/a/zhongxinchengguo/ 2015/1013/923. html。

⑤ 王毅：“索契之行：冬奥友情之旅，开启外交新篇——外交部长王毅谈习近平主席出席第二十二届冬季奥林匹克运动会开幕式”，新华网，2014 年 2 月 9 日，http：//news. xinhuanet. com/politics/2014—02/09/c_ 119248733. htm。

界之间联系，是上合组织的优先任务。① 这表明两国在推进“丝绸之路经济带”倡议与上合组织未来发展方面取得一定共识。同年9月12日，习近平主席在塔吉克斯坦首都杜尚别举行的上海合作组织成员国元首理事会上再次表达了期盼，希望上海合作组织成员国、观察员国、对话伙伴积极参与“丝绸之路经济带”倡议，共商大计，共建项目，共享收益，共同创新区域合作模式，促进上海合作组织地区互联互通和新型工业化进程。②

在中俄两国的共同努力与平等协商之下，2015年5月8日习近平主席与俄罗斯总统普京在莫斯科签署了《关于丝绸之路经济带建设与欧亚经济联盟对接合作的联合声明》，指出“丝绸之路经济带”建设和欧亚经济联盟建设相对接的宗旨是确保欧亚地区经济持续稳定增长，加强区域经济一体化，维护本地区和平与发展。为实现这一目标，双方将秉持透明、相互尊重、平等、各种一体化机制相互补充、向亚洲和欧洲各有关方开放等原则，通过双边和多边对话机制，特别是上海合作组织平台开展协商合作。③ 这表明，中俄两国就上合组织在推进欧亚地区合作方面继续发挥重要作用达成重要战略共识。在同年7月俄罗斯乌法举行的上合组织元首峰会上，习近平主席指出，“丝绸之路经济带”建设同上海合作组织各国发展规划相辅相成，将同有关国家一道，实施好“丝绸之路经济带”同欧亚经济联盟对接，促进欧亚地区平衡发展。④ 中俄两国元首再次确认将上合组织作为两区域发展方案对接的重要平台。⑤ 这意味着未来上海合作组织框架内的区域合作进程将对整个欧亚地区发展产生重要影响。

---

① “中华人民共和国与俄罗斯联邦关于全面战略协作伙伴关系新阶段的联合声明”，《人民日报》2014年5月21日，第2版。

② “凝心聚力，精诚协作，推动上海合作组织再上新台阶——在上海合作组织成员国元首理事会第十四次会议上的讲话”，《人民日报》2014年9月12日，第3版。

③ “中华人民共和国与俄罗斯联邦关于丝绸之路经济带建设和欧亚经济联盟建设对接合作的联合声明”，《人民日报》2015年5月9日，第2版。

④ “团结互助，共迎挑战，推动上海合作组织实现新跨越——在上海合作组织成员国元首理事会第十五次会议上的讲话”，《人民日报（海外版）》2015年7月11日，第2版。

⑤ “上海合作组织成员国元首乌法宣言”，《人民日报》2015年7月11日，第3版；“Spotlight：China's ‘Belt and Road’ initiative to promote SCO economic cooperation”，2015. 07. 10，http：//news. xinhuanet. com/english/2015—07/10/c_ 134399715. htm。

与此同时，学界也出现了较之前不同的声音，部分学者甚至由最初的质疑开始转向大力支持、颂扬。在多数专家看来，上合组织的未来发展与“丝绸之路经济带”建设是相辅相成、相互促进的关系。一方面，上合组织可以为“丝绸之路经济带”的构建提供制度与经验支持；另一方面，“丝绸之路经济带”也可以为上合组织的未来发展开辟更广阔的天地，注入新鲜活力。

2015 年 6 月，俄罗斯瓦尔代国际辩论俱乐部首次推出了一份有关欧亚经济联盟与中国“丝绸之路经济带”对接合作的分析报告。该报告指出，二者的对接与合作不仅将改善地区的基础设施状况，促进地区整体经济的发展，还将维护本地区以及各国内部的安全与稳定。专家们呼吁，欧亚各国需要在各个领域开展协商，积极利用包括上海合作组织在内的地区现实机制，同时尽可能地兼顾各方利益，打造国家间长期稳定合作的基础，使其成为欧亚地区政治经济社会稳定发展的重要保障，发挥欧亚在世界事务中应有的主体作用。① 俄罗斯特命全权大使伊瓦申佐夫（Глеб Ивашенцов）认为：“中国的‘丝绸之路经济带’与‘海上丝绸之路’的首要任务，都在基础设施与交通运输领域，同时通过一体化机制来加以补充。上海合作组织能够成为两条丝绸之路之间的纽带。”② 俄罗斯高等经济研究院世界经济与世界政治系主任卡拉加诺夫（Сергей Караганов）进一步指出，上合组织不仅可以成为纽带，还可以成为正在形成中的世界经济政治集团之一的组织基础。世界正在形成这些联盟：一个是以美国为首的联盟，还有一个可能将在拉美形成。他还补充道：“最具潜力，同时也是最大的经济或者经济政治联盟将有可能出现在欧亚大陆。很可能，它的形成将以上合组织

---

① Будущее Центральной Евразии// Россия в глобальной политике. №. 2. Том. 13. 2015. С. 70 – 80；К Великому океану – 3. Создание Центральной Евразии. Транзитный потенциал России，Экономический пояс Шелкового пути и приоритеты совместного развития евразийских государств. Подготовлен под эгидой Международного дискуссионного клуба《Валдай》，2015；Тимофей Бордачев. Создавая Евразию вместе// Известия. №. 67. 16 апреля 2015. С. 6. 中文版参见谢尔盖·卡拉加诺夫，季莫费·博尔达切夫等：“构建中央欧亚：‘丝绸之路经济带’与欧亚国家协同发展优先事项”，《俄罗斯研究》2015 年第 3 期。

② ЕАЭС и Шелковый путь – основа для строительства новой Евразии. 5 июня 2015. http：//eurasiancenter. ru/politicsexperts/20150605/1004118210. html.

作为组织基础。”①

此外，学界也有更为理性的看法，呼吁辩证地看待上合组织的地位与作用。曾在2010—2012年担任上海合作组织副秘书长的俄罗斯外交官科纳诺夫斯基（Миаил Конаровский）指出，“丝绸之路经济带”与欧亚经济联盟对接合作对上合组织来说，机遇与挑战共存。一方面，两方案为上合组织内一定程度上停滞不前的交通运输、能源等多边合作领域注入了新的活力；另一方面，他也指出，不能低估各国在探讨具体合作项目、合作路线以及实施的路径方面所面临的诸多困难，上合组织仍有许多工作需要完成。如果能够战胜这些困难，“丝绸之路经济带”与欧亚经济联盟对接合作，以及上合组织积极参与其中活动将不仅在欧亚地区，还将在整个世界开创新的地缘经济与地缘政治局面。② 俄罗斯科学院远东研究所研究员乌亚纳耶夫（С. Уянаев）也认为，虽然在2015年7月11日举行的上海合作组织乌法峰会上，成员国在外交层面上表达了对中国关于建设“丝绸之路经济带”倡议的支持，认为上合组织成员国相关主管部门开展相互磋商和信息交流具有重要意义，但具体如何将上合组织变成两区域方案对接合作的主要平台，目前还没有任何答案。③

通过上文的梳理我们可以发现，国外学界围绕“丝绸之路经济带”倡议、上合组织未来定位与作用的讨论，大体上经历了从最初的质疑、争论到最近的认同、冷思的演变过程。在这个过程中，总体来看，上海合作组织在国家层面再次被赋予重要使命，成为“丝绸之路经济带”建设的重要平台。迄今为止，上合组织总体上稳步发展，国际影响力和国际地位不断提高，其成员国、观察员、对话伙伴国几乎涵盖整个欧亚的核心区域，具有广泛的代表性。特别是印度和巴基斯坦已经申请成为上合组织的正式成员，预计上合组织2016年可能正式接纳。可以预见，上海合作组织将在欧

---

① ЕАЭС и Шелковый путь – основа для строительства новой Евразии. 5 июня 2015. http://eurasiancenter.ru/politicsexperts/20150605/1004118210.html.

② Миаил Конаровский. ШОС как отражение новой геополитики. Сближение России и Китая способно придать новый импульс ШОС. 08.06.2015. http://ni.globalaffairs.ru/shos-kak-otrazhenie-novoj-geopolitiki/.

③ Уянаев С. Китайский проект《Один пояс - один путь》: концепция, план, сотрудничество с Россией// Проблемы Дальнего Востока. №.4. 2015. С.16 – 21.

亚地区合作进程中继续扮演重要角色。

如何将上海合作组织进一步构建成“丝绸之路经济带”与欧亚经济联盟对接合作的倚重平台，正成为当前需要深入研究的现实问题。本文认为，对这一问题的回答，需要我们借鉴欧亚地区已有区域合作的成功经验和失败教训。鉴于此，下文我们将选取欧亚地区两个较大且具有一定国际影响力的区域性国际组织——上合组织与独联体进行比较分析，进一步归纳总结出它们的发展经验与教训，希望可以对上合组织的未来发展以及“丝绸之路经济带”建设提供有益启示。本文具体研究的问题是：上合组织和独联体究竟有哪些相似之处或者不同之处？它们的相似之处多还是不同之处多？如果两组织具有诸多相似之处，那么独联体20余年的发展历程对于上合组织又有哪些可以值得吸取的经验与教训？对中国“丝绸之路经济带”建设又有何启示作用？下文拟围绕这些问题展开论述。

二、国内外研究现状

伴随着苏联的解体，欧亚地区相继出现了15个新独立国家。这些国家在开展国家间合作的进程中呈现出不同的趋势，一些国家越来越多地在较小范围内展开政治、经济和安全领域的合作，这样在原苏联地区就出现了众多区域性组织和多个地区合作机制，如独立国家联合体、上海合作组织、“古阿姆”集团、集体安全条约组织（以下简称“集安组织”）、欧亚经济共同体、中亚合作组织、俄白联盟、俄白哈三国关税同盟、统一经济空间等区域和次区域一体化组织。毫无疑问，在所有这些组织中，独联体与上合组织是两个较大且具有一定国际影响力的国家间组织。独联体是在苏联解体之初，由原苏联加盟共和国成立的一个新型的地区性国际组织。它的建立是当代国际社会中的一个独特现象，建立这一组织的最初目的是处理自苏联解体后所遗留的复杂问题，以及在这个过程中为保持友好的国家间关系提供一个协商机制。① 上海合作组织则起源于中国、俄罗斯、塔吉克斯坦、吉尔吉斯斯坦和哈萨克斯坦组成的“上海五国”协商机制，2001年6月15日在上海正式成立，旨在推进成员国在安全、经济等领域合作的区

① 郑羽主编：《独联体十年——现状·问题·前景》，世界知识出版社2002年版，第1页。

域性国际组织。

中国学者对独联体与上海合作组织的研究是分开进行的，有关这个两个组织的研究成果比较多，主要以专著、论文、研究报告等形式呈现出来。目前学界有关独联体研究的学术著作相对较少，论文居多。就研究内容而言，学者们主要集中探讨独联体的现状、面临的问题和发展前景，俄罗斯与独联体的关系，大国关系对该组织影响等。具体而言，在专著方面，郑羽等较全面系统地探讨了独联体成立十年以来，在区域一体化方面的历史进程与具体经验，分析了该组织在国际政治、经济和安全格局中的地位，预测了其可能的发展前景和对地区形势的影响。① 该书是国内学界第一部全面研究独联体发展与组织运作的专著，也是国内迄今为止唯一的系统研究独联体的专著。② 由于独联体多边机制长期没有发挥有效的作用，在众多国际和地区组织中，其组织结构、运作方式和机能均缺少典型意义，因此国内独联体研究多以论文的形式出现。比如，陈新明认为虽然独联体自成立以来一直被赋予维系原苏联各加盟共和国之间经济、文化和政治联系，为共同发展和繁荣创造条件的重要使命，但 15 年的运转活动表明，其行动能力低下，一体化进程无论在速度还是深度上始终没有实质性进展。当前独联体出现了严重的分裂局面。从内部看，俄罗斯作为主导力量没有也无力发挥核心作用；从外部分析，美国等西方势力的影响加大了独联体的离心倾向。未来独联体可能改变形态，朝着“小”而“精”的方向发展，其国际作用有限。③ 刘桂玲认为，独联体当前的积极发展趋势主要表现为参与国之间的联合因素明显增加，“不同步一体化”形式已被广泛接受，各成员国在经济和军事合作领域有了实质的发展。但其发展仍面临一系列困难，主要包括俄罗斯在独联体内的吸引力减弱，主导地位下降；各独立国政治和经济发展差异增大，很难完全融合；西方插手独联体，加快其离心倾向的发展。总的来看，独联体不会走向解体，将保持缓步发展的趋势，在一体化进程中区域合作多元化的特点会更加

① 郑羽主编：《独联体十年——现状·问题·前景》，世界知识出版社 2002 年版。

② 孙壮志等：“学术界关于俄罗斯等热点问题的看法”，《中国社会科学院院报》2008 年 1 月 31 日，第 8 版。

③ 陈新明：“独联体前景析论”，《现代国际关系》2006 年第 11 期。

突出。①

中国学者关于上海合作组织的研究成果从最初的对其成立的国际背景、发展历程、成员国概况、历史作用和国际影响进行分析，渐渐地转向从理论角度分析其合作机制、主要合作领域、面临的问题和发展前景，特别是上合组织框架内的经济一体化。② 具体来说，国内学者有关上海合作组织研究的学术专著主要从以下几个视角进行了探讨：第一，对上海合作组织的综合性研究；③ 第二，从国际经济学角度进行研究；④ 第三，从安全角度进行分析。⑤ 此外，还有大量在期刊上发表的学术论文涉及以上研究领域，此处不再一一列举。

除上述学术专著外，还有一种综合性研究成果表现形式，即上海合作组织发展报告。《上海合作组织发展报告》主要由中国社会科学院俄罗斯东欧中亚研究所和华东师范大学上海合作组织研究院两个机构的专家撰写，具有较高的权威性。中国社科院俄罗斯东欧中亚研究所自 2009 年开始发布

---

① 刘桂玲：“独联体现状及发展趋势”，《现代国际关系》1998 年第 6 期。

② 王树春、万青松：“上海合作组织与欧亚经济共同体的关系探析”，《世界经济与政治》2012 年第 3 期。第 21 页。

③ 马振岗主编：《稳步向前的上海合作组织：专家学者纵论 SCO》，世界知识出版社 2006 年版；潘光、胡键合著：《21 世纪的第一个新型区域合作组织：对上海合作组织的综合研究》，中央党校出版社 2006 年版；邢广程、孙壮志主编：《上海合作组织研究》，长春出版社 2007 年版；赵华胜著：《上海合作组织：评析与展望》，时事出版社 2012 年版；潘光主编：《稳步前进的上海合作组织》，时事出版社 2014 年版。

④ 李钢、刘华芹主编：《上海合作组织——加速推进的区域经济合作》，中国海关出版社 2004 年版；张宁著：《上海合作组织的经济职能》，吉林文史出版社 2006 年版；肖德著：《上海合作组织区域经济合作问题研究》，人民出版社出版 2009 年版；须同凯著：《上海合作组织区域经济合作——发展历程与前景展望》，人民出版社 2010 年版；王健著：《上海合作组织发展进程研究：地区公共产品的视角》，上海人民出版社 2014 年版。

⑤ 许涛、季志业主编：《上海合作组织——新安全与新机制》，时事出版社 2002 年版；李敏伦著：《中国“新安全观”与上海合作组织研究》，人民出版社 2007 年版；余建华等著：《上海合作组织非传统安全研究》，上海社会科学院出版社 2009 年版；张杰著：《反恐国际警务合作——以上海合作组织地区合作为视角》，中国政法大学出版社 2013 年版。

年度报告，迄今已发行七辑。① 华东师范大学则从2012年起发布上合组织年度报告，迄今已发布三辑。②两份报告分别从机制建设、对外交往、安全合作、经济合作、文化教育等方面对上海合作组织本年度的发展状况、地区形势和热点问题进行了系统、详细、全面的介绍与分析，并对上合组织未来的发展趋势进行了预测与展望。这些报告作为政府有关部门参与上合组织工作的参考工具，对了解本组织的发展状况提供了便利条件，其中不乏立意新颖、分析透彻的学术性文章。

总体上来看，国内专家学者对上海合作组织与独联体的研究做出了巨大的努力，也取得了很多成果。特别是近年来，随着上海合作组织各成员国间的合作不断深入发展，有专家学者逐渐拓宽了研究视角，把目光投向更广阔的研究空间，比如人文、交通、能源等诸多领域，但综观研究成果，不难发现一些局限性。主要表现在，现阶段专家们对上合组织研究的理论化程度还有待加强，对该组织的描述、判断和评价是研究的主要内容，其研究成果主要集中在经济和安全领域。目前，只有极少数的中国学者注意到了上海合作组织与后苏联空间其他国际组织（如集安组织、欧亚经济共同体等）之间的关系问题，并进行了尝试性的比较研究。③

同样地，独联体国家学者对上海合作组织和独联体的研究也是分开进行的，他们对这两个组织进行了比较系统的研究，这些文献中既有对两组

---

① 邢广程主编：《上海合作组织发展报告（2009）》，社会科学文献出版社2009年版；吴恩远等主编：《上海合作组织发展报告（2010）》，社会科学文献出版社2010年版；吴恩远等主编：《上海合作组织发展报告（2011）》，社会科学文献出版社2011年版；李进峰等主编：《上海合作组织发展报告（2012）》，社会科学文献出版社2012年版；李进峰等主编：《上海合作组织发展报告（2013）》，社会科学文献出版社2013年版；李进峰等主编：《上海合作组织发展报告（2014）》，社会科学文献出版社，2014年版；李进峰等主编：《上海合作组织发展报告（2015）》，社会科学文献出版社，2015年版。

② 冯绍雷主编：《上海合作组织发展报告（2012）》，上海人民出版社2012年版；冯绍雷主编：《上海合作组织发展报告（2013）》，上海人民出版社2013年版；杨成主编：《上海合作组织发展报告（2014）》，上海人民出版社2015年版。

③ 王树春、朱震："上海合作组织与集安组织为何合作大于竞争"，《国际政治科学》2010年第2期；王树春、万青松："上海合作组织与欧亚经济共同体的关系探析"，《世界经济与政治》2012年第3期；杨恕、张会丽："评上海合作组织与独联体集体安全条约组织之间的关系"，《俄罗斯中亚东欧研究》2012年第1期。

织内部发展、存在问题和未来前景等问题的详细分析，也有对两组织与其他组织关系的研究。

独联体自1991年成立以来，一直在合作与纷争中踟蹰前行，名存实亡。不少俄罗斯学者把独联体视为苏联解体后处理复杂的遗留问题以及保持友好国家关系的一个协商机制，而不是重新一体化的制度安排。鉴于一体化的整体形势停滞不前，独联体的作用遭到巨大削弱，相应地，学者们对它的研究兴趣也呈一定下降趋势。

2011年是独联体成立20周年，独联体国家学者对该组织20年发展历程进行了总结性研究。[①] 同年10月18日，在俄罗斯圣彼得堡举行的独联体国家政府首脑理事会上，独联体八个国家签署了新的独联体自由贸易区协定，随后乌兹别克斯坦也签署了这一协定，至此独联体现有大部分成员国都加入了自由贸易区协定，阿塞拜疆与中立国土库曼斯坦也表达了加入自贸区协定的意愿。[②] 新的自由贸易条约规定成员国将进一步简化各参与国之间经贸关系的法律基础，修改独联体框架内有关自由贸易规则的一系列多边与双边文件。这是独联体成员国历经17年艰难谈判所取得的最终结果，对于独联体继续存在下去具有特殊意义。

独联体国家学者对上海合作组织的研究主要涉及其发展历程，总结成员国在安全、经贸等领域开展合作的成就与存在的问题，分析进一步开展

① 20 лет СНГ：состояние и перспективы.（Материалы международной научно-практической конференции. Москва，12 декабря 2011 года）. Институт диаспоры и интеграции（Институт стран СНГ）. М.，396 с. Селиванова И. Ф. Содружество Независи- мых Государств двадцать лет спустя：реалии и перспективы// Новая и новейшая история. №. 1. 2012；Шумский Н. Содружество Независимых Государств：первые двадцать лет// Вопросы экономики. №. 12. Декабрь 2011；Чернявский С. И. СНГ：от истории к будущему// Вестник МГИМО-Университета. 2011. №. 6；Денисов А. СНГ в 2009 году：достижения，проблемы，перспективы// Международная жизнь. 2010. №. 2.

② Узбекистан включен в зону свободной торговли СНГ. 26. 03. 2014，http：//www. vedomosti. ru/politics/news/24489871/uzbekistan-vklyuchen-v-zonu-svobodnoj-torgovli-sng.

合作的潜力，还对本组织与其他组织的关系进行了讨论。① 其中比较有代表性的研究如，2009 年乌兹别克斯坦专家帕拉莫诺夫（В. Парамонов）在其专著《停留在欧亚心脏的中国经济快车：新的威胁还是历史机遇?》中就探讨了中国、俄罗斯与中亚各国在欧亚经济共同体和上海合作组织框架内开展互惠合作的巨大潜力，指出了各方开展合作最重要的客观原因在于共同的长远利益——经济发展和开发欧亚大陆。为此，两组织应加强合作，甚至可以合并组成一个强大的经济联盟。他还认为，欧亚经济共同体与上合组织不能相互重叠，首先要在欧亚经济共同体框架内进行大规模的经济一体化，然后再拓展到上合组织框架内。②

目前，虽然独联体国家不少学者已经注意到在原苏联地区众多地区性组织之间的关系问题，以及这些组织与地区外的组织发展关系的问题，并提出了借鉴其他组织的发展经验为己所用等一系列建议，但它们的缺憾在于并没有对上合组织与独联体进行探索性研究。

随着欧亚大陆地区形势的千变万化，当前上合组织与独联体的发展呈现出相似的趋势。俄罗斯主导下的独联体自 1991 年成立以来，始终在“独”与“联”、一体化和多元化之间徘徊，组织的生命力大为下降，继续发展面临一系列挑战。而上合组织自 2001 年成立以来，总体上稳步发展，

---

① 独联体国家学者有关上合组织研究的代表性研究成果参见 Ашимбаев М. С, Чуфрин Г. И. ШОС：становление и перспективы развития. под ред. М. Ашимбаева, Г. Чуфрина. Институт мировой экономики и политики при Фонде Первого Президента РК；Клименко А. Ф. Шанхайская организация сотрудничества：взаимодействие во имя развития. Ин-т Дальнего Востока РАН. М，2006；Болятко А. В. Шанхайская организация сотрудничества：к новым рубежам развития. Российская акад. наук，Ин-т Дальнего Востока，Москва：Ин-т Дальнего Востока РАН，2008；Болятко А. В. Взаимодействие России с Китаем и другими партнерами по Шанхайской организации сотрудничества. Ин-т Дальнего Востока РАН，М.，2008；Лукин А. В. Шанхайская организация сотрудничества：от становления к всестороннему развитию. М.：МГИМО，2008г；Клименко А. Ф. Стратегия развития Шанхайской организации сотрудничества：проблема обороны и безопасности. Российская акад. наук，Учреждение Российской акад. наук Ин-т Дальнего Востока РАН. Москва：ИДВ РАН，2009。

② Парамонов В.，Строков А.，Столповский О. Китайский экономический экспресс в Центре Евразии：новая угроза или исторический шанс. М：Россия，2010.

国际影响力和国际地位不断提高，成员国在安全、经贸等领域的合作取得了一些成就，但同时也面临不少困难与挑战。虽然上合组织与独联体相比还显得比较年轻，但独联体20余年的发展中，有许多经验和教训值得学习和研究。在新的国际背景和地区形势下，两组织的发展处于十字路口，对两组织进行比较研究，分析总结两组织的发展经验，找出存在的问题，对于我们更好地规划上合组织的未来发展以及中国的“丝绸之路经济带”将具有重要的现实意义。此外，通过上文对国内外有关上合组织与独联体研究文献的回顾，我们发现，到目前为止国内外还没有学者以对比上合组织与独联体发展历程为视角来考察前者的发展前景问题。

三、上海合作组织与独联体的比较分析

（一）两组织成立背景比较

背景是指对人物、事件起作用的历史情况或现实环境。独联体与上合组织的背景具体指两组织成立的历史条件和政治条件，认清它们有助于我们更好地理解两组织的发展历程。

独联体诞生于苏联解体之时，它的成立是一个相当仓促的过程，但也有其历史条件。由于苏联高度集权的政治、经济体制存在严重弊端，以戈尔巴乔夫为首的苏共当局力图通过“新思维”改革来挽救国家生存危机的努力并未成功，最终导致苏联解体。然而，面对苏联陷入的这种危机，大部分加盟共和国“并没有对自己即将获得的独立地位做好充分准备，在这种情况下一旦苏联原有的经济链条和计划分工体制被打破，各独立国家将会因自身存在的政治经济软肋而虚弱不堪，处于混乱状态”。[①] 因此，组建一个新的国家间协调机制来取代苏联被提上议事日程。1991年12月8日，俄罗斯、白俄罗斯、乌克兰三个苏联加盟共和国的领导人在白俄罗斯的别洛韦日签署了《独立国家联合体协议》，宣布建立独立国家联合体，其协调机构设在白俄罗斯首都明斯克。该协议规定，原苏联加盟共和国和其他赞同独联体宗旨的国家均可参加独联体。12月21日，11个原苏联加盟共

① 梁会玲：《地缘政治视野下的独联体研究》，山东师范大学2007年硕士学位论文，第8页。

和国领导人在阿拉木图会晤，通过了《阿拉木图宣言》和《关于武装力量的议定书》等文件，宣告正式成立独立国家联合体以及苏联停止存在。

独联体既不是国家，也不是超国家联合体，而是一个原苏联加盟共和国基于主权平等基础之上组成的协调组织机构，其宗旨是为新独立的各国进一步保持友好、睦邻、信任的国家间关系提供一个新的平台。可以说，独联体的诞生标志着在历史上存在了69年的苏联国家彻底解体和在国际法意义上停止存在，同时也给从1989年东欧剧变开始的两极格局的瓦解过程画上了句号。苏联的继承者们建立独联体的初衷，是处理苏联解体后错综复杂的遗留问题，是一种为了苏联的平稳解体而采取的“文明离婚”，以及在这个过程中为维持原苏联加盟共和国之间稳定友好的关系提供一个交流沟通的平台。不可否认，独联体在处理苏联的一些遗留问题方面起到了重要的历史作用，主要表现在：“作为社会政治、经济关系的减震器以及原苏联各加盟共和国保持传统政治、经济、安全联系的纽带，独联体减轻了各成员国由于苏联解体所带来的损失”,① 是该地区重新走向一体化的重要机制。从上述角度来看，可以认为独联体的成立是苏联解体的产物。

上合组织的成立经历了一个相当长的酝酿过程，它最早源于中国、俄罗斯、塔吉克斯坦、吉尔吉斯斯坦和哈萨克斯坦组成的“上海五国”协商机制。“上海五国”机制源于20世纪80年代恢复的中苏边界谈判。1991年12月苏联解体之后，原中苏边界西段的领土遗留问题变成了中国与多个中亚新独立国家间的双边关系问题。由于中国与这些国家拥有较长的边境线，维护边境安全与稳定成为中国政府面临的迫切现实问题。出于解决边界问题，巩固之前各国多边磋商成果的考虑，1996年4月26日中国政府推动中、俄、哈、吉、塔五国元首齐聚上海，举行首次峰会，并签署了《在边境地区加强军事领域信任协定》。会议主题是解决苏联遗留下来的中国西段边界问题，是苏联解体后中苏边境会谈的继续，其主要目的是增强相互了解和信任，维护边境地区的稳定，促进睦邻友好关系，② 由此拉开了“上海五国”机制的帷幕。1996—2000年，五国先后轮流举行了元首峰

① 梁会玲：《地缘政治视野下的独联体研究》，山东师范大学2007年硕士学位论文，第9页。

② 许涛、季志业：《上海合作组织——新安全观与新机制》，时事出版社2002年版，第270页。

会，并就边界问题进行了密集协商和谈判。在此过程中，各国间合作领域不断拓宽，合作水平逐渐提升，各国政府部门间的合作机制也进一步常态化，这些有利条件为上海合作组织正式成立奠定了重要基础。用学者们的话说：“‘上海五国’机制的第一轮五次会议的历程宣示，它所关注和讨论的问题步步深入，不仅超越了最初的解决边境安全问题的狭窄范围，而且超越了‘五国’的界线，越来越具有区域组织的色彩，表明组建新的区域合作组织的条件已经成熟。”① 在2000年7月于塔吉克斯坦首都杜尚别进行的元首会晤上，乌兹别克斯坦成为观察员国，并于次年6月14日正式加入“上海五国”机制。2001年6月15日，中国、俄罗斯、哈萨克斯坦、吉尔吉斯斯坦、塔吉克斯坦、乌兹别克斯坦六国领导人齐聚中国上海，共同签署了具有里程碑意义的《上海合作组织成立宣言》。《宣言》指出：“六国元首一致认为，‘上海五国’的建立与发展顺应了冷战结束后人类要求和平与发展的历史潮流，展示了不同文明背景、传统文化各异的国家通过互尊互信、实现和睦共处、团结合作的巨大潜力。”②

通过上述对独联体与上合组织成立背景的比较分析，我们认为两组织成立的历史条件和政治背景是相似的，即都是苏联解体后成立的，且它们最初的使命都是为了解决苏联解体后错综复杂的历史遗留问题，特别是领土边界问题，同时为了处理好与原苏联各加盟共和国的关系，维持各国之间相互友好关系提供新平台。

（二）两组织的结构比较

组织结构主要体现在成员国力量的构成与组织的机制两方面。目前独联体的正式成员国为俄罗斯、白俄罗斯、乌克兰、摩尔多瓦、亚美尼亚、阿塞拜疆、塔吉克斯坦、吉尔吉斯斯坦、哈萨克斯坦、乌兹别克斯坦。上合组织的正式成员国为中国、俄罗斯、哈萨克斯坦、吉尔吉斯斯坦、塔吉克斯坦、乌兹别克斯坦。从表7.1可以看出，独联体和上合组织的成员部

---

① 许涛、季志业：《上海合作组织——新安全观与新机制》，时事出版社2002年版，第284—289页。

② “上海合作组织成立宣言”，新华网，http：//news. xinhuanet. com/ziliao/2002—06/04/ content_ 423358. htm。

分是重叠的，不同之处表现在中国、亚美尼亚、白俄罗斯、乌克兰、阿塞拜疆、摩尔多瓦的参与上。

表 7.1　两组织的成员国比较

独联体	俄罗斯	哈萨克斯坦	塔吉克斯坦	吉尔吉斯斯坦	乌兹别克斯坦	亚美尼亚、白俄罗斯、乌克兰、阿塞拜疆、摩尔多瓦
上合组织	俄罗斯	哈萨克斯坦	塔吉克斯坦	吉尔吉斯斯坦	乌兹别克斯坦	中国

注：本表为笔者自制。

根据意大利著名学者乔万尼·波特罗（Giovanni Botero）对国家等级的划分，世界上的国家可被分为三个等级，即大国、中等国家和小国。① 大国较之邻国有着显著的优势；中等国家有足够的实力和权力自立而不需要他国的帮助；小国自己无法独立而需要他国的保护和支持。位于金字塔顶部的为国际体系中的大国，位于底部的是小国。笔者认为，中国和俄罗斯由于较大的国土、较强的综合实力被划分为大国，其他国家的人口和国土面积均处于弱势，而且综合实力也较弱，被划分为小国。大国与小国在国际体系的话语权轻重不同，目标诉求和期望值都会有所差异，继而其所制定的对外政策会有所不同。换句话说，具有巨大影响力的中国、俄罗斯与两组织的其他成员国，一起构建了欧亚地区复杂的地缘政治、地缘经济和地缘文明网络。在这种大国与地区小国的复合权力结构体系框架内，虽然大国在多数领域取得绝对的优势地位，但小国的存在不能忽视，在与小国的相互关系中形成复合的权力结构。因此，从这个层面来讲，独联体与上合组织都是“大国 + 小国”的复合权力结构模式。

独联体与上合组织自成立以来不断加强本组织的机制建设，至今都已

① Giovanni Botero, *The Reason of State*, London, Routledge and Kegan Paul, 1956, pp. 3 - 4，转引自丁工：“中等强国崛起及其对中国外交布局的影响”，《现代国际关系》2011 年第 10 期，第 47 页。

经建立了比较完善的组织机构，主要包括最高机构、执行机构、外交机构、安全机构、法律机构、经济机构、人文机构等（见表7.2）。这些机构的设立为两组织的不断发展，特别是加强组织成员国之间的合作起到了巨大作用。从中两组织机构设置对比中，我们可以清晰地发现，独联体与上合组织在组织机构的设置与建设方面同样呈现出大同小异的现象，它们拥有诸多相似之处。

表7.2　独联体与上合组织主要组织机构比较

类别	独联体	上海合作组织
最高机构	国家元首理事会和政府首脑理事会	国家元首理事会和政府首脑理事会
执行机构	协调协商委员会；执行秘书处；执行委员会	国家协调员理事会；秘书处
外交机构	外长理事会	外长理事会
安全机构	防长理事会；联合武装力量总司令部理事会；边防军司令理事会；集体安全理事会；安全和情报机关委员会；内务部长委员会；反恐中心	国防部长会议；武装力量总参谋长会议；执法安全部门领导人会议；边防部门领寻人会议；公安内务部长会议；安全会议秘书会议；反恐中心
法律机构	跨国议会大会；经济法院	议长会议；最高法院院长；总检察长会议
经贸机构	经济联盟跨国经济委员会；经济理事会；跨国货币委员会；铁路运输委员会；能源合作委员会；财经委员会	经贸部长会议；财长和央行行长会议；交通部长会议；能源部长会议
人文机构	人文合作委员会；卫生合作委员会；文化教育委员会	文化部长会议；教育部长会议；卫生部长会议
其他机构	统计委员会；人权委员会；银行联合体	上合组织论坛；成员国银联体；实业家委员会

注：本表为笔者自制。

通过上述两表的比较分析，我们认为，俄罗斯作为独联体成员国中最大的国家，其综合实力超过了其他成员国的总和，因此俄罗斯在独联体牢牢地占据了主导地位。而在上海合作组织中，中俄两国对组织的发展起到了重要作用，是该组织的主要参与者。这样一来，两组织都是“大国 + 小国”的权力结构，虽然两个组织的主导国形式上是三个，但实质上是两个，因为俄罗斯同时是两个组织的主导国。因此，独联体与上合组织在结构上是相似的，即两个组织都是“大国 + 小国”的权力结构，两组织主要机制的设置都大同小异。

（三）两组织的主要功能比较

根据1993年通过的《独联体章程》，独联体不是一个拥有超国家权力的国家联合体，而是以成员国主权平等为基础，旨在加强各国间合作，保持友好关系的国家间组织。① 然而，“在独联体发展的初期，由于独联体各成员国间固有的矛盾与利益分歧，以及地区政治、经济局势的不稳固，各国实现共同发展、加快推进一体化合作的基础较为脆弱，举步维艰”。不可否认的是，“由于原苏联各国经济融合度和相互依赖度较高，历史上这些国家之间就形成了共同的基础设施，共同的工业生产空间，共同的语言、科技、文化空间，这些有利因素为各国在经济、安全、人文等领域开展合作提供了坚实的基础、开放的发展空间和长期持续稳定增长的市场，同时也是推动独联体成员国继续开展合作的主要动力”。② 在所有合作领域中，经济与安全是成员国间合作内容的最重要组成部分和优先方向。因此，有充分理由认为经济与安全是独联体两个重要的组织功能。特别是普京执政后，俄罗斯改变了叶利钦时期“全面一体化”的独联体发展战略，改为有选择、分阶段地在独联体内推进一体化进程，同时逐渐把重心放在实现集体安全条约组织下的军事安全一体化和欧亚经济共同体下的经济一体化上面。这就是俄罗斯重视发挥独联体安全与经济职能的明证。

---

① Устав Содружества Независимых Государств（22 января 1993 года）. http://cis. minsk. by/reestr/ru/index. html#reestr/view/text? doc = 187.

② 王树春、万青松：“试论欧亚联盟的未来前景”，《俄罗斯研究》2012年第2期，第192、202页。

独联体集体安全条约组织的前身为独联体集体安全条约。1992 年 5 月 15 日，俄罗斯、哈萨克斯坦、乌兹别克斯坦、塔吉克斯坦、吉尔吉斯斯坦和亚美尼亚六国首脑，在乌兹别克斯坦首都塔什干签署了为期五年的《集体安全条约》。随后格鲁吉亚、阿塞拜疆和白俄罗斯三国加入，该条约于 1994 年正式生效。到 1999 年条约期满，亚美尼亚、白俄罗斯、哈萨克斯坦、吉尔吉斯斯坦、俄罗斯、塔吉克斯坦六国续签条约，阿塞拜疆、格鲁吉亚和乌兹别克斯坦三国宣布退出，不再续签本条约。2002 年 5 月 14 日，集体安全条约理事会在莫斯科举行会议，决定将“独联体集体安全条约”更名为“独联体集体安全条约组织”。同年 10 月 7 日，独联体集体安全条约组织成员国签署了组织章程及其他相关法律文件，并于次年 9 月 18 日正式生效。根据组织章程，成立集体安全条约组织的宗旨和原则，是维护地区和平与稳定，保障成员国领土和主权完整。同时，在尊重成员国独立、自愿、平等、不干涉内政的基础上，积极发展与其他非组织成员国、国际组织之间的合作，致力于维护公平、公正、民主的国际秩序。① 因此，集安组织的主要功能是促进成员之间军事、政治、安全领域的合作，同时扩大成员国的集体防御空间和提高联合防御能力。

独联体欧亚经济共同体源于 1996 年俄罗斯、白俄罗斯、哈萨克斯坦、吉尔吉斯斯坦组建的“四国关税同盟”，塔吉克斯坦加入后变成“五国关税同盟”。2000 年 10 月，五国元首决定将“五国关税联盟”改组为新的区域国际组织——欧亚经济共同体，并签署相关的法律文件。在次年 5 月举行的欧亚经济共同体跨国委员会会议上，各国元首发表联合声明，宣布正式启动欧亚经济共同体运行。乌兹别克斯坦于 2005 年 10 月申请加入欧亚经济共同体，又于 2008 年 10 月宣布暂停其在该组织的工作。乌克兰、亚美尼亚和摩尔多瓦相继成为欧亚经济共同体的观察员国。成立本组织的优先任务，是致力于推进成员国经济一体化进程，其主要任务包括：“实现区域内贸易自由化，建立统一关税和非关税调控体系，制定商品和服务贸易市场相互准入原则，建立统一的外汇调控与监管机制，建立统一交通服务市场和交通运输体系，建立统一能源市场，同时为各国间相互投资、企业

① Устав Организации Договора о коллективной безопасности（集体安全条约组织章程），http：//www. dkb. gov. ru/start/index. htm。2012 年 12 月乌兹别克斯坦正式暂停其在集体安全条约组织的工作。

创造公平条件，为成员国公民提供公平的教育、医疗等服务。”① 可见，欧亚经济共同体的主要职能是在经济领域，其最主要的任务是实现独联体地区的经济一体化。

上海合作组织自成立之日起，就把维护地区安全与问题以及实现经济一体化作为本组织的发展目标。组织成员国高度重视区域安全与经济合作，并将它们视为推动本组织发展的两个重要轮子。安全合作是上合组织的重点合作领域。在该组织首次峰会上成员国元首就签署了《打击恐怖主义、分裂主义和极端主义上海公约》，将打击“三股势力”列为上合组织的重要任务。随后又相继签署了《上海合作组织反恐怖主义公约》和《上海合作组织关于应对威胁本地区和平、安全与稳定事态的政治外交措施及机制条例》，以及禁毒、打击有组织跨国犯罪协定等多个安全合作文件，将合作范围逐步扩展到战略安全、防务安全、执法安全、信息安全等非传统安全领域。② 此外，成员国还定期举行了多次反恐演习，为维护本地区和平稳定做出了巨大贡献。

经济合作也是上合组织的重点合作领域，并成为每年度国家元首和政府总理会晤的主要议题。《上海合作组织成立宣言》第九条规定：“将利用各成员国之间在经贸领域互利合作的巨大潜力和广泛机遇，努力促进各成员国之间双边和多边合作的进一步发展以及合作的多元化。为此，将在组织框架内启动贸易和投资便利化谈判进程，制定长期多边经贸合作纲要，并签署有关文件。”③《上海合作组织宪章》第三条规定了组织的合作方向，除了安全领域外，第二大方向就是“支持和鼓励各种形式的区域经济合作，

① “欧亚经济共同体在地区合作中的作用和发展前景”，参见中国驻吉尔吉斯共和国大使馆经济商务参赞处官网，http：//kg. mofcom. gov. cn/aarticle/ztdy/200805/20080505538237. html；也可参见王树春、万青松：“上海合作组织与欧亚经济共同体的关系探析”，《世界经济与政治》2012 年第 3 期，第 27—28 页。

② 马剑等：“和平、稳定、发展的建设性力量——‘蓝厅论坛’关注上合组织未来发展”，《人民日报》2011 年 6 月 13 日，http：//cpc. people. com. cn/GB/64093/82429/83083/ 14880084. html。

③ “上海合作组织成立宣言”，中国政府网，http：//www. gov. cn/gongbao/content/2001/ content_ 60959. htm。

推动贸易和投资便利化，以逐步实现商品、资本、服务和技术的自由流通”。① 上述文件从国际法意义上确立了本组织的经济合作功能。

上合组织成立十余年来，在经济合作领域相继建立了一系列官方定期机制，包括总理定期会晤机制，以及经贸部长、交通部长、科技部长、农业部长、财政部长和央行行长等会议机制，还组建了高官委员会和专业工作组等专门负责经济合作的运作机制，设立了专门分管经贸合作的副秘书长一职。此外，还成立了银行联合体、实业家委员等经贸合作促进机构。2011 年 6 月，在阿斯塔纳举行的成员国元首理事会上发布的《上海合作组织十周年阿斯塔纳宣言》中，各国元首“主张进一步加强上海合作组织地区经贸和投资合作”。② 曾任上海合作组织事务特别代表的基里尔·巴尔斯基（Кирилл Барский）也表示经济合作是上合组织的第二支点。③

上海合作组织经贸合作的文件以及在经济领域开展合作的努力表明，上海合作组织是以地区安全与经贸合作为主的多功能地区性国际组织，鼓励和促进经济合作是该组织的功能之一。上海合作组织成员国的共识是，广泛和深入的多边经济合作是这一国际组织存在和有效发挥作用的重要经济基础。多边经济合作不仅有利于上海合作组织各成员国的经济发展，提高居民的生活水平，也有利于区域内的社会稳定。④

综上所述，上合组织已经成了一个多功能的区域性国际组织，安全、经济合作是本组织发展的优先方向，同时也是本组织的两大主要功能。

由此可见，当前独联体与上合组织都将维护地区安全与推动区域经济一体化作为本组织发展的主要任务和优先方向，因此可以推断，两组织的主要功能，即安全、经济功能是相似的。

---

① “上海合作组织宪章（2002 年 6 月）”，新华网，http：//news. xinhuanet. com/ziliao/2004— 06/03/content_ 1506019. htm。

② “上海合作组织十周年阿斯塔纳宣言”，新华每日电讯，2011 年 6 月 16 日，第 5 版。

③ ［俄］基里尔·巴尔斯基：“经济合作：上海合作组织的第二支点”，《中国青年报》2012 年 12 月 4 日，第 4 版。

④ 李福川：“俄白哈关税同盟及对上海合作组织的影响”，《俄罗斯中亚东欧市场》2011 年第 7 期。

（四）两组织的运行效率比较

独联体成立初期，在处理苏联解体后的遗留问题方面发挥了很大的作用，如在解决独联体各国的边界问题、核问题方面避免了“分家”可能引起的纷争甚至战争。但经过20余年的发展，独联体仍旧停滞不前，举步维艰，各成员国对其定位和发展方向不能达成一致有着不同的认识与理解，目前尚未确定明确的发展目标。毫无疑问，出现上述状况的主要原因在于独联体多年来运行效率的低下，无法完全履行自己的功能。虽然独联体内部已经建立了较为完善的组织机制，也建立了由各成员国代表组成的国家间的庞大机构，但这些机构的运行效率并不理想。一个明显的例子是，独联体成员国元首会议每年都按时举行，部分成员国国家首脑经常“因故”缺席，会议决议落实者更是寥寥无几。据统计，自成立以来，独联体举行了数十次首脑会晤，通过的大小文件上千份，但真正能落实的凤毛麟角，足见其决议对成员国的约束力及其行动能力之低。鉴于独联体的发展停滞不前，部分成员国在独联体框架内又成立了欧亚经济共同体、集安组织等次区域一体化组织，然而它们成效同样不大，发挥的作用十分有限。莫斯科卡内基中心专家马拉申科（А. Малашенко）就把独联体比作一座“列宁墓”，俄前总理普利马科夫更是指出，他从未视独联体为一个成功组织。① 不得不承认，独联体确实成了一个名存实亡、效率低下的松散组织，正遭遇成立以来较为黯淡的光景。我们认为，独联体运行效率低下是内因和外因共同作用的结果。内因主要包括俄对独联体的政策以及各成员国奉行的不同政策，外因主要是以美国为首的西方国家对独联体地区的渗透。

从俄罗斯对独联体的政策来看，作为苏联的主要继承者，俄罗斯不但在独联体的建立过程中扮演了举足轻重的角色，而且担负着将松散的独联体凝聚起来的重任。苏联这样一个超级大国的解体，给俄罗斯人带来了前所未有的心理冲击，俄试图通过主导建立独联体来保持其在原苏联领土范围内的利益，维护自己的国际地位，促进独联体一体化进程，使其逐渐变为某种政治实体。但多年来，为维持对独联体的主导地位，俄习惯以“胡

① Левяш Илья. К двадцатилетию СНГ: Король умер. Да здравствует король// Свободная мысль. 2011. №. 2. С. 21 – 36.

萝卜”（廉价能源、经济援助）和“大棒”（施加政治压力、“断气”、经济制裁等）作为工具。独联体国家对俄罗斯可谓畏惧有余，敬重不足，离心力不断加强。

从独联体内部来看，为了寻求新的国家定位和历史坐标，独联体各国基本都在奉行所谓的“民族主义路线”，即去苏联化、去俄罗斯化，重塑民族和国家的历史。一直以来，俄罗斯希望得到周边独联体国家的支持与合作，以维持必要的战略空间和保卫本国的安全、主权与领土完整，因此对独联体其他成员国提供经济优惠，但结果并没有换来独联体有利于俄的地缘政治变化，它们在享受经济优惠的同时在不同程度上对俄离心离德。组织内部一些国家与俄之间固有的矛盾与利益分歧一直存在，并直接挑战俄对独联体的领导地位。比如，格鲁吉亚和乌克兰两国联合摩尔多瓦，与俄分庭抗礼。这样看来，目前很多独联体成员国都不同程度地出现了向西方倾斜的迹象。

从独联体外部来看，外部因素的存在扩大了俄罗斯与其他独联体国家之间的矛盾与分歧，同时增加了部分国家的离心倾向。这里的外部因素主要是指以美国为首的西方国家。苏联解体后，西方国家相继通过北约东扩、欧盟东扩、“颜色革命”、“东部伙伴计划”等政策涉足独联体地区，并以此来施加影响，甚至直接插手独联体国家的内政与对外政策事务。而大多数地区新独立的国家也实行多方位的对外政策，试图在俄罗斯与西方大国之间左右逢源，获得更多的地缘收益。外部因素的存在把独联体地区变成一个组织结构杂乱的国际区域，甚至成了世界大国展开地缘政治与地缘经济竞争的大舞台。很显然，这样的形势肯定会影响到独联体的整体运行效率。

乌克兰危机的爆发，使得独联体的发展前景再次蒙上一层阴影。特别是2014年3月，克里米亚举行入俄公投后，俄罗斯正式接纳克里米亚共和国成为自己的联邦主体，随后乌克兰国家安全与国防委员会秘书巴鲁比（Андрей Парубий）宣布，乌克兰启动退出独联体的程序，同时中止本国作为2014年独联体轮值主席国的工作，并责成乌克兰外交部对俄罗斯公民实行签证制度。值得注意的是，至今这些政治举措并未成为现实。乌克兰不但没有退出独联体，还派高级别代表团参加了在苕吉克斯坦首都比什凯克举行的独联体2015年度外长峰会，乌方还希望为自己在独联体执委会争得一席职位。[①] 由此可见，一方面，独联体作为一个松散机制会继续存在；另一方面，其运行效率早已大打折扣。[②]

无独有偶，效率问题也成为上合组织发展过程中面临的重大挑战。这主要体现在：一方面，上合组织作为一个地区性国际组织的整体行动效率不高。上合组织自成立以来已经走过了十余年，然而在这期间，该组织作为一个整体，与欧盟、东盟等国际组织相比，在国际社会的地位和影响力都还比较弱。例如，在2001年“9·11”事件发生之后，中亚各国都不同程度地参与了美国的反恐进程，而上合组织作为以中亚地区为工作重心的地区性组织，却迟迟没有以一个整体发出声音、做出反应。另一方面，协议的落实成问题。上合组织成立以来，几乎每次国家元首峰会和政府首脑会晤后都会签署一系列的文件，发表声明，范围涉及政治、安全、经济、文化、反恐反毒等各个方面。令人遗憾的是，这些文件和声明的落实问题却差强人意，直接影响了该组织的运行效率。比如，在经济领域，组织成员国至今已经签署或批准了一系列有关经济合作的文件，主要包括《上海合作组织成员国多边经贸合作纲要》《〈多边经贸合作纲要〉落实措施计划》《〈上海合作组织成员国多边经贸合作纲要〉落实措施计划》。[③] 可以说，上合组织签订的经贸合作文件不在少数，但是经贸合作至今没有拿得出手的标志性成果。上海合作组织在十年前就提出了贸易和投资便利化的目标，如今上海合作组织内的多边合作明显滞后于双边合作，多边合作项目明显少于双边合作项目，经济合作虽然取得了一定的阶段性成果，但是与其确定的目标还有相当的距离。[④] 十余年来上海合作组织的合作成果之所以不够显著，组织效率不高，原因主要有两个方面：一是组织内部利益分配的分歧。对于俄罗斯来说，它既需要中国共同维护中亚地区的安全与稳定，抵制以美国为首的西方势力渗透，又担心中国实力的增加会损害自

---

① Содружество не зависит от государств. Украина не спешит рвать с СНГ, несмотря на конфронтацию// Газета《Коммерсантъ》. №. 59 от 04. 04. 2015. С. 3.

② По правилам сильного. Решая задачи планетарного масштаба, Россия не забыла о локальных// Независимая газета. №. 222. 15 октября 2015. С. 2.

③ 参见上海合作组织官网，http：//www. sectsco. org/CN/index. asp。

④ 王树春、万青松：“上海合作组织与欧亚经济共同体的关系探析”，《世界经济与政治》2012年第3期，第36页。

家“后院”的利益，害怕中国最终主导上合组织。俄的这种疑虑部分地体现在对上合组织框架内经济合作持不积极的态度上。二是各成员国之间缺乏足够的信任，这直接影响组织内成员国间多边合作的推进。在我们看来，上合组织与其不断地提出各种各样的合作项目，不如果断地落实现有的协议，尽快拿出成果，使各成员国获得切实的利益，以加强互信，以此形成良性循环，促进进一步合作，以提高组织的整体运行效率。

目前独联体与上合组织都面临运行效率低下的问题，而造成效率低下的主要原因都来自组织内部，它们严重阻碍组织继续朝着有效方向发展，对两组织未来的前途产生重要影响。

四、“独联体化”及其对“丝绸之路经济带”建设的启示

综上所述，从历史条件和政治背景来看，独联体与上合组织是在相似的历史条件和政治背景下成立的地区性国际组织；从组织结构来看，两组织都是“大国+小国”的权力结构，且它们的主要组织机制大同小异；从组织功能来看，两组织的安全、经济功能是相似的，都将维护地区安全与推动区域经济一体化作为本组织发展的主要任务；从运行效率来看，目前两组织的总体运行效率低下，无法完全履行自己的职能，组织继续发展面临重大挑战。可见，独联体与上合组织具有众多的相似之处，且相似之处显然多于不同之处，这两个组织具有可比较性。因此，有必要分析和总结独联体 20 年的发展经验和教训，认清它们将对上合组织的未来发展具有重要的启示作用。

独联体 20 年的发展历程表明：虽然独联体作为一个区域国际组织，总体上完成了保障苏联解体后各国“和平离婚”和维护地区稳定的使命，但一直以来，它始终在“独”与“联”、一体化和多元化之间徘徊，“名存实亡：所谓名存，是指独联体组织形式和磋商机制还存在；所谓实亡，是指独联体已失去对成员国的约束力，失去作为区域性国际关系主体而存在的意义”。[①] 由于在政治问题上分歧增多，在经济合作中纠纷不断，组织内部矛盾重重，成员国越来越多地在较小范围内展开政治、经济和安全方面的

① 许志新：“俄罗斯对独联体政策面临严重挑战”，邢广程主编：《2005：应对挑战》，社会科学文献出版社 2006 年版，第 59 页。

合作，这些都可以看到独联体出现小集团化的趋势，或者以俄罗斯为中心，或者以脱离俄罗斯的其他国家形成小团体。虽然表面上独联体是一个由俄主导的地区性国际组织，但其内部新型次地区一体化组织林立，组织日益松散化，致使独联体“独”大于“联”的倾向越来越明显，组织的生命力大为下降。其中，组织未来发展定位不明、成员国间矛盾分歧重重、组织内部意见不一等因素，已成为独联体继续发展的主要障碍。我们把上述现象概括为“独联体化”。

更进一步而言，“独联体化”现象事实上涉及国际制度的复杂性问题。① 如果区域内存在各种制度安排，它们的存在既不能解决地区面临的各种问题，也没有推动国家间的有效合作，而是成为区域内各国抑或域外国家之间权力竞争的手段和工具，那么可能的结果就是，这些制度安排最终不能解决多少实际问题，运行效率低下，甚至相互牵制各自的发展。长此以往，就会出现大国动力不足，中小国家观望和推诿的问题。在这样的背景下，参与区域制度安排的国家，需要加强对现有机制的完善甚至整合，致力于提高机制运行效率。

上合组织至今已走过十几个年头，它的建立被认为是一个史无前例的历史性创举。当今世界形势正发生重大变化，世界经济政治重心正在迅速地从西方向东方转移，国际形势的发展促使上合组织在本地区发挥更为巨大的作用，同时也注定其未来发展道路不会一帆风顺，对今后的发展前景设置了重重的考验。独联体发展过程中所面临的难题，也可能是今后上合组织所面临的问题。我们所能做的就是通过对比两组织的发展历程，找出它们的诸多相似之处，发现目前所存在的共同问题，并对问题有客观清醒、富有远见的认识，有所防范和预判，从而提出相关的建议——防止上海合作组织出现类似“独联体化”的趋势。未来，上合组织要在地区发挥更为重要的作用，不断地发展、壮大自己，成员国必须团结一致解决共同面临的问题，这样的组织才更具生命力，才能在今后的发展中立于不败之地。

作为本地区最重要的两个区域合作载体——独联体与上合组织，其发展进程中出现的上述问题，对于整个地区的未来发展以及当下中国实施“丝绸之路经济带”战略倡议，都具有重要启示意义。

---

① 相关论述参见王明国：“国际制度复杂性与东亚一体化进程”，《当代亚太》2013 年第 1 期。

从国际制度层面来看，如果一种新的地区合作制度安排的出现，既不是致力于更加有效地解决国际区域内各国社会经济发展所面临的问题与挑战，也不是为了进一步推进国家间更富有成效的合作，而是成为地区国家特别是大国之间权力竞争的手段和工具，其最终结果就是：这些不断增多的制度安排非但不能解决具体实际问题，甚至会产生相互牵制的后果。

目前，虽然“丝绸之路经济带”既不是一个区域一体化机制，也不是国际或地区组织，而是一个旨在进一步促进欧亚各国间政治互信与务实合作，同时带动周边国家共同发展，更好地造福两国和沿线各族人民的倡议，但它带给周边国家的巨大影响不容忽视。尤其是“丝绸之路经济带”与欧亚经济联盟对接合作协议的签署，表明中俄就两国在欧亚地区开展务实合作达成重要战略共识。双方要实现这两个区域发展方案的有效对接，上合组织的重要性不言而喻，它不可避免地被视为中俄战略倡议对接的重要平台。鉴于此，独联体与上合组织的发展经验，对中国构建“丝绸之路经济带”与制定新的欧亚区域组织外交战略具有重要的借鉴意义。

近期而言，中国需要综合考虑上合组织发展以及欧亚地区合作进程中出现的类似问题，进一步完善上合组织多边合作机制，制定出合理的“游戏规则”，避免本区域合作进程中出现“独联体化”趋势。

长期而言，中国与欧亚各国共同致力于建构持续、稳定与持久的有效区域合作机制，毫无疑问，不仅将有力地促进欧亚区域组织各成员国之间经济发展与政治互信的良性互动，而且将为本国开展周边外交以及构建新型国际关系创造更加有利的先决条件。

第三部分

上海合作组织合作领域研究

报告八

上海合作组织能源合作
——进程、问题与前景

孙溯源*

【内容提要】自2004年上海合作组织提出建立统一能源供求系统和能源俱乐部的设想以来，上合组织的成员国和部分观察员国在《上海合作组织宪章》确立的经济合作原则和战略框架下，双边能源合作进展顺利且成果颇丰，但是多边能源合作仍处于起步和摸索阶段。目前，上合组织能源合作呈现为以俄罗斯和中国这两个核心分别向上合组织其他国家发散出一系列双边能源合作格局。在上合组织的地理范围内，已有的能源合作具有参与方多元化、多边合作明显弱于双边合作、能源竞合关系复杂等特点，存在双边合作平行分散、多边合作的一体化、机制化程度偏低的缺陷。推进多边能源合作既需要妥善管理有关成员国的能源竞争与矛盾，协调主要成员国关于能源合作的政策和设想，也需要在制度化建设方面加强协作，推出实质性举措。

【关键词】上海合作组织　能源合作　多边能源合作机制

上海合作组织（下文简称“上合组织”）所覆盖的地域，既是非传统安全威胁的焦点地带，也是油气资源的生产和消费密集的地区。随着上合组织内安全合作的顺利展开，上合组织框架内的能源合作也日渐活跃。十多年来，上合组织的成员国和部分观察员国在《上海合作组织宪章》确立的经济合作原则和战略框架下，开展了多项能源合作。目前，上合组织框

* 孙溯源，华东师范大学国际关系与地区发展研究院、俄罗斯研究中心副研究员。

架内的双边能源合作进展顺利且成果颇丰，但是多边能源合作仍处于起步和摸索阶段。本文首先对上合组织能源合作的进展和现状进行述评，进而分析上合组织成员国在能源合作上所存的竞争、矛盾以及面临的问题，在此基础上着重评估中国的“一带一路”战略对上合组织能源合作所提供的发展机遇，最后阐述上合组织多边能源合作机制化的方向与模式。

一、上合组织国家的能源资源禀赋、能源消费概况与分析

上合组织所涵盖的地域既拥有丰富的油气和煤炭资源，也具有强劲的能源生产能力和消费水平。截至2014年，上合组织成员国以及观察员国已探明石油储量约431亿吨，占世界总储量的18.6%；石油年产量达到10.4亿吨，占世界总产量的24.7%；消费量为9.92亿吨，占世界消费总量的23.6%（见表8.1）。① 伊朗的石油储量在上合组织中占据半壁江山，俄罗斯紧随其后，其储量约占上合组织总储量的1/3。而俄罗斯的石油产量则超过其他上合组织国家产量的总和，占上合组织石油产量的一半以上；中国在石油消费量上超过了其他国家石油消费的总和。虽然印度目前的石油消费量只有中国的1/3，但据英国石油公司BP发布的《BP 2035世界能源展望》所示，到2035年印度将超过中国成为石油需求增长最快的国家，其进口石油将占总需求的90%。②

上合组织已探明天然气储量为74.7万亿立方米，占世界总储量的39.9%；年产量达到10 361亿立方米，占世界总产量的29.9%；消费量为9 302亿立方米，占世界总消费量的27.2%（见表8.2）。③ 伊朗和俄罗斯在天然气的储量上旗鼓相当，二者所拥有的天然气总和在上合组织的占比几乎达到90%。俄罗斯的天然气产量在上合组织中占到一半以上，而从储采比来看伊朗天然气的开发潜力巨大。俄罗斯也是天然气消费大国，其消

---

① BP Statistical Review of World Energy, BP, 2015, pp. 6, 10, 11, www. http: //bp. com/ statisticalreview（2015年7月14日登录）。

② BP Energy Outlook 2035, p. 45, http: //www. bp. com/content/dam/bp/pdf/Energy-economics /energy-outlook-2015/Energy_ Outlook_ 2035_ booklet. pdf（2015年7月14日登录）。

③ BP Statistical Review of World Energy, BP, 2015, pp. 20, 22, 23, www. http: //bp. com/ statisticalreview（2015年7月14日登录）。

费量超过中国的一倍以上。

上合组织已探明煤炭储量为 3 697 亿吨，占世界总储量的 41.4%；年产量达到 38.55 亿当量吨，占世界产量的 58.8%；消费量为 24.61 亿当量吨，占世界总消费量的 63.2%（见表 8.3）。① 煤炭资源的储藏主要集中在俄罗斯和中国，两国煤炭储量的总和几乎达到上合国家总储量的 3/4。俄中两国的煤炭产量在上合组织国家中也是举足轻重，共占 90% 以上。俄罗斯的煤炭储量和产量虽然在上合组织国家中居于数一数二的位置，但其煤炭消费量却非常低，只占上合组织国家的 4%，而中国的煤炭消耗在上合国家中占比高达 80%。印度的煤炭消耗潜力很大，据《BP 2035 世界能源展望》的分析，到 2035 年印度的煤炭消费将增加 3.6 亿吨油当量，成为第二大增长市场，电力行业需求增长占印度煤炭消费增长的近 70%。②

由此可以看出，上合组织国家之间的能源资源禀赋差异悬殊，能源消费水平不均衡，差距较大，油气、煤炭等化石能源的分布、生产以及消费都相对集中在少数几个国家。石油资源及其生产主要集中在俄罗斯和伊朗，而消费主要集中在中国。天然气主要分布在储量居世界第一和第二位的伊朗与俄罗斯，而且俄罗斯既是天然气生产大国也是消费大国，中国的天然气消费正处于迅速增长的势头。煤炭的储量集中在俄罗斯和中国，而煤炭的消耗则集中在中国。

表 8.1　上合组织成员国及观察员国

2014 年石油储量、储采比、产量及消费量

国　家	储量（亿吨）	占世界总储量的比重（%）	储采比（年）	年产量（亿吨）	占世界总产量的比重（%）	消费量（亿吨）	占世界总消费量的比重（%）
俄罗斯	141	6.1	26.1	5.34	12.7	1.48	3.5

① BP Statistical Review of World Energy, BP, 2015, pp. 30, 32, 33, www. http://bp. com/ statisticalreview（2015 年 7 月 14 日登录）。

② BP Energy Outlook 2035, p. 65, http://www. bp. com/content/dam/bp/pdf/Energy-econo mics/energy-outlook-2015/Energy_ Outlook_ 2035_ booklet. pdf（2015 年 7 月 14 日登录）。

续表

国　家	储量（亿吨）	占世界总储量的比重（%）	储采比（年）	年产量（亿吨）	占世界总产量的比重（%）	消费量（亿吨）	占世界总消费量的比重（%）
哈萨克斯坦	39	1.8	48.3	0.81	1.9	0.13	0.3
乌兹别克斯坦	1	◆	24.3	0.03	0.1	0.03	0.1
吉尔吉斯斯坦	–	–	–	–	–	–	–
塔吉克斯坦	–	–	–	–	–	–	–
中国	25	1.1	11.9	2.11	5.0	5.20	12.4
印度	8	0.3	17.6	0.42	1.0	1.81	4.3
巴基斯坦	–	–	–	–	–	0.23	0.5
成员国小计	214	9.3		8.71	20.7	8.88	21.1
伊朗	217	9.3	※	1.69	4	0.93	2.2
白俄罗斯	–	–	–	–	–	0.11	0.3
观察员国小计	217	9.3		1.69	4	1.04	2.5
上合组织总计	431	18.6		10.40	24.7	9.92	23.6

◆低于0.05%。※超过100年。–无统计数据。

资料来源：BP《2015年世界能源统计》。

表8.2　上合组织成员国及观察员国
2014年天然气储量、储采比、产量及消费量

国　家	储量（万亿立方米）	占世界总储量的比重（%）	储采比（年）	年产量（亿立方米）	占世界总产量的比重（%）	消费量（亿立方米）	占世界总消费量的比重（%）
俄罗斯	32.6	17.4	56.4	5787	16.7	4092	12.0
哈萨克斯坦	1.5	0.8	78.2	193	0.6	56	0.2

续表

国　家	储量（万亿立方米）	占世界总储量的比重（%）	储采比（年）	年产量（亿立方米）	占世界总产量的比重（%）	消费量（亿立方米）	占世界总消费量的比重（%）
乌兹别克斯坦	1.1	0.6	19	573	1.6	488	1.4
吉尔吉斯斯坦	–	–	–	–	–	–	–
塔吉克斯坦	–	–	–	–	–	–	–
中国	3.5	1.8	25.7	1345	3.9	1855	5.4
印度	1.4	0.8	45	317	0.9	506	1.5
巴基斯坦	0.6	0.3	13.8	420	1.2	420	1.2
成员国小计	40.7	21.7		8635	24.9	7417	21.7
伊朗	34	18.2	※	1726	5	1702	5.0
白俄罗斯	–	–	–	–	–	183	0.5
观察员国小计	34	18.2		1726	5	1885	5.5
上合组织总计	74.7	39.9		10361	29.9	9302	27.2

※超过100年。–无统计数据。

资料来源：BP《2015年世界能源统计》。

表 8.3 上合组织成员国及观察员国
2014 年煤炭储量、储采比、产量及消费量

国家	储量（亿吨）	占世界总储量的比重（%）	储采比（年）	年产量（亿当量吨）	占世界总产量的比重（%）	消费量（亿当量吨）	占世界总消费量的比重（%）
俄罗斯	1570	17.6	441	1.71	4.3	0.85	2.2
哈萨克斯坦	336	3.8	309	0.55	1.4	0.35	0.9
乌兹别克斯坦	19	0.2	432	0.01	◆	0.02	0.1
吉尔吉斯斯坦	–	–	–	–	–	–	–
塔吉克斯坦	–	–	–	–	–	–	–
中国	1145	12.8	30	18.45	46.9	19.62	50.6
印度	606	6.8	94	2.44	6.2	3.60	9.3
巴基斯坦	21	0.2	※	0.01	◆	0.05	0.1
成员国小计	3697	41.4		23.17	58.8	24.59	63.2
伊朗	–	–	–	–	–	0.01	◆
白俄罗斯	–	–	–	–	–	0.01	◆
观察员国小计	–	–	–	–	–	0.02	
上合组织总计	3697	41.4		23.17	58.8	24.61	63.2

※超过 500 年。◆低于 0.05%。–无统计数据。

资料来源：BP《2015 年世界能源统计》

二、上合组织统一能源空间构想的演进过程

上合组织集中了世界上能源资源非常充裕、能源产量在世界上名列前茅的国家，也涵盖了能源进口需求旺盛和消费持续增加的新兴国家。因此，上合组织内部能源供给和需求的互补性非常高，这为上合组织能源合作奠定了充分的物质基础。

成立上合组织能源俱乐部①这一倡议一经提出，便得到上合组织国家的纷纷响应和主动参与，特别是获得了中俄这两个最主要成员国的积极推动，建立上合组织统一能源空间这一战略构想正变得越来越清晰和明确。

（一）拉开序幕

2003 年 9 月，在北京举行的上合组织成员国总理第二次会议通过了《上合组织成员国多边经贸合作纲要》，这标志着经贸合作开始步入正轨，与安全合作一并成为上合组织的“两只轮子”。能源合作则是经贸合作中的重要内容，得到上合组织国家领导人的高度重视。2004 年 9 月，俄罗斯前总理弗拉德科夫在吉尔吉斯斯坦首都比什凯克举行的上合组织总理会议上，提出建立上海合作组织的统一能源供求系统和能源俱乐部的设想。2006 年 6 月，在中国上海举行的上合组织元首理事会第六次会议上，俄罗斯总统普京表示“在上合组织框架内建立一个能源俱乐部”。同年 9 月，在乌兹别克斯坦首都塔什干举行的上合组织经贸部长会议上，决定成立旨在促进能源领域合作的专业工作组，从此正式拉开构建上合组织统一能源框架的序幕。

① 关于上合组织能源俱乐部的研究参见杨成：“关于在上海合作组织框架内建立统一能源空间的几点思考”，《西伯利亚研究》2008 年第 1 期，第 26—29 页；陈小沁：“上海合作组织能源合作机制化问题初探”，《教学与研究》2009 年第 9 期，第 56—51 页。

（二）逐渐酝酿

2007 年 6 月，上合组织能源部长在莫斯科举行了首次会晤。同年 8 月在比什凯克召开的上合组织元首理事会第六次会议上，能源合作成为会议的首要议题。各国领导人一致认同成员国在能源领域密切协作和制定共同立场十分重要，并就上合组织能源合作机制的基本原则达成了共识，即对所有赞同上合组织宗旨和任务的国家与组织开放。俄罗斯总统普京再次强调了成立上合组织能源俱乐部的必要性，开展能源对话、各国能源构想的接轨以及成立能源俱乐部将是上合组织成员国进一步合作的优先方向，并呼吁上合组织各国必须扩大在能源领域的相互协作。同年 11 月，在乌兹别克斯坦首都塔什干举行的上合组织总理第六次会议上，各国总理强调必须密切合作，应该在能源领域制定共同立场，讨论能源合作前景，包括成员国能源战略对比等问题。俄方总理还提议上合组织国家应更积极地开展筹备上合组织能源俱乐部的工作。由此可见，能源合作已经成为上合组织经贸合作中一个最重要且优先的工作方向。

2008 年 10 月，上合组织成员国政府总理理事会例行会议在哈萨克斯坦首都阿斯塔纳举行，此次会议修订了《〈上海合作组织成员国多边经贸合作纲要〉落实措施计划》，各国总理提出应该在提高能源利用率、开发清洁能源和技术、利用可再生能源、保障能源安全等方面深化合作；并要求在燃料和能源领域开展合作，提高现有能源生产能力和能源网络的效益，同时在开发石油和天然气新产地及其加工方面，扩大互利合作等具体能源合作项目或领域展开可行性研究。2011 年 9 月，上合组织国家能源部长在中国西安磋商启动上合组织能源俱乐部的有关事宜，在会后发表的《西安倡议》中确立了能源合作的指导思想和基本原则，即互信、互利、平等、协商、尊重多样文明和谋求共同发展。该倡议提出加快启动上合组织能源俱乐部，以扩大成员国能源战略、政策、安全问题交流，发展能源技术合作，培养能源专业人才，并建议上合组织成立能源俱乐部高级工作组。《西安倡议》的发表标志着上合组织能源俱乐部的筹备酝酿工作已渐成熟。

（三）正式启航

2013 年在比什凯克举行的上海合作组织元首理事会第十三次会议上，中国国家主席习近平在发表《弘扬“上海精神”促进共同发展》的讲话中，提议成立能源俱乐部，建立稳定供求关系，确保能源安全，同时在提高能效和开发新能源等领域开展广泛合作。[①] 同年 12 月，《上海合作组织能源俱乐部成立备忘录》在莫斯科签署。上合组织国家相信，能源俱乐部的成立将会深化上合组织能源生产国（俄罗斯、哈萨克斯坦、乌兹别克斯坦以及伊朗），与能源消费国（中国、塔吉克斯坦、吉尔吉斯斯坦、印度、巴基斯坦以及蒙古国）之间的合作，并将在构建全球与地区统一能源体系的道路上迈出第一步。备忘录的签署预示着上合组织能源俱乐部的筹建正式启航。在 2014 年 9 月塔吉克斯坦首都杜尚别进行的元首理事会第十四次会议上，习近平主席在《凝心聚力精诚协作，推动上海合作组织再上新台阶》的讲话中，再次呼吁充分发挥能源俱乐部的作用，加强成员国能源政策协调和供需合作，强调要加强跨境油气管道安保合作，确保能源安全的重要性。[②] 俄方也做出积极回应，积极推动上合组织能源俱乐部的尽快建立。不容置疑的是，上合组织能源俱乐部的筹建受到了中俄双方的高度重视和积极推动。

2015 年 7 月，上海合作组织元首理事会第十五次会议在俄罗斯的乌法召开。虽然能源合作不是乌法峰会的重点讨论议题，但无论是此次峰会所通过的纲领性文件、领导人发表的《乌法宣言》，以及习近平主席的重要讲话，还是同年 5 月中俄两国签署的《中华人民共和国与俄罗斯联邦关于丝绸之路经济带建设和欧亚经济联盟建设对接合作的联合声明》，均为推动上合组织多边能源合作提供了充分的物质基础和制度条件。乌法峰会上批

---

① “习近平在上海合作组织成员国元首理事会第十三次会议上的讲话”，新华网，http：//news. xinhuanet. com/politics/2013—09/13/c_ 117365545. htm（2015 年 7 月 14 日登录）。

② “习近平在上海合作组织成员国元首理事会第十四次会议上的讲话”，人民网，http：//politics. people. com. cn/n/2014/0912/c1024—25653353. html（2015 年 7 月 14 日登录）。

准了由俄罗斯牵头起草的自上合组织成立以来的第一份战略纲领——《上合组织至2025年发展战略》。该文件草案将经贸合作确定为上合组织未来十年发展的战略方向和主要任务。在此次峰会发表的《乌法宣言》中，成员国也表示将继续加强包括能源在内的多个领域的多边合作，支持中华人民共和国关于建设“丝绸之路经济带”的倡议。① 习近平主席在峰会上所发表的《团结互助共迎挑战，推动上海合作组织实现新跨越》讲话中，又一次提议各国加强能源政策沟通，制定跨国油气管道安保合作具体措施。② 中俄两国也签署了关于丝绸之路经济带建设和欧亚经济联盟建设对接合作的联合声明，③ 确立了中国的“一带一路”战略为上合组织多边能源合作提供区域公共产品的合法性。

综上，上合组织能源合作在上合组织区域经贸合作中处于重要地位，具有积极的战略意义。石油和天然气资源的开发、生产和运输，是上合能源合作的核心领域。建立统一能源空间、实现共同能源安全，是上合能源合作的奋斗目标。各国的政策协调和沟通，是确保能源合作得以持续扩大和不断深化的重要保证。能源利用的技术和新能源的开发，则是上合能源合作的必要补充。

三、进展与成果

总体来说，上合组织国家之间的双边合作进展顺利、成果颇丰，而多边能源合作尚处于筹备酝酿阶段。目前，上合组织国家之间的能源合作态势呈现为一种辐射状态，即以俄罗斯和中国这两个核心分别向上合组织其他国家发散出一系列以双边为主的能源合作格局。

---

① “上海合作组织成员国元首乌法宣言”，中央政府门户网站，http：//www. gov. cn/ xinwen/2015—07/11/content_ 2895381. htm（2015年7月14日登录）。

② “团结互助共迎挑战，推动上海合作组织实现新跨越”，新华网，http：// news. xinhuanet. com/mrdx/2015—07/11/c_ 134403029. htm（2015年7月14日登录）。

③ “中华人民共和国与俄罗斯联邦关于丝绸之路经济带建设和欧亚经济联盟建设对接合作的联合声明”，新华网，http：//news. xinhuanet. com/2015—05/09/c_ 127780866. htm（2015年7月14日登录）。

（一）俄罗斯所主导的与中亚国家的区域（能源）合作

俄罗斯与中亚的油气合作关系主要建立在对中亚油气贸易，以及对中亚油气运输管道控制的基础上。中亚的天然气对于俄罗斯具有重要的战略意义，使得俄罗斯能够通过苏联时期建设的天然气网络，维持向独联体国家输送廉价天然气，同时也能将本国生产的成本更高的天然气出售到欧洲市场。[①] 苏联解体后，俄罗斯继承了苏联对中亚天然气运输的垄断。[②] 俄罗斯的卢克石油公司、俄罗斯天然气工业股份公司以及俄罗斯石油运输公司，分别掌管了中亚国家的石油生产、天然气生产和油气管道运输。俄罗斯天然气工业股份公司一直以低廉的价格买断土库曼斯坦的天然气，向独联体国家，如乌克兰、白俄罗斯等国供应天然气。[③] 直到2008年，在中亚国家油气出口的多元化局面日渐成熟的情况下，俄罗斯才提高向中亚国家收购天然气的价格。俄罗斯与中亚国家的油气贸易关系逐步得以改善，不过俄罗斯仍能借助苏联时期的油气管道，在很大程度上保持对中亚油气运输的影响力。

但是，俄罗斯所竭力维持的对中亚油气资源的垄断以及运输的控制权，不断受到中亚新的能源合作方的挑战。这一挑战主要来自中国与中亚的油气合作，以及发达消费国及其国际石油公司在中亚—里海地区的油气开发活动。

（二）中国与上合组织国家的能源合作

自20世纪90年代以来，中国与中亚国家开展了卓有成效的能源合作。

---

① Leszek Buszynski, "Russia's New Role in Central Asia", Asian Survey, Vol. 45, No. 4, 2005, pp. 546 – 565.

② ［美］兹比格纽·布热津斯基著，中国国际问题研究所译：《大棋局——美国的首要地位及其地缘政治战略》，上海人民出版社1998年版，第185页。

③ Thrassy Marketos, "Eastern Caspian Sea Energy Geopolitics: A Litmus Test for the U. S. – Russia-China Struggle for the Geostrategic Control of Eurasia", Caucasian Review of International Affairs, Vol. 3, No. 1, 2009, pp. 2 – 19.

在石油合作和输油管建设领域，中国石油天然气总公司（CNPC）、中国石油化工股份有限公司（Sinopec）依靠双边政府签署的合同，以政府间协议以及收购股权等方式，对哈萨克斯坦的油田勘探开发与管道建设进行了大规模的投资。2006 年，第一条由中石油承建的中哈原油管道正式投入运营，从而使中国首次以管道方式从境外进口原油，这也是中国的第一条陆路能源管道。① 中哈石油与管道合作不仅在一定程度上提高了中国的石油进口安全，也使哈萨克斯坦实现了石油出口渠道的多元化。

在天然气开发和管线建设方面，中国与中亚国家之间的合作进展迅速、效果显著，中亚—中国天然气管道（CAGP）被誉为“世纪管道”。2006—2014 年，中国分别与土库曼斯坦、乌兹别克斯坦签署了多项天然气贸易协议和管道建设合同。2009 年 12 月，纵贯土库曼斯坦、乌兹别克斯坦和哈萨克斯坦的中国—中亚天然气管道 A 线正式建成，并向中国输送天然气，这是中国首次以管道方式从境外进口天然气。2010 年，中亚—中国天然气管道 B 线投入运营，A、B 两线年输入天然气 170 亿立方米。2013 年底，C 线完工，产自乌兹别克斯坦的天然气向中亚—中国天然气管道增加了 100 亿立方米的输送量。2014 年 9 月，中国与土库曼斯坦启动了中亚—中国天然气管道 D 线建设，由土库曼斯坦经乌兹别克斯坦、塔吉克斯坦、吉尔吉斯斯坦进入中国，预计 2016 年建成通气，届时将实现每年通过 4 条管道向中国运送 650 亿立方米土库曼斯坦的天然气。与中哈石油管线一样，中亚—中国天然气管道不仅保障了中国获得稳定可靠的天然气来源，也使得中亚国家突破了在天然气出口渠道和价格上所受俄罗斯的限制，使得中亚的天然气获得了更加有利可图的价格，以及实现了出口的多元化。

中国除了与中亚国家建立了良好的油气合作关系以外，与俄罗斯的油气合作也在近年来取得了突破性进展，中俄能源合作迈上了一个新的高度。中国与中亚国家油气合作所取得进展，在一定程度上刺激了俄罗斯在中俄油气合作中采取积极合作的姿态。2008 年金融危机、2014 年乌克兰危机以及近年来的国际油价持续低迷等政治和经济因素，客观上使俄罗斯加强与中国发展油气合作。2008 年 10 月，中俄两国总理就能源合作达成多个协

---

① 参见王海燕：“上海合作组织成员国能源合作：趋势与问题”，《俄罗斯研究》2010 年第 3 期，第 94—103 页。

议。根据协议，中国向俄罗斯提供250亿美元贷款，俄罗斯在未来20年内向中国供应3亿吨原油。中俄还就共建俄远东石油管道（ESPO）中国支线（俄罗斯斯科沃罗季诺—中国大庆，全长980公里）签署了合作文件，并决定启动中俄石油管道支线俄罗斯境内部分的修建计划。2014年5月，中国石油天然气集团公司和俄罗斯天然气公司签署了《中俄东线供气购销合同》。双方商定，从2018年起俄罗斯每年对中国供气380亿立方米，累计30年，总价4000亿美元。

除了原油和天然气的开采领域，中国与俄罗斯的能源合作也已进入石油加工行业。中俄在俄罗斯的阿穆尔州建立了合资石油加工厂，加工来自东西伯利亚油田的原油，生产煤油、柴油和重油等石油产品供应中俄双方的能源市场。2014年，中国方面在黑河边境经济合作区规划了面积达20平方公里的化工（跨境）产业园区，作为阿穆尔—黑河边境油品储运与炼化综合体项目以及中俄天然气合作项目落地和产业扩展区域，重点培育石油与天然气化工领域跨境深加工产业。中石化还参加了生产液化天然气的俄罗斯“萨哈林—3”勘探项目，并拥有该项目中韦宁区块开发项目25.1%的股份。

除了中亚和俄罗斯以外，中国同伊朗也进行了油气项目的合作。2004年，中国同伊朗签署谅解备忘录，允许中石化公司开发伊朗亚达瓦兰（音译）油田，中国将在25年内按年购买伊朗液化天然气1000万吨。同时，伊朗NIOC公司同意自亚达瓦兰油田进入全面生产之后，按照市场价格每天向中国出口15万桶原油。此外，伊朗NIOC公司和中石油公司签署了在石油领域合作的另一项备忘录，双方将加强公司之间在油气上游领域以及技术服务的合作。①

同样，印度也与中亚国家以及伊朗开展了一定程度的油气项目合作。不过无论是在合作的规模、深度还是战略意义等方面，都远远落后于中俄两国与其他上合组织国家的能源合作。

---

① “中国试图与伊朗建立长期能源合作关系”，中国驻科威特大使馆经济商务参赞处网站，http://kw.mofcom.gov.cn/aarticle/jmxw/200412/20041200325963.html（2015年7月14日登录）。

四、竞争与矛盾

虽然上合组织国家在能源资源禀赋和消费需求上存在高度的互补性，并已建立不同程度的能源合作关系，但是在能源合作中仍会出现战略矛盾和利益竞争。这种矛盾既存在于油气生产国与消费国之间，也会发生在油气消费国之间。而区域外行为体与部分上合组织国家的能源合作，更是对已有能源合作以及未来上合组织能源共同体的形成，在一定程度上构成了离心力和竞争压力。

（一）成员国之间的竞争

上合组织国家就能源合作所发生的矛盾主要表现为两种类型：一类是生产国与消费国之间的矛盾；另一类是消费国围绕获得能源来源的渠道而发生的竞争。

1. 俄罗斯与中国

与中俄在政治和军事上的战略伙伴关系相比，两国的能源关系更多地表现出利益竞争。这种竞争性和不稳定性如果得不到有效控制和管理，将成为阻碍上合组织建立能源共同体最大的障碍。

由于俄罗斯政府不仅将能源视为经济资源，更视为一种用来谋求战略优势的权力杠杆，因此在同消费国的能源贸易或合作中，俄罗斯政府无论如何都会竭力避免出现一种由买家垄断市场的情形。更确切地说，俄罗斯在能源合作中，最不希望出现买家联合起来共同与俄罗斯谈判的局面。比如，在面对东北亚地区的中国、日本和韩国等主要进口国的情况下，俄罗斯政府强调分别与三个进口国单独开展能源合作，而不是与三个消费国组成的买方联盟一起合作。在东北亚地缘政治中，俄罗斯政府显然试图用油气影响东北亚的地缘政治秩序，通过离间中日两国来实现本国利益的最大化。[①] 在中国和日本竞争俄罗斯东西伯利亚石油管道的事件上，俄罗斯政

---

① Shoichi Itoh, “China’s Surging Energy Demand: Trigger for Conflict or Cooperation with Japan?”, East Asia, 2008, No. 25, pp. 79—98; Leszek Buszynski, “Oil and Territory in Putin’s Relations with China and Japan”, The Pacific Review, Vol. 19, No. 3, 2006, pp. 287 – 303.

府分别抛弃了中国提出的安大线和日本建议的安纳线，以东西伯利亚—太平洋石油管道（ESPO）取而代之。ESPO 的建成，显然可以提高俄罗斯在东北亚地区的战略地位。从俄罗斯在与中国和日本的石油管道谈判的过程可以判断，如果俄罗斯坚持从保持战略优势的角度与其他消费国进行能源合作的话，那么俄罗斯与其他国家之间的能源合作将会贯穿战略利益的竞争。

不过，目前在上合组织能源合作中尚未出现与东北亚地区相似的能源竞争状况，也就是说最大的能源消费国中国、消费势头增长迅速的印度以及其他能源消费国，还没有陷入共同竞争俄罗斯油气来源的矛盾。而且在中国与中亚油气合作取得长足进展的情况下，以及俄罗斯近年来先后陷入经济和政治困境的条件下，俄罗斯正在学会更多地从长远战略利益的角度对待能源合作问题，其积极推动的上合组织能源俱乐部，可以理解为俄罗斯在当前国际政治经济条件下做出的长远战略选择。

2. 中国与印度

中国和印度是上合组织国家乃至全球能源消费迅速增长的发展中国家，两大消费国对能源安全有着共同的关切，这既会增加两国合作的机会，同样也存在竞争的可能。由于中印两国同为能源消费和进口大国，两国之间存在一些矛盾和冲突。[①] 虽然中印在苏丹、哈萨克斯坦等国的油气开发上已经在进行一定程度的协调和对话，[②] 但随着两国对能源需求持续而快速的扩增，两国对能源安全的追求有可能成为潜在冲突的来源。

首先，两国在战略上存在某种程度的不信任关系。两国长期存在的边境问题以及达赖和西藏等问题一直影响相互的战略信任。印度持续扩张的海上力量将进一步增加中国对印度意图的警惕，[③] 从而加深两国的战略互疑。

---

① Ma Jiali, "China, India Stoke Energy Bond", China Daily, February 2, 2010, p. 8.

② "Amid Energy Competition, India, China Hold First Central Asia Dialogue", The Hindu, August 15, 2013, http://www.thehindu.com/news/national/amid-energy-competition-india- china-hold-first-central-asia-dialogue/article5024973.ece （2015 年 7 月 14 日登录）。

③ Francine Frankel and Harry Harding eds., The China-India Relationship: What the United States Need to Know, New York: Columbia University, 2004, pp. 124 - 125.

其次，中国和印度的海外能源来源渠道的趋同性越来越高，直接增加了两国竞争海外能源的可能性。随着两国对进口油气需求的持续上升，对能源安全的担忧驱使两国竭力获取海外能源产地的份额油，两国海外油气来源的重合度越来越高，发生能源竞争的风险也在增加，特别是在海外油气资源的上游开发领域。中国已在中美洲、南美、撒南非洲、东南亚、中亚等地区获得了比较稳定的油气资源供应。印度目前已是全球第四大石油消费国和第六大液化天然气进口国。高度的能源对外依赖，也促使努力实现海外能源供应的多元化。印度的国家石油公司已在南美、非洲、里海和中亚等地区的上游领域购买油气资产。[①] 可以说，印度开发海外上游油气资源的脚步紧随中国来到了上述地区。两国的油气资源产地逐渐趋同，特别是在亚洲的三个次区域——东南亚、中亚和南亚的能源争夺，加剧了两国能源竞争的紧张关系。

再次，随着中印两国海外能源来源的趋同性越来越高，两国在海外能源运输通道上发生矛盾的风险也随之增加。中国在印度洋维护石油运输安全的行为不可避免地引起了印度的战略警觉，而印度所采取的防御措施反过来又会增加中印海上竞争的风险和两国关系的紧张气氛，甚至引起地区安全局势复杂化。几乎所有从海湾地区和非洲生产的原油，都要经过印度洋航线进入亚洲市场。[②] 目前中国有超过40%的进口石油来自不安全的中东和北非地区，其中又有85%以上的石油运输要经过马六甲海峡、霍尔木兹海峡和苏伊士运河，即从石油产地经过霍尔木兹海峡和亚丁湾，途经马六甲海峡到达中国。对印度洋航线的高度依赖对中国的石油运输安全来说，意味着战略脆弱性。马六甲海峡是海盗活动猖獗的危险地带。国际安全专家已经发出过警告，对运输油船的恐怖袭击将会中断世界上最繁忙的海上运输线。[③] 因此，在生产或运输线上任何的严重中断，都有可能危及中国的石油来源安全。中国前国家主席胡锦涛也曾将这一危险称为中国的“马

---

① India，EIA Report，http：//www. eia. gov/countries/analysisbriefs/India/india. pdf，(2015 年 7 月 14 日登录).

② “Amid Energy Competition，India，China Hold First Central Asia Dialogue”，The Hindu，August 15，2013.

③ Charles E. Ziegler，“Energy Factor in China’s Foreign Policy”，Journal of Chinese Political Science，Vol11，No. 1，2006，p. 9.

六甲困境”，并认为对中国能源安全至关重要。① 中国采取了多种方式来降低“马六甲困境”带来的安全隐患，包括与印度洋沿岸国家保持并加强经济、外交和战略联系，同时为提高中国海军承担远洋防御使命的能力进行了长期的努力。在两国相互竞争海外油气资源开发的背景下，用军事能力维护能源安全的行为势必会导致紧张关系的升级甚至发生冲突的可能。②

因此，尽管中印两国在进口化石资源方面有着一致的利益诉求，而且都对进口油气保持较高的依赖，却很难将能源进口依赖这一共同的弱势转化为进行能源合作的动力。

（二）来自区域外行为体的能源竞争

在上合组织成员之外的行为体，比如美国、欧盟、国际石油公司以及亚洲开发银行之类的国际组织，也与上合组织开展了包括能源合作在内的区域合作。尽管上合组织能源俱乐部迄今尚未最终形成，但域外行为体的活动对上合组织区域内的能源合作造成了一定的竞争压力，并在油气生产、运输网络和出口方向等方面，影响未来上合组织能源共同体的形成。

1. 美国、欧盟及其国际石油公司在上合组织区域内的能源合作

美国并不依赖中亚保障自身的能源安全，尤其是在美国实现页岩油气革命成功之后，能源自主程度极大提高。美国在中亚的首要利益是确保没有任何一个大国单独控制这一地缘政治空间，保证全世界都能不受阻拦地在财政上和经济上进入该地区。③ 具体而言，美国在中亚的目标在于，确保中亚的油气资源对西方国家的石油公司开放，美国认为俄罗斯不应该垄断中亚油气管道的运输，因而主张实现中亚油气出口通道的多元化。美国还支持复兴“新丝绸之路”计划，借此大力介入中亚地区事务。④

---

① 转引自 David Zweig and Bi Jianhai，“China's Global Hunt for Energy”，Foreign Affairs，Vol. 84，No. 5，2005，p. 34。

② 参见 National Intelligence Council，Global Trends 2025：A Transformed World，Washington D. C.：National Intelligence Council，November 2008，p. 63。

③ ［美］兹比格纽·布热津斯基著：中国国际问题研究所译：《大棋局——美国的首要地位及其地缘政治战略》，上海人民出版社 1998 年版，第 197 页。

④ 柳丰华：“新‘丝绸之路’与当代中亚的地缘政治”，《国际论坛》2007 年第 6 期，第 66—71 页。

从能源地缘关系上看，中亚对欧盟的能源安全具有重要意义，其程度远远超过美国。但是欧盟与中亚国家关系的进展落后于德国和法国与中亚关系的发展。直到2007年，在德国担任欧盟轮值主席国的时候，欧盟才出台了第一份综合性的欧盟对中亚战略报告——《欧盟与中亚：新伙伴关系战略》。[①] 而欧盟对中亚战略的目标非常广泛，偏重于人权、民主和法治，能源只是其中的一部分，并未成为欧盟对中亚政策的核心。而在2007—2013年财政预算中，欧盟用于中亚战略的资金预算只有约7亿欧元，对于战略目标如此广泛的中亚战略，这个预算额可谓杯水车薪。

直到2006年和2009年俄乌天然气危机发生后，欧盟急迫地认识到实现天然气进口渠道多元化的重要性，以及绕开俄罗斯和乌克兰的天然气运输网络对欧盟的能源安全意义，[②] 南部走廊计划成为欧盟能源多元化战略的核心。不过，无论是纳布科管线还是南部走廊计划，都主要是由私人企业具体负责实施，欧盟的作用仅限于提供政治支持和财政后盾。欧盟先后加强了与阿塞拜疆和土库曼斯坦的能源关系，并与哈萨克斯坦、土库曼斯坦开展了双边能源对话。2008年，欧盟成员授权欧洲投资银行（EIB）、欧洲复兴开发银行（EBRD）向中亚的能源和基础设施项目提供贷款。

国际石油公司在中亚国家刚获得独立后就纷纷进入，最先在石油领域开展了合作。英国石油公司（BP）于1991年进入阿塞拜疆，开始石油与天然气的合作勘探与开发活动。随后，雪佛龙（Chevron）、埃克森美孚（Exxon Mobil）、美国石油公司（Amoco）等先后加入了哈萨克斯坦的石油开发领域。欧洲的其他能源公司也相继加入了中亚的能源投资，如英荷壳牌公司（Royal Dutch Shell）、意大利的埃尼公司（ENI）、法国的道达尔公司（Total）等纷纷加入哈萨克斯坦的卡沙干（Kashagan）海上油田的开发；德国的莱茵集团（RWE）则在土库曼斯坦的里海海域进行天然气开发。

随着国际石油公司在中亚油气开采业务的发展，它们与俄罗斯在管线运输方面的谈判却纠纷不断，使得国际石油公司意识到，中亚的油气不能依靠由俄罗斯石油运输公司（Transneft）所经营的苏联时期的管线进入国

---

① The EU and Central Asia：Strategy for a new Partnership，Brussels：European Council，June 2007.

② Marcus Svedberg，“Energy in Eurasia：the Dependency Game”，Transition Studies Review，Vol. 14，No. 1，2007，pp. 195－202.

际市场。因此，国际石油公司在中亚的能源合作，必然从生产扩展到油气管线的建设。在美国政府的支持下，以及在国际石油公司的主导下，一系列中亚—里海油气管线项目被提出。其中，包括受到美国政府大力倡导、由 BP 公司主建、从阿塞拜疆经过格鲁吉亚到达土耳其的巴库—第比利斯—杰伊汉输油管（BTC），以及一条与 BTC 并行的南高加索管道；受美国政府所支持的管线项目，还有跨里海管线和纳布科（Nabucco）管道。

2. 综合性多边合作

亚洲开发银行于 1997 年提出中亚区域经济合作机制（CAREC）① 的倡议。② CAREC 明确将交通、贸易便利化、贸易政策和能源四个领域作为工作核心；通过贷款、赠款和技术援助等形式，增加对区域合作项目的财力和智力支持；以建立区域基础设施网络、促进贸易和投资、提供区域公共产品、加强知识传播和能力建设，作为推进合作与发展的四大支柱。其工作机制包括部长会议、高官会议和各行业协调委员会。

CAREC 是一个综合性的区域合作框架，以能源、贸易、运输等领域作为促进合作谋求发展的重点，在合作形式上既包含俄罗斯、中国以及其他国家参与的双边合作，也有亚洲开发银行等国际机构支持下的多边合作。在 2008 年国际金融危机深层次影响继续显现、发达经济体经济复苏低迷的情况下，对中亚区域经济合作的资金支持，成为对该机制的严峻考验。

综上所述，上合组织地域已有的能源合作具有参与方多元化、多边合作明显弱于双边合作、能源竞合关系复杂等特点，存在双边合作平行分散、多边合作一体化、机制化程度偏低的缺陷，特别是因区域公共产品供应不足而缺少一个能够整合多种能源合作的多边机制。

五、问题与局限

俄罗斯可以说是上合组织多边能源合作这一构想的始作俑者。2004

---

① CAREC 有 10 个正式成员国：中国、哈萨克斯坦、吉尔吉斯斯坦、乌兹别克斯坦、塔吉克斯坦、阿塞拜疆、阿富汗、蒙古国、巴基斯坦、土库曼斯坦。目前，我国的新疆和内蒙古自治区以项目执行区的身份参加了 CAREC 的项目合作。

② Central Asia Regional Economic Cooperation（CAREC）Program，Asian Development Bank，http：//www. adb. org/countries/subregional-programs/carec（2015 年 7 月 14 日登录）。

年，俄罗斯代表在上合组织总理会议上，首次提出建立上海合作组织的统一能源供求系统和能源俱乐部设想。此后，多次提议在上合组织框架内建立能源俱乐部。

（一）俄罗斯在推进上合组织多边能源合作上存在局限性

目前，上合组织内的多边能源合作面临的最大问题，是能否将双边合作扩展为多边合作，这在很大程度上取决于区域内最大的能源生产国俄罗斯和最大的能源消费国中国。就俄罗斯而言，虽然多边能源合作对其具有重大战略和经济意义，但是其对多边能源合作的复杂态度以及对俄—中能源合作的考量，却成为构建上合组织能源俱乐部最大的不确定性。

俄罗斯虽然是油气生产大国，但其既不是主要国际能源组织的成员，更不是国际油气交易规则的制定者。俄罗斯一直试图建立由自己主导的油气交易规则。作为石油出口大国，俄罗斯政府至今都没有加入欧佩克的意向。俄罗斯与欧佩克的关系是竞争超过合作，尤其难以在“限产保价”战略上形成合作。① 俄罗斯与能源宪章条约组织的关系也很复杂。俄罗斯在多边能源合作中一贯坚持和追求俄方掌握主动权，不愿意接受其他国家或组织的主导，这一特性集中体现在其与能源宪章条约组织的关系上。② 俄罗斯虽然没有完全拒绝能源宪章条约，但是俄罗斯国家杜马拒绝批准该条约。除去为了确保俄气在中亚油气生产和运输中的垄断地位、排斥欧洲国家介入中亚的油气业务等原因以外，俄罗斯在根本上不愿意接受一个由欧盟发起的条约。③ 与一个有欧盟、中亚以及其他国家参加的能源宪章多边合

---

① Jareer Elass, Amy Jaffe, “The History and Politics of Russia’s Relations with OPEC”, http://www.bakerinstitute.org/publications/EF-pub-ElassJaffeRussiaOPEC-050609.pdf.

② Andrei Belyi, “A Russian Perspective on the Energy Charter Treaty”, Real Instituto Elcano, ARI, No. 98/2009, June 16 2009, http://www.realinstitutoelcano.org/wps/portal/rielcano_eng/Content?WCM_GLOBAL_CONTEXT=/elcano/elcano_in/zonas_in/europe/ari98-2009; Andrei Belyi, “Russia’s Position on the Energy Charter”, April 27 2012, http://www.chathamhouse.org/sites/default/files/public/Research/Russia%20and%20Eurasia/270412summary.pdf（2015 年 7 月 14 日登录）。

③ Andrei Belyi, “A Russian Perspective on the Energy Charter Treaty”. 更多关于俄罗斯与 ECT 关系的研究，参见 Andrei Belyi，“Russia’s Position on the Energy Charter”。

作框架相比，俄罗斯更加擅长和倾向于同中亚国家进行双边合作。鉴于俄罗斯在多边合作中的主导权偏好，其甚至可能在特定条件下成为中亚区域能源合作的阻力，① 从而削弱中亚国家参与上合多边能源合作的信心与意愿。

在天然气方面，俄罗斯总统普京一度热衷于建立天然气欧佩克（Gas OPEC），确立天然气交易的国际规则。2008 年，俄罗斯曾联合其他几个天然气大国（伊朗和卡塔尔等）筹划组建天然气输出国组织——天然气欧佩克，希望借此提高对天然气交易的主导权。②

尽管在 2014 年乌克兰危机之后，俄罗斯进一步明确能源战略“向东看”的调整措施，以亚太市场作为未来发展方向，但是在其能源战略调整中，亚太市场不等于中国市场，“向东看”不等于向“中”看。中俄能源合作在较长一段时期内都不是一帆风顺的，而是充满了矛盾和摩擦。③ 两国能源合作只是在 2009 年和 2014 年才分别取得石油管道合作和天然气贸易的重大突破，其背后的契机都是由于遭遇严重经济危机和国际政治困境，不得不改变对中国能源合作的姿态，以换取中国的贷款和支持。在俄罗斯经济状况好转、国际处境改善之后，其与中国的能源合作是否会延续“进一步，退两步”④ 的惯性仍未可知。

---

① Virginia Marantidou, Ralh Cossa, “China and Russia's Great Game in Central Asia”, The National Interest, October 1, 2014.

② Mortished, “Gas Cartel Could Have a Significant Impact on Europe”, http://business.timesonline.co.uk/tol/business/columnists/article4988242.ece; “Russia, Iran, Qatar Agree on Gas OPEC”, http://www.kommersant.com/page.asp?id=-13421; “Russia, Iran, Qatar to Hold Regular Natural Gas Dialogue”, http://en.rian.ru/russia/20081021/117866397.html; “Iran, Qatar, Russia Form Gas Alliance”, Wall Street Journal, http://online.wsj.com/news/articles/SB122460817038154673（2015 年 7 月 14 日登录）。

③ 参见 Suyuan Sun, “Energy Acquisition, Usage, and China's Engagement in Northeast Asian Energy Cooperation”, in Bo Kong and Jae H. Ku, Eds., Energy Security Cooperation in Northeast Asia, New York: Routledge, 2015, pp. 38-61; Bobo Lo, Andy Rothman, “China and Russia: Common Interests, Contrasting Perceptions”, Asian Geopolitics Special Report, No. 15, 2006, www.chathamhouse.org.uk/files/6619_russiachinamay06.pdf（2015 年 7 月 14 日登录）。

④ Igor Danchenko, Erica Downs, and Fiona Hill, “One Step Forward Two Steps Back: The Relations of a Rising China and Implications for Russia's Energy Ambitions”, Policy Paper (The Brookings Institution), No. 22, 2010.

（二）美国在上合组织地区开展能源合作面临的最大障碍是缺乏政治信任

美国在上合组织地域内开展能源合作的对象主要是中亚国家，但是美国在中亚的存在已经受到中亚国家和俄罗斯的抵触与排斥。一方面，中亚国家对美国进入中亚的态度，已从欢迎转向怀疑甚至是否定。“9·11”事件后，美国以及北约顺利地在中亚国家建立了军事基地，一些中亚国家政府也将美国视为平衡俄罗斯在中亚影响力的政治力量。吉尔吉斯斯坦为北约驻军提供基地，乌兹别克斯坦为美军提供了空军基地。但是2003—2005年接连发生在乌克兰、格鲁吉亚和吉尔吉斯斯坦等国的“颜色革命”，导致一些中亚国家对于美国的政治信任下降，对美国在中亚的军事和经济存在表示怀疑，也使中亚与美国的合作陷入困境。① 2005年，在乌兹别克斯坦政府的明确要求下，美军全部从乌撤离，这一举措标志着美国的中亚战略遭到重挫。

另一方面，美国在中亚的介入也引起俄罗斯的竞争和排斥。“9·11”事件之后，俄罗斯已经不能阻挡美国军事力量进入中亚地区，但其不希望美国在中亚地区保持长期军事存在。俄罗斯不情愿地接受了美国在中亚驻军的现实，但是这一现实直接导致美国与俄罗斯陷入在中亚争夺影响力的竞赛。

（三）欧盟为上合组织多边能源合作提供区域公共产品、推动能源一体化的能力较弱

欧盟在上合组织中的能源合作方主要是中亚国家。尽管中亚油气资源对于欧盟的能源多元化战略具有积极作用，但是欧盟与中亚的能源关系仍充满不确定性。就现有合作进展而言，欧盟与中亚国家开展的双边能源对话以及一些倡议的实质性结果非常有限，可以说欧盟在中亚的能源计划与倡议往往多于实施与行动。无论是从欧盟提供能源合作和管线建设的资金

---

① 潘光：“‘9·11’事件前后美国与中亚的关系：变化与挑战”，《复旦学报（社会科学版）》2005年第6期，第29—37页。

方面，还是在合作的战略意愿方面，近年来一些形势的发展使得这一前景更加暗淡。由于北美发生页岩油气革命，国际液化天然气市场供应充足，这在一定程度上增加了欧盟进口天然气的替代来源。2011 年在中东北非发生的一系列变局，令欧盟重新评估中亚地区作为能源来源替代方的稳定性。而在 2014 年乌克兰危机之后变得更加复杂的欧俄能源关系，也限制了欧盟与中亚国家加强能源合作。欧盟内部对于是否有必要投入大量的政治和财政资源，以推动在中亚的能源关系也产生了怀疑。在这样的趋势下，欧盟有可能渐渐从中亚能源竞争的阵营中消退。①

（四）在上合组织的能源合作中，中国有能力和意愿提供区域公共产品

绝大多数上合组织国家都对中国持有积极良好的政治信任，这一点保证了中国与中亚国家的能源合作连续取得突破性进展，甚至在中亚能源合作中获得某种“特殊”地位。而且中国同俄罗斯的能源合作关系近年来已得到有效改善，中俄油气合作取得了突破性进展。另外，虽然中国与伊朗的油气合作关系在范围和程度上都低于中国与中亚和俄罗斯的能源合作，但是中国在很长一段时间内坚持与伊朗保持政治与经贸关系。即使是对于存在潜在能源竞争关系的印度，中国也注重培养与其的政治互信。中国新一届政府上台后，奉行更加积极的对印外交。李克强总理上任后访问印度，莫迪当选印度总理后，中方派出外交部长作为习主席特使访问印度。这些举措无疑有助于加强两国政治关系的稳定，增加两国的政治互信。

随着中亚国家与中国双边关系不断深化和提高，政治互信不断加强，中亚国家与中国的能源合作也达到了前所未有的高度。已经建成的中亚—中国天然气管道的 A、B、C 三线，将沿途的土库曼斯坦、乌兹别克斯坦和哈萨克斯坦三国连接起来。而正在建设的 D 线项目，将进一步把塔吉克斯坦和吉尔吉斯斯坦纳入天然气管道，首次实现将中亚五国与中国贯通在一张天然气管网中。

上合组织也是中国向中亚提供区域公共产品的一个重要平台。2009

① Edward Chow and Leigh Hendrix，“Central Asia’s pipelines：Field of dreams and reality”，NBR Special Report，No. 23，September 2010.

年，中国向上合组织提供100亿美元，供成员国应对经济危机。2014年9月，在习主席访问中亚期间，中石油以约50亿美元的价格收购哈萨克斯坦国家石油和天然气公司所持有的卡沙干油田权益，中石油获得该油田8.33%的股权。2014年9月，由中石油承建的土库曼斯坦“复兴”气田一期工程竣工投产。哈萨克斯坦的卡沙干油田是目前世界上最大的油田，土库曼斯坦的“复兴”气田是世界上第二大单体气田。两国都将最好的油气区块作为与中国合作的新平台，这标志着中亚国家与中国之间的政治互信加深，经济相互依存水平不断提高。在中亚国家对油气资源进行国有化经营的情况下，中国于2007年与土库曼斯坦签署了产品分成协议（PSA），成为第一个也是迄今唯一一个获许开发土库曼斯坦陆上天然气田的国家。此外，中国通过上合组织以及双边渠道，向中亚国家以及俄罗斯提供了大量贷款。由中国提供贷款、中石油负责设计和施工、带有多边合作雏形的中亚—中国天然气管道，既使沿线中亚国家直接在经济上受益，也增加了这些国家与俄罗斯在天然气谈判中讨价还价的能力。而中国政府于2013年提出的“一带一路”发展战略，更是成为当前中国在上合组织框架内，推动多边能源合作的最为重要的区域公共产品。

尽管上合组织框架内多边能源合作面临上述诸多问题和矛盾，但是该机制的筹备工作已经酝酿成熟，多边能源合作正蓄势待发。上合组织需要协调组织内大国的能源合作政策和构想，处理上合组织与域外大国在能源合作上的竞争关系，更重要的是要发挥和利用组织内大国的主导作用，推动上合组织能源合作朝机制化建设的方向发展。在此关键性阶段，上合组织成员国特别需要认清进行多边合作所存在的和将要面临的问题，为此做好充分的物质和制度上的准备，发挥和利用当前的有利条件，实质性推动上合组织多边能源合作取得突破。

六、方向与出路

中国政府在2013年先后提出了“丝绸之路经济带”与21世纪“海上

丝绸之路”的倡议。[①] 中国的“一带一路”战略与上合组织能源合作存在高度的战略衔接和利益契合，能够为上合组织共同能源空间的构建贡献坚实的物质基础和培育有效的制度保障。作为由中国倡议的跨区域发展战略，“一带一路”构想只有得到沿线国家的理解、认同和支持，才真正具有合法性，才能最终实现其战略目标和价值。

目前上合框架内的多边能源合作具有充分的有利条件和广阔的发展前景，上合组织国家曾在不同场合表达了对“一带一路”的支持和参与的意愿。中俄两国合作势头良好，合作意愿上升；中亚能源大国哈萨克斯坦，对此响应积极；能源匮乏的中亚国家吉尔吉斯斯坦和塔吉克斯坦，也都报以积极的态度，等等。[②] 在2015年上合组织元首理事会第十五次会议所通过的《乌法宣言》中，上合组织国家明确承诺，“成员国支持中国关于建设‘丝绸之路经济带’的倡议，上合组织成员国相关主管部门开展相互磋商和信息交流具有重要意义”。[③]“一带一路”战略构想还得到了俄罗斯的认同和支持，俄罗斯希望将中国的“丝绸之路经济带建设”与其所倡议的欧亚经济联盟实现战略接轨。显然，“一带一路”战略在上合组织国家中已拥有良好的政治信任基础，获得了广泛的认同，这也为上合组织能源共同体建设提供了强劲的发展动力。

（一）“一带一路”的核心价值观、外交理念与合作思路

中国当前的“一带一路”战略是基于习近平主席于2013年先后提出的“丝绸之路经济带”与共建“21世纪海上丝绸之路”这两项倡议所合成的合作与发展构想。

---

① “习近平发表重要演讲 吁共建‘丝绸之路经济带’”，新华网，2013年9月7日，http://news.xinhuanet.com/world/2013—09/07/c_117272280.htm（2015年7月14日登录）；“中国愿同东盟国家共建21世纪‘海上丝绸之路’”，新华网，2013年10月3日，http://news.xinhuanet.com/world/2013—10/03/c_125482056.htm（2015年7月14日登录）。

② 参见强晓云：“从公共产品的视角看上海合作组织能源俱乐部发展前景”，《上海商学院学报》2014年第6期，第48—54页。

③ “上海合作组织成员国元首乌法宣言”，中央政府门户网站，http://www.gov.cn/xinwen/2015—07/11/content_2895381.htm（2015年7月14日登录）。

首先，“一带一路”的核心价值观是开放、包容和共赢。①

开放与包容特征既体现在线路设计上，也表现在合作模式的设计上。“一带一路”立足亚洲，以中亚—中国合作为平台，向中亚、东亚、南亚、北非以及中东欧方向辐射。其合作模式采取共商、共建、共享的平等互利方式，② 希望沿线各国共同制订时间表和线路图，合作推进“一带一路”建设，实现共同发展和共同繁荣。共赢是“一带一路”的终极目标，旨在用开放包容的心态，建设互利共赢的“利益共同体”，以及共同发展繁荣的“命运共同体”和“责任共同体”。

在外交理念上，“一带一路”构想是中国周边外交的新思路，是外交理念的更新，也是周边外交的转型，即从内向型转向互惠、开放、包容与合作型外交。中国外交一贯具有内向的性质，即以满足国内建设特别是经济建设为导向。③ 但是面对中亚乃至周边中小发展中国家，中国需要从大国的视角和思维来构想区域经济合作的思路和模式，从单纯满足国内需求向为包括中亚国家在内的“一带一路”沿线国家提供区域性公共产品这一方向转变。

其次，区域公共产品是中国在“一带一路”合作中的重要贡献。

在中国经济增长模式逐步从要素驱动向创新驱动、由外需拉动向内需驱动的方向转型和升级的过程中，中国也将从公共产品的消费者转变为公共产品的提供者。自2008年金融危机爆发以来，“一带一路”沿线地区逐渐形成了区域性或区域间公共产品供应的新格局。中国通过主导“一带一路”沿线地区公共产品的提供，可改善欧美日经济停滞所导致的公共产品供应能力不足，推动沿线各国发展战略的对接和耦合，形成一个以中国为中心节点的合作体系网。④ 在没有强权提供公共产品的多边合作中，“受益人支付”是提供区域公共产品的重要原则和方式，是由相关国家共同提供

---

① 陈玉荣、蒋宇晨：“‘一带一路’：中国外交理念的传递”，《当代世界》2015年第4期，第14—17页。

② 王毅：“盘点2014：中国外交丰收之年”，《国际问题研究》2015年第1期，第1—10页。

③ 赵华胜：《中国的中亚外交》，时事出版社2008年版，第112—113页。

④ 黄河：“公共产品视角下的‘一带一路’”，《世界经济与政治》2015年第6期，第138—155页。

以满足共同需求，并直接反映不同类型国家的需求。① 比如，中国在参与亚欧合作的过程中，通过开放自主、自愿参与的方式提供区域公共产品，在亚欧合作中发挥了建设性作用。② 在与上合组织国家的合作中，中国越来越有能力提供互惠合作的区域公共产品。

第三，“一带一路”作为新型合作模式，其创新突出体现在这一构想与沿线地区已有合作机制的关系上。

习近平主席曾明确指出，“一带一路”不是要替代现有地区合作机制和倡议，而是要在已有的合作基础上，推动沿线国家实现发展战略的相互对接和优势互补。“丝绸之路经济带”构想无意取代中亚现有的地区合作，也不是要与现有合作机制竞争主导权，而是要与中亚国家在已有的多边和双边合作的基础上展开合作，共同维护地区的稳定、和平与繁荣。正如李克强总理在2014年上合组织成员国政府首脑理事会上所言，将“丝绸之路经济带”与上合组织实现对接，既让上合组织获得了发展的新动力，又开启了“丝绸之路经济带”的安全建设进程。因此，“丝绸之路经济带”特别需要与中亚现有的多边机制进行协调，需要欧亚国家共同参与以扩大合作面。通过加强已有合作机制之间的协作，“丝绸之路经济带”才能获得沿线国家充分的认同和宽阔的建设空间。

（二）“一带一路”与上合组织能源合作的战略对接和利益契合

能源合作在“一带一路”中发挥着非常重要的作用，“丝绸之路经济带”的能源合作对于中国减轻中东的进口压力，实现油气进口来源多元化和能源安全具有不可替代的战略意义。“一带一路”作为中国向世界提供的公共产品，与上合组织能源合作存在战略上的对接和利益上的契合，为上合组织能源合作提供了一种新的合作模式和制度选择。

首先，“一带一路”是中国参与中亚区域能源合作的战略新布局，而

① 樊勇明：“从国际公共产品到区域性公共产品”，《世界经济与政治》2010年第1期，第143—152页。关于区域公共产品的更多研究参见樊勇明、薄思胜著：《区域公共产品理论与实践——解读区域合作新视点》，上海人民出版社2011年版。

② 孙溯源：“制度匮乏下亚欧合作的选择：议题、形式和方向”，《当代亚太》2011年第3期，第27—39页。

上海合作组织则是中国参与国际多边能源合作的首选试验平台。

虽然目前国际多边能源合作机制的条件对中国不利，但是中亚的能源政治格局令中国在这一地区有更多意愿和能力投入多边能源合作。由于种种原因，中国作为现行国际能源秩序的后来者，参与国际能源合作机制以及国际能源治理的程度都非常有限。中国与国际能源署（IEA）的关系仅处于对话和沟通阶段，中国也不太可能在不久的将来加入IEA，尽管一些中国学者赞成中国成为国际能源署以及其他国际能源机制的成员。在中国于1993年成为石油净进口国之前，发达国家已经形成了相对成熟的多边能源机制，如旨在加强消费国能源安全的IEA。中国不是经济合作与发展组织（OECD）成员，因而不能成为IEA的一员，只能作为其特别观察员。客观上，中国目前尚无法达到IEA所要求的相当于90天石油消费量的紧急石油储备的标准，战略石油储备（SPR）仍远远低于IEA所要求的承诺标准。中国也难以参加IEA成员国的集体行动以应对石油紧急事件，因为分享紧急战略储备意味着需要放弃一些主权。① 另外，中国与能源宪章条约组织（ECT）的关系，与中国与IEA的关系相似。中国在国际能源体系中仍是一个弱势的资源寻求者，既对进口油气存在高度依赖，又不具备影响国际能源交易规则的能力。中国只能作为国际能源交易规则被动的接受者，而不是有能力影响规则的参与者，更不是主动的规则制定者。

鉴于国际多边能源合作机制对维护参与者的能源利益影响重大，而当前国际能源秩序的规则并不有利于很好地维护包括中国在内的新兴经济体的能源利益；又由于中国已经成为最大的油气进口国，在全球的能源利益不断扩大，而中国作为油气消费大国的地位，与其在多边国际能源机制中的话语权越来越不相匹配。因此，无论是为了更好地维护自身能源利益，还是推动国际能源秩序朝着有利于新兴经济体能源利益的方向改革，中国都有必要参与国际能源多边合作机制。

中国应该积极谨慎地逐步推进在多边能源合作机制中的参与，上合组织能源合作是中国锻炼自身参与国际多边能源合作的能力和积累经验的首

① Wilfrid Kohl, "Consumer Country Energy Cooperation: The International Energy Agency and the Global Energy Order", in Andereas Goldthau and Jan Martin Witte, eds., Global Energy Governance: The New Rules of the Game, Berlin: Global Public Policy Institute, 2010, pp. 217 - 219.

选平台。第一，就外交战略而言，上合组织是中国建立周边睦邻友好带、战略稳定带和经济合作带的重要依托，是中国构建和谐周边、破解敌对势力战略围堵、推行新型国家关系准则、展示新型区域经济合作理念的重要平台。第二，从能源外交的角度看，中国是上合组织中经济实力最强的国家，是增长强劲的能源战略买家，也是在上合组织国家中能源合作最密集的国家，因而中国有能力和意愿将现有的双边合作成果扩展为多边合作机制，成为上合组织多边能源合作机制的规则制定者，避免该机制为其他大国所垄断。第三，从区域能源政治格局的角度看，上合组织是最有利于中国尝试推行多边能源合作机制的区域。相对中东产油区而言，上合组织区域内的能源政治结构中尚不存在绝对的支配力量，发达国家及其跨国石油公司对中亚的油气资源并不拥有任何的垄断权。而随着越来越多的区域外行为体加入中亚—里海地区的油气开发和管道建设，俄罗斯自苏联继承下来的对中亚油气资源和运输的垄断已逐渐下降。另外，相对于撒南非洲的苏丹、尼日利亚等产油国而言，上合组织国家的治理程度和政治稳定程度普遍较高，因此成为更加安全的能源投资目的地。第四，与其他投资方相比，中国具备更多的战略优势。中国在中亚面临的能源投资条件和处境与西方国家相似，但是中国与中亚以及伊朗的政治互信则明显超过西方国家。中国在中亚国家中所拥有的政治信任和经济合作的需求都超过俄罗斯，中亚也因此成为中国能源外交成果最丰硕的地区。

虽然中国政府一贯倾向于分别同油气生产国进行双边能源合作，而不擅长在多边机制中与油气生产国进行合作，① 但是中国与中亚国家的能源合作已经初步凸显多边合作的雏形和势头。在上合组织地域中，中国有机会和条件在多个油气生产国之间建立多边联系。中亚—中国天然气管道的建成，可谓中国在中亚开启能源多边合作的一次先例，也是中国在多边能源合作中提供区域公共产品的一次尝试。“一带一路”的互联互通战略更是有助于将中亚国家在地缘经济上联系起来，为多边合作机制奠定物质基础，提高中国与中亚油气生产国建立多边能源合作框架的意愿，加强中国在上合组织框架内构建多边能源合作机制的能力。

其次，“一带一路”对上合组织构建多边能源合作具有战略意义。

---

① Suyuan Sun, “Energy Acquisition, Usage, and China’s Engagement in Northeast Asian Energy Cooperation”, pp. 38 – 61.

中国的能源发展战略与“一带一路”具有内在的有机联系。2014年习近平主席提出了能源的“四个革命和一个合作”，即能源消费、供给、技术和体制革命，要求全方位加强能源国际合作。① 在国家能源局的具体落实方案中，拟定了丝绸之路经济带能源生产和消费革命行动计划，即以丝绸之路经济带沿线的能源资源富集省区为重点，打造绿色能源示范带、能源生产和消费革命示范带。由此可见，“一带一路”战略的实施将成为加强中国能源国际合作、提高安全保障能力的重要抓手。而上合组织多边能源合作机制的建立，将有利于推动环里海油气东流，增强中国保障能源安全的能力。

“丝绸之路经济带”与多数上合组织国家发展战略契合。对于中亚能源生产国来说，既要实现能源出口渠道的多元化，摆脱俄罗斯对中亚能源生产和运输的垄断和控制，同时也要谨防大国主导中亚能源产业；既需要引进外资和技术发展本国能源产业和基础设施，也强调发展的自主权。而对于中亚能源资源匮乏的国家来说，其希望融入地区经济合作中，利用邻国的能源资源发展本国经济。哈萨克斯坦2014年的总统国情咨文，就将能源交通基础设施建设列为七大优先发展方向之一。中国与中亚的油气合作以及管道建设，给中亚油气生产国带来了能源产业发展的机遇，也为油气匮乏的国家提供了融入区域经济发展的机会和渠道。而随着“丝绸之路经济带”在上合组织国家及其周边的部署和实施，上合组织区域内多边能源合作的水平将进一步提升。

2015年5月，在习近平主席访俄期间，中俄两国发表了关于“丝绸之路经济带”建设和欧亚经济联盟建设对接合作的联合声明。该声明表示，双方将通过双边和多边机制，特别是上海合作组织平台开展合作。这一表态说明，中俄两国政府已经明确认识到将多项发展战略协调一致的重要性，也为上合组织提出了新的任务，即通过丝路基金、亚洲基础设施投资银行、上合组织银联体等金融机构加强金融合作。对中俄领导人做出的这一重要战略选择，莫斯科国际关系学院东亚及上合组织研究中心主任亚历山大·卢金做出了这样的评价：“中国提出的‘丝绸之路经济带’构想，正好可以打开目前上合组织在经济领域的僵局，上合组织的作用，特别是经济方

① “积极推动我国能源生产和消费革命”，新华网，http：//news. xinhuanet. com/politics/ 2014—06/13/c_ 1111139161. htm（2015年7月14日登录）。

面的作用将显著增强。”① 在2015年7月俄罗斯乌法峰会所批准的《上海合作组织至2025年发展战略》中，提出上合组织成员国应对“丝绸之路经济带”倡议形成统一立场，利用该倡议为推进上合组织经济合作创造有利条件。可以说，中国的“一带一路”战略不仅与上合组织多边能源合作存在高度的战略对接，而且已经得到上合组织国家的认可和积极支持。

第三，“一带一路”与上合组织能源合作能够形成利益契合。

以能源合作为先驱的“丝绸之路经济带”建设与上合组织国家的经济发展目标相契合。中国目前已经形成来自西北、东北、东南和西南四个方向的海外油气进口来源，“一带一路”的设计轨迹与中国的海外能源安全通道基本重合。“一带一路”规划下的基础设施建设、亚投行、丝路基金等区域公共产品的推动，将有助于沿线国家提高经济发展水平，促进区域经济的融合。

能源合作能够带动区域合作的发展。② 就中亚地区而言，通过与中国的油气合作，特别是中亚跨国天然气管网的合作，中亚国家可以获得丰厚的收益。已经建成的管道直接给土库曼斯坦、乌兹别克斯坦以及哈萨克斯坦等国创造了数以千计的就业岗位和数十亿美元的经济效益。正在建造中的D线工程引进国际先进的技术标准，可帮助沿线国家提高天然气管道建设和经营的水平，培养一批专业技术人员和积累相关经验，全方位带动沿线各国天然气工业和管道工业的发展。因此，中亚国家通过与中国在能源与交通基础设施、商业金融与投资等领域的合作，不仅能够实现经济的快速增长，获得开发资源的资金和先进技术，而且能实现能源出口多元化的目标，从而提高自身能源安全；还能促进中亚地区的融合与发展，增进中亚国家之间的联系和纽带，消除分歧与摩擦，降低中亚各国的经济差异。正是中国与中亚的能源合作与管道建设，使得中亚国家的经济从中受益，加强了中亚与中国的经济互赖和政治互信，“丝绸之路经济带”建设才能够得到中亚国家的广泛支持和积极参与。

对中国而言，通过在中亚的油气合作，中国的海外能源合作初步实现

① “上合组织国际影响力越来越大”，新华网，2015年7月8日，http://news.xinhuanet.com/2015—07/08/c_1115853947.htm（2015年7月22日登录）。

② 张磊：“‘丝绸之路经济带’框架下的能源合作”，《经济问题》2015年第5期，第6—11页。

了从双边走向多边的突破。中亚也因此成为中国将能源多边合作扩展到“一带一路”沿线国家的发源地和辐射源。基础设施建设是能源合作的先决条件，也是“一带一路”的核心内容之一。在多边能源合作方面，“一带一路”提出要加强能源基础设施互联互通，共同维护油气运输管道的安全，推进跨境电网的建设。在跨境电网合作方面，2015 年中国国家电网提出了一个电网互联互通方案，计划与 4 个国家开展 9 项电网联网工程，参加的国家包括哈萨克斯坦、俄罗斯、蒙古国和巴基斯坦。

可以肯定的是，上合组织能源合作将会成为“一带一路”的核心内容和重要支柱，而“一带一路”建设将会为上合组织能源合作提供更多的物质基础、金融支持和制度建设空间。

（三）“一带一路”如何为上合组织能源合作提供公共产品

鉴于上合组织国家具有扩大经贸合作、建立多边能源合作机制、打造上合组织能源共同体的诉求，而上合组织能源合作与“一带一路”战略构想存在战略对接与利益契合，因而可以借助“一带一路”战略的推进，为上合组织多边能源合作提供区域公共产品。

1. 通过“丝绸之路”区域能源网络的建设，将中国—中亚能源合作的成果辐射到上合组织国家

“一带一路”线路图对周边能源合作提出了一些具体要求，指出要形成能源资源合作上下游一体化产业链，除了加大传统能源的勘探开发合作，还要积极推动水电、核电、风电、太阳能等可再生能源。鉴于上合组织国家位于丝绸之路经济带沿线，而且中国在中亚的油气合作已经初具多边能源合作的雏形，因此中国可以依托中亚，将中国—中亚能源合作的成果辐射到上合组织国家。通过油气网络的互联互通建设，将包括油气生产国、过境国和消费国在内的上合组织国家纳入到统一的区域能源和电力网络中，塑造上合组织区域能源网络，并为“一带一路”能源共同市场打造坚实的后盾。一旦将可再生能源的市场也并轨进入能源共同市场，将有望打造出一个绿色上合组织能源共同体。

2. 利用亚投行、丝路基金等融资渠道，为上合组织统一能源网络的建设提供金融支持

依托亚洲基础设施投资银行以及丝路基金的资金支持，解决沿线国家基础设施升级改造的需求，弥补现有融资机构资金供给能力的不足。如果说基础设施建设是建立丝绸之路能源网络乃至“一带一路”能源共同市场的重要支柱，那么货币、资本、商贸和金融合作则是建立能源共同市场的物质基础。中国可以通过亚投行、丝路基金、金砖国家开发银行等融资渠道，加快丝路能源网络的建成。通过丝绸之路能源网络的建设，为上合组织能源基础设施提供区域公共产品，吸引上合组织国家加入到丝路能源网络中，从而促进上合组织能源网络的形成。

3. 通过“一带一路”战略的实施，促进上合组织多边能源合作的机制化建设，逐步形成区域能源合作机制

实施“一带一路”能源战略，需要建立成熟的能源金融体系，包括推动能源投资的强度，提升中国在全球能源定价中的话语权和推进人民币国际化进程，以及建立能源上下游领域的一体化。在世界能源消费中心东移、俄罗斯开始重视亚太市场实施能源“东进”战略的背景下，在中俄油气合作近年来取得突破性进展、中国与中亚油气合作达到前所未有高度的条件下，中国在中亚周边构建区域能源市场的时机逐渐成熟。中国可以扩大能源贸易中本币结算的规模，逐步形成天然气定价和交易机制，从而为稳定上合组织内部能源市场提供制度保障。中国还可以凭借自身稳定的市场和金融支付能力，为上合组织区域能源市场提供应对价格波动和市场风险的公共产品。

七、结　语

自2004年俄罗斯前总理弗拉德科夫在上合组织总理会议上，提出建立上海合作组织的统一能源供需系统和能源俱乐部这一构想以来，俄罗斯领导人多次提议在上合组织框架内建立能源俱乐部。在2015年的乌法峰会上，上合组织成员国表示将继续加强包括能源在内的多个领域的多边合作。《乌法宣言》等重要文件确立了中俄两国在推进上合组织能源合作中的重要地位，也突出了中国的“一带一路”倡议在上合组织多边能源合作中的

重要性。“一带一路”逐渐成熟和完善，将为上合组织能源合作提供更充足的资金技术和市场支持，以及更有效的制度保障。

推进多边能源合作，既需要妥善管理有关成员国的能源竞争与矛盾，协调主要成员国关于能源合作的政策和设想，特别要加强中俄两国在多边能源共同体建设中的协作，以及处理与上合组织之外的国家或组织的关系，也需要在制度化建设方面推出实质性举措，提出顶层设计理念。

随着欧亚经济合作的深化，以及上合组织区域内双边能源合作的扩大，在上海合作组织框架内建立能源合作的条件日趋成熟，上合框架内开展多边能源合作具有充分的有利条件和广阔的发展前景。可以肯定的是，上合组织国家都有进行多边能源合作的愿望。多边能源合作对于加强成员国之间的相互信任、扩大贸易合作、促进共同发展、加强上合组织的凝聚力等，都具有积极的战略意义。上合组织多边能源合作机制，将是集能源生产国、能源消费国和能源过境国于一体的一种新型的多边能源共同体。随着上合组织合作范围逐渐由经贸向能源甚至金融领域扩展，上合组织将发展为包括安全、贸易和能源在内的综合性区域合作组织，其在欧亚地区乃至全球的影响力也将会进一步提升。

报告九

上海合作组织农业发展中的新态势及问题分析（2014—2015 年）

肖辉忠*

【内容提要】2014—2015 年，国际油价、棉花价格下跌，俄罗斯卢布贬值、经济低迷等诸多因素，对俄罗斯、哈萨克斯坦、乌兹别克斯坦、塔吉克斯坦、吉尔吉斯斯坦等国农业经济造成了负面影响。这些国家采取积极行动，弥补损失。俄罗斯实施明确的农产品和食品进口替代战略，扶持本国农业产业，推动俄罗斯农产品出口。哈萨克斯坦也把食品进口替代提上了日程，把俄罗斯、中国等视为其农产品和食品出口的主要市场。乌兹别克斯坦农业政策的连续性比较强，一个明显的趋势是降低棉花的种植面积，提高粮食作物，特别是水果、蔬菜的种植和生产。吉尔吉斯斯坦和塔吉克斯坦面临着人多、地少、国家经济实力有限等诸多局限，粮食至今不能自我满足，需要大量进口。中国的“一带一路”倡议，鼓励和支持中国企业发展与上合组织国家的经贸关系。近年来，在农业领域一个明显的趋势是，地区农业合作（中国东北地区，特别是黑龙江与俄罗斯远东农业合作；中国西北地区，特别是新疆与中亚国家的农业合作）的水平不断提升，一批真正具有实力和农业生产经验的中国大型农业企业（特别是农垦系统的企业）在上海合作组织成员国的投资与生产，已经取得了积极的成效。

【关键词】农业生产　进口替代　“一带一路”

* 肖辉忠，教育部人文社会科学重点研究基地华东师范大学俄罗斯研究中心助理研究员。

农业对于每一个上海合作组织成员国而言都意义重大。对于俄罗斯来说，农业是其国家面临危机形势之下唯一保持增长的实体经济领域。哈萨克斯坦的小麦，乌兹别克斯坦的棉花、蔬菜和水果，既是重要的出口创汇来源，也是农民收入和生活水平提高的保障。塔吉克斯坦和吉尔吉斯斯坦自独立以来，长期无法解决自身的粮食供应问题，因此农业对这两个国家就更加具有战略上的重要性。本报告不包括的中国，其农业发展势头良好。① 连续十几年来，中国的“一号文件”都是与农业问题相关的。

2014—2015 年，上海合作组织成员国的农业发展呈现出一些明显的新特征。最为关键的是，全球性的经济不景气，特别是油价下跌、棉花价格下跌，影响着欧亚地区上合组织成员国的整体经济能力及其对农业的支持能力。此外，俄罗斯还同时受到来自欧美国家的制裁。俄罗斯农业领域内的相关企业负债形势严峻。虽然卢布贬值以及食品进口替代战略，特别是俄罗斯政府对农业的财政支持，为部分俄罗斯农产品的出口创造了有利条件，也为本国农业发展带来了前所未有的机遇，但是俄罗斯整体的农业生产效率依然很低，农业的根本问题并未得到解决。国家的支持力度一旦下降，很多问题（特别是高额的负债）都会凸显出来。

对于中亚国家而言，俄罗斯是一个重要的市场，特别是在农产品方面。俄罗斯针对部分欧美国家，以及后来针对土耳其、乌克兰的食品禁运措施，被中亚国家视为扩大对俄罗斯农产品和食品出口的大好机遇。中亚各国都明确提出了对俄出口的产品清单：哈萨克斯坦的牛肉，乌兹别克斯坦的水果蔬菜，吉尔吉斯斯坦的水果、蔬菜以及牦牛肉、奶制品等。问题是，俄、哈、吉、塔、乌的农业发展战略都是进口替代，同时推动本国农产品出口。哈萨克斯坦农业部门曾公开对俄罗斯采取的一些限制性措施表示不满。②

近两年来，中国农业领域内的企业更为积极地展开与其他上合成员国的合作，特别是中国国内农业大省、农垦系统的农业企业，如黑龙江省

---

① 瞿长福：“准确判断中国经济不能忽视农业指标”，中国经济网—《经济日报》2015 年 9 月 6 日。

② Доклад Министра сельского хозяйства РК на XII Форуме межрегионального сотрудничества России и Казахстана. 17. 09. 2015. http：//mgov. kz/doklad-ministra-selskogo- hozyajstva-rk-na-hii-forume-mezhregionalnogo-sotrudnichestva-rossii-i--kazahstana/.

（主要在俄罗斯远东开展农业合作）、河南省（在塔吉克斯坦、吉尔吉斯斯坦）、新疆维吾尔自治区（在中亚地区）等。不过，上合组织成员国中除了俄罗斯与哈萨克斯坦之外，其他国家的农业土地资源非常有限，人多地少（乌、吉、塔）或水少（乌兹别克斯坦）。

本报告分为下面几个部分的内容：（1）2014—2015年度上合组织成员国农业发展概况与数据分析；（2）成员国农业发展中的关键问题分析；（3）“一带一路”背景下的中国与上合组织成员国农业合作。

一、2014—2015年度上合组织成员国农业发展概况与数据分析

农业的特点是高度依赖自然环境，也与国家的农业政策、对农业的支持等诸多因素密切相关。上合组织成员国在农业土地面积、农村人口、农业发展程度等方面差距很大，唯一的相同之处是经历过苏联时期的集体农场、国营农场阶段。但是在苏联解体之后，各国纷纷进行了不同发展方向的农业改革。

俄罗斯与哈萨克斯坦农业生产的组织形式比较接近，即大型的农业企业占主导地位，同时家庭农户的小规模经营仍然占有相当规模的产出份额，私人农场在俄罗斯与哈萨克斯坦的发展状况都一般。在乌兹别克斯坦和塔吉克斯坦，私人农场与家庭农户是主要的生产者，国有农业企业无论是数量还是产出都非常薄弱。吉尔吉斯斯坦农业自由化、私有化程度最高，但是土地不集中，过于分散。目前还很难评估哪种农业改革的道路更成功。

（一）俄罗斯

2015年4月22日，根据俄罗斯总统令，俄罗斯农业部长易人，新任农业部长是来自俄罗斯第一农业大省——克拉斯诺达尔边疆区的行政长官亚力山大·特卡乔夫（А. Ткачёв）。其前任是费奥德罗夫（Николай Фёдоров，1993—2010年任楚瓦什共和国总统，2010—2012年任俄罗斯联邦农业部长），费奥德罗夫卸任农业部长之后，任俄罗斯总统农业事务的顾问。2014—2015年，在乌克兰危机、油价下跌、俄罗斯受到西方制裁的背

景下，农业是俄罗斯唯一保持增长的经济部门。①

表 9. 1　俄罗斯农业总产值（2012—2014 年）（单位：十亿卢布）

	2012 年	2013 年	2014 年
农业总产值	3339. 2	3687. 1	4225. 6
其中，种植业	1636. 4	1918. 8	2155. 7
养殖业	1702. 8	1768. 3	2069. 9

资料来源：Федеральная служба государственной статистики（РОССТАТ）Основные показатели сельского хозяйства в России в 2014 году. Москва. 2015。

表 9. 1 的数据表明，俄罗斯农业总产值在 2012—2014 年呈上升趋势，特别是 2014 年较 2013 年的增幅较大。种植业总产值略高于养殖业，但是养殖业的发展态势明显，这也是俄罗斯国家支持计划向养殖业倾斜的结果。可以说，农业是近年来俄罗斯国民经济中为数不多的呈增长趋势的行业。但俄罗斯原有的农业生产结构问题仍然比较突出，被寄予众望、得到众多投资资助的农业企业占总农业生产的比重仍然不足 50%。

表 9. 2　俄罗斯农业生产的结构

［不同生产类型所占的比重（%），按当时的实际价格］

	2012 年	2013 年	2014 年
各种生产类型总计	100	100	100
其中，农业企业	47. 9	47. 6	48. 6
家庭农户	43. 2	42. 6	41. 4
私人农场	8. 9	9. 8	10. 0

资料来源：Федеральная служба государственной статистики（РОССТАТ）Основные показатели сельского хозяйства в России в 2014 году. Москва. 2015。

① “俄总理：俄经济继续负增长除农业外”，《卫星新闻》2015 年 9 月 11 日，http：//sputniknews. cn/russia/20150911/1016282833. html。

在俄罗斯有三种类型的农业生产者，第一种是从原集体农场、国营农场转型而来的农业企业。农业企业实际上是准国家企业，是各类优惠和扶持政策的主要受益者，也是俄罗斯政府发展农业的战略依托，得到高度重视，但是其产出目前还不到 50%。第二种是家庭农户，每家使用 1 公顷左右的土地，以家庭为单位从事农业生产，这种生产方式在苏联时期就存在了。特别是在俄罗斯经济困难时期，这些自留地生产保证了农村居民的食品供应，甚至在一定程度上稳定着俄罗斯全国的食品供应。目前其占全国农业总产出的比重在不断下降，主要是农村人口外流、从事家庭农业生产的人口老龄化等因素造成的。但是家庭农户的生产在 2014 年仍然占全国总产出 40% 多的份额。第三种是私人农场，其最初是按照欧洲农场模式设计的，但是得不到俄罗斯民众的信任与政府的支持，因此虽然近年来有所发展，但仍仅占 10% 的生产份额，不过在一些地区的发展势头良好。

表 9.3　不同生产类型的农业生产指数（按可比价格）

	2012 年	2013 年	2014 年
各种生产类型	95.2	105.8	103.7
其中，农业企业	94.9	108.4	106.8
家庭农户	96.7	100.3	98.7
私人农场	89.2	118.4	111.2

资料来源：Федеральная служба государственной статистики（РОССТАТ）Основные показатели сельского хозяйства в России в 2014 году. Москва. 2015。

表 9.3 的数据说明，从农业生产的发展指数来看，农业企业特别是私人农场表现出更为强劲的增长态势。这是因为国家的支持政策大部分都分配给了农业企业以及部分私人农场。而家庭农户在俄罗斯则几乎得不到支持，加上农村人口外流、老龄化，家庭农业的发展会逐步衰弱。

表 9.4 各种农业生产类型生产的主要农产品比例（%）

	2012 年	2013 年	2014 年
农业企业			
粮食（初加工后重量）	76.8	74.5	73.9
甜菜	87.6	89.6	89.2
向日葵	71.4	70.7	70.2
马铃薯	13.1	10.9	12.2
蔬菜	17.1	16.3	16.8
禽、畜屠宰重量	63.7	66.9	69.3
牛奶	46.3	46.0	47.0
鸡蛋	78.0	78.1	78.4
家庭农户			
粮食（初加工后重量）	1.0	0.9	0.7
甜菜	0.4	0.5	0.5
向日葵	0.5	0.4	0.4
马铃薯	78.9	82.3	80.2
蔬菜	69.1	69.4	69.2
禽、畜屠宰重量	33.0	29.8	27.3
牛奶	48.3	48.1	46.7
鸡蛋	21.2	21.2	20.8
私人农场			
粮食（初加工后重量）	22.2	24.6	25.4
甜菜	12.0	9.9	10.3
向日葵	27.1	28.9	29.4
马铃薯	8.0	6.8	7.6
蔬菜	13.8	14.3	14.0
禽、畜屠宰重量	3.3	3.3	3.4
牛奶	5.4	5.9	6.3

续表

	2012 年	2013 年	2014 年
鸡蛋	0.8	0.7	0.8

资料来源：Федеральная служба государственной статистики（РОССТАТ）Основные показатели сельского хозяйства в России в 2014 году. Москва. 2015。

表 9.4 非常明确地反映了三种生产类型在不同种类的农产品生产上的份额。在俄罗斯粮食生产上，农业企业占比近 74%，私人农场生产了另外近 25% 的粮食；向日葵与甜菜也主要是由农业企业和私人农场生产的。

但是在马铃薯、蔬菜和牛奶的生产上，家庭农户则是一枝独秀，分别占全国总产量的 80.2%、69.2% 和 46.7%（2014 年）。不过家庭农户的生产主要是用于自身的消费，商品率很低。家庭农户生产占优势的农产品，也恰恰是俄罗斯需要大量进口的项目，如蔬菜、牛奶、牛肉等。而农业企业以及私人农场生产占有的农产品，如粮食和向日葵，则是俄罗斯可以大量出口的农产品。这也是俄罗斯政府积极支持农业企业（以及在一定程度上支持私人农场）而不是家庭农户的原因，因为农业企业与私人农场生产的农产品的商品率高，对国家的贡献度大。

表 9.5　俄罗斯粮食总产量与出口量　（单位：百万吨）

	2012 年	2013 年	2014 年
初加工后的粮食总重量	70.9	92.4	105.3
其中，小麦	37.7	52.1	59.7
大麦	14.0	15.4	20.4
粮食出口量	22.5	19.0	30.1

资料来源：Федеральная служба государственной статистики（РОССТАТ）Основные показатели сельского хозяйства в России в 2014 году. Москва. 2015。

俄罗斯粮食产量在 2014 年达到了 1.05 亿吨的水平，仅次于 2008 年的 1.08 亿吨，出口量在 2014 年达到了 3000 万吨的水平。据俄罗斯农业问题专家的评估，俄罗斯粮食年产量从目前的 1 亿吨左右提升到 2 亿吨的水平，是很容易达到的。①

特别是，作为战略性的农作物，俄罗斯的小麦生产有很大的潜力。2014年俄罗斯小麦的产量为5300万吨。时任俄罗斯农业部长费奥德罗夫说："俄罗斯小麦在全球粮食市场上扮演着重要的角色。5300万吨的产量不仅能完全满足俄罗斯国内的需求，而且可以提高出口的水平，预计可以出口2200万吨。需要指出的是，俄罗斯粮食产量（包括小麦）仍然有很大的提升空间，一方面单产水平很低，另一方面还有大量的耕地闲置，同时俄罗斯农业科学技术的潜力也很高。"②

表9.6 俄罗斯肉和肉制品的产量与进出口 （单位：千吨）

	2012年	2013年	2014年	占比（%）		
				2012	2013	2014
年初库存	791	838	864	6.8	7.1	7.4
产量	8090	8545	8911	69.8	72.0	76.3
进口量	2710	2480	1902	23.4	20.9	16.3
总量	11591	11863	11677	100	100	100

资料来源：Федеральная служба государственной статистики（РОССТАТ）. Основные показатели сельского хозяйства в России в 2014 году. Москва. 2015。

表9.6的数据说明，俄罗斯肉类产量逐年上升，占国内市场的比重达到了76.3%（2014年，牛肉除外）。与此同时，进口量则逐年下降，从2012年的270万吨降到2014年的190万吨，占国内市场的比重下降到16.3%。在俄罗斯农产品进口替代战略中，重点项目就是肉类产品。

总体而言，2014/2015农业市场年，俄罗斯在粮食、甜菜、蔬菜、水

① 200 млн тонн зерна в год - для России это реально//Аграрное обозрение. 2015. No. 3.

② В Ставропольском государственном аграрном университете Владимир Путин провёл совещание по вопросам развития сельского хозяйства в России. 18 июня 2014 года. http://www.kremlin.ru/events/president/news/45930/work.

果的产量方面都取得了较好的成就。俄罗斯的粮食产量再次超过 1 亿吨（不算克里米亚），是俄罗斯当代历史上第二好的水平。养殖业领域的局面也相对较好，因为种植业的收成高，饲料的价格平稳，而禽畜产品的价格又处于相对较高的水平（除了鸡肉之外）。①

不过，这一切的背后是农业企业的高额负债。这个问题是俄罗斯 2014 年、2015 年全国农业问题会议上重点讨论的话题，另一个话题是农产品与食品的进口替代问题。这两个问题将在下一个部分中重点分析。

表 9.7　农业企业的负债情况（年末情况）　（单位：十亿卢布）

	2012 年	2013 年	2014 年
负债总额	1422. 2	1587. 0	1678. 5
其中，逾期债务	38. 5	43. 0	40. 9
在负债总额中，年末应付债款	342. 9	379. 4	421. 9
在负债总额中，向银行的借贷	1079. 3	1207. 6	1256. 6

资料来源：Федеральная служба государственной статистики（РОССТАТ）. Основные показатели сельского хозяйства в России в 2014 году. Москва. 2015。

（二）哈萨克斯坦

2014—2015 年，哈萨克斯坦农业生产继续表现出不稳定的特点，这在哈萨克斯坦主要的农作物——小麦的产量上反映得十分明显（见图 10. 1）。哈萨克斯坦农业生产仍然主要基于其广袤的土地，但是生产效率和生产能力都有待提高。虽然哈萨克斯坦每年出口较大规模的粮食（主要是小麦和面粉），但是农产品和食品的进口量也不小。

哈萨克斯坦 2014 年粮食总产量为 1720 万吨，与 2013 年相比下降 6 个百分点。其中，小麦产量 1300 万吨，下降 7%；大麦产量 240 万吨，下降 5%。之所以出现产量下降，主要是由于在收获季节哈萨克斯坦北部地区出

① Лента новостей ИКАР. Итоги 2014 г. и перспективы 2015 г. от ИКАР. 28. 12. 2014. http：//www. ikar. ru/lenta/524. html#events.

现雨雪天气。

2015 年，哈萨克斯坦粮食产量比 2014 年有所提高，达到了 1900 万吨的水平，但是粮食作物（主要是小麦）的种植面积已经连续 6 年下降。这是由哈萨克斯坦政府“种植多样化”战略造成的，即降低小麦在总种植面积中的比重。2015 年小麦种植面积为 1173 万公顷，比 2014 年低 5.3%，而大麦、黑麦和燕麦的种植面积上升了 4.2%。玉米、豆类作物、蔬菜的种植面积有所上升，但小麦面积仍占总种植面积的 55% 以上（见表 9.8）。

哈萨克斯坦的粮食种植与生产主要集中在北部三州：阿克莫拉州、科斯塔奈州和北哈萨克斯坦州。2015 年，这三个州的粮食种植面积和粮食产量均占全哈萨克斯坦的 75% 以上（见表 9.9）。

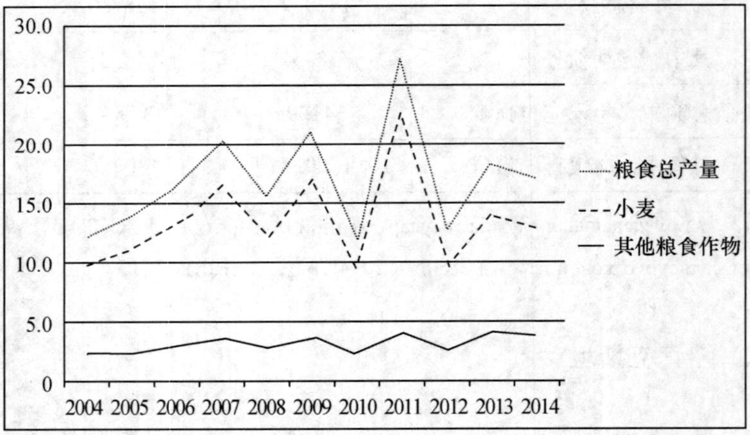

图 9.1　2004—2014 年哈萨克斯坦粮食产量情况（单位：百万吨）

资料来源：Kazakhstan Statistical Agency，转引自 Zhamal Zharmagambetova，“Kazakhstan Grain and Feed Update——February Grain Update”，GAIN Report Number：KZ－01，Feb. 5，2015。

表 9.8　哈萨克斯坦 2015 年部分农作物种植面积　（单位：千公顷）

	2015 年	与 2014 年相比（%）
总种植面积	21205	98.8
小麦	11736	94.7

续表

	2015 年	与 2014 年相比（%）
大麦、黑麦、燕麦	2371	104.2
油籽作物	2008	87.3
蔬菜	435	104.8
玉米	139	109.2
棉花	99	77.8
饲料作物	3712	112

资料来源：Kazakhstan Statistic Committee，转引自 Zhamal Zharmagambetova，“Kazakhstan Grain and Feed update——October Grain Update”，GAIN Report Number：KZ15，Oct. 28，2015。

表 9.9　2014—2015 年哈萨克斯坦各地区的粮食播种面积与产量情况

地区	播种面积（千公顷）		粮食产量（千吨）	
	2014 年	2015 年	2014 年	2015 年
阿克莫拉州	4172	4180	4280	4633
阿克纠宾斯克州	447	320	149	171
阿拉木图州	447	449	793	980
阿特劳州	0.4	0.5	0.0	0.3
西哈州	321	258	224	74
江布尔州	257	262	229	417
卡拉甘达州	702	682	581	640
科斯塔奈州	4110	4018	3187	4569
克孜勒奥尔达州	87	87	405	428
巴甫洛达尔州	661	664	342	656
北哈州	3274	3210	4112	5375
南哈州	238	255	361	533

续表

地区	播种面积（千公顷）		粮食产量（千吨）	
	2014 年	2015 年	2014 年	2015 年
东哈州	586	580	772	691
总计	15302	14697	15437	19171

资料来源：Kazakhstan Ministry of Agriculture as of October 14, 2015, in bunker weight, 转引自 Zhamal Zharmagambetova, "Kazakhstan Grain and Feed update——October Grain Update", GAIN Report Number：KZ15, Oct. 28, 2015。

在 2014/2015 年市场年，哈萨克斯坦出口到北非、近东和亚洲的粮食下降，主要原因是通过黑海、亚速海与波罗的海的运费高，来自俄罗斯和乌克兰的竞争，以及哈萨克斯坦粮食质量不好。

2015/2016 年市场年的出口形势会比较乐观，主要是因为近期哈萨克斯坦的货币贬值了 47%。市场分析人士认为，2015/2016 年市场年，哈萨克斯坦的小麦在黑海、亚速海港口以及伊朗会更有价格优势。对于哈萨克斯坦而言，跨境伊朗、抵达波斯湾国家是一个重要的趋势。哈萨克斯坦政府一直致力于推动粮食出口的战略，修建促进出口的基础设施。2014 年 12 月，连接哈萨克斯塔乌津（Uzen），经土库曼斯坦（Gyzylgaya-Bereket-Etrek），至伊朗古勒斯坦省（Gorgan）的铁路全线贯通，总长 900 公里。据哈萨克斯坦通讯社报道，当天开通仪式结束后，首辆满载哈萨克斯坦小麦的火车从土库曼斯坦驶入了伊朗境内。①

预计 2015/2016 年市场年的小麦出口量在 650 万吨的水平，比上一个市场年多 100 万吨。但是也有一些影响出口的因素：2015 年底哈萨克斯坦成为世贸组织的正式成员国，世贸规定不允许对出口进行补贴，这意味着哈萨克斯坦的粮食出口不能再享受此前的补贴；一些中亚国家货币的贬值也可能限制他们的购买能力，因此影响从哈萨克斯坦进口小麦和面粉。

2015 年 1—8 月，91% 的哈萨克斯坦小麦出口到中亚国家，只有 4.5%（8 万吨）出口到中国。伊朗仍然是哈萨克斯坦大麦的最大进口国，2015

① "'哈—土—伊'三国国际铁路开通"，中国新闻网，2014 年 12 月 4 日，http：// www. chinanews. com/gj/2014/12—04/6842384. shtml。

年 1—8 月 78% 的哈萨克斯坦大麦出口到了伊朗。乌兹别克斯坦和阿富汗仍然是哈萨克斯坦面粉的最大买家，2015 年 1—8 月 87% 的哈萨克斯坦面粉出口到这两个国家。

表 9.10　哈萨克斯坦小麦、大麦和面粉出口情况　（单位：千吨）

2015 年 1—8 月小麦出口		2015 年 1—8 月大麦出口		2015 年 1—8 月面粉麦出口	
阿塞拜疆	31	吉尔吉斯斯坦	4	吉尔吉斯斯坦	15
吉尔吉斯斯坦	254	塔吉克斯坦	2	塔吉克斯坦	93
塔吉克斯坦	479	乌兹别克斯坦	26	土库曼斯坦	19
乌兹别克斯坦	722	阿富汗	1	乌兹别克斯坦	482
阿富汗	17	伊朗	128	阿富汗	414
伊朗	124	土耳其	2	中国	0.7
意大利	38			蒙古国	0.4
中国	80				
土耳其	18				

资料来源：Kazakh Customs data，转引自 Zhamal Zharmagambetova，“Kazakhstan Grain and Feed update——October Grain Update”，GAIN Report Number：KZ15，Oct. 28，2015。

哈萨克斯坦是一个粮食出口国，而且出口潜力大。但同时，哈萨克斯坦其他农产品和食品的进口额也较大，与俄罗斯的情况很相像。

哈萨克斯坦农业部长马梅特别科夫在哈萨克斯坦附属总统的外国投资者委员会上（2015 年 7 月 30 日）指出：“哈萨克斯坦食品进口的增长趋势逐步稳定下来，从 2010—2011 年的进口增速高峰（超过 20%）下降到年增长 4%—5%。2014 年与 2013 年相比，食品的进口下降了 6%，其中从欧亚经济共同体成员国进口的食品下降了 10%，但是进口量仍然是很大的。”① 2014 年哈萨克斯坦进口的食品原料总额为 29 亿美元，主要

① Доклад Министра сельского хозяйства РК А. С. Мамытбекова на заседание Совета Иностранных Инвесторов при Президенте РК. 30. 07. 2015. http：//mgov. kz/doklad- ministra-selskogo-hozyajstva-rk-a-s-mamytbekova-na-zasedanie--soveta-inostrannyh-investorov-pri-prezidente-rk/.

是奶制品（3.63 亿美元，占食品原料总进口额的 12.4%）、糕饼（2.67 亿美元，占 9.1%）、肉制品（2.66 亿美元，占 9.1%）和植物与动物油脂（1.4 亿美元，占 4.8%）。①

（三）乌兹别克斯坦

乌兹别克斯坦政府的农业发展规划比较明确和连续，即在保持一定规模的棉花种植的基础上，逐步降低单一棉花种植格局，发展粮食生产，保证本国的粮食安全，鼓励种植水果、蔬菜这类出口潜力大的农作物。

乌兹别克斯坦土地资源和水资源有限，而人口不断增长，这促使乌兹别克斯坦对农业领域进行了大规模改革，其基本点是农业种植的多样化，首先是保证国家的食物独立性。改革之后，粮食作物的种植面积得到提高，占总种植面积的 45%（160 万公顷），马铃薯和蔬菜瓜类的种植面积提高到 9%（31.8 万公顷），经济作物（主要是棉花）的种植面积缩小到 38%（140 万公顷），但仍然规模不小。②

2014 年，乌兹别克斯坦农业与水利部副部长希季罗夫（Я. Хидиров）列举的乌兹别克斯坦农业发展成就有："从 1997 年起，乌兹别克斯坦农业经济呈现出稳定的增长态势，在最近的 10 年，每年的增长率不低于 6%—7%。在过去的 5 年里，新建了 3.1 万个果园和 2.46 万个葡萄园，重建了 4.38 万个果园和 2.57 万个葡萄园。在过去的 5 年中，全国新建了 1.1 万多个温室大棚，总面积近 1500 公顷，在其中的 585 公顷上新建了 600 多个现代化的温室大棚，采用了欧盟、韩国、土耳其、中国、以色列的先进技术。在居民的庭院中，全国新建了 1 万多个轻质温室大棚，总面积 1200 公顷。

---

① Доклад Министра сельского хозяйства РК Мамытбекова А. С. на заседание Правительства РК на 12 мая 2015 года. http://mgov.kz/ministra-selskogo-hozyajstva-rk-mamytbekova-a-s-na-zasedanie-pravitelstva-rk-na-12-maya-2015-goda/.

② Хидиров Сахибович. Современное состояние и перспективы развития Плодоовощеводства и виноградарства в Узбекистане, их резервы и возможности для увеличения производства. Ташкент. 2014. http://ifc.uz/upload/iblock/00f/00fc44bba7fbdcf7d31c090b324d5ae.pdf.

2015 年，乌兹别克斯坦全国计划新建 440 公顷的温室大棚。2014 年生产了 850 万吨粮食，不仅保证了自身的需要，还能够出口。”①

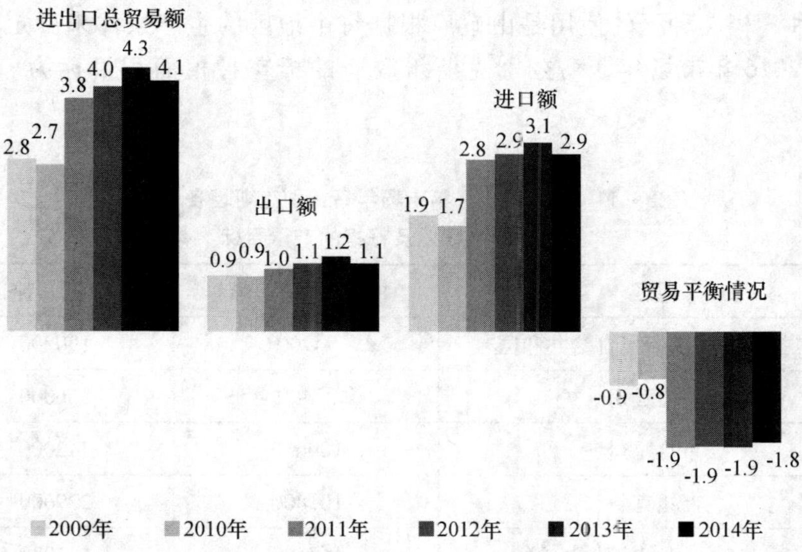

图 9.2　2009—2014 年哈萨克斯坦用于加工的农产品进口和出口情况（单位：十亿美元）

资料来源：Министерство сельского хозяйства Республики Казахстан. О развитии отрасли переработки сельхозпродукции и пищевой промышленности（PPT）. www. minagri. gov. kz。

棉花仍然是乌兹别克斯坦最为重要的农作物品种。乌兹别克斯坦政府的总体棉花政策是：稳定生产，提高棉花的质量，降低出口量，提高国内棉纺业的加工使用量。目前，虽然乌兹别克斯坦所有的国有农场已经私有化，改组成为私人农场，但政府仍控制着棉花生产的所有方面，包括种植面积、生产目标、价格、投入品、收购以及销售等。②

① Брифинг на тему “Обеспечение продовольственной независимости Узбекистана: реформы и их результаты”. 25 марта 2015 г. http://www. agro. uz/ru/news/releases/5106/.

② Nizam Yuldashbaev, “2015 Uzbekistan Cotton Annual”, USDA GAIN Report Number: UZ5002, March 30, 2015.

乌兹别克斯坦棉花的种植面积呈下降趋势，但由于种子质量的提高和更好的田间管理，棉花产量将保持在同样的水平。目前，大约20%播种的棉花种子是新品种。乌兹别克斯坦全国每年种植10—13个不同的棉花品种，棉花种子的使用是由政府根据每个地区的生产条件来决定的。① 2015/2016年市场年，乌兹别克斯坦政府的棉花种植面积目标为128万公顷。

表9.11 2015/2016年市场年乌兹别克斯坦各地区棉花种植面积以及籽棉的产量目标

地区	种植面积（公顷）	产量（吨）
卡拉卡尔帕克斯坦自治共和国	94700	190000
安集延州	93400	266000
布哈拉州	109600	342000
吉扎克州	101800	229000
卡什卡达里亚州	160400	417000
纳沃伊州	35800	100000
纳曼干州	82600	230000
撒马尔罕州	91500	223000
苏尔汉河州	119600	335000
锡尔河州	110700	243000
塔什干州	91500	237000
费尔干纳州	100100	280000
花拉子模州	93800	258000
全国总计	1285500	3350000

资料来源：Nizam Yuldashbaev，“2015 Uzbekistan Cotton Annual”，USDA GAIN Report Number：UZ5002，March 30，2015。

① Ibrahim Sirtioglu，“Uzbekistan Cotton and Products Update”，USDA GAIN Report Number：UZ5003，Nov. 20，2015.

在过去的3—4 年，乌兹别克斯坦政府决定把几个地区的3. 5 万—4 万公顷棉花用地转移种植蔬菜和水果。乌兹别克斯坦政府在一些地区放松了要求，不再强制农民种植棉花，允许他们种植园艺作物，但是政府的补贴仍然倾向于棉花生产。2015 年市场年（2015 年7 月—2016 年6 月），乌兹别克斯坦棉花产量预计为420 万包，国内消费预计160 万包（35 万吨），占乌棉花总产量的近40%。① 根据乌兹别克斯坦政府“纺织工业发展与现代化特别计划”（2015—2020 年），计划提高棉花的国内消费和使用，到2020 年前提高到70%。

在乌兹别克斯坦纺织工业领域内，国家股份公司（Узбекенгилсаноат, Uzbekengilsanoat）② 是一个主要的角色，其联合了280 家纺织、缝纫和针织企业。根据乌兹别克斯坦政府的规划，该公司正计划投入10 亿美元到乌兹别克斯坦的轻工业领域，目的是提高国内棉花消费，降低皮棉出口。该公司还计划把纺织品的出口额从8 亿美元提高到15 亿美元（到2020 年）。按照该公司的说法，这些项目如果能够成功执行，乌兹别克斯坦纺织工业将能把棉纱的产量提高到56 万吨（比2014 年的产量提高2. 6 倍），棉织品产量提高到3. 4 亿平方米（2. 8 倍），针织面料提高到11 万吨（2. 9 倍），针织品提高到2. 96 亿件（2. 1 倍），服装提高到2010 万件（3. 3 倍）。③ 纺织工业在乌兹别克斯坦经济中起着重要的作用，雇用了1/3 的工业领域内的劳动力，占工业产出的26%。目前，乌兹别克斯坦每年出口的棉纱、纺织品和成衣服装在10 亿美元左右。

乌兹别克斯坦棉花出口仍然主要通过三家政府出口部门，中国和孟加拉国仍是主要的出口对象国。乌兹别克斯坦和孟加拉国政府签署了一份谅解备忘录，规定乌兹别克斯坦每年向孟加拉国供应20 万吨棉花（实际的出

---

① Ibrahim Sirtioglu, “Uzbekistan Cotton and Products Update”, USDA GAIN Report Number: UZ5003, Nov. 20, 2015.

② 2002 年根据乌兹别克斯坦总统令成立，公司的介绍参见 http: //engilsanoat. uz/ru/o- kompanii/。

③ Nizam Yuldashbaev, “2015 Uzbekistan Cotton Annual”, USDA GAIN Report Number: UZ5002, March 30, 2015.

口量会根据市场情况有波动）。①

表 9.12 乌兹别克斯坦棉花出口贸易情况 （单位：万吨）

	2012 年	2013 年	2014 年
孟加拉国	25	19.8	17.5
中国	31	22.7	15.5
俄罗斯	1.9	1.1	2.0
韩国	2.7	3.3	4.2
土耳其	0.9	0.7	1.7
伊朗	4.2	2.3	3.2
意大利	0.1	0.2	0.2
以上国家总计	65.8	50.2	44.3
其他国家	2.9	11.8	15.7
总计	68.7	62.1	60.0

资料来源：Nizam Yuldashbaev，“2015 Uzbekistan Cotton Annual”，USDA GAIN Report Number：UZ5002，March 30，2015。

虽然乌兹别克斯坦的粮食产量在数量上看似可以满足自身的需求，甚至还能出口部分粮食，但事实上乌兹别克斯坦仍然需要进口相当规模的粮食（主要是小麦）。

2014/2015 年市场年，乌兹别克斯坦的小麦播种面积达到 142 万公顷，其中 115 万公顷是灌溉地；生产粮食 805 万吨，其中 93%—94% 是小麦，小麦的产量为 715 万吨。一些专家认为，乌兹别克斯坦本国产的小麦只有 50%—55% 适合用于人类食用，其余的部分用于饲料或其他用途。许多私人的面包店仍然喜欢使用从哈萨克斯坦进口的面粉。乌兹别克斯坦国内食

① Ibrahim Sirtioglu，“Uzbekistan Cotton and Products Update”，USDA GAIN Report Number：UZ5003，Nov. 20，2015.

品用小麦消费为 660 万吨左右。①

乌兹别克斯坦 2013/2014 年市场年的小麦进口为 195 万吨左右，2014/2015 年市场年上升为 210 万吨左右，主要是因为乌兹别克斯坦国内对高质量面粉需求的上升。同时，乌兹别克斯坦也进口面粉，面粉进口量从 100 万吨/年提高到 150 万吨/年。哈萨克斯坦牢牢地占据了对乌兹别克斯坦高质量小麦和面粉供应者的地位，乌 70%—75% 的小麦是从哈萨克斯坦进口的。根据哈萨克斯坦的贸易数据，2013 年哈萨克斯坦出口了 98 万吨面粉到乌兹别克斯坦，预计 2014/2015 年市场年的面粉出口量会达到 130 万吨。

在 2013/2014 年市场年，乌兹别克斯坦出口了 50 万吨低等级的小麦，据报道是出口到了伊朗、阿富汗和一些独联体国家。2014/2015 年市场年预计出口 40 万吨小麦。②

表 9.13　乌兹别克斯坦小麦生产和贸易数据

	2012/2013 年	2013/2014 年	2014/2015 年
种植面积（千公顷）	1400	1400	1420
产量（千吨）	6750	6780	7150
进口（千吨）	1750	1950	2100
出口（千吨）	450	500	400

资料来源：Nizam Yuldashbaev，“Uzbekistan Grain and Feed Update”，USDA GAIN Report，Aug. 11，2014。

（四）吉尔吉斯斯坦

吉尔吉斯斯坦与俄罗斯、哈萨克斯坦的情况不同，在该国私人农场占

① Nizam Yuldashbaev，“Uzbekistan Grain and Feed Update”，USDA GAIN Report，Aug. 11，2014.

② Ibid.

主体的生产地位。另外，吉尔吉斯斯坦保持着畜牧业的发展势头，肉牛、奶牛的饲养和生产情况都好于俄罗斯和哈萨克斯坦。但是在种植业方面特别是粮食的生产上，吉尔吉斯斯坦仍然无法满足自身的需求，需要较大的进口。

吉尔吉斯斯坦农业、林业与渔业2014年的总产值为1956亿索姆（约42亿美元），其中种植业占50.1%，养殖业占47.6%，林业和渔业占0.2%，农业服务业占2.1%。

2014年，吉尔吉斯斯坦国有以及集体农业企业的农产品产量仅占总产量的2%，而私人（农民）农场的产量占60.2%，家庭农户的产量占35.7%。

2014年，吉尔吉斯斯坦粮食作物的种植面积占总种植面积的55.7%，为65.7万公顷；饲料作物占26.6%，为31.3万公顷；马铃薯和蔬菜瓜类占11.3%，为13.3万公顷；经济作物下降到6.5%，为7.7万公顷。

吉尔吉斯斯坦2014年的粮食总产量（初步加工后）为145万吨，比2013年低20.2%；马铃薯132万吨，比2013年高0.8%；蔬菜92万吨，比2013年高4.3%；棉花产量为7万吨，比2013年高0.6%；加工用甜菜17万吨，比2013年下降11.2%。

2014年，吉尔吉斯斯坦肉类总产量为20.2万吨（屠宰重量），比2013年上升了4.9%。在肉类总产量中，牛肉占50.1%，羊肉占29.3%，马肉占9.8%，猪肉占7.8%，鸡肉占2.9%，兔肉占0.1%。

到2014年底，吉尔吉斯斯坦共有146万头牛，比2013年底增加了3.8%，比2010年增加了12.3%；绵羊和山羊的数量为583万头，比2013年增长了3.3%，比2010年增加了15.7%；马的数量为43万头，比2013年增加6.0%，比2010年增加了14.1%；家禽的数量为542万只，比2013年增加0.6%，比2010年增加了14.1%；猪的数量为5万头，比2013年下降了2%，比2010年下降了15.1%。①

① Сельское Хозяйство Кыргызской Республики. 2010 – 2014. Годовая публикация. Бишкек 2015.

表 9.14　吉尔吉斯斯坦农业、林业和渔业的基本指标情况（2010—2014 年）

	2010 年	2011 年	2012 年	2013 年	2014 年
总人口（千人）	5192	5259	5352	5464	5580
城市人口	1828	1847	1856	1899	1942
农村人口	3363	3411	3496	3565	3637
农村人口占比（%）	64.8	64.9	65.3	65.2	65.2
农业经济占国民生产总值的比重（%）	18.5	18.0	16.7	14.6	14.7
农业、林业、渔业的年均从业人数（千人）	699	700	688	716	727
播种面积（千公顷）	1145	1159	1165	1170	1181
其中，					
粮食作物	625	630	625	645	657
棉花	26	37	31	23	23
加工用甜菜	8.4	8.1	5.6	6.7	7.3
油料作物	55.3	54.6	54.5	50.1	43.8
马铃薯	84.3	84.9	81.6	80.5	78.9
蔬菜	41.9	42.8	45.5	44.2	44.9
饲料作物	291	290	310	308	313
农作物产量（千吨）					
粮食	1583	1580	1438	1813	1445
加工用甜菜	139	158	102	195	173
棉花	74	101	84	68	69

续表

	2010 年	2011 年	2012 年	2013 年	2014 年
油料作物	60	56	58	55	45
马铃薯	1339	1379	1312	1332	1320
蔬菜	812	820	865	881	919
牲畜和家禽数量（年底，千头）					
牛	1298	1338	1367	1404	1458
羊（绵羊和山羊）	5037	5288	5432	5641	5829
猪	59	59	55	51	50
家禽	4749	4815	5076	5385	5420
禽肉产量（屠宰重量）	187	190	192	193	202
原奶产量（千吨）	1359	1358	1382	1408	1445
羊毛（吨）	10857	11095	11333	11590	11810
蜂蜜（吨）	1647	1246	1718	1609	1744
农产品的商品率（%）					
粮食	44. 3	57. 2	38. 4	42. 6	46. 0
油料作物	43. 7	35. 9	46. 2	50. 4	55. 5
马铃薯	43. 7	35. 7	32. 2	50. 5	41. 3
蔬菜	60. 7	78. 5	58. 5	58. 9	62. 0
水果和浆果	61. 8	62. 9	68. 1	72. 6	63. 6
禽肉（按屠宰重量）	57. 8	65. 6	68. 0	69. 8	70. 2
原奶	61. 6	65. 5	58. 5	68. 4	73. 0

续表

	2010 年	2011 年	2012 年	2013 年	2014 年
鸡蛋	71.8	72.9	68.2	74.5	66.8
农业经营主体的总数量（年底，个）	332170	345113	357227	383436	384871
其中					
国有企业	64	65	60	56	40
集体企业	509	556	525	497	513
私人农场和个体经营者	331059	344492	356642	382883	384318
国家和集体组织所有的庭院经济	538	538	538	538	538
家庭农户	726632	726632	726632	726632	726632
园艺和别墅合作社	405	405	405	405	405
林业企业	71	71	71	71	71
渔业企业	13	13	13	13	13
农业、林业、渔业总产量（当前的价格，百万索姆）	115111	149276	167393	171695	195650
其中，					
种植业	59620	75299	80349	86221	98165
养殖业	52874	71081	83166	81676	93023
农业经济领域内的服务业	2527	2622	3576	3467	4115
狩猎与林业	45	218	237	265	285
渔业	43	54	63	65	61
农业、林业与渔业经济生产指数（%，与上年相比）	97.4	102.0	101.2	102.7	99.5

续表

	2010 年	2011 年	2012 年	2013 年	2014 年
其中，					
种植业	93. 6	103. 2	100. 7	104. 8	95. 4
养殖业	102. 0	101. 0	102. 0	101. 1	103. 8

资料来源：Сельское Хозяйство Кыргызской Республики. 2010—2014. Годовая публикация. Бишкек 2015. С. 12—16.

吉尔吉斯斯坦的农业产出集中在楚河州、奥什州和贾拉拉巴德州。2014 年，楚河州农业产值为 444 亿索姆，占吉全国的 22. 9%；贾拉拉巴德州 3924 亿索姆，占 20. 2%；奥什州 353 亿索姆，占 17. 8%。①

表 9. 15　吉尔吉斯斯坦各地区的农业发展情况（2014 年）

	农、林、渔业总产值（百万索姆）	增长指数（与 2013 年相比）	农作物种植面积（千公顷）	粮食产量（千吨）	拖拉机的数量（台）（2015 年年初数据）	年末牛的存栏数（千头）	肉产量（千吨）（屠宰重量）	奶产量（千吨）
巴特肯州	16 797	100. 8	61. 9	102. 0	2601	127. 1	15. 1	95. 5
贾拉拉巴德州	39 216	103. 4	147. 8	259. 7	3685	294. 6	29. 2	298. 3

① “吉各州 2014 年农业总产量情况”，中国驻吉尔吉斯斯坦大使馆经济商务参赞处，2015 年 1 月 30 日，http：//kg. mofcom. gov. cn/article/jmxw/201501/20150100883828. shtml。

续表

	农、林、渔业总产值（百万索姆）	增长指数（与 2013 年相比）	农作物种植面积（千公顷）	粮食产量（千吨）	拖拉机的数量（台）（2015 年年初数据）	年末牛的存栏数（千头）	肉产量（千吨）（屠宰重量）	奶产量（千吨）
伊塞克湖州	24 337	99. 7	177. 0	148. 3	3948	209. 9	26. 3	200. 6
纳伦州	13 287	98. 0	102. 6	39. 6	2100	142. 0	23. 5	117. 7
奥什州	35 316	101. 6	175. 0	298. 0	3852	340. 9	42. 1	286. 8
塔拉斯州	21 084	99. 2	104. 3	130. 8	2346	67. 1	11. 4	77. 0
楚河州	44 428	95. 3	410. 2	461. 7	7462	265. 9	54. 2	361. 9
比什凯克市	415	93. 6	0. 3	–	1125	0. 9	0. 2	0. 9
奥什市	764	101. 5	2. 1	5. 8	323	9. 5	0. 8	6. 8

资料来源：根据 Сельское Хозяйство Кыргызской Республики. 2010—2014. Годовая публикация. Бишкек 2015. С. 19 – 58. 材料整理。

（五）塔吉克斯坦

塔吉克斯坦目前仍然是中亚国家中粮食问题最为严重的国家。2015 年，塔吉克斯坦因饥饿导致营养不良的人口比例为 30. 3%，较 2005 年下降 5%，但目前仍是中亚地区饥饿问题最严重的国家。哈萨克斯坦人口中该比例为 8%，吉尔吉斯斯坦为 9. 4%，土库曼斯坦为 12. 9%，乌兹别克斯坦为13.3%。①

据塔吉克斯坦统计署的数据，2014年塔农业产值为167.57亿索莫尼，约合42.6亿美元，同比增长4.5%。其中，种植业产值为145.33亿索莫尼，约合29.45亿美元，同比增长0.9%；畜牧业产值为64.89亿索莫尼，约合13.15亿美元，同比增长12.5%。但是在2014年，对于塔吉克斯坦而言，至关重要的粮食和马铃薯的产量都在下降。2014年，塔粮食产量131.78万吨，同比下降5.4%；马铃薯产量85.37万吨，同比下降23.5%。② 据塔"AVESTA"网报道，塔吉克斯坦2014年进口小麦77.5万吨，同比增加21.4%；同时进口了18.9万吨面粉。③

据塔吉克斯坦统计署的数据，2014年1—10月塔吉克棉花出口5.93万吨，约合9470万美元，数量同比下降33.1%，金额同比下降35.9%。2013年塔棉花出口11.5万吨，约合1.9亿美元。④ 2014年，塔吉克斯坦棉花的主要出口对象国为：土耳其（占40.7%）、伊朗（占21.4%）、俄罗斯（占15.7%）巴基斯坦（占13.4%）。⑤

2015年1—6月，塔吉克斯坦农业总产值为49.69亿索莫尼，与2014年同期相比，按可比价格增加了6.9%；食品进口与上年同期相比增长了2.7%。其中，小麦进口增长6.4%，糖及糖果进口增长33.7%，马铃薯增长88.5%，蔬菜增长2.4倍。主要的进口食品为小麦和面粉，占了绝大部分的比重，其次为糖、植物油、蔬菜、水果、马铃薯、面粉制品、奶制品、鸡蛋、茶叶等。⑥

---

① "塔吉克是中亚地区饥饿问题最严重的国家"，中国驻塔吉克斯坦经商参处，2015年10月19日，http://tj.mofcom.gov.cn/article/jmxw/201510/20151001139396.shtml。

② "塔吉克斯坦2014年农业增长4.5%"，中国驻塔吉克使馆经商参处，2015年1月15日，http://tj.mofcom.gov.cn/article/jmxw/201501/20150100875520.shtml。

③ "塔2014年进口小麦77.5万吨"，中国驻塔吉克斯坦经商参处，2015年1月26日，http://tj.mofcom.gov.cn/article/jmxw/201501/20150100878581.shtml。

④ "1—10月塔吉克棉花出口进一步下降"，中国驻塔吉克斯坦经商参处，2014年11月20日，http://tj.mofcom.gov.cn/article/jmxw/201411/20141100803941.shtml。

⑤ "Tajikistan's cotton fiber exports reportedly fall 24.5 percent", *Tajikistan News*, No. 13, January 21, 2015.

⑥ Продовольственная безопасность и бедность. №. 2. 2015. Агентство по статистике при Президенте Республики Таджикистан. 2015.

2014 年食品进口占塔全国总进口总额的 18%，2015 年上半年上升到 25%（见 9.16 表）。

表 9.16　2014、2015 年 1—6 月基本食品的进出口及其比重情况

（单位：千吨）

	出口		2015 年与 2014 年同期相比（%）	进口		2015 年与 2014 年同期相比（%）
	2014 年	2015 年		2014 年	2015 年	
食品商品	105.8	132.5	125.2	805.8	827.6	102.7
其中，						
小麦	0.0	0.0	–	371.8	395.5	106.4
面粉	0.2	0.0	–	94.7	77.8	82.2
糖和糖果	0.0	0.0	–	65.9	88.1	133.7
植物油	0.1	0.0	–	38.5	38.3	99.5
奶和奶制品	0.0	0.0	–	7.2	5.5	76.4
鸡蛋	–	–	–	2.4	1.2	50.0
茶叶	0.0	0.0	–	3.3	1.8	54.5
马铃薯	–	0.5	–	27.0	50.9	188.5
蔬菜	60.5	91.2	150.6	5.2	14.8	284.6
水果	40.9	35.9	87.8	26.0	21.8	83.8
食品产品占总进出口的比重（%）	4.3	4.0	93.0	18.4	25.1	136.4

资料来源：Продовольственная безопасность и бедность. №. 2. 2015. Агентство по статистике при Президенте Республики Таджикистан. 2015. С. 75。

2015 年 1—6 月，包括 2014 年全年，塔吉克斯坦食品的价格增长超过非食品商品。2015 年 1—6 月，水果价格上涨了 38.6%，卷心菜价格上涨了 23.2%，糖上涨了 12.4%，大米上涨了 9.7%，一等面粉上涨了 8.5%。

2015 年 6 月，在实体经济部门中，工资收入最低的是农业、狩猎和林业工人，平均月工资为 247 索莫尼，渔业工人的工资为 453 索莫尼。工资收入最高的实体经济行业为建筑业（2057 索莫尼）和采矿业（1861 索莫尼）。负债最多的实体经济部门为农业、狩猎和林业，负债 726 万索莫尼。①

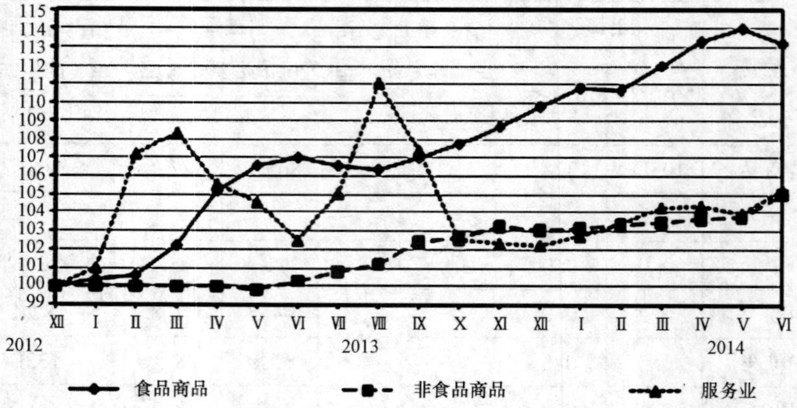

图 9.3　塔吉克斯坦食品、非食品商品和服务业价格指数
[月末数据，与 2013 年 12 月相比（%）]

资料来源：Продовольственная безопасность и бедность. №. 2. 2015. Агентство по статистике при Президенте Республики Таджикистан. 2015。

二、上合成员国农业发展中的关键问题分析

2014—2015 年，对于俄罗斯农业而言，关键的问题是农业企业的债务问题，以及加快实现农产品与食品的进口替代。哈萨克斯坦是寻求农产品的进口替代，提高农业生产效率。乌兹别克斯坦是推动农业种植结构的转变，降低棉花的种植面积，提高蔬菜、水果的种植、生产与出口。吉尔吉斯斯坦与塔吉克斯坦一方面需要解决粮食（小麦）的生产问题，另一方面也亟需出口部分农产品（肉类、水果蔬菜等），以增加国家的收入。

① Продовольственная безопасность и бедность. №. 2. 2015. Агентство по статистике при Президенте Республики Таджикистан. 2015.

（一）俄罗斯

自 2005 年以来，俄罗斯不断加大对农业的投入和关注。近年来，俄罗斯总统会到一些重要的农业地区视察，并就地召开全国农业问题工作会议。2014 年 6 月 18 日，俄罗斯总统普京视察了北高加索联邦区的斯塔夫罗波尔边疆区，并举行工作会议。[①] 2015 年 9 月 24 日，普京总统视察了南部联邦区的罗斯托夫州，并举行农业问题工作会议。[②] 在这些农业问题工作会议上，讨论的都是俄罗斯农业当前发展中最为重要的议题。普京的工作意图很明确，即找出关键问题，并有效、完善地加以解决。参加这些会议的还有俄罗斯农业部长，总统农业顾问，经济发展部、财政部、地方农业部门的代表，农业企业、私人农场的代表等。其中，被反复重点提及的关键词有农业企业的负债问题、进口替代问题等。

1. 农业企业的负债问题

2014 年，在视察斯塔夫罗波尔边疆区时，普京总统在斯塔夫罗波尔国立农业大学召开了俄罗斯农业经济发展的专门会议。俄罗斯领导人很清楚，农业总体的态势是在增长，但是农业生产者的负债压力大，而农业生产的总体盈利水平很低。根据俄罗斯农业部的数据，2014 年 5 月俄罗斯农业生产者的负债水平比上年同期增长了 5%，达到了 2 万亿卢布。负债水平的提高说明了俄罗斯农业生产的盈利低、生产效率低，也反映了俄罗斯国家对农业支持中的问题。为此，普京总统特别强调国家的支持应该更有成效、

---

① 斯塔夫罗波尔边疆区是俄罗斯第二产粮大省，农业总产值位于全俄罗斯第七位（2013 年全年）。2014 年在斯塔夫罗波尔召开的俄罗斯农业问题工作会议参见：В Ставропольском государственном аграрном университете Владимир Путин провёл совещание по вопросам развития сельского хозяйства в России. 18 июня 2014 года. http：//www. kremlin. ru/events/president/news/45930/work。

② 罗斯托夫州是俄罗斯第三产粮大省，农业总产值在克拉斯诺达尔边疆区之后，位列全俄第二位（2013 年全年）。2015 年在罗斯托夫州举行的俄罗斯农业问题工作会议参见：Владимир Путин провёл выездное совещание по вопросам развития агропромышленного комплекса. 2015 – 09 – 24. http：//www. kremlin. ru/events/president/news/copy/50360。

更能帮助农业生产者，国家投入的资源应该产出最大的成效来。俄罗斯目前每年对农业的支持仅在联邦层面就达到2000亿卢布，[①] 政府对农业的补贴与支持对农业企业的盈利影响重大。

俄罗斯农业企业的盈利率在2013年为7.3%，而如果没有补贴的话，盈利率为负5.2%。为了缓解农业企业的债务负担，保证农业经济的积极发展态势，主要的出路仍然是依靠财政的投入。如果没有政府的支持，俄罗斯的农业无法取得目前的成绩。俄罗斯时任农业部长费奥德罗夫在2014农业工作会议上说，俄罗斯农业领域极其需要政府的支持水平与2013年的支持力度持平，不能降低。但是，国家的很多支持是以贷款的形式提供给农业生产者的，这样就形成了一个恶性循环：农业生产者需要国家的贷款支持，但是在一系列突发事件的影响下，如自然灾害、卢布贬值等，其偿还债务的能力下降，由此更需要国家的资助，更加依赖政府补贴，债务问题的解决就更加遥遥无期。

俄罗斯粮食生产者协会会长斯库里欣（П. Скурихин）指出："农业生产者的负债已经有2万亿卢布，这是金融危机和一些干旱年景造成的结果。现在的负债问题，按照我们的估计，农业企业无法在最近的十年里独立解决。这样的财政状况，非常负面地影响着我们农业企业机械的装备。根据俄罗斯统计部门的数据，2008—2012年拖拉机的更新率只有3%。由于无法保证粮食收割机的数量，不得不延长粮食收割的时间，而每耽搁一天，就是1%的损失（占总收获的比例）。农业领域非常需要吸引投资。"他还建议对农业生产者的债务进行重组，但是在2014年的农业问题工作会议上，这个建议没有得到直接的答复。

高额负债的问题还影响到银行对农业的贷款支持。俄罗斯经济发展部部长乌柳卡耶夫（А. Улюкаев）谈及了对农业贷款中的三个主要问题：农业生产者缺少抵押物、缺少长期贷款、缺少廉价的资金。

关键的是土地作为抵押品的问题。在俄罗斯，农业企业的大部分土地是租赁农民的"土地份额"土地，而农民的"土地份额"又不是其实际拥

---

① 据笔者2015年10月对华信集团的咨询，俄罗斯对农业的支持不低于中国的水平。东宁华信是黑龙江省从事对俄农业合作（主要在滨海边疆区）的一个成功案例。

有的土地。[①] 银行不愿意以此为抵押品放贷。俄罗斯联邦储蓄银行副行长兹拉特基斯（Белла Златкис）说："目前中央银行对于土地抵押问题不是很信任。因为有不同种类的土地，同时对于这些土地又有不同的所有权类型。"俄罗斯财政部副部长伊万诺夫（Андрей Иванов）指出："在俄罗斯，农工综合体（农业企业）对于银行来说是一个非常敏感的部门。土地抵押对于银行来说，是一个原则性的问题。在没有抵押的情况，特别是在农业领域内，银行与客户之间无法建立起信任的关系。"而土地所有权的问题显然不是俄罗斯政府想大力推进的，也不是在短时间内能够加以解决的。这就是俄罗斯农业在表面成就之下所隐藏的难题：国家大规模投资与放贷，但是自然灾害与卢布贬值等造成农业生产者负债率高，由于缺乏明确的产权，土地难以作为抵押品申请贷款，银行不愿意继续向农业生产者放贷，但是后者又急需资金支持。2014 年年底，俄罗斯工商会会议在莫斯科举行，其中讨论了农业问题。俄罗斯工商会主席谢尔盖·卡特林（Сергей Катырин）在发言中指出："没有国家的支持，农业经济无法生存……农业企业的高负债率是一个巨大的、系统性的问题。同时，贷款更加难以获得。问题在于贷款需要有抵押基础，而这些是小生产者，有时甚至是中等生产者都没有的。另外，贷款的期限也不够长，仅为 3 年以内。对于农业生产来说，最现实的期限应该是 5—10 年。"[②]

普京总统还是希望银行能对农业提供贷款，他为此在工作会议上建议："如果有国家担保的话，通过细致地分析贷款项目，特别是在危机的情况下，金融机构也可以提供无抵押的资助，以避免危机影响实体经济部门。"

在 2014 年农业工作会议之后，普京签署了一系列关于农业发展的命令，其中一条就是关于财政支持的："政府需要修改 2013—2020 年农业

① 关于俄罗斯农用土地流通、"土地份额"的分析，可参见肖辉忠："俄罗斯农用土地私有化及流转问题研究"，《俄罗斯东欧中亚研究》2015 年第 1 期，第 32—43 页。

② АПК России срочно нужен антикризисный план// Аграрное обозрение. №. 1 (47) 2015. С. 6 – 7.

和农产品发展国家规划，联邦财政要优先对农业投资性贷款进行利率补贴。”① 在俄罗斯财政紧张的情况下，俄罗斯政府对其农业支持的另一种方法，是保护国内农产品和食品市场，提高本国生产产品的比重，也就是“进口替代”战略。与此同时，积极推动本国农产品出口到国际市场。

2. 进口替代与出口

俄罗斯对农业支持的目标很明确，即发展本国农业，实现进口替代，并推动出口。这个战略在2010年的俄罗斯联邦食物安全构想中②就已经确定下来了。在2014年的农业问题工作会议上，俄罗斯总统普京指出：“俄罗斯以及欧亚经济联盟的市场有着1.7亿多的消费者，这是一个非常有前景的市场，我们应该保证我国的生产者在其中扮演主要的角色，不仅如此，还应拓展在国际市场的影响力。”

会议结束后不久，由于欧美等方面不断加大对俄罗斯的制裁，俄罗斯在农产品贸易领域内做出了反制措施，标志是2014年8月6日普京签署的“为保障俄罗斯的安全采取部分特别的经济措施”总统令，规定在一年的期限内，禁止或者限制在俄罗斯领土上进口那些制裁俄罗斯国家（美国、欧盟国家、加拿大、澳大利亚和挪威）的部分农产品。后来随着欧美对俄制裁的延长，俄罗斯方面也相应地延长了禁止农产品进口的反制裁措施。

俄罗斯选择限制西方国家的农产品进口，既是反制裁的手段，更重要的是乘机实现进口替代的目标，即使俄罗斯本国生产的农产品和食品占领本国的市场。

在2015年9月的农业问题工作会议上（罗斯托夫州），进口替代与推动出口是关键的主题。会议一开始，普京总统就指出：“禁止部分国家农产品进口，对于俄罗斯本国的农业企业来说，就有了额外的机会和发展的动力，来巩固本国农产品在国内市场上的地位。”2005年以来实施了几轮国

① Владимир Путин подписал перечень поручений по итогам совещания по вопросам развития сельского хозяйства в Российской Федерации, состоявшегося 18 июня 2014 года. 3 июля 2014 года. http://www.kremlin.ru/acts/assignments/orders/46153.

② 关于该构想的分析，参见肖辉忠：“近年来的俄罗斯农业问题”，《俄罗斯中亚东欧市场》2012年第3期，第9—10页。

家对农业的支持规划之后，俄罗斯本国的农业生产在某些领域内确实取得了较好的发展，如粮食、植物油、鸡肉、猪肉。① 但也有薄弱环节，特别是牛肉、牛奶、蔬菜和水果等。对于优势产品，俄罗斯的目标是拓展出口；对于薄弱环节，俄罗斯的目标是采取多种手段推动发展，并限制进口。

对于这些问题，俄罗斯总统有着清楚的认识和思路：

> 首先，近年来俄罗斯已经成为一个最大的粮食和植物油出口国。同时，我们需要占领新的市场，更加积极地使俄罗斯的猪肉和鸡肉能够打入国际市场。建议在俄罗斯外经银行的基础上成立俄罗斯出口中心（Российский экспортный центр），采取可能的机制支持我们的生产者。同时也请农业部在研究国家发展农业规划时，专门列出一个支持出口的方向来。
>
> 其次，俄罗斯可以独立地满足国内的猪肉和鸡肉的消费需求。但是牛肉情况就不像我们期望的那样了，而且近年来在这个方向采取了一系列国家的支持措施和地区的项目。请大家交流一下，这些措施是否值得，以及如何提高牛肉生产的效率。
>
> 第三，在保证国内的蔬菜和水果市场方面，还比较麻烦，特别是在冬季。这方面有很大的空间。重要的是，要提高温室蔬菜生产的利润，改善蔬菜存储的基础设施，发展制种业。当然，需要采取更严格的措施，保证进口到俄罗斯的蔬菜和水果的质量，与国内市场上的不正当竞争做斗争。如果我们不对进口的食品质量进行监督，而只是严格要求本国的产品，那么我们将再一次把自己的生产者置于不利的竞

① 新任俄罗斯农业部长特卡乔夫指出："由于国家规划的实施，我们把鸡肉的产量提高了 3 倍，达到了 420 万吨；猪肉提高了 2 倍，达到了 300 万吨。得益于国家规划，俄罗斯新建了 300 个新的猪肉生产综合体、130 多个鸡肉生产综合体。这是庞大的数量，这是工作岗位和税收的基础。对猪肉和鸡肉生产的支持，使得俄罗斯在这两样肉制品上的自给率从 60% 提高到 95%。……但是在牛奶和牛肉领域我们没有取得成功。10 年的时间内，我们的牛奶产量几乎没有增长。投资也不流入这个领域，盈利率非常低，需要更有效的支持工具。我们有 800 万吨牛奶的缺口，主要通过从白俄罗斯进口来填补。"参见 Владимир Путин провёл выездное совещание по вопросам развития агропром ышленного комплекса. 2015 - 09 - 24. http：//www. kremlin. ru/events/president/news/ copy/50360。

争环境之中。

第四，必须帮助国内的生产者能够进入贸易网络，建成现代的、文明的贸易基础设施。再一次请农业部一定给予这个问题最大的关注。近年来国家在支持农业经济方面，投入了大量的预算资源。我不止一次强调，今天还想再说：必须保证这些资源能够到达具体的农业生产者的手中，包括到达私人农场经营者手中。①

俄罗斯新任农业部长特卡乔夫由于长期在俄罗斯农业第一大边疆区（克拉斯诺达尔）工作，表现出了非常清晰的发展思路，他在2015年的农业会议上明确提出了未来的发展重点："我们需要在未来聚焦于牛奶、牛肉、蔬菜和水果的生产。这些市场还没有被本国的产品所占有。俄罗斯本国有条件生产这些产品……如果在未来5年的时间内，我们能从国家预算中每年增加250亿—300亿卢布，我可以向你们保证，我们在所有这些生产不足的方向（蔬菜、水果、牛肉、牛奶）都能保证95%—99%的自给率。一劳永逸地解决自己的食物供应的问题，不用再花费大量的资源进口这些农产品。"②

特卡乔夫详细介绍了他的发展规划：

俄罗斯的牛奶生产。在牛奶生产领域，虽然引进了一批新的、现代化的生产综合体和农场，但是家庭农户生产牛奶的产量下降，主要是社会的、人口的原因，造成从事家庭农户生产的人数下降，使得牛奶生产没有增长。公正地说，家庭农户今天仍然生产着50%的牛奶，即在3000万吨俄罗斯的牛奶中，有近1500万吨是由家庭农户生产的。但是由于人口状况的因素，家庭农户逐年减少，其牛奶的生产也逐年减少。我们需要用高水平的牛奶生产综合体、私人农场，来代替家庭

① Владимир Путин провёл выездное совещание по вопросам развития агропромышленного комплекса. 2015 - 09 - 24. http://www.kremlin.ru/events/president/news/copy/50360.

② 特卡乔夫在2015年农业问题工作会议上的发言，参见 Владимир Путин провёл выездное совещание по вопросам развития агропромышленного комплекса. 2015 - 09 - 24. http://www.kremlin.ru/events/president/news/copy/50360。

农户生产。我们的预测是，在目前的支持水平下，牛奶生产仍然会下降。在家庭农户，我们每年将失去50万吨牛奶。需要通过兴建新的牛奶生产综合体来弥补。如果我们现在不提高支持，那么3年之后，我们的牛奶自给率不仅不会增加，反而会下降，更不用说牛肉了。我们认为，在牛奶生产方面，需要把补贴水平从20%提高到35%。这样，牛奶生产才会有吸引力，才会有效率，才能有投资和经营者。即，对牛奶生产成本的补贴应该从20%提高到35%，就如同所有的欧盟国家20—30年前所做的一样。白俄罗斯的支持率为50%。因为大家都明白，牛奶是最为复杂的产品，并且最难得到回报，但又是必不可少的食品。需要在2016年增加200亿卢布的补贴。如果每年增加200亿卢布在牛奶生产方面，我们在2020年就能满足国内市场的需求。通过投入，我们也将把人们安定在农村地区，特别是在西伯利亚、后贝加尔地区，那里我们有巨大的牧场。

俄罗斯的粮食生产。今天，俄罗斯平均每公顷土地上，肥料的需要投入量为50公斤，而实际投入量仅33公斤。在西伯利亚，每公顷投入7公斤；在伏尔加地区，每公顷投入35公斤，需要量为70公斤。在克拉斯诺达尔和罗斯托夫，投入量为70—90公斤。很自然，产出和投入之间是直接关联的。我们只有14%的肥料用在了俄罗斯本国，其余的都是用来出口了。我们应该留下700万吨，而不是300万吨。应该鼓励农业生产者购买肥料，当他们投入肥料的时候，我们会收获更多的粮食。下一步，我们应该推动土地的流通，我们有近1000万公顷的土地撂荒，其上已经生长了树木但是仍然有潜力开发使用，可以用来生产近2000万吨的粮食。这是长期的任务，非一日能够完成，但是一步步地，能够达到目标。

在俄罗斯发展本国农业，提高本国农产品的市场占有率，实现进口替代的同时，俄罗斯的农产品出口额也逐年上升。2014年，出口达到了创纪录的191.36亿美元，超过2013年水平14.5%。① 主要的出口品种是粮食，占农产品总出口额的2/3。其次是鱼类产品，占1/5左右。其余的是植物

① Выступление Н. Федорова на коллегии Минсельхоза РФ 15 апреля 2015 года. http：// agroobzor. ru/article/a—949. html.

油、向日葵和鸡肉。作为比较，俄罗斯农产品的出口额比武器出口高1/3，接近天然气出口额的一半。

2014 年，俄罗斯食品和农产品原材料的进口比上年减少了 41 亿美元，为 409 亿美元。① 进口替代战略取得了一定的效果，主要是肉类进口的下降。

2014 年不论是对大型的农业控股公司，还是对地方性的肉制品原料生产者而言，都是很有收获的一年。经过了 2013 年入世带来的冲击和 2012/2013 年市场年农业歉收的不利影响，俄罗斯取得了相当不错的成就。根据俄罗斯农业信息分析研究所（ИКАР）的估计，到 2014 年底，进口的肉类和肉制品占 16% 的市场份额，而上年同期的指标是 22%。从绝对数字来看，变化更为显著：2014 年，俄罗斯肉和肉制品的总进口量为 160 万吨，而 2013 年为 240 万吨（2014 年比 2013 年下降了 33%）。主要是猪肉进口减少了一半，进口量为 55 万吨。关键性的决定是，由于在立陶宛爆发了非洲猪瘟疫病，从 2014 年 2 月起俄罗斯禁止从欧盟进口猪肉；以及在 2014 年 8 月，针对制裁俄罗斯的西方国家，俄罗斯出台了食品禁令。但是对于牛肉的进口影响最小，因为牛肉主要是从拉丁美洲进口的，拉美国家不在俄罗斯的食品禁令名单之中。但是牛肉的进口也减少了 7%，原因是卢布的贬值，以及俄罗斯国内消费的缩减。鸡肉的进口虽然占俄罗斯的市场份额不大，但也下降了 20%。② 俄罗斯肉类和肉类制品的出口将继续扩大，根据 ИКАР 的估计，2014 年俄罗斯出口了 8.5 万吨（比 2013 年增加了 30%），主要是鸡肉及其制品（近 7 万吨），其余的是猪肉制品。俄罗斯肉类的主要出口对象国是中国和哈萨克斯坦。

根据 OECD 和 FAO 的预测，俄罗斯在全球肉类进口的份额将从 2006—2010 年间的 12% 下降到 2021 年的 4%，从世界最大的肉类进口国下降到 2021 年的第四大肉类进口国，排在日本、撒哈拉以南非洲国家和沙特阿拉

① Выступление Н. Федорова на коллегии Минсельхоза РФ 15 апреля 2015 года. http：// agroobzor. ru/article/a—949. html.

② Лента новостей ИКАР. Итоги 2014 г. и перспективы 2015 г. от ИКАР. 28. 12. 2014. http：//www. ikar. ru/lenta/524. html#events.

伯之后。①

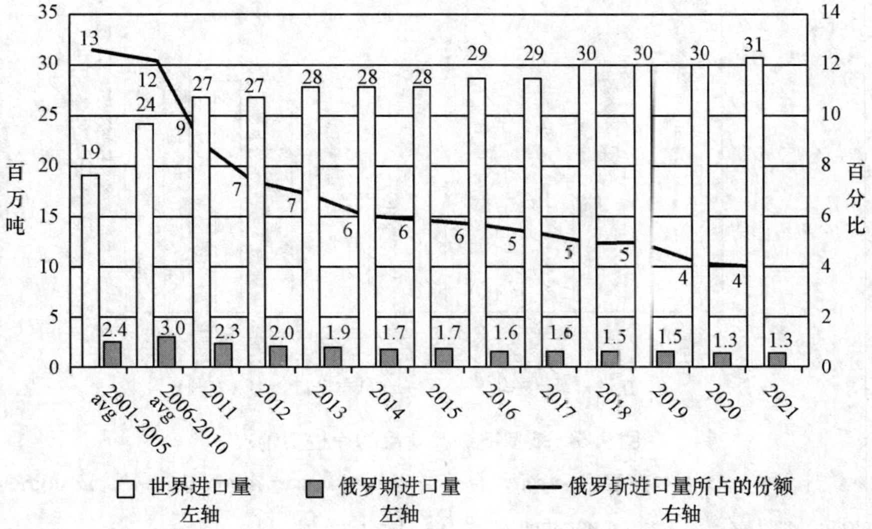

图 9.4　全球肉类（牛肉、猪肉和鸡肉）进口量
以及俄罗斯联邦肉类进口占比（2001—2021 年）

资料来源：OECD-FAO Agricultural Outlook 2012，转引自 Dmitry Prikhodko，Albert Davleyev，*Russian Federation Meat Sector Review*，FAO Investment Center Country Highlights，Rome，2014，p. 5。

虽然俄罗斯进口的食品，特别是肉制品在明显下降，但是从图 9.5 中可以看出，俄罗斯仍然是一个农产品和食品的净进口国，进口量是出口量的 2 倍左右。2014 年的进口额为 409 亿美元。而且，蔬菜、奶制品等劳动密集型的产品在短期内仍然难以大规模生产以实现进口替代。根据俄罗斯农业市场研究所的数据，2014 年俄罗斯食品市场上，对进口依赖程度较大的领域有：（1）露天蔬菜，进口份额占 30%，进口 103 万吨；（2）马铃薯，进口份额占 12%，进口量 87 万吨；（3）温室大棚蔬菜，进口份额占 45%，进口量 105 万吨；（4）原奶，进口份额占 33%，俄罗斯原奶缺口为

① Dmitry Prikhodko，Albert Davleyev，*Russian Federation Meat Sector Review*，FAO Investment Center Country Highlights，Rome，2014，p. xi.

800 万吨；（5）水果，进口份额占 62%，进口量 158 万吨。①

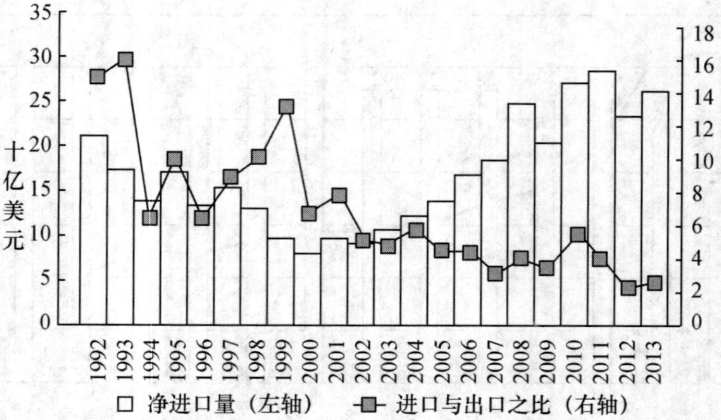

图 9.5　俄罗斯联邦食品的净进口情况

资料来源：*FAOstat*，*ФТС России*，转引自 Россия может и должна стать экспортером продовольствия// Аграрное обозрение. 2015. №.1（47）. С.7。

此外，俄罗斯进口的种子、植保物品、农机配件仍然很多。在一些投资项目中（温室大棚、猪肉、禽肉、奶制品综合体项目建设），进口的配件通常占 60%—90%。②

俄罗斯真正实现进口替代，还远非易事。

表 9.17　2014 年部分农作物种子的进口情况

	进口额（亿美元）	进口量（万吨）	总使用量（万吨）	进口依赖度（%）（进口量/总使用量）
总计	6.2	11.4		
其中，				
向日葵种子	2.03	1.97	3.53	56

① Оценка инвестиционной активности в отраслях АПК в 2015г. http：//www. iamgroup. ru/.

② Выступление Н. Федорова на коллегии Минсельхоза РФ 15 апреля 2015 года. http：// agroobzor. ru/article/a—949. html.

续表

	进口额（亿美元）	进口量（万吨）	总使用量（万吨）	进口依赖度（%）（进口量/总使用量）
玉米种子	1.98	4.23	8.42	50
甜菜种子	0.836	0.33	0.36	92
蔬菜种子	0.688	0.097	0.23	43

资料来源：По данным ФТС России. 转引自 Выступление Н. В. Федорова на Всероссийском агрономическом совещании 11 февраля 2015 года. 12. 02. 2015. http：//agroobzor. ru/article/a—938. html。

3. 俄罗斯国内的食品市场和食品价格

卢布贬值、西方的制裁，加上俄罗斯的反制裁（在农产品领域）以及进口替代、推动出口的政策，对俄罗斯国内食品市场产生了明显的影响[主要反映在价格上（食品价格的膨胀）]。

俄罗斯面粉的价格与小麦的价格高度相关，近年来二者之间的价格时间间隔差逐步缩小。俄罗斯小麦价格的上涨，从 2014 年 9 月初开始影响到面粉价格的上涨。到 2014 年 11 月，一些联邦主体的面粉价格已经超过了 2013 年 1—2 月的价格（当时是创纪录的水平）。

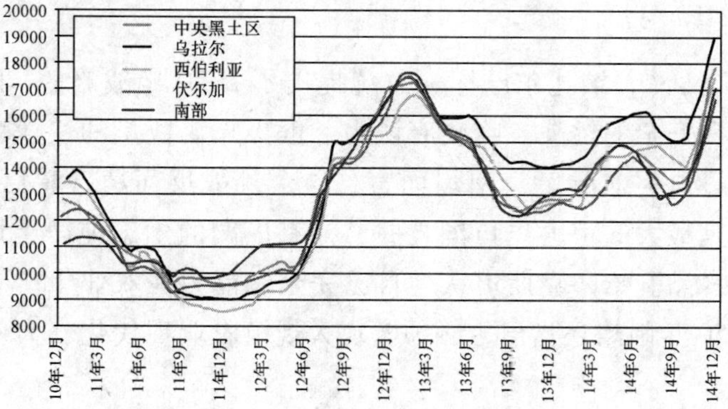

图 9.6　小麦的批发价格变动情况（卢布/吨）

资料来源：Лента новостей ИКАР. Итоги 2014 г. и перспективы 2015 г. от ИКАР. 28. 12. 2014. http：//www. ikar. ru/lenta/524. html#events。

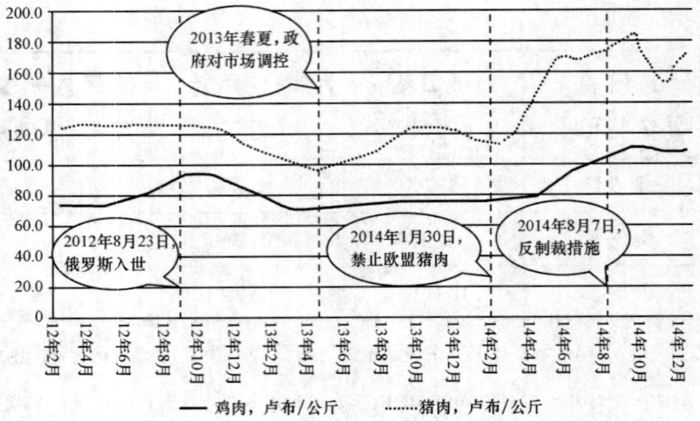

图 9.7 俄罗斯国内猪肉和鸡肉平均的批发价格

资料来源：Лента новостей ИКАР. Итоги 2014 г. и перспективы 2015 г. от ИКАР. 28.12.2014. http：//www.ikar.ru/lenta/524.html#events。

限制进口导致俄罗斯国内市场肉类供应量减少以及卢布贬值等，造成了肉类价格的上涨。2014 年猪肉的平均价格在莫斯科地区达到了创纪录的水平，为 158 卢布/公斤（含增值税），该地区在 2013 年的平均价格是 110 卢布/公斤。鸡肉价格也是如此，2014 年为 94 卢布/公斤，2013 年则不超过 73.5 卢布/公斤。

（二）哈萨克斯坦

2012 年 12 月，纳扎尔巴耶夫总统提出了 2050 年战略，① 其中提及了应对全球粮食安全的挑战。哈政府认为，世界人口数量的快速增长使粮食问题日渐凸显。但对哈萨克斯坦而言，这个挑战反而蕴含着巨大的商机。哈萨克斯坦是最大的粮食出口国之一，拥有广阔的生态纯净土地，能够生产出纯生态食品。哈萨克斯坦认为自己完全有能力在农业生产方面实现质的飞跃。2050 年战略还指出，必须实现大规模农业现代化。为使哈萨克斯

① 中文翻译参见华东师范大学俄罗斯研究中心网站：“哈萨克斯坦共和国总统—国家领袖纳扎尔巴耶夫国情咨文《哈萨克斯坦—2050》战略”，http：//www.rus.org.cn/iv4394.htm。

坦成为世界粮食市场的领袖，并扩大农业生产，这个战略指出必须做到：（1）扩大种植面积，补充一点，不是所有国家都有这个可能性；（2）大大提高粮食产量，首先是依靠新技术的运用；（3）哈萨克斯坦在世界级养殖业饲料基地的建设方面拥有巨大潜力；（4）哈萨克斯坦应创建国家级有竞争力的品牌，突出产品的生态特点。鉴于此，纳扎尔巴耶夫总统为农工综合体下达任务，必须成为纯生态生产领域的全球参与者。在发展农场经济以及农产品加工和贸易的中小企业方面，2050 年战略认为这是一项重要任务，为此哈萨克斯坦必须：（1）转变农耕文化，借助于新的科技和管理成果重振畜牧养殖传统；（2）为实现规模化生产，需要确定哪种产品可以赢得较大的出口份额；（3）到 2050 年，农业产值在 GDP 中所占比重增长 4 倍是预期的结果。

在对这个战略的具体落实方面，哈萨克斯坦农业部长马梅特别科夫在接受《哈萨克斯坦专家》刊物采访时指出，对于哈萨克斯坦农工综合体而言，关键性的目标是：（1）在 2020 年前，使农工综合体的劳动生产率提高不少于 4 倍；（2）小麦的单产达到 1.4 吨/公顷；（3）国内生产的食品占国内市场的 80%。正在执行的 2013—2020 年农工综合体发展规划，就是为了实现这些目标。①

但是，目前的农业发展状况与愿景之间有较大的差距。一方面，哈萨克斯坦仍然在进口大量的农产品。哈萨克斯坦总统纳扎尔巴耶夫在 2015 年指出："哈萨克斯坦农产品的进口已经达到了 40 亿美元/年。进口产品包括奶酪、牛肉、鸡肉、香肠和黄油。"他强调："所有进口的产品，都可以在哈萨克斯坦生产。"② 目前，在哈萨克斯坦国内市场上，40% 奶制品是进口的。③ 另一方面，哈萨克斯坦的农业生产效率低，粮食单产在中亚地区是最低的。不过哈萨克斯坦地广人稀，农业发展的潜力非常大，不论是在粮食生产还是在畜牧养殖方面。

---

① Бердыбек Улыжанов. Инвесторов ждут в сельском хозяйстве// Эксперт Казахстан. 1 - 7 Июня 2015. No. 23.

② Zhamal Zharmagambetova, "Kazakhstan Agriculture Update", GAIN Report Number: KZ1513, Aug. 5, 2015.

③ Zhamal Zharmagambetova, "Kazakhstan Agriculture Update", GAIN Report Number: KZ14, Oct. 6, 2015.

1. 发展本国生产，实现进口替代，推动出口

发展牛肉、牛奶生产。从1990年到2013年，哈萨克斯坦牛的数量从975万头下降到569万头，其中奶牛从336万头下降到258万头。随着居民生活水平的提高，对牛肉的需求也在上升。① 哈萨克斯坦政府在2011年7月29日通过了政府决议，“支持发展出口导向的肉牛养殖（2011—2015年）”。

哈萨克斯坦拥有发展养牛业的条件。（1）低成本的饲料供应。哈萨克斯坦在牧场面积上位列世界第五。拥有牧场放牧对于降低肉牛的生产成本而言，是一个关键的因素。（注：哈萨克斯坦天然草场的面积是1.89亿公顷，占整个国土面积的69.5%。夏季牧场有5160万公顷，春—夏季牧场有7710万公顷，冬季牧场有3000万公顷，整年的牧场有2630万公顷。）哈萨克斯坦平均每年出口500万吨的粮食，这些也能作为牛的饲料，然后出口高附加值的牛肉。一个简单的计算表明，出售1000吨粮食的收入是20万美元，而出售250吨牛肉（换算比例是：一公斤肉—四公斤粮食）的收入则不少于150万美元。（2）市场需求。哈萨克斯坦牛肉的潜在市场包括：俄罗斯（2012年进口99万吨）、中国（2012年进口5.7万吨，但是中国牛肉消费的增长趋势很明显），以及韩国、日本、欧盟成员国和波斯湾国家。哈萨克斯坦牛肉口感好，而且完全是天然生产，这是一个额外的竞争优势。

但是，与俄罗斯类似，哈萨克斯坦大部分的牛（70%以上）是由家庭农户饲养的。要想建立起一个商业化的、大规模的肉牛生产体系，并实现出口，在短期内难以完成。俄罗斯对国内养牛业已经有多年的投入，但是仍然难阻颓势，就是一个例证。

而在另外一个肉制品领域——鸡肉，哈萨克斯坦规划实现的可能性很大（进口替代），因为养鸡业的特点是可以大规模、集中化进行。另外，类似于俄罗斯，哈萨克斯坦大部分鸡肉是由大型农业企业生产的，在短期内通过加大投入容易产生立竿见影的效果。根据哈萨克斯坦统计部门的数据，农业企业生产了90%以上的鸡肉。大部分的肉鸡场集中于哈萨克斯坦南部和东部地区，蛋鸡场集中在北部和中部地区。

---

① Zhamal Zharmagambetova, “Kazakhstan Master Plan for Beef Cattle Sector Development till 2020”, GAIN Report Number: KZ - 1409, Nov. 24, 2014.

发展鸡肉生产。自2007年以来，进口鸡肉占哈国内市场的比重从70%降到了60%（2012年），但仍然是非常高的比重，主要是从美国进口。①哈萨克斯坦农业部推动鸡肉生产的规划，目标是实现国内生产满足国内市场的需求；通过大型的投资项目，建立起现代化科技密集型的鸡肉生产设施，在2020年前确保国内生产25万吨的鸡肉；使鸡肉的进口份额降到17%以下（占哈国内鸡肉市场的比重）。

表9.18　哈萨克斯坦鸡肉生产与进口情况　　（单位：万吨）

	2007年	2008年	2009年	2010年	2011年	2012年
产量	6.43	6.53	7.94	10.3	10.2	12.3
进口量	14.7	13.2	10.9	12.4	15.9	19.2
进口量占比（%）	70.6	67.9	57.9	55.2	60.9	61

资料来源：Zhamal Zharmagambetova，"Kazakgstan Master Plan for Poultry Meat Sector"，GAIN Report Number：KZ—1410，Dec. 11，2014。

表9.19　规划中的鸡肉产量与进口量　　（单位：万吨）

	2013年	2014年	2015年	2016年	2017年	2018年	2019年	2020年
产量	13.5	15.5	20.0	21.0	22.0	23.0	24.0	25.0
其中，冷冻肉	12.6	13.9	15.3	16.5	15.5	13.5	9.7	4.0
新鲜肉	0.9	1.6	4.7	4.5	6.5	9.5	14.3	21.0
进口量	11.8	11.0	10.2	9.5	8.0	7.2	6.5	5.6

资料来源：Zhamal Zharmagambetova，"Kazakgstan Master Plan for Poultry Meat Sector"，GAIN Report Number：KZ—1410，Dec. 11，2014。

---

① Zhamal Zharmagambetova，"Kazakgstan Master Plan for Poultry Meat Sector"，GAIN Report Number：KZ-1410，Dec. 11，2014.

2. 改变资助方式，吸引投资，提高农业生产效率

哈萨克斯坦农业生产效率低，特别是小麦单产水平在中亚国家是最低的，也低于俄罗斯的小麦单产水平。

表 9.20　2014 年五国粮食生产情况

	粮食单产	粮食作物收获面积	粮食产量
吉尔吉斯斯坦	2276 公斤/公顷	60 万公顷	136 万吨
哈萨克斯坦	1173 公斤/公顷	1458 万公顷	1710 万吨
俄罗斯	2443 公斤/公顷	4222 万公顷	1.03 亿吨
塔吉克斯坦	3153 公顷/公顷	40 万公顷	125 万吨
乌兹别克斯坦	4801 公斤/公顷	163 万公顷	784 万吨

资料来源：http：//faostat3. fao. org/download/Q/QC/E（登录日期：2016 年 1 月 8 日）。

哈萨克斯坦总统纳扎尔巴耶夫指出："虽然对农业投入了很多，但是农业领域对哈萨克斯坦经济的贡献却很微薄……对农业的补贴，几乎没有任何的回报。"① 2015 年 10 月，哈萨克斯坦农业部宣布，从 2016 年 1 月 1 日起，以往对每公顷农作物种植的补贴方式将被投资补贴所取代。农业部对补贴效果的分析表明，对每公顷农作物种植的补贴不利于效率的提高，农民也没有动力投资于新的机械和设备。在目前的补贴方式下，一些农民在过去的 20 年间没有进行过任何的投资，但是持续地得到农作物补贴。②

2014 年，"哈萨克农业"（KazAgro）推出了 73 个投资项目，总值 393 亿坚戈，目标是加速进口替代，推动出口导向型的农业产业发展。2015 年将资助 75 个投资项目，总值 500 亿坚戈，将按照商业化的模式运作。③

不过，由于油价下跌，经济增速放缓，以及俄罗斯复杂的宏观经济形势，"哈萨克农业"很难从国际上吸引资金。哈萨克斯坦共和国预算、哈

① Zhamal Zharmagambetova，"Kazakhstan Agriculture Update"，GAIN Report Number：KZ1513，Aug. 5，2015.

② Zhamal Zharmagambetova，"Kazakhstan Grain and Feed update——October Grain Update"，GAIN Report Number：KZ15，Oct. 28，2015.

③ Zhamal Zharmagambetova，"Kazakhstan Agriculture Update"，GAIN Report Number：KZ1513，Aug. 5，2015.

萨克斯坦国家基金（Нацфонд）经费都不充足，只有哈萨克斯坦养老储备金（ЕНПФ）一个资金来源。哈萨克斯坦农业部报告中指出，2014—2017年农工综合体的经费缺口为6430亿坚戈。

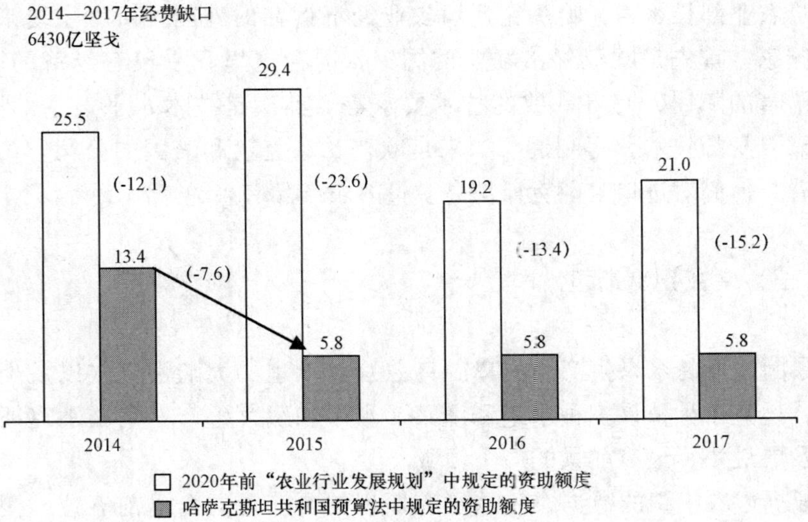

图 9.8　2014—2017 年农业领域内的经费缺口（十亿坚戈）

资料来源：Министерство сельского хозяйства Республики Казахстан. О развитии отрасли переработки сельхозпродукции и пищевой промышленности（PPT）. www. minagri. gov. kz。

当前，吸引私人投资（特别是外资）流向哈萨克斯坦农业领域非常重要，哈萨克斯坦已制定了一些优惠政策。哈农业部长针对外国投资者投资哈萨克斯坦农业的保障和优惠等问题专门指出：“在农业领域，对投资最好的保障，就是农业是哈萨克斯坦国家政策中的优先，享受着税收优惠，对农工综合体的投资和贷款规模不断增加。哈萨克斯坦的增值税为 12%，俄罗斯是 18%，白俄罗斯 20%。此外，对于所有的农产品生产者，不论是国内的还是国外的，都享受优惠单一税制度，这种制度把所有的税收降低70%（除了土地税和作为收入来源的私人农业经营税）。2014 年，哈对农业领域内的税收制度进行了改革：如果家庭农户生产的农产品出售给法人单位，则免除其私人农业经营税；如果加工企业购买私人家庭农户和小型私人农场的农产品加工，则退还其附加值税；降低单一税制的复杂程度……

关于土地使用，此前外国人或者有外国资本的公司最多能够使用租赁的农业土地10年，从2014年12月起最高的年限可达25年。这对于外国投资者更有吸引力，使他们更加确信投入的资本能够得到回收。”①

哈农业部长认为，哈萨克斯坦农业经济潜在的外国投资者主要来自于三类国家。首先是欧亚经济联盟的国家，因为这里几乎没有经济的国界，没有语言的障碍，有着一致的技术要求等。其次是技术水平发达的国家，其依靠自身的技术获得利润，如来自欧盟、乌克兰和美国的公司。第三组投资者，他们对进口哈萨克斯坦高质量的农产品有兴趣。

（三）乌兹别克斯坦

果园建设与水果生产、出口。乌兹别克斯坦的大陆性气候以及炎热的夏季，适宜于种植许多种水果和蔬菜。水果和蔬菜生产是乌兹别克斯坦农业中发展最快、最有前景的一个领域。

根据粮农组织的数据，乌兹别克斯坦的杏产量居全球前五位，樱桃产量居第六位，苹果产量居第十七位。② 2014年，乌兹别克斯坦蔬菜水果的总产量为1750万吨，其中蔬菜930万吨，马铃薯250万吨，瓜170万吨，水果250万吨，葡萄150万吨。乌兹别克斯坦2015年计划生产1800多万吨水果蔬菜产品。③

乌兹别克斯坦水果和蔬菜的主要产地是：撒马尔罕州（占蔬菜和水果总产量的16.8%）、塔什干州（占15.5%）、安集延州（占12.9%）、费尔干纳州（占8.7%）、苏尔汉河州（占8.1%）、纳曼干州（占7.15）和布哈拉州（占6.8%）。

---

① Бердыбек Улыжанов. Инвесторов ждут в сельском хозяйстве// Эксперт Казахстан. 1－7 Июня 2015. No. 23.

② Nizam Yuldashbaev, “Uzbekistan. Fruit and Vegetable Overview and Increasing Exports to Russia”, USDA GAIN Report, Dec. 8, 2014.

③ Узбекистан в 2015 г. произведет 18 млн. тонн плодоовощной продукции. 12. 10. 2015. http://www.ite-uzbekistan.uz/vis/worldfood/rus/press/news.php? ELEMENT_ID = 15670.

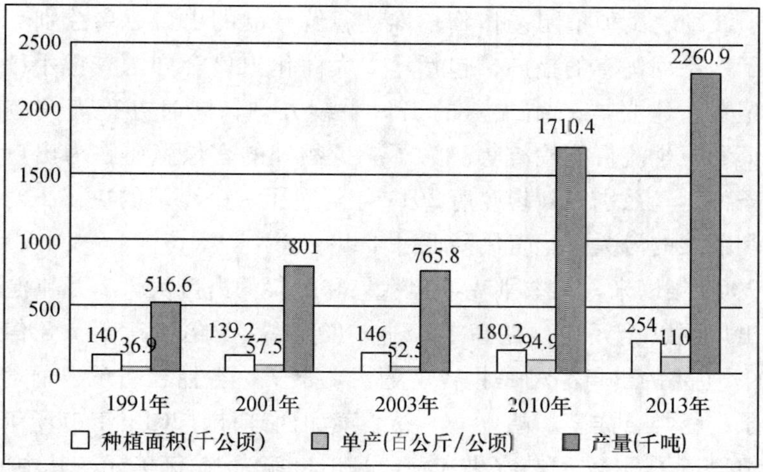

图 9.9　乌兹别克斯坦 1991—2013 年的水果生产情况

资料来源：http：//ifc. uz/ru/about_ uzb/slide_ 1. php（2016 年 1 月 7 日登录）；Международная конференция《О важнейших резервах реализации продовольственнсй программы в Узбекистане》（город Ташкент，5—6 июня 2014 года）。

乌兹别克斯坦政府充分认识到了替代性作物（水果和蔬菜）对国民经济的重要性，在过去的 5 年里兴建了 2.5 万多公顷的新果园，而且新建和更新的工作一直在进行。

表 9.21　2008—2014 年乌兹别克斯坦新建的果园和葡萄园　（单位：个）

	2008	2009	2010	2011	2012	2013	2014	总计
新果园	6452	3217	4139	14627	7564	4920	2377	43296
新葡萄园	2907	1630	1752	5328	3764	4758	8886	29025
重建果园	10225	8712	6317	12260	8526	5672	4116	55828
重建葡萄园	8046	4158	4473	5419	5970	3794	6077	37937

资料来源：Хидиров Яшин Сахибович（Заместитель министра сельского и водногс хозяйства Республики Узбекиста）. Современное состояние и перспективы развития Плодоовощеводства и виноградарства в Узбекистане，их резервы и возможности для увеличения производства. Ташкент. 2014. http：//ifc. uz/upload/iblock/db7/ db7536d63 1122b c4a30d3d5bd674a921. pdf。

为了鼓励农民种植园艺作物，推动新鲜产品的出口，乌兹别克斯坦政府推出了一系列优惠的措施，包括：大大简化出口合同的登记手续，大幅降低登记费；建立“一站式”的出口手续办理，同时办理海关登记、申报、认证和卫生流行病检查等。为了减少额外的官僚障碍，为出口商创造良好的条件，乌兹别克斯坦政府2011年通过了一个专门的决议，对于出口的水果和蔬菜的海关登记费用降低一半以上。①

自2004年以来，乌兹别克斯坦水果和蔬菜的出口从7.2万吨提升到50万吨，出口额以美元计，提高了25倍（水果5.1倍，蔬菜7.8倍，葡萄8.7倍）。主要的出口品种是：杏、葡萄、李子、石榴、甜瓜、葡萄干、核桃、桃子、豆类、洋葱、胡萝卜、卷心菜和西红柿。2013年市场年，乌兹别克斯坦出口了54.8万吨水果和蔬菜，出口额为15亿美元，其中的20万吨（合3亿美元）是出口到俄罗斯的。俄罗斯和哈萨克斯坦是乌兹别克斯坦水果和蔬菜的主要出口地。

需要强调的是，乌兹别克斯坦水果和蔬菜产品的出口额占整个国家出口额的9%，占整个中小企业出口额的50%，这表明水果和蔬菜出口的重要意义不仅是在农业经济领域，对整个国民经济都是如此。②

乌兹别克斯坦农业水利部的官员表示，到2016年乌兹别克斯坦计划使出口到俄罗斯的农产品翻番，达到50万吨。根据市场观察人士的分析，在过去的两年，乌兹别克斯坦甚至超过了对俄农产品出口基础良好的国家，如波兰、西班牙、阿根廷、摩洛哥和意大利。2014年8月7日，俄罗斯采取反西方制裁的措施，禁止进口美国、欧盟以及其他西方国家的部分农产品，包括新鲜的水果和蔬菜。乌兹别克斯坦把这个禁令视为大好的机会，来扩大本国的水果和蔬菜在接下来两年对俄的出口。③

---

① Nizam Yuldashbaev，“Uzbekistan. Fruit and Vegetable Overview and Increasing Exports to Russia”，USDA GAIN Report，Dec. 8，2014.

② Узбекистан в 2015 г. произведет 18 млн. тонн плодоовощной продукции. 12. 10. 2015. http：//www. ite-uzbekistan. uz/vis/worldfood/rus/press/news. php? ELEMENT_ ID = 15670.

③ Nizam Yuldashbaev，“Uzbekistan. Fruit and Vegetable Overview and Increasing Exports to Russia”，USDA GAIN Report，8 Dec. 2014.

（四）吉尔吉斯斯坦

1. 食品供给的问题

2015 年 10 月 1 日，吉尔吉斯斯坦政府通过了“2015—2017 年保障粮食与食品安全计划”。① 这个计划要解决的战略问题包括，通过大力发展农业领域、规划食品的进口和出口来保障食品的供给。

“2015—2017 年保障粮食与食品安全计划”是由吉尔吉斯斯坦本国的专家，在粮农组织和其他国际捐助组织的支持下制订出来的。计划指出，吉尔吉斯斯坦在基本食品的自我保障方面高度依赖进口。2014 年，在九种基本的食物中，只有三种能够完全由国内生产来保障：马铃薯（151.7%）、蔬菜和水果（143.5%）以及奶和奶制品（112.6%）。其他食品的自我保障率为：面包 72.2%，肉 68.7%，浆果 28.5%，鸡蛋 49.7%，植物油 31.6% 和糖 16.3%。进口食品在吉尔吉斯斯坦国内市场的比重为：以粮食重量计算的面包 51.2%，肉 21.4%，糖 77.9% 和植物油 77.5%。为了实现这个计划，总资金需求为 2289.8 百万索姆，但是吉尔吉斯斯坦财政（中央财政加地方财政）仅能出资 51.7 百万索姆，还有 2238.1 百万索姆需要预算外资金的补充，缺口很大。②

2. 农产品出口

中国驻吉尔吉斯斯坦大使馆经济商务参赞处的报告显示，吉尔吉斯外贸形势严峻，若不计黄金出口，则 2015 年前三季度的外贸总额、出口额和进口额均下滑 20% 以上。为扭转出口颓势，吉政府正加大力度推动本国产品出口，尤其是 2015 年丰收的农产品等。③

吉尔吉斯斯坦有潜力出口的农产品种类并不多，主要是马铃薯、蔬菜、

---

① Принята программа Правительства по обеспечению продовольственной безопасности и питания на 2015 – 2017 гг. http：//www. gov. kg/？ p = 64389&lang = ru.

② Ташбаев Азизбек Мазанович. О программе обеспечения продовольственной безопасности и питания в Кыргызской Республике. http：//esa-conference. ruwp-contentup loadsfilespdfTashbaev-Azizbek-Mazanovich. pdf.

③ “吉尔吉斯总理要求外交部、经济部和驻外使团推销菜豆”，中国驻吉尔吉斯斯坦大使馆经济商务参赞处，2015 年 11 月 12 日，http：//kg. mofcom. gov. cn/article/jmxw/201511/ 20151101162404. shtml。

水果，以及部分奶制品和肉制品等。主要的出口对象国是俄罗斯和哈萨克斯坦。吉尔吉斯平均每年出产土豆 130 万—140 万吨，其中国内市场销售 25%—30%；蔬菜 90 万—100 万吨，国内市场销售 20%—25%；水果 24 万—26万吨，国内市场销售 30%—35%；瓜类 20 万—22 万吨，国内市场销售 70%—80%。①

但是关税同盟的建立，令吉尔吉斯斯坦向俄、哈等国出口农产品的难度陡然上升。2008 年，吉尔吉斯斯坦向俄罗斯的叶卡捷琳堡、新西伯利亚等地供应蔬菜、水果达 19.5 万吨。而当关税同盟建立后，吉向俄出口农产品数量锐减，2012 年仅为 1.3 万吨，2013 年降至 7500 吨。② 2012 年 12 月，关税同盟成员国检验检疫部门对吉尔吉斯斯坦 11 家奶制品厂进行牛奶和奶产品的质量安全检查，并宣布其产品不符合关税同盟的卫生检疫要求，限制其向哈萨克斯坦出口，这一举措给吉奶农和奶制品厂带来了巨大损失。

随着吉尔吉斯斯坦决定加入关税同盟，对其产品出口到俄、哈等国的相关限制正在逐渐松绑，吉国奶制品业有望迎来新一轮恢复性增长。吉尔吉斯斯坦政府指出，现在吉尔吉斯斯坦加入欧亚经济联盟，其出口潜力将会上升，特别是在农产品领域。③

2015 年 7 月，吉哈双方讨论了边界、关税、兽医检查点等问题，哈方决定取消哈吉边界的卫生检疫控制。

此外，吉尔吉斯斯坦也积极推动本国剩余农产品出口到其他国家。吉尔吉斯斯坦“卡巴尔”国家通讯社 2015 年 11 月 11 日报道称，吉总理萨里耶夫力促吉国菜豆向土耳其、印度和欧盟国家出口。④ 吉尔吉斯斯坦也希

---

① “吉尔吉斯召开政府工作会议研究推动对俄出口农产品”，中国驻吉尔吉斯斯坦大使馆经济商务参赞处，2014 年 8 月 15 日，http：//kg. mofcom. gov. cn/article/jmxw/201408/ 20140800699245. shtml。

② “吉尔吉斯希俄罗斯降低质检标准以扩大农产品对俄出口”，中国驻吉尔吉斯斯坦大使馆经济商务参赞处，2014 年 8 月 15 日，http：//kg. mofcom. gov. cn/article/jmxw/201408/ 20140800699088. shtml。

③ Maria Levina，“Kyrgyzstan increasing export of agricultural products”，*Times of Central Asia*，No. 8 - 1，August 1，2015.

④ “吉议会研究向中国出口果蔬和肉类问题”，中国驻吉尔吉斯斯坦大使馆经济商务参赞处，2014 年 3 月 31 日，http：//kg. mofcom. gov. cn/article/jmxw/201403/20140300535307. shtml。

望能够向中国出口水果、蔬菜和肉制品。2015 年 12 月，吉总理萨里耶夫访问中国、出席上合组织会议时，签署了中国与吉尔吉斯斯坦共和国政府联合公报，公报中体现了吉尔吉斯斯坦方面的诉求："双方同意进一步加强农业合作……双方将加强在吉方对华农产品出口问题上的合作，并就吉肉类和肉类产品输华的准入问题进行磋商。"①

（五）塔吉克斯坦

农业占塔吉克斯坦国内生产总值的23%，贡献了48%的就业，因此农业在塔吉克斯坦经济增长、降低贫困方面起着重要的作用。但是塔吉克斯坦的农业土地，尤其是耕地资源非常稀缺，包括牧场在内的农业土地共有457 万公顷，其中耕地为 70 万公顷，人均仅 0.11 公顷。②

对塔吉克斯坦而言，至关重要的是提高粮食产量。2014 年，粮食、马铃薯产量下降，引起了塔总统的很大担忧。2015 年总播种面积比 2014 年增加了 0.2%，其中粮食作物的播种面积增加了 3.2%，为 42 万公顷，占 50.9%；马铃薯种植面积增加了 9.6%，蔬菜增加了 14.1%，瓜类作物增加了 10.1%。同时，经济作物的种植面积下降了 9.2%，其中棉花的播种面积下降 10.1%，饲料作物下降 4%。③

另外，塔吉克斯坦国家抵御农业自然灾害、病虫害的能力有限。塔吉克斯坦农业生产力低的一个原因，是蝗虫对农作物的损害，而且有不断加深的趋势。2011 年，塔吉克斯坦 15.8 万公顷农田受损。④ 据塔媒体 2015 年 6 月 2 日报道，蝗灾袭击了塔吉克斯坦 7 万多公顷的农田。南部的哈特隆受灾最为严重，4 万多公顷农田受影响。而在北部的索格特州，蝗灾袭

---

① 《中华人民共和国政府和吉尔吉斯斯坦共和国政府联合公报》，2015 年 12 月 17 日，外交部网站，http：//www.fmprc.gov.cn/web/zyxw/t1325256.shtml。

② "Tajik authorities plan to cancel land-use certificates in the future", *Tajikistan News*, No. 130, July 14, 2015.

③ Продовольственная безопасность и бедность. №. 2. 2015. Агентство по статистике при Президенте Республики Таджикистан. 2015.

④ "Japan contributes to locust management in Tajikistan, Kyrgyzstan and Afghanistan", *Tajikistan News*, No. 201, October 26, 2015.

击了2万多公顷的农田。①

塔吉克斯坦农业的优势是养殖业。2015年7月1日，塔全国牛的数量为216万头，比上年同期多6万头，增加3%；羊的数量为530万头，比上年同期多15万头，增加3%。92.6%的牛和80.9%的羊是由家庭农户饲养的。②

表9.22 塔吉克斯坦畜牧产品的基本指标

	2013年	2014年	2015年上半年
产量（千吨）			
肉类，屠宰重量	86.5	99.4	31.7
其中，			
牛肉和小牛肉	38.5	44.2	14.1
羊肉	43.0	49.4	15.8
鸡肉	1.4	1.5	0.48
牛奶	828.2	854.7	327.5

资料来源：Продовольственная безопасность и бедность. №.2. 2015. Агентство по статистике при Президенте Республики Таджикистан. 2015. С. 72。

三、"一带一路"背景下中国与上合组织成员国的农业合作

中国与上海合作组织成员国之间在农业领域内的合作在近两年内发展迅速，可以观察到以下特点：一是区域合作色彩强（中国东北省区与俄罗斯远东地区、新疆与中亚国家）；二是真正的农业合作（即中国农业大省的大型农业企业在上合组织成员国内进行农业生产）；三是政府支持的重要性，无论是在中俄还是中国与中亚国家的农业合作案例中，都是如此。

---

① "Locust infestations reportedly hit more than 70, 300 ha of farmland in Tajikistan", *Tajikistan News*, No. 102, June 3, 2015.

② Продовольственная безопасность и бедность. №. 2. 2015. Агентство по статистике при Президенте Республики Таджикистан. 2015.

（一）中俄农业合作

2008 年中俄两国制定了《中华人民共和国东北地区与俄罗斯远东及东西伯利亚地区合作规划纲要》（2009—2018 年）。[①] 这个规划纲要中包括了一系列的项目建设，与农业合作相关的内容是：加强中俄劳务合作，在阿穆尔州、犹太自治州、滨海边疆区开展农业合作项目。

为鼓励东北地区发展对俄农业合作，2013 年 8 月中国国家发改委发布了“黑龙江和内蒙古东北部地区沿边开发开放规划”，规划期为 2013—2020 年。该规划鼓励发展对俄的农业合作，如加快在俄罗斯的农业园区建设，还确立了重要的对外投资合作项目。

同时，俄罗斯推出了大力开发开放远东的政策。2013 年俄罗斯成立了远东发展部，远东地区的农业资源被认为是该地区发展的一个重要基础。此后，俄罗斯又在远东陆续建立了一系列超前发展区，出台优惠政策，鼓励包括农业在内的各类产业发展。俄罗斯远东主要的农业生产主体是滨海边疆区和阿穆尔州，都与中国东北接壤。这两个地区的耕地面积在远东地区也是最大的，并且气候、土壤条件与中国东北地区类似，是中国东北地区开展对俄罗斯农业合作中主要选择的对象。

中国东北地区的地方政府对于开展对俄罗斯的经贸往来（包括农业领域）非常积极，黑龙江、内蒙古政府的表现尤为突出。特别是这两个省份内的边境城市，如牡丹江（下属的东宁县、绥芬河市）、黑河、满洲里等。此外，东北地区有比较丰富的俄语人才，这也在客观上有利于中俄的农业交流与合作。

另外，地方性的农业协会也在发挥作用。2012 年，由东宁华信集团发起，成立了黑龙江省对俄农业产业协会（China and Russia Agricultural Cooperative Association In Heilongjiang Province），得到黑龙省政府的批准。目前，该协会已有会员近百家，这些会员单位主要在远东地区的滨海边疆区、阿

① 文件内容见中国国家发展和改革委员会网站，See the document's contents in the website of National Development and Reform Commission of the People's Republic of China http：//dbzxs. ndrc. gov. cn/zttp/zehzdt/ghzc/jhgy/201002/t20100210 _ 330504. html （visited Oct. 30，2015）。

穆尔州和犹太州从事种植业。[①] 该协会既发挥着推动协会成员之间的沟通与合作的作用，还与黑龙江政府部门有着密切的联系。特别是在俄罗斯生产的农产品回运到中国国内，非常需要得到地方政府的支持，如海关、质检部门的认可。目前，该协会对于规范中国农业企业在俄罗斯的经营行为，增进企业对俄罗斯国情、法律的认识，以及保护中国农业企业在俄罗斯的利益，都起着重要的作用。这个协会的会员都是有一定规模的农业企业，在俄罗斯从事种植业生产，生产过程符合当地的规范。[②] 该协会定期出版《中俄农业合作简讯》。

下面我们以中俄合资阿尔玛达（ARMADA）公司为例进行详细分析。[③]

黑龙江省东宁华信经济贸易有限责任公司并不是农业企业，而是一家主要开展对俄贸易的公司。2004 年，该公司在俄罗斯滨海边疆区与俄罗斯企业合资成立了阿尔玛达（ARMADA）公司，总部在滨海边疆区的乌苏里斯克，投资建设中俄（滨海边疆区）现代农业产业合作区。这是一个重要的平台。此后，该公司的一个重要步骤，是把黑龙江省的农业企业（农垦北大荒牡丹江管理局、宝泉岭管理局下属的 9 家国有农场），即那些真正从事农业生产、有着丰富农业生产经验和技术装备的企业，引进到滨海边疆区的现代农业产业合作区。黑龙江省有着中国最为先进的农业机械，代表着中国最高的农业生产水平。阿尔玛达公司的中俄（滨海边疆区）现代农业产业合作区项目，被列入 2010 年 3 月 20 日国家副主席习近平访问俄罗斯期间签署的中俄地方合作 10 个重点项目之一；被列入 2012 年 4 月国务院总理李克强访问俄罗斯期间见证签约的中俄经贸合作 28 个重点项目之一；2014 年被纳入中俄农业合作分委会第一次会议《会谈纪要》，成为中俄双边共同推进的大项目。[④] 2015 年 4 月 13 日，中国商务部、财政部联合签发《境外经济贸易合作区确认函》，确认集团中俄（滨海边疆区）现代农业产业合作区符合国家农业产业型境外经济贸易合作区确认条件，成为中国第一个境外国家级农业产业园区。

---

① 参见该协会的网站信息，http://www.hljdeny.com/cn_public_html/About.Asp。

② 2015 年 11 月 2 日笔者对该农业协会的电话访谈，在此表示感谢。

③ 根据该公司提供给笔者的材料整理，在此表示感谢。

④ 参见该公司的网站信息，http://www.cr-agri.com/cn/About.Asp。

目前，中俄（滨海边疆区）现代农业产业合作区拥有耕地 6.8 万公顷，14 个种植区，7 个粮食处理、仓储、加工园区；建设有一个万头猪场、一个千头肉牛场、一个 380 头奶牛场。该公司是合资企业，培养当地工人，安排当地就业岗位 400 个；并积极承担社会责任，与当地居民友好相处。阿尔玛达公司多年被评为俄罗斯滨海边疆区最佳农业企业。

图 9.10　华信中俄（滨海边疆区）现代农业产业合作区分布图

根据对该公司的电话访谈，① 这个项目成功的一些重要因素包括：（1）中俄中央政府以及地方政府的支持。中国在推动东北地区的发展，俄罗斯也出台优惠政策发展远东地区。（2）中国的地缘优势（与日本和韩国相比，中国的黑龙江省与滨海边疆区有着很长的边界线），而且中国黑龙江省的自然、气候、土壤条件与滨海边疆区都非常相似。（3）黑龙江省是农业

① 2015 年 10 月 29 日，笔者电话采访了该公司在东宁的工作人员，在此表示衷心的感谢。

生产大省，到俄罗斯滨海边疆区从事农业投资与生产的都是专业人员，他们非常熟悉农业生产的规律。（4）这个公司是一个正规的、现代化的公司。与俄罗斯合资成立阿尔玛达公司。在该企业中，有大量俄罗斯籍的员工和管理人员，解决了当地的就业问题。而且，该公司严格按照俄罗斯的法律规范从事农业生产。因此，当地居民对这类合作的农业项目没有负面的印象。

（二）中吉农业合作——河南贵友集团

中吉农业合作中的一个典型的案例，是河南贵友集团在吉尔吉斯斯坦的发展。河南贵友实业集团有限公司前身为商丘贵友食品有限公司，成立于2005年1月，是集种植、养殖、畜禽屠宰加工、速冻食品、冷链物流、纸箱包装、国际贸易为一体的涉农企业。①

河南贵友实业集团有限公司于2010年10月从河南商丘来到吉尔吉斯斯坦共和国，独资成立了亚洲之星无限责任公司和凯撒鸡场有限责任公司。公司位于吉尔吉斯斯坦共和国楚河州托克马克市，现有中方管理技术人员40余人，吉方员工300余人；主要从事玉米、大麦、牧草的种植，牦牛、黄牛、肉羊、肉鸡的养殖以及饲料和肉鸡生产加工，是中亚地区最大的肉鸡养殖、生产企业。2013年，该公司商品鸡饲养量达到200多万羽，牛、羊存栏量数千头，其中鸡肉产品已占吉尔吉斯斯坦市场的35%。此外，该公司种植业以及饲料生产也逐步进入正轨，其中颗粒饲料生产线已投产运行，将填补吉饲料加工业的空白。②

河南贵友集团在吉尔吉斯斯坦的农业经营得到了两国高层领导的关注。2012年9月11日，回良玉副总理在吉尔吉斯副总理萨尔帕舍夫及农业部长乌扎克巴耶夫的陪同下视察了该公司。③ 2014年4月21日，吉总理詹托

① 参见该公司网页：http：//www. guiyoujituan. com/Column. aspx。

② “河南贵友实业集团与吉方达成多个农业领域合作意向”，中国驻吉尔吉斯斯坦大使馆经济商务参赞处，2014年2月16日，http：//kg. mofcom. gov. cn/article/jmxw/201403/2014 0300518831. shtml。

③ “回良玉副总理率团到亚洲之星无限责任公司市场”，2012年11月29日，http：//www. guiyoujituan. com/NewShow. aspx？ID=100。

罗·萨特巴尔季耶夫及夫人访问河南贵友实业集团有限公司（河南商丘）。

2015 年 11 月 8 日，应吉国家动植物安全检疫局的邀请，国家质监总局考察团到吉国开展了为期 5 天的考察访问，其间重点考察了贵友集团亚洲之星股份有限公司的养殖、屠宰、饲料加工等车间及检验检疫体系的运行情况。考察团认为亚洲之星公司产品具备出口中国的要求。其将成为吉尔吉斯斯坦首例向中国出口畜禽产品的企业。①

（三）中塔农业合作

2014 年 12 月“中泰新丝路塔吉克斯坦农业纺织产业园项目”奠基仪式在塔南部哈特隆州的丹加拉区举行。塔总统拉赫蒙、副总理阿利马尔东，中国驻塔吉克斯坦大使范先荣、新疆维吾尔自治区委副书记韩勇、新疆中泰集团党委书记王洪欣及各界代表近千人出席。② 此农业纺织产业园总投资为 13.9 亿元人民币，项目包括 20 万亩棉花农业园、15 万锭纺纱。首期 15 万亩棉花 2015 年播种，纺纱项目 2016 年全面建成投产。该项目已被列入塔吉克斯坦“国家项目”、“中塔合作重点项目”。全部建成后将实现年产籽棉 8 万吨、皮棉 3.2 万吨、棉纱 2.4 万吨、棉布 9150 万米，年销售收入 15.25 亿元，实现利润 2.5 亿元，可解决当地 2500 多人的社会就业，间接拉动上万人就业。新疆维吾尔自治区希望将之建成中塔农业合作示范项目，成为继特变电工的输变电重大项目后中塔经贸合作的又一大项目。③

此外，河南经研银海种业公司与河南黄泛区农场联合在塔吉克斯坦的农业项目也是一个典型的事例。

成立于 2007 年的河南经研银海种业有限公司是集研发、生产、加工、

---

① “热烈庆祝贵友集团吉尔吉斯斯坦亚洲之星股份有限公司成功通过国家质监总局考核团关于产品输华的认证”，2015 年 11 月 23 日，http：//www. guiyoujituan. com/NewShow. aspx？ID = 241。

② “中泰新丝路塔吉克斯坦农业纺织产业园奠基”，2014 年 12 月 20 日，新华国际，http：//news. xinhuanet. com/world/2014—12/20/c_ 127321574_ 3. htm。

③ “中泰新丝路塔吉克斯坦农业纺织产业园奠基”，2014 年 12 月 21 日，天山网，http：//news. ts. cn/content/2014 - 12/21/content_ 10840414. htm。

销售、服务于一体的种子公司。[①] 该公司2008年就承担了一个中国科技部援助吉尔吉斯斯坦的农业项目，熟悉中亚情况。2012年该公司在塔吉克斯坦成立分公司，建设农业科技示范园；2013年与河南黄泛区农场联合在塔吉克斯坦租种5000公顷土地，建成种子加工厂和棉花加工厂。经过对基础设施的改造升级、优良种子的应用和种植技术的提升，近年来示范园区的作物产量是塔当地的两倍以上，如玉米产量每公顷9吨（塔当地产量4吨/公顷）、小麦产量每公顷7.5吨（当地3吨）、棉花产量每公顷6吨（当地3吨），新品种推广面积超过了30万公顷，优良种子的推广已占有当地市场的30%。科技园的建设不仅直接带动了当地就业，还培养了大量农技人员。据了解，每年科技园直接解决塔300—400人直接就业，每年培训塔农业技术人员3000名左右。[②] 2014年3月，经研银海获得塔吉克斯坦农业部棉花、玉米等4个新品种审定证书，成为第一家在塔吉克斯坦获得新品种知识产权的国外公司。[③]

2015年9月11日，河南省人民政府办公厅于发布了《河南省与塔吉克斯坦经济合作协调推进工作方案》，其中第一项工作内容就是农业合作："发挥农业产业优势，加强农业种植业、加工业、农用生产资料、农业科技等交流合作，支持粮田、蔬菜、养殖等标准化生产基地建设，着力发展粮食生产，打造棉花、畜牧、蔬菜三条产业链，促进塔吉克斯坦农业产业化水平提升。全面落实双方农业产业合作谅解备忘录的相关项目，加快化肥厂、面粉厂、榨油厂、饲料厂、农机制造厂等项目筹备工作，建设中塔（河南）农业产业园。还组建了"河南省与塔吉克斯坦经济合作协调推进工作组"，组长为河南省发展改革委主任，第一副组长为河南省农业厅

① 河南省经研银海种业有限公司2011年被中国种子协会评为中国种子行业信用A级企业，多年来承担着河南省大面积的小麦、棉花、花生等国家良种补贴的供种任务。参见该公司的网站信息，http：//www. jyyhseed. cn/site/53/aboutus. aspx？mid＝20278。

② "河南育种企业深耕中亚农业沃土"，新华网河南频道，2015年8月27日，http：//www. ha. xinhuanet. com/hnxw/2015－08/27/c_ 1116394285. htm。

③ "豫塔情谊农田绽放塔吉克斯坦总统为河南棉种命名"，《大河报》2015年12月14日，http：//hn. cnr. cn/hngbxwzx/20151214/t20151214_ 520783829. shtml。

厅长。”①

四、问题分析及总结

农业涉及领域广，对一个国家的影响大。因此，各国都特别注意保护和发展本国的农业，上合国家也是如此。农产品国际贸易比起其他的贸易，更容易引起纠纷。在上合国家之间，也逐步形成了一些带有长期趋势性的农业国际合作与关系模式：

俄哈之间，在粮食出口领域存在着明显的竞争关系。哈萨克斯坦是其他中亚国家粮食（主要是小麦和面粉）的主要供应国。同时，中亚各国都在积极发展本国粮食生产，以保障粮食安全，但这个目标在短期内难以实现。中亚国家（哈、吉、塔、乌）高度关注本国的农产品出口到俄罗斯。也就是说，俄罗斯是中亚农产品的主要出口市场，特别是蔬菜、水果产品以及牛肉（潜在的出口产品）。而俄罗斯推行的是农产品进口替代的政策，长期趋势是希望俄本国农产品占领俄国内市场。俄、哈、吉、塔、乌的农业领域都需要和欢迎来自中国的投资，特别是在全球经济不景气、油价下跌的背景之下。中国国内一些有实力的农业企业逐步积极地到其他5个上合国家发展农业合作。相对而言，中国的农业企业，而不是投资公司，更加熟悉农业生产的规律，更有生产经验，容易取得成功。农产品贸易领域容易引起纠纷。一个客观的事实是，除了中国和俄罗斯之外，其他上合国家的国内农产品和食品市场都很有限，而这些国家的农民比例都较高。一旦外国的农产品大量涌入到一个市场空间有限、农民人口多的国家，后果很可能是造成当地农民生产和收入的困难。反之，如果某一个成员国可以加大/允许其他国家农产品进入本国市场，则容易产生积极的效果。

中国作为上合组织中人口、市场最大的国家，2013年、2014年都保持了农产品贸易的顺差（除了乌兹别克斯坦之外）。这一方面说明了中国的农产品有竞争优势，另一方面可以考虑适度增加从俄罗斯特别是上合组织的中亚成员国的农产品进口。这对于吉尔吉斯斯坦、塔吉克斯坦这样的国

---

① “河南省人民政府办公厅关于印发河南省与塔吉克斯坦经济合作协调推进工作方案的通知”，豫政办［2015］117号，2015年9月11日，http://www.henan.gov.cn/zwgk/system/2015/09/22/010585939.shtml。

家来说，非常重要。2015 年 9 月，塔吉克斯坦总统拉赫蒙访问中国，建议中国进口塔吉克斯坦的樱桃。① 2015 年 12 月吉尔吉斯斯坦总理访华期间发表的两国政府联合公报提及，“双方将加强吉方对华农产品出口问题上的合作”。② 甚至对于哈萨克斯坦、俄罗斯而言，其农产品出口到中国也是很重要的。

表 9.23 中国向其他上合组织国家出口农产品情况 （单位：万美元）

国别	2013 年	2014 年	2014 年与 2013 年同期比（%）	2015 年 1—6 月	2015 年 1—6 月与上年同期比（%）
俄罗斯	230103	209951	9.6	84878	-18
哈萨克斯坦	24165	24676	2.1	13235	9.7
乌兹别克斯坦	8088	6995	-13.5	3584	7.8
吉尔吉斯斯坦	12944	18797	45.2	9585	13.3
塔吉克斯坦	1616	2039	26.2	1036	2.5

资料来源：“中国进出口月度统计报告 农产品”，2011 年 12 月，2014 年 12 月，2015 年 6 月，中华人民共和国商务部对外贸易司。

表 9.24 中国自其他上合国家进口农产品情况 （单位：万美元）

国别	2013 年	2014 年	2014 年与 2013 年同期比（%）	2015 年 1—6 月	2015 年 1—6 月与上年同期比（%）
俄罗斯	156981	155031	-1.2	100783	14.9
哈萨克斯坦	8721	18300	109.8	6560	-30.8
乌兹别克斯坦	57176	36201	-36.7	20551	36.3
吉尔吉斯斯坦	2066	2146	3.9	1166	-20.6

---

① “Emomali Rahmon suggested China to import Tajik cherries”, *Tajikistan News*, No. 165, September 2, 2015.

② 《中华人民共和国政府和吉尔吉斯斯坦共和国政府联合公报》，外交部网站，2015 年 12 月 16 日，http：//www.fmprc.gov.cn/web/zyxw/t1325256.shtml。

续表

国别	2013 年	2014 年	2014 年与 2013 年同期比（%）	2015 年 1—6 月	2015 年 1—6 月与上年同期比（%）
塔吉克斯坦	727	630	-13.4	1240	388.0

资料来源："中国进出口月度统计报告 农产品"，2011 年 12 月、2014 年 12 月，2015 年 6 月，中华人民共和国商务部对外贸易司。

如果中国能够成为一个上合组织其他成员国农产品的主要出口市场，一方面可以在一定程度上减轻中国本国种植粮食、棉花的土地和水资源压力；另一方面，对于提高中亚农村贫困地区的生活水平和就业，都可能会产生积极的影响。2015 年 1—6 月，除了中乌之外，在中俄、中塔的农产品贸易中，中国均呈现出逆差，即中国从这些国家的进口量高于出口量。随着中国农业企业在俄罗斯及中亚国家的落户与发展，这些农业企业生产的农产品除了在当地销售之外，也会有回运到中国的部分（作为中国进口的农产品）。

总之，近两年来，上合成员国在整体经济低迷的情况下，越发重视农业经济的发展。中国农业企业在"一带一路"倡议及"农业走出"的相关优惠政策的带动下，更加广泛和深入地参与到俄罗斯及上合组织中亚成员国的农业生产之中。这对于上海合作组织的良性发展而言，是一个积极的现象。

第四部分

国际关系视角下的上海合作组织

报告十

普京欧亚联盟战略的新变化及对上合组织的影响*

毕洪业**

【内容提要】独联体是俄罗斯的传统势力范围，从后苏联空间的政治经济现实出发，普京主张通过集体安全条约和关税同盟带动独联体一体化的发展，同时希望借助双边合作加强与独联体国家的关系。乌克兰危机后，随着西方对俄罗斯的经济和战略压力增大，普京希望通过加快后苏联空间的一体化合作来应对西方的孤立政策。随着俄罗斯对中国参与中亚事务看法的转变，上海合作组织也迎来了新的发展契机。中俄不仅就上合组织未来发展规划达成共识，还就该组织的扩员及与中国“丝绸之路经济带”战略对接达成一致，充分反映了两国特殊的战略伙伴关系的定位。由此，上合组织将加快由传统安全、反恐合作向经济金融领域合作延伸，而且其在“丝绸之路经济带”与欧亚经济联盟的战略对接中也可以发挥独特的作用。

【关键词】欧亚联盟战略　上合组织　丝绸之路经济带

一、普京欧亚联盟方案的提出及前景

后金融危机时代，在国际力量对比和分化加快的大背景下，为推进对

* 本文是国家社科基金项目《乌克兰危机冲击下的俄罗斯与欧洲关系及中国的应对研究》（项目批准号：15BGJ052）的阶段性成果。

** 毕洪业，上海外国语大学俄罗斯研究中心、中亚研究中心副教授。

后苏联空间的进一步整合，普京正式提出了欧亚联盟方案，并将其作为俄罗斯的外交重点。随着乌克兰危机逐步演化为俄罗斯与美欧的地缘政治较量，普京试图通过加快推进欧亚整合来应对西方的地缘政治压力和经济封锁。

（一）欧亚经济联盟的成立及扩大

为切实加强独联体外交，提高其运转效率，普京更加强调通过务实的双边与多边区域合作来推动独联体一体化的发展，以经济和安全合作为主，积极推进一体化进程。这样，俄罗斯对独联体的政策调整，使得独联体按“不同速度”同时发展成为可能。也就是说，由那些准备将合作提高到更高水平的国家形成“一体化核心”，独联体其他国家可以随后加入。这反映了独联体发展中存在的政治和经济上逐渐“分层化”的过程。① 随后，俄罗斯积极主张建立欧亚统一经济区，加快实现商品、服务、劳务、资本的全面自由流动，以及货币的最终统一。2005 年 10 月，中亚合作组织（包括哈萨克斯坦、乌兹别克斯坦、塔吉克斯坦、吉尔吉斯斯坦、俄罗斯）宣布该组织并入欧亚经济共同体。当然，在这一过程中也发生了乌兹别克斯坦最终于 2008 年决定退出欧亚经济共同体的事件。鉴于跨国监管机构的缺失和成员国地位与加入世界贸易组织的复杂性，最终俄、白、哈三国决定单独组建关税同盟和统一经济空间。

与此同时，取代小布什的民主党总统奥巴马，急需摆脱阿富汗战争的泥潭，并最终做出了撤军的决定。为配合在 2014 年年底前从阿富汗撤出所有作战部队，奥巴马政府提出了以“新丝绸之路”计划为核心的新中亚战略，试图在完成撤军后仍能维持阿富汗的稳定和美国在该地区的影响。2011 年 7 月，美国国务卿希拉里·克林顿在印度发表演讲首次提出“新丝绸之路”计划。② 后来经过充实，该计划由建设土库曼斯坦—阿富汗—巴基斯坦—印度的能源管道，以及构建中亚和南亚区域电力市场等几十个项

① ［俄］伊·伊万诺夫，陈凤翔等译：《俄罗斯新外交：对外政策十年》，当代世界出版社 2002 年版，第 70 页。

② “Hillary Rodham Clinton，Remarks on India and the United States：A Vision for the 21st Century”，http：//www. state. gov/secretary/rm/2011/07/168840. htm.

目组成。奥巴马政府的目的在于，在美国战略重心东移的大背景下，通过推进中亚和南亚的区域整合，构建新的大中亚经济、政治和安全架构，以彻底解决阿富汗的稳定问题和确保美国在该地区的长期影响。同时，美国还希望把从阿富汗撤出的军事装备部署到与俄罗斯、中国、伊朗临近的中亚国家，从而最终实现对三者的遏制抑或平衡。[①] 从战略角度看，美国不可能放弃中亚，只是暂时没有找到合适的立足点。显然，华盛顿的“新丝绸之路”计划与莫斯科对中亚通过经济和安全整合来确保俄罗斯在该地区影响力的战略相冲突。相应地，2010 年 7 月俄罗斯、白俄罗斯、哈萨克斯坦三国关税同盟正式启动，极大地提升了普京整合欧亚的信心。正是在这种背景下，普京正式提出了以三国关税同盟为基础创建欧亚联盟的方案。

2011 年 10 月 4 日，当时还是总理的普京在俄《消息报》公开发文，提出以关税同盟为基础，联合区内外国家创建欧亚联盟的构想。[②] 综合来看，普京欧亚联盟构想的大致内容如下：（1）成立欧亚联盟是适应全球经济政治发展的需求使然，根本不存在恢复苏联的问题；（2）自由、民主和市场等一体化原则同样适用于欧亚联盟；（3）欧亚联盟的动力在于原苏联地区在经济、语言、文化、民族上的互补性和相近性；（4）欧亚联盟以关税同盟为核心，其他独联体国家可以优先加入，未来也可以向区外延伸；（5）欧亚联盟将具有超国家性质，从经济一体化到统一货币，最终发展成为具有独立地缘政治结构的联盟，成为多极世界中的一极；（6）欧亚联盟能够有效地连接欧洲和亚太，对于欧亚大陆的繁荣和稳定具有重要意义。

2011 年 11 月，俄罗斯、哈萨克斯坦、白俄罗斯三国正式签署欧亚经济一体化宣言，宣布 2012 年 1 月 1 日关税同盟将正式过渡到统一经济空间，进一步扩大产品销售市场，促进市场开放，逐步实现商品、服务、资本和人员的自由流动。2012 年 3 月，欧亚经济共同体成员国首脑峰会在莫斯科举行，三国决定在 2015 年 1 月 1 日前起草并签署欧亚经济联盟条约。至此，三国一体化合作确立了明确的目标。再次当选总统后，普京把加快

---

① Артем Вит. Евразийский союз большого формата http://topwar.ru/50562-evraziyskiy-soyuz-bolshogo-formata.html.

② Владимир Путин. Новый интеграционный проект для Евразии-будущее, которое рождается сегодня// Известия. 4октября 2011.

欧亚一体化整合作为俄罗斯对外战略的核心目标。[1]

克里米亚加入俄联邦后，美欧对俄罗斯的经济和金融制裁不断加码，普京希望通过加快对后苏联空间的整合，来应对西方的封锁和压力。为尽快签署欧亚经济联盟条约，普京决定搁置分歧（主要分歧表现在农产品及能源出口补贴、医药及医疗器械、烟草及酒类等商品的市场限制等），确保能够按时完成签约。为此，困难重重的俄罗斯仍拿出20亿美元，帮助白俄罗斯摆脱财政困境。就这样，俄、白、哈三国终于在2014年5月29日签署了欧亚经济联盟条约，表明三国经济一体化又上了一个新台阶，也标志着普京对后苏联空间的整合迈出了实质性的一步。条约规定：欧亚经济联盟自2015年1月1日起正式启动；在2016年前建立统一的药品市场；2019年前形成统一的电力市场；2025年前建立统一的石油和天然气市场；到2025年实现商品、资金、服务、劳动力的自由流动。同时，三国将协调在能源、工业、农业、交通等主要经济领域的政策；欧亚经济联盟委员会设在莫斯科，欧亚法院设在明斯克，金融监管机构设在阿拉木图。[2] 欧亚经济联盟的GDP总和达4.5万亿美元，总人口超过1.7亿。2014年10月10日，亚美尼亚签署了加入《欧亚经济联盟条约》的相关文件；2014年12月23日，吉尔吉斯斯坦签署了加入欧亚经济联盟的协议；2015年1月和8月，亚美尼亚和吉尔吉斯斯坦相继成为欧亚经济联盟的正式成员，不久塔吉克斯坦也将加入其中。当然，在这一过程中，俄罗斯也给予了这些国家可观的经济援助，以使其满足入盟的要求。欧亚经济联盟不仅在区内迅速扩员，还与越南签署了自由贸易区协议，与以色列、印度、埃及也已经就建立自由贸易区展开协商。与此同时，2015年3月20日普京在阿斯塔纳会见哈萨克斯坦与白俄罗斯总统后，提议三国应在欧亚经济联盟框架下建立货币联盟，期望该联盟向欧盟式的国家间联盟更近一步。

---

① Владимир Путин подписал Указ “О мерах по реализации внешнеполитическо го курса Российской Федерации”. http://kremlin.ru/news/15256.

② Договор о Евразийском экономическом союзе. http://www.nomad.su/?a=3-201405300028.

（二）加快推进集安组织框架下的军事安全合作

近年来，俄罗斯推动在独联体集体安全条约组织框架内，组建了快速反应部队、快速部署部队和维和部队的配置。① 为加强信息交流，各国决定在俄罗斯建立信息安全技术中心。同时，俄罗斯还为盟友通过集体安全条约组织提供核保护伞，而且集安组织成员国购买俄罗斯武器装备可以享受与俄国内一样的价格。此外，集体安全组织成员国还签署了军事人员免费培训协议，承担培训的军事院校中俄罗斯有45所，白俄罗斯有6所，哈萨克斯坦有3所，亚美尼亚和吉尔吉斯斯坦各有1所，费用由培训方负担。②

针对美欧支持“阿拉伯之春”在西亚和北非推行西方价值观的举动，以及北约撤出阿富汗可能使中亚及高加索面临的恐怖主义和毒品威胁上升，集安组织成员国意识到只有通过合作才能维护国家主权和稳定。2010年12月，集安组织签署了修改章程的议定书，以强化集体安全机制；2011年12月，集安组织成员国达成协议，不经所有成员国同意，任何成员国不得在其领土上批准设立外国军事基地。这一协议旨在限制美国在独联体国家驻军，是该组织成立来首次在如此敏感的问题上共同发声。俄罗斯方面还有意在现有的各类部队的基础上，成立集体安全条约组织军队。2012年9月，集体安全条约组织秘书长博尔久扎（Н. Бордюжа）指出，考虑到国际局势的不稳定，集体安全条约组织有必要采取更有效和更积极的措施加强军事合作，包括联合现有的部队（维和部队、快速反应部队和中亚地区集体快速反应部队），成立集体安全条约组织军队。③ 但与此同时，随着2010年以来与美国关系的好转，乌兹别克斯坦不断表示对集体安全条约组

① 2007年10月6日举行的集安条约组织首脑会议，最终通过了建立“维和部队”的决定。目前这支部队人数为4500人，其中近800人来自各国执法部门，其他组成人员来自各国军队。2009年2月4日，独联体集体安全条约组织成员国首脑在莫斯科举行的特别峰会上，还一致同意组建集体快速反应部队。

② Соглашение о подготовке военных кадров для государств-членов организации договора о коллективной безопасности. http：//www. lawmix. ru/abro/5086.

③ Генсек предлагает объединить все военные подразделения ОДКБ// РИА Новости. 18 сентября 2012.

织的不满，一再宣称准备退出该组织。尽管乌兹别克斯坦最终宣布退出集体安全条约组织（2012 年 6 月底），但对俄罗斯而言并不意外，对其中亚政策造成的冲击也有限。事实上，乌兹别克斯坦只保持了成员国名义，在集体安全条约组织框架内几乎没有签署任何协议，也没有参加联合军事演习，对其他合作同样缺乏热情。对此，俄联邦武装力量总参谋长尼古拉·马卡罗夫（Н. Е. Макаров）说："我们将一如既往地与我们的盟友一起，为巩固集体安全条约组织的军事力量和确保该组织范围内的安全而采取所有必要步骤。"① 目前，集安组织拥有约 2 万人的集安组织快速反应部队（包括 2014 年组建的空中机动和伞兵部队），以及 3600 人组成的维和部队。俄罗斯还推动集体安全条约组织创建自身的一体化防空系统，计划组建俄罗斯与白俄罗斯、俄罗斯与亚美尼亚、俄罗斯与中亚三个防空集团。2009 年 2 月，俄罗斯和白俄罗斯签署了共同保卫领空及建立统一地区防空系统的协议。与此同时，独联体国家国防部长峰会通过了有关独联体空天防御系统一体化的决定。俄罗斯国防部长绍伊古（С. К. Шойгу）表示，为了发展独联体国家的联合防空体系，俄将为此拨款 5 亿多卢布。在俄白统一防空体系建成的基础上，2013 年底俄罗斯与哈萨克斯坦也建立了统一的区域防空体系。该统一防空体系的部署与使用，将以和平时期两国防空系统部队及武装力量的协调行动为基础，但两国司令部对其部队的直接指挥权将保留。这项协议允许俄罗斯与哈萨克斯坦空军飞行员，无需特别政治许可就可飞越两国国界。俄哈统一防空系统部队将由两国防长推荐，并由两国总统所任命的司令官指挥。据悉，两国统一防空系统司令部将位于哈萨克斯坦阿拉木图市。2015 年 12 月 23 日，俄罗斯与亚美尼亚两国国防部长在莫斯科签署了在高加索集体安全区设立统一地区防空系统的协议。此外，俄罗斯与塔吉克斯坦、吉尔吉斯斯坦就共同组建统一地区防空系统也已经展开了协商。

随着乌克兰危机的爆发和美国即将从阿富汗撤离，集体安全条约组织开始有意识地加强军事安全及反恐合作。2014 年 1 月 1 日，集体安全条约组织联合参谋部在莫斯科开始运作，其主要职能是保障成员国在东欧、中亚和高加索等地区的集体安全，灵活指挥所属的快速反应部队，提出在军

① Невелика потеря：В российском оборонном ведомстве прокомментировали выход Узбекистана из ОДКБ. http：//vz. ru/politics/2012/6/29/586039. html.

事上保障本组织成员国集体安全的建议。经成员国国防部长会议同意，联合参谋部可以为保卫单个成员国做出具体行动决定。2014 年 4 月 5 日，集安组织外长理事会通过决定，就具体安全项目与中国进行更深入的合作，更积极地推进与中国的关系。这表明，在西方制裁之下，俄罗斯也转而同意推动该组织将重心向亚洲地区转移。针对基辅新政府和西方指责俄军进入乌克兰东部，集体安全条约组织秘书长博尔久扎在明斯克与卢卡申科会见时（2014 年 4 月），对于北约对乌克兰的介入企图表示了担忧，因为北约向东欧国家派遣教官、参与信息心理战、增加重型武器，包括派驻更多的美军人员，甚至在 6 个国家成立指挥所，这正是建立进行战事所需的基础设施。

对于北约的举动，俄罗斯也针锋相对，预计在 2018 年前完成对加里宁格勒州导弹部队的现代化重装，强化在白俄罗斯的驻军（把配备有先进战机的空军增加到一个团），并在白俄罗斯举行俄白“联盟盾牌—2015”联合军演和集体安全条约组织“协作 2015”演习。2014 年 12 月 23 日，在莫斯科举行的集安组织集体安全理事会会议通过联合声明，主张尽快恢复乌克兰和平并理顺冲突各方的谈判进程，必须采取紧急措施消除人道灾难后果，必须履行明斯克协议，以便达成民族和解并克服乌克兰危机。同时，集安组织决定组建人道主义中心体系，2015 年在亚美尼亚组建第一个人道主义中心，类似机构之后还将在吉尔吉斯斯坦组建。普京表示，世界局势和安全体系正在发生变化，要求集安组织国家协调一致，集体行动，以确保安全，应采取先发制人的措施以消除威胁，尤其是加强对塔吉克斯坦和阿富汗边界的监管。2015 年 6 月 23 日，独联体集体安全条约组织峰会在莫斯科举行，就一系列国际问题集体发声。公开发表声明强调，集体安全条约组织成员国准备在独联体、上海合作组织和欧亚经济共同体框架内展开全面合作，并愿意与欧盟及北约发展关系和协调沟通。

至此，在新的背景下，俄罗斯对上合组织的定位得以提升，集安组织明确做出要和上合组织进行更紧密合作的决定，因为这两大机构无论在地域上还是功能上都存在着交叉区，在很多方面有着相同利益和需求。集安组织和上合组织完全有可能进行协作，尤其是在安全领域方面，其中包括强力部门的合作、反恐斗争，特别是这两大机构中都拟有激进恐怖分子清单（两大机构中的特种机构，在反恐和打击毒品方面已进行相互协作）。

集体安全条约组织在上合组织平台上发展与中国的伙伴关系，这是针对西方国家因乌克兰危机而向俄罗斯打压的反应。在俄罗斯看来，在北约的强大战略压力下，加强与中国的友好关系，包括加大在军事战略领域的相互协作，这是俄罗斯与西方对抗加剧背景下的必然选择。①

在这种背景下，集安组织框架内军事演习的规模不断增大，频率也日益加快。2014 年 7 月 29 日，代号为“牢不可破的兄弟情—2014”的集安组织成员国联合维和演习在吉尔吉斯斯坦拉开序幕，目的在于加强成员国的维和行动能力，增加各级战斗人员之间的互动，改善和提高作战管理水平。此类演习计划今后在集体安全条约组织成员国境内定期举行。紧接着，2014 年 8 月 18 日，集体安全条约组织快速反应部队“协作—2014”联合军演在哈萨克斯坦的斯帕斯克靶场展开，有来自 6 个成员国的空降突击部队、内卫部队、航空部队和特种部队的 3000 名军人、近 200 台军事装备以及近 30 架飞机参加演习。这次演习的目的在于，完善集安组织快速反应部队各指挥机构在部署军队以及战争期间的协调能力。

2014 年 12 月，在莫斯科召开的集体安全条约组织成员国领导人峰会通过了多个重要文件，就进一步加强成员国间的军事合作和共同抵御外部威胁等达成一致。在肯定了集体安全条约组织在维护地区稳定方面做出贡献的同时，成员国一致认为，集安组织面临的挑战不仅有维护成员国的安全与稳定问题，更有来自外部的安全威胁，尤其是美国从阿富汗撤离后整个中亚的安全与稳定问题。所以，必须及早研究应对举措，以尽可能降低风险。为应对新的威胁和挑战。各国应加深在集安组织内的协调和合作，同时加强同联合国、欧安组织、上合组织以及其他国际和地区组织的合作。各国领导人还发表声明强调，集体安全条约组织成员国将对参与武装冲突为恐怖组织而战的归国人员采取措施。普京表示，集体安全条约组织成员国将被纳入俄罗斯国家国防管理中心的工作（俄罗斯新开设的国家国防管理中心使用纯粹的俄罗斯技术和世上最强大的计算机软件），并呼吁集安组织国家做好应对“伊斯兰国”极端组织向中亚扩张的防范措施。相应地，2014 年俄罗斯在轮值主席国期间主抓了巩固外边界的工作，集体安全条约组织成员国在特别行动中截获了 17.5 吨来自阿富汗的毒品。针对北约在东

① Константин Сивков: Запад готовится к войне с Россией. http: //tehnowar. ru/18226- konstantin- sivkov-zapad--gotovitsya-k-voyne-s-rossiey. html.

欧日益活跃的军事活动，俄罗斯军队更积极地与集体安全条约组织国家和上海合作组织国家军队举行联合演习。大规模演习有“中心—2015”演习和俄罗斯、白俄罗斯“联盟盾牌—2015”联合演习；还包括俄海军陆战队队员与集体安全条约组织成员国快速反应部人员，在北极进行了人道主义搜救联合军演，首次实现伞兵在漂流浮冰上着陆。2015 年 5 月 17 日，集体安全条约组织集体快速反应部队开始在塔吉克斯坦演练各部门行动协调性以及实际技能，包括向假想敌实弹射击。参加演习的有 2500 多名军人、200 多件武器和军事技术设备、约 20 架战机和直升至以及 30 架军用运输机。

（三）普京的欧亚整合仍任重道远

对普京而言，欧亚经济联盟的建立可以在一定程度上达到回击西方经济制裁和增强俄罗斯国际地位的目的，但考虑到一系列制约因素的存在，其欧亚战略仍面临极大的挑战。

首先，乌克兰的欧洲选择对普京的欧亚联盟战略是一个沉重打击。鉴于乌克兰的战略地位和在独联体中仅次于俄罗斯的影响力，如果关税同盟把基辅纳入其中，无论其在内部市场规模还是国际影响力上，都将上升到一个新高度。言外之意，乌克兰最终与欧盟签署了联系国协定，甚至有很大的可能性加入北约，这对普京的欧亚整合战略而言显然是一个重大挫折。失去乌克兰不仅意味着西部战略空间和庞大军工潜力的丢失，还意味着失去一个 5000 万人口的市场和经济多样性的机会。同时，围绕乌克兰危机持续发酵所导致的西方对俄罗斯制裁力度的不断加码，引致俄经济进入衰退已是不可避免，从而严重制约了莫斯科对欧亚整合的“输血”能力。

其次，欧亚经济联盟的进一步扩员潜力有限。尽管普京宣布欧亚联盟对所有后苏联地区国家开放，但除了亚美尼亚和吉尔吉斯斯坦，其他国家或选择欧洲和美国（格鲁吉亚、阿塞拜疆和摩尔多瓦），或保持中立政策（土库曼斯坦），或对莫斯科采取抵制立场（乌兹别克斯坦不仅宣布退出集体安全条约组织，最近更是与美国关系明显改善）。由于自身的实力和地位，亚美尼亚和吉尔吉斯斯坦的加入对欧亚经济联盟影响力的提升有限。亚美尼亚的经济实力别说同其他独联体国家相比，就是在外高加索三国中也是最弱的，吉尔吉斯斯坦的经济实力也在中亚五国中垫底。

第三，条约的签署并不意味着欧亚整合发生了实质性变化。欧亚经济联盟的成立基本上没有改变现状，因为大部分规则在统一经济空间成立后就已经开始实施。在管理体制上，原来统一经济空间的机构设置基本得以沿用。而且，与关税同盟相比，欧亚经济同盟的关税和贸易政策并没有变化，三国关税收入的分配比例也没有改变（俄罗斯 87.97%、哈萨克斯坦 7.33%、白俄罗斯 4.7%）。同时，整合的动力仍表现为对俄罗斯的主动推动和“诱导”的依赖。亚美尼亚 2013 年 9 月宣布加入关税同盟的决定，意味着停止与欧盟签署联系国协定的谈判，其从俄罗斯进口的天然气价格很快从每千立方米 270 美元下调至 189 美元。俄罗斯在 2014 年 1 月向白俄罗斯提供 4.5 亿美元用于支持其外汇储备后，又于 5 月提供了 20 亿美元贷款。新入盟的亚美尼亚和吉尔吉斯斯坦都需要俄罗斯的资本输入，前者在与阿塞拜疆有关纳—卡问题争端中更依赖于莫斯科的支持；为推进吉尔吉斯斯坦加入关税同盟，俄罗斯要向吉国家发展基金投入 12 亿美元。

第四，欧亚经济联盟的进一步内部整合仍面临诸多挑战。独联体国家的一些民族主义者对一体化仍持否定立场，认为选择一个仍然紧密的联盟，国家将失去独立性。哈萨克斯坦国内就有不少人担心，认为与俄白的经济一体化会带来政治一体化，最终“复活苏联”。在欧亚经济联盟条约谈判中，俄罗斯和白俄罗斯曾提出包括统一护照和货币、共同议会、共同边境力量、共同经济外交政策以及边界安全等内容。但哈萨克斯坦只赞同加强经济联系的相关提议，强调欧亚经济联盟只是一个经济项目，不涉及政治主权问题。俄、白、哈商定推行统一的宏观经济、反垄断、货币和金融政策，但并未提到统一货币问题，只是强调在 2025 年前成立统一的金融管理机构。就是在外贸政策上，条约也只是规定了三国应协调外贸政策，而不是统一。同时，欧亚经济联盟条约规定，三方拥有完全平等的权力，在联盟所属机构中拥有平等的表决权。事实是，俄、白、哈仍在货币和金融领域保留大量的程度不同的国家干预，这是整合的自然障碍。例如，白俄罗斯的经济模式保证了一定的经济增长率，却包含着一个欠发达的金融市场和非透明的金融体系。即便对俄罗斯而言，如果卢布的相互贸易优势被削弱，莫斯科能否完全接受也是个问题。由于欧亚经济联盟的金融基础主要依靠的仍是俄罗斯的油气出口，所以莫斯科方面并不急于取消油气市场的限制，而是提出了一个5—10年过渡期的方案。

第五，普京的欧亚整合面临来自后苏联空间现有跨国组织的牵制。尽管俄罗斯强调欧亚联盟不会重复或代替现有的多边区域组织，但却没有表明如何处理欧亚联盟与现有国际组织，特别是上海合作组织和欧盟的关系。许多其他独联体国家都想和中国或欧洲发展关系，以平衡俄罗斯的影响。中国在上海合作组织内有着重大的安全和经济利益，而在相同的功能区再出现一个欧亚联盟，二者之间关系如何构建将面临重大考验。欧盟通过“东部伙伴关系计划”加强在后苏联空间的影响，与相关国家之间的联系国和自由贸易区协定正在落实，虽然表态短期内不会提供正式成员国地位，但欧盟仍然可以提供可观的经济和其他援助，从而对欧亚联盟方案形成极大的牵制（乌克兰危机即是明证）。

为克服离心倾向和加强在欧亚大陆的竞争力，俄罗斯需要构建一个更具吸引力的地缘政治经济集团。原则上，这一目标要求莫斯科的欧亚整合计划通过共享更大的影响力的集体机构，以及采取更温和的方法，处理与邻国的争端。在实践中，俄罗斯也必须通过国内的现代化和其他改革的努力，使自己成为一个更具吸引力的经济和政治合作伙伴，通过与独联体国家的贸易和相互投资，取得更大的成功。即便如此，普京的欧亚联盟方案所面临的困难和挑战仍是显而易见的。纳扎尔巴耶夫就曾批评俄罗斯对哈萨克斯坦和白俄罗斯两国的商品实施非关税性贸易壁垒，导致俄罗斯对哈萨克斯坦和白俄罗斯的贸易均出现较大的顺差，对哈、白的货币稳定和经济发展形成很大压力。在俄白联盟国家一体化方面，由于对国家主权存在着深刻的担忧，所以白俄罗斯一直拖延共同宪法的制定和向统一货币过渡的进程。乌克兰危机的发生在一定程度上增加了双方的担心，俄罗斯担心联盟中的其他国家步乌克兰后尘而选择西方，其他国家则担心俄罗斯把在乌克兰危机中的“举动”用在自己身上。总体上，欧亚整合的一个突出特点是，对最高领导层之间协议的依赖和处处可见俄罗斯诱导的“痕迹”，这是与欧洲联盟发展的不同之处。①

---

① 以上关于制约因素的分析引自杨辉、毕洪业：“普京对后苏联空间的整合及前景——以欧亚经济联盟的成立为例”，《世界经济与政治论坛》2014年第4期。

二、俄罗斯中亚政策面临的挑战

借助于大量的经济援助和利用中亚安全的脆弱性及国家制度建构的迟缓，俄罗斯在一定程度上恢复了在中亚的传统影响。一方面，俄罗斯借助集体安全条约组织保障了对该地区的军事介入，同时借助双边条约维持了在塔吉克斯坦和吉尔吉斯斯坦的长期军事存在；另一方面，通过欧亚经济联盟，俄罗斯与中亚国家的经济合作进一步深化。不可否认，短期看俄罗斯对欧亚的整合取得了一定的成效。但考虑到外部势力的介入、中亚地区安全现实和俄罗斯自身发展所面临的困境，其中亚政策前景仍面临很多不确定性。

（一）俄罗斯中亚政策的美国因素

为配合从阿富汗撤军和保持美国影响的长期存在，“新丝绸之路”计划被宣布为美国针对“大中亚”地区的基本政策，并成为奥巴马中亚战略的核心组成部分。考虑到2014以后在阿富汗的影响，美国对阿富汗政策的重心从依靠军事战略的稳定计划转向可持续的发展规划，而“新丝绸之路”计划便是其中的核心环节。① 美国的“新丝绸之路”计划仍然与阿富汗紧密联系在一起，希望构建一个更加良性的区域环境，为美国及其北约盟友顺利地转移领导责任给阿富汗政府及其安全部队创造条件。该计划的实施意味着美国仍将积极参与中亚地区事务，以促进其形成安全、良好的治理和推动社会经济发展。2011年10月，美国国务卿希拉里·克林顿相继对阿富汗、巴基斯坦、塔吉克斯坦和乌兹别克斯坦进行访问，展开“新丝绸之路”计划的宣传之旅。

奥巴马政府以解决阿富汗问题为核心的中亚战略，包括了三个主要举措：第一是发展和扩大北部配送网络（NDN），通过俄罗斯、中亚和高加索转运大量的非致命性物资，供应驻扎在阿富汗的北约部队；第二个就是“新丝绸之路”（NSR）计划，旨在加深和扩大阿富汗和中亚及南亚邻国之

---

① Pyatt G.，“Discussing the ‘New Silk Road’ strategy in Central Asia”，Central Asia Policy Forum，June 2，2012.

间的区域经济一体化，其中的规划项目多达几十个；[①] 第三是中亚的反毒品计划（CACI），建立涵盖所有5个中亚国家的缉毒部队，并与现有的反毒品部队在阿富汗和俄罗斯进行合作。[②] 总体上，奥巴马的中亚战略与布什政府"大中亚计划"并没有本质区别。奥巴马政府仍试图通过在安全、经济和能源、民主、交通等领域的综合性协作，推进中亚和南亚的一体化进程，以最终实现美国战略利益的最大化。"大中亚计划"是美国的长期战略构想，奥巴马的中亚战略不仅不是抛弃，实际上是对该计划的一种变相的实践。显然，美国不仅不会放弃中亚，而且还要采取更隐蔽的方式扩大影响。由亚洲开发银行融资支持，从乌兹别克斯坦的海拉通到阿富汗的马扎里沙里夫的铁路已经开通运营；同样，由亚行支持的塔吉克斯坦桑土达水电站在2012年投入运营，并把电力输向阿富汗；阿富汗和巴基斯坦在2010年10月底签署了两国过境贸易协议，未来塔吉克斯坦也可能加入；2012年5月，"新丝绸之路"的重点工程TAPI管线项目（土库曼斯坦—阿富汗—巴基斯坦—印度管道）取得突破，土库曼斯坦与印、巴两国签署了天然气供应合同，但由于资金和安全等问题，管线建设一直拖延（2015年底刚启动建设），离真正落实还很遥远。

虽然阿富汗战争基本上是无果而终，但美国不可能离开中亚。[③] 在当前中亚地缘政治格局之下，为顺利从阿富汗抽身，美国急需寻求在中亚的新落脚点，而乌兹别克斯坦基于在中亚的地位和影响，特别是在大国博弈中寻求平衡外交利益最大化的姿态，可能最终会成为选项。乌兹别克斯坦退出集体安全条约组织引发了各界的种种猜测。随着美国从阿富汗撤军，吉尔吉斯斯坦拒绝玛纳斯运输中心到期后继续租赁，美国必须重新寻找保持在中亚影响的途径和手段。当然，这背后的俄罗斯因素是有目共睹的。吉尔吉斯斯坦总统阿坦巴耶夫屡次更新基地的租赁条件和决定不再续租，

---

① Stephen Blank, "Whether the New Silk Road and U. S. Central Asia Policy?", October 31, 2012, http://old.cacianalyst.org/?q=node/5869/print.

② Richard Weitz, "Obama's New Central Asian Strategy and Its Impediments", January 25, 2012, http://old.cacianalyst.org/?q=node/5700.

③ Fatima Kukeeva, "The U. S. Troop Withdrawal from Afghanistan and Regional Security in Central Asia", Russian Politics and Law, Vol. 51, No. 1, January-February 2013, pp. 49–58.

都与俄罗斯方面的援助承诺和压力有着直接的联系。2013 年 6 月，阿坦巴耶夫签署了关于废除在吉尔吉斯斯坦部署美国国防部基地协议的法案，规定从 2014 年 7 月起废止美军租用马纳斯空军基地。相反，俄罗斯却最终实现了在吉尔吉斯斯坦的长期军事存在。吉尔吉斯斯坦之所以选择俄罗斯，主要原因在于："美军从阿富汗撤离后，吉尔吉斯斯坦费尔干纳盆地的安全将面临极大挑战，所以必须进一步加强与盟友俄罗斯在军事等领域的合作，而且吉尔吉斯斯坦还希望在加入关税同盟问题上得到俄罗斯的支持，这对吉国家安全和国内稳定具有决定性意义。"① 由于集体安全条约组织不允许在其成员国境内存在外国军事基地，所以自 2012 年初以来，乌兹别克斯坦就不断表示对集体安全条约组织的不满，并最终退出了该组织。在宣布退出集体安全条约组织的同时，乌兹别克斯坦立法机关通过了新的外交政策构想。主要强调以下几点：不允许在乌兹别克斯坦部署外国军事基地；不参加任何军事集团；不参与国际维和行动；中亚地区的冲突在没有任何外部力量调解的情况下自行解决。② 美国从阿富汗撤军后，乌兹别克斯坦的地缘政治重要性将逐渐突出。此法案更像是针对俄罗斯和美国发出的信号，希望双方能就在乌兹别克斯坦设立后勤、运输、存储用基础设施开价。这一连串的事件反映了乌兹别克斯坦完全放弃了多边安全安排和在这一领域的双边优惠，但能否带来预期收益恐怕还要进一步观察。2013 年初，乌总统卡里莫夫再次重申大国在该地区竞争的影响，特别是美国及北约即将撤出阿富汗可能给中亚安全所带来影响的不确定性。随后，乌外长对华盛顿的访问表明美乌关系的和解取得重大进展。如果外界的猜测成为现实，那么不仅美国保持了在中亚地区的军事存在，也让乌兹别克斯坦有更多的杠杆来应对俄罗斯，特别是俄罗斯正在加强在吉尔吉斯斯坦和塔吉克斯坦的地位，这两个国家与乌兹别克斯坦存在竞争关系。此外，乌兹别克斯坦还可以从美国撤军中得到经济补偿和装备转让。同时，一个基地或快速反应中心还将能够帮助华盛顿和塔什干应对激进分子从阿富汗向乌兹别克斯坦渗透，特别是乌兹别克斯坦的伊斯兰运动（IMU）和中亚其他武装组织表

---

① Екатерина Ермакова. Базой меньше: Появился документ о денонсации договора США и Киргизии о центре "Манас" // Взгряд. 21 мая 2013.

② См.: Узбекистан не будет участвовать в военно-политических блоках. http://www.gazeta.uz/2012/08/04/concept/.

示中亚仍然是他们的终极目标。[1] 当然，如果这一切最终成为现实，将是俄罗斯所不愿意看到的。

不仅如此，美国还极为看重哈萨克斯坦与其他大国的关系和在地区平衡中的作用。美国和哈萨克斯坦在联手打击恐怖主义、核扩散，特别是在伊拉克和阿富汗问题上进行了诸多合作。两国在2008年签署了一项为期5年的军事合作协议，五角大楼将帮助哈萨克斯坦改革军事训练，提高与北约及美国军队的相互兼容性。哈萨克斯坦支持能源管道规避俄罗斯领土的发展，其已经通过“巴库—第比利斯—杰伊汉管线方案”（BTC）向欧洲出口石油。同时，哈萨克斯坦正致力于中亚经济基础设施的改造，因为它想成为“欧洲与亚洲之间的大陆桥”。这与美国的“新丝绸之路”计划有相通之处。目前，在哈有近500家美资企业，哈萨克斯坦已经成为美国核电站最大的铀供应国。华盛顿希望通过扩大与中亚国家间的双边贸易和相互投资，在这些国家之间形成更加紧密的经济关系和民间交流，进而为阿富汗问题的解决创造良好的区域外部环境。哈萨克斯坦政府向阿富汗提供了相当规模的人道主义、金融及技术援助，包括对在哈萨克斯坦留学的阿富汗学生给予政府资助。在2015年9月的联大会议期间，纳扎尔巴耶夫与奥巴马在纽约举行了会晤，两国就打击恐怖主义、核不扩散、阿富汗现状等问题达成了共识。2015年11月2日，美国国务卿克里访问哈萨克斯坦。尽管如此，还不能表明哈萨克斯坦对俄罗斯疏远抑或脱离了俄罗斯的政治轨道，因为纳扎尔巴耶夫很清楚俄罗斯对自己国家的意义和“颜色革命”的影响，其所追求的只是一种有限的平衡外交而已。[2]

对美国和北约来说，随着从阿富汗大规模撤军，大量的军队和装备需要安置；更重要的是，这一地区问题重重，周边分布着伊朗、俄罗斯、中国等主要力量，有必要通过保持军事存在形成牵制。撤军工作开始后，美国毫不隐瞒自己在中亚地区保留或再建军事基地的兴趣。2011年11月底，

---

① Farkhad Tolipov, “CSTO Minus Uzbekistan: Implications for Collective Security in Central Asia”, August 8, 2012, http://old.cacianalyst.org/?q=node/5811; Roger McDermott, “CSTO Absorbs an Uzbek Tremor”, August 8, 2012, http://old.cacianalyst.org/?q=node/5815.

② Myles Smith, “Nazarbayev Drifts From ‘Multi-Vector’ Foreign Policy”, May 11, 2012, http://kazworld.info/?p=21372.

美国中央陆军司令布鲁克斯（Vincent K. Brooks）中将在对乌兹别克斯坦和塔吉克斯坦的访问中，讨论了转让将从阿富汗撤出的多余装备的问题，包括无人机、数字无线电台、装备GPS导航仪的全套单兵装备、装甲汽车、装甲输送车、防空武器、坦克、配备卫星地形测量连测设备的火箭/炮兵系统，以及配备夜视瞄准器的轻武器。显然，五角大楼已经得出结论，这些高技术装备不应转让给阿富汗军队，因为其人员无能力掌握这些技术装备，而且很有可能落入塔利班手中。这种无偿援助可以逐步使这些国家加入与美国和北约的军事及军事技术合作。此外，五角大楼还提出在这两个国家建立长期的训练中心网络的建议，中亚国家军队可以借此掌握驻阿北约部队提供的武器和技术。由美国支持的一个训练中心已经在塔吉克斯坦的法赫拉巴德运转。美国驻塔吉克斯坦大使说，已向当地强力部门转让了300套单兵装备和设备，用于装备由美国教官在法赫拉巴德培训的特种小组。2012年5月，北约峰会在芝加哥召开，首次邀请哈、吉、乌领导人参加，最终三国都由外长代替前往。显然，这一举动与美国希望在中亚建立新军事基地或寻求以其他方式立足有关。2012年6月18日，由来自阿富汗、哈萨克斯坦、塔吉克斯坦和美国的约300名军人参加的“区域合作—2012”联合军演在吉尔吉斯斯坦军事人员联合培训中心基地举行。此举表明，美国在有计划地寻找一切机会留在中亚。与此同时，北约与哈、吉、乌三国达成协议，北约获准经过这些国家将物资和军事装备运出阿富汗，新协议将会让北部配送网络“更加有力和灵活”。此前北方运输线仅为单向，只能将物资运进阿富汗而无法运出。后来，在美国方面就北约空袭巴基斯坦边防检查站一事表示歉意以后，巴方重新开通了驻阿富汗北约部队经由巴基斯坦境内的陆地补给线，但不允许运输致命性武器。

借助与区域外大国不断增强的经济联系，中亚国家希望改变对于俄罗斯过度依赖的局面。美国不会在战略上放弃中亚，将寻找一切可能的机会和途径留在当地，作为其“大中亚计划”多重目标的战略支撑点。美国助理国务卿罗伯特·布莱克（Robert Blake）宣布，在美国的政策中将强化中亚方向的重要性。① 经过艰难的谈判，2014年9月30日美国与阿富汗最终签署了《双边安全协议》，其中规定，到2014年底驻阿美军降至9800人，

① “Robert Blake, Remarks at the Davis Center for Russian and Eurasian Studies Policy Conference on Islam in Eurasia”, http://www.state.gov/p/sca/rls/rmks/2013/210405.htm.

到2015年底再降至4500人，到2016年底全部撤离。而且从2015年起，驻阿美军的主要任务明确为反恐和帮助训练安全部队。在2015年9月30日普京出兵叙利亚，对“伊斯兰国”展开空袭后，奥巴马在10月15日宣布了延缓阿富汗撤军计划：美军2016年大部分时间在阿驻军规模将继续保持目前9800人的水平，到2017年1月（奥巴马卸任）将减少到5500人。可见，俄罗斯在叙利亚的军事行动直接或间接地影响了奥巴马做出这一决定。美国仍会想尽一切办法保持在中亚国家的影响力，以在战略上对俄罗斯和中国形成牵制。2015年11月初，美国国务卿克里遍访中亚五国，在乌兹别克斯坦的撒马尔罕正式启动中亚“5+1”新机制（中亚五国+美国外长），提出了一系列新的援助计划，显示美国正加大对中亚的外交和经济投入。克里还向吉尔吉斯斯坦总统阿坦巴耶夫建议签署新的军事协议。克里的中亚之行被华盛顿看作美国与中亚国家重新拉近关系的重要机会。针对克里的中亚之行，莫斯科国际关系学院专家沙尔巴图洛·索季科夫指出，克里的目的就是阻止欧亚经济联盟向中亚扩展，同时将中亚国家的注意力从中国的“丝绸之路经济带”引到美国的“新丝绸之路”计划上来，而且美国在乌兹别克斯坦有独特的计划，两国正在讨论在乌境内驻扎美军的问题。俄联邦科学院东方学研究所专家卡德罗夫·绍赫拉特强调，现在美国“大中亚”战略的建立阶段结束了，下一阶段就是开始阶段，即华盛顿要直接进入中亚来寻找可以依靠而且各方面满意的政治家。①

（二）俄罗斯中亚政策的中国因素

在加强与中亚五国双边关系的同时，中国主张以上海合作组织为核心，积极推进多边合作，加大对恐怖主义的打击力度，以确保周边地区的稳定，并加强在经济领域的合作。在中国看来，减少局部战争和恐怖主义是中亚地区保持长期稳定和发展的一个必要前提，应防止中东的政治动荡蔓延到穆斯林占多数的中亚国家。针对中亚国家的发展现状，中国对中亚国家提供了大量的贷款和经济援助，加快中亚国家能源和基础设施建设。项目引领投资是中国与中亚合作的特点之一，其中以连接土库曼斯坦和中国的天

① Виктория Панфилова. США могут реанимировать “Манас”: Джон Керри обещает инвестиции странам региона//Независимая газета. 3 ноября2015.

然气管道工程最具代表性。同时，中国对改善中亚地区的交通网络投入了大量资金，比如在塔吉克斯坦的公路和隧道工程。除了上海合作组织框架外，中国还愿意与国际社会合作，包括西方政府，以减少恐怖主义和毒品对中亚的影响。随着习近平主席 2013 年 9 月对中亚访问的成功，“丝绸之路经济带”建设成为国际关注的热点，与中亚国家发展战略的对接全面展开，双方战略伙伴关系得到巩固和加强。这无论是对于联合打击“三股势力”确保西北边陲安全，还是缓解来自东部和南部海上的地缘战略压力，都具有重大的战略意义。俄罗斯战略研究所专家阿日达尔·库尔托夫（Аждар Куртов）认为，北京很好地利用国际及地区局势来扩大在中亚地区的影响力，通过与中亚合作，促进了中国西北和西南边远地区的发展。[①] 在后金融危机时代，中国还通过向中亚国家提供低息贷款等方式，帮助后者逐步摆脱危机的影响，同时寻求加强双边教育和文化联系，以为双方全面战略伙伴关系的巩固和发展打下稳定的基础。

通过采取避免让人联想到争夺势力范围的政策，中国以自己的方式介入中亚地区事务和加强经济能源合作，其中最典型的就是通过发展战略全面对接，切实践行互惠互利、合作共赢的发展理念。中国尊重中亚国家发展道路的选择，在提供优惠的贸易和贷款条件的同时，坚持不插手中亚国家国内问题的原则。中国既不像俄罗斯那样通过制度性安排，形成贸易约束以及寻求政治利益，同时也不像美欧那样，在中亚各国政治改革进程上施加压力和谋求军事立足。同时，与美国总统从未访问过中亚国家相比（最高为副总统，奥巴马总统去过与中亚比邻的阿富汗），中国国家主席和总理均把对中亚国家的访问作为任内的重要外交举措。所以，尽管把中亚油气资源输往欧洲是西方早就确定的战略，但中国却是第一个使中亚油气资源真正实现市场多样化的国家。中国与中亚国家启动的多边合作项目的巨大潜力以及双边战略伙伴关系协议，明确表明了中国在中亚地区的重要地位。[②] 现在，中国是除乌兹别克斯坦以外的中亚四国的首要贸易对象国。近年来，以往对中国进入中亚有所戒备的乌兹别克斯坦也开始欢迎中国投

---

① Виктория Панфилова. Душанбе берет курс на Пекин: Таджикистан сделал в ыбор в пользу сотрудниче ствас Китаем//Независимаягазета. 22 мая 2013.

② Центральная Азия: новый этап большой игры. http://newtimes. az/ru/economics/2137/.

资的进入，中国不仅是塔什干的第二大贸易伙伴，还是其交通运输领域的最大投资来源地。在经贸和能源领域，中国与中亚国家的合作主要是借助双边协议推进，而在安全领域，中国主要通过上合组织与中亚包括俄罗斯进行反恐合作，并尽量给俄罗斯留出空间。金融危机爆发后，随着中国在中亚影响力的增强，西方开始担忧自己在中亚的前景，认为中国借助双边机制和上合组织，在基础设施建设、贸易、文化、安全领域的合作全面发展，未来必将在地缘政治上冲击美国和西方在该地区的影响力，而其他大国（主要是美国）不引起重视的话，中国主宰中亚将是不可避免的。[①] 当前，俄罗斯在中亚的影响力已经大大下降，难以有效应对中国与其中亚邻国的经贸关系，而美国也乐见中国协助促进中亚经济发展来维持美军撤出后的阿富汗局势。有鉴于此，中国在中亚地区的战略优势将最终形成，进而成为中亚最具影响力的大国。不可否认，中俄在中亚的竞争是存在的，特别是在经济和能源领域，同时中美在中亚也有利益分歧，但由此担心中国将主宰中亚或者取代俄罗斯在中亚的地位和影响力，恐怕就是庸人自扰了。[②] 在这方面更多的是西方媒体在自说自话，是金融危机冲击下不自信的表现，也有个别是出于挑拨中俄关系让西方得利的心态。与解决阿富汗问题相联系，美国在中亚谋求长期军事存在，希望使该地区脱离莫斯科的势力范围，以阻止俄罗斯的重新崛起。普京则提出了欧亚联盟构想，强调对中亚军事、政治、经济的全面介入，不希望其他大国染指，尤其是军事存在。与俄美在中亚的战略利益不同，中国的战略旨在推动地区稳定、发展和贸易，通过“丝绸之路经济带”战略与中亚国家发展战略全面对接，建设与欧洲连接的通道，实现共同发展、互利共赢。

中国在中亚追求的战略目标主要有两个：一方面，通过与中亚国家联合反对“三股势力”来确保中国西部地区的安全与稳定；另一方面，加强经贸特别是能源领域的合作，同时打通与欧洲联系的陆路通道。反恐是中亚各国面临的一项长期任务。中亚各国的制度建构仍处于初级阶段，“萨拉菲”、“伊扎布特”等宗教极端主义组织一直图谋借宗教、“大选”等社会

---

① Raffaello Pantucci, Alexandros Petersen, “China’s Inadvertent Empire”, The National Interest, Issue Nov-Dec, 2012.

② Vitaly Vorobiev, “An Aggregate of Converging Interests: Should Russia Fear China’s Growing Influence in Central Asia?”, December 27, 2012.

政治事件挑起事端，破坏区域稳定。“东伊运”恐怖组织人员盘踞在南亚、中亚等地，与国际恐怖极端组织相勾结，对中国及中亚地区的安全构成了严重危害。中国军队进入中亚是出于上合组织框架内反恐演练的需要，不存在谋求在中亚长期存在的意图。

在2015年7月的上合组织乌法峰会上，中国国家主席习近平发表了《团结互助 共迎挑战 推动上海合作组织实现新跨越》的讲话，希望带动上合组织安全和经济双轮驱动，并提出了五点主张：坚持“上海精神”，打造本地区命运共同体；加强行动能力，筑牢地区安全屏障；深挖合作潜力，充实务实合作内容；推动民心相通，巩固世代睦邻友好；保持开放互鉴，推动组织发展。中方在峰会上提出了一系列支持成员国发展的新倡议，明确表达了与上合组织共建“丝绸之路经济带”的意愿。践行“上海精神”和亚洲安全观等理念，有利于构建地区安全合作新架构，保障长治久安。通过与中亚国家、欧亚经济联盟和上合组织发展战略的全面对接，“一带一路”战略建设将有可能发挥中亚地区经济社会发展的驱动器和稳压阀的作用。

（三）俄罗斯中亚政策的中亚国家因素

“9·11”事件使中亚地区的地缘政治态势发生了大逆转。美国和北约的军事进入，使俄罗斯主导的独联体集体安全条约组织的发展势头受到遏制（乌兹别克斯坦最终选择退出集体安全条约组织），[①] 上海合作组织的发展也一度面临很大挑战（在2010年吉尔吉斯斯坦骚乱中无所作为），中亚个别国家的政治、安全和经济合作重心曾有向西方特别是美国转移的趋势。虽然美国将从阿富汗完成撤军和失去在中亚的最后一个军事基地，但华盛顿寻找在中亚立足点的动作一直没有停息，塔什干再次退出集体安全条约组织的举动与此难脱干系。乌兹别克斯坦谋求地区领导权的决心和未来其

---

① Arkady Dubnov，“Tashkent Goes，Problems Stay：Will the CSTO Overcome the Conceptual Crisis?”，Russia in Global Affairs，October 7，2012，http：//eng. globalaffairs. ru/number/Tashkent-Goes-Problems-Stay-15692.

与美国及北约关系如何发展，仍是俄罗斯担心的重点。①

尽管如此，俄罗斯手中仍有两张牌，可以用来对中亚国家施加压力，以最大限度地保障自己在该地区的既得利益。那就是通过对油气出口管线的控制和利用中亚国家所面临的安全威胁。当然，对中亚油气出口管线的控制变得越来越难，在这方面俄罗斯的优势地位已经不在。但是，利用中亚安全上的脆弱性来加强影响力还是有很大的空间。中亚国家也认识到，没有俄罗斯的协助，他们不可能消除所面临的种种威胁。②

一方面，土耳其、卡塔尔、沙特和西方尽管在叙利亚遇到了阻力，但中亚各国一旦因选举等问题出现冲突，利用不稳定的吉尔吉斯斯坦和塔吉克发动“中亚之春”还是有可能的。③ 同时，在俄罗斯南部的北高加索地区和中国西北地区，仍然存在宗教极端组织和恐怖组织活动，加之遭受打击的“伊斯兰国”组织成员的外溢和参加该组织的中亚国家人员带着“圣战”使命返回，这些都是中亚的安全隐患。美军撤出阿富汗后，普什图人与塔吉克人、乌兹别克人之间的矛盾也可能激化。由此，被打散的伊斯兰武装分子借机向中亚和俄罗斯渗透是可能的。此外，中亚五国是毒品交易的重要过境通道，而政治腐败也助长了毒品交易行为。

另一方面，中亚国家还面临严重的内部威胁。首先，中亚地区存在着多组复杂的双边关系，其中“特立独行”的乌兹别克斯坦与塔吉克斯坦及吉尔吉斯斯坦在水资源利用和边界矿产资源开发上的矛盾，处理不好就有失控的可能。其次，中亚国家治理水平较低，很多利用高压政策甚至武力来维持稳定，而且腐败现象比比皆是，从而给宣称可以改变这种失败现状的伊斯兰极端主义的传播提供了土壤。④同时，塔吉克斯坦更长期困扰于小规模暴力冲突，而吉尔吉斯斯坦在2005年和2010年还发生两次大规模骚乱。最后，大量高素质的居民移向国外（主要是俄罗斯），对移出国的发

---

① Babo Lo, “Frontiers New and Old: Russia's Policy in Central Asia”, Russie. Nei. Visoins, No. 82, Russia/NIS Center, January 2015, www. ifri. org.

② Murat Laumulin, “Virtual Security of Central Asia: The CSTO in the Face of NATO's Withdrawal from Afghanistan”, Russia in Global Affairs, October 7, 2012.

③ Georgiy Voloshin, “Kazakhstan's Economic Proposals Reveal Fears About Political Instability”, 13 June 2012, http: //old. cacianalyst. org/? q = node/5793.

④ Dmitry Shlapentokh, “Jihadists in Kazakhstan and the Increasing Instability in Central Asia”, November 16, 2011, http: //old. cacianalyst. org/? q = node/5666.

展形成制约。自独立以来，中亚五国就一直面临着人口流失的困扰，而且大多是素质较高的居民（包括很多俄罗斯族人）。由于文化、语言、习惯等原因，他们主要选择移民俄罗斯。①

短期内，中亚各国还无力解决严重的地区安全问题，这就为外部势力对中亚事务的进一步介入提供了方便。就俄罗斯而言，如果能够充分利用自己的传统联系，实行切实可行的政治、经济、军事政策，其在中亚地区维持和巩固目前所取得的相对优势地位甚至一定程度上的主导地位是可能的。但是，这些问题的存在对俄罗斯而言同样也是非常棘手的。趁美国加紧从阿富汗撤离，俄罗斯开始寻求扩大在中亚的影响力。② 吉尔吉斯斯坦和塔吉克斯坦不仅同意延长俄罗斯军队驻扎协议，而且前者已经成为欧亚经济联盟的一员，后者也在积极协商入盟问题。为保护中亚国家免遭外来的军事威胁，在俄罗斯的推动下，集体安全条约组织计划在中亚建设一支强大的军事集群，规模预计有几个团或师。但是，俄罗斯在对中亚地区发展极为关键的水资源利用上的“选边站”，追求一种“分而治之”而不是调解的政策是不明智的（在乌兹别克斯坦与吉尔吉斯斯坦、塔吉克斯坦有关淡水资源的分配和开发的分歧中，俄罗斯积极参与和支持吉、塔水电工程建设，并长期维持军事基地的存在），长期来看对该地区的稳定是一个重大隐患。③ 同时，中亚地缘政治中各主要角色战略目标的差异，决定了各方在中亚的竞争和博弈将长期化，对俄罗斯的优势地位也将构成挑战。④普京对欧亚整合的双轮战略（安全上的集体安全条约组织和经济上的欧亚经济联盟），与美国的大中亚战略和中国的“丝绸之路经济带”战略如何共存，是一个大问题。美国中亚政策的核心是，限制中亚国家在经济、政

---

① Sergei Abashin, “Migration from Central Asia to Russia in the New Model of World Order”, Russian Politics and Law, Vol. 52, No. 6, November-December 2014, pp. 8 – 23.

② Francesco Brunello Zanitti, “Af-Pak: the challenge of stability and the role of Russia”, August 4, 2014, http://en.interaffairs.ru/events/510-af-pak-the-challenge-of-stability-and-the-role -of-russia.html.

③ Farkhod Tolipov, “Putin Backs Dams in Central Asia: Russia's Divide-and-Rule Strategy Restored?”, October 17, 2012, http://old.cacianalyst.org/? q = node/5859/print.

④ Ivan Safranchuk, “Russian Policy in Central Asia. Strategic Context”, The Observatoire Franco-Russe, No. 8, November 2014, http://obsfr.ru/fileadmin/Policy_ paper/PP8_ EN_ Safrant chouk. pdf.

治和安全上对俄罗斯的依赖，通过确保中亚国家的独立和主权地位来施加自己的影响，以阻止俄罗斯的重新崛起。土库曼斯坦和哈萨克斯坦已经通过管线把油气资源输往中国，而且中国在中亚五国的对外贸易中已经处于领先地位。中国中亚政策的重点在于，通过推动发展和贸易来保持该地区的稳定；而美国寻求在军队撤出阿富汗后，继续在中亚长期立足；俄罗斯则希望与中亚国家加强全方位的排他性关系。很大程度上，中、美、俄的中亚战略是截然不同甚至相互冲突的，特别是在美俄之间。① 现在，驻阿美军的装备已经开始有计划地向中亚国家转移，由美国支持的一个训练中心已经在塔吉克斯坦的法赫拉巴德运转。

另一个值得关注的事态是，出于对集体安全条约组织和上海合作组织在2010年吉尔吉斯斯坦骚乱中表现的失望，和对2014年后阿富汗局势所带来影响的担忧，哈萨克斯坦和乌兹别克斯坦两国领导人自2012年以来多次会晤，就区域安全挑战、安全机构等问题进行商讨，宣布将加强与区域内的其他国家沟通，寻找有效的预防措施来应对新的安全挑战。② 乌兹别克斯坦以前在区域合作问题上从来没有表现得如此积极。乌克兰危机爆发后，俄罗斯对上合组织的政策有所调整，乌兹别克斯坦开始寻找在莫斯科和北京之间的新平衡。乌兹别克斯坦拒绝华盛顿在其领土上部署军事基地，同时支持2014年上合组织杜尚别总结宣言中涉乌克兰条款，以及支持中、俄两国的其他倡议，是其对上合组织区域事务的新的“介入”基础。同时，在杜尚别峰会期间，俄罗斯总统普京与乌兹别克斯坦总统卡里莫夫进行了对两国来说都非常重要的会晤。相应地，上合组织乌法峰会所达成一致的各种文件表明，常常表达独特立场的乌兹别克斯坦正在表现出借助发挥上合组织潜力来维护自己的安全、稳定和经济发展的愿望，同时也可以借此对西方的政策表示不满和抗议。尽管如此，考虑到美国因素，乌兹别克斯坦因素究竟能在多大程度上影响俄罗斯的中亚政策还需观察。

---

① Raffaello Pantucci, Alexandros Petersen, the Clash of Eurasian Grand Strategies, May 1, 2012, http：//nationalinterest. org/commentary/the-clash-eurasian-grand-strategies-6863.

② Sergei Gretsky Astana and Tashkent Spearhead Move to a New Security Architecture for Central Asia, December 12, 2012, http：//old. cacianalyst. org/? q = node/5896.

三、俄罗斯的欧亚整合对上合组织的影响

上海合作组织自成立以来就重点关注区域安全问题，中国也曾提出要加深该组织的全面合作，尤其是加强经济和人文领域的合作与交流，以便为上合组织的稳定发展打下坚实基础。但长期以来，俄罗斯更关注于依靠其所主导的欧亚经济联盟和集体安全条约组织来维持在中亚地区的主导地位，而担心其不占主导地位的上合组织对前两者的发展构成冲击。所以，莫斯科对上合组织向反恐安全以外扩大职能（尤其是经济和金融领域）一直有所顾忌，这也是成立上合开发银行问题至今无果的重要原因（在 2010 年 11 月的杜尚别上海合作组织成员国第九次总理会议上，中国建议研究成立上合开发银行问题）。但近年来，随着与美欧关系恶化，特别是乌克兰危机后俄罗斯加快了“向东转”的战略调整，上合组织在其外交中的定位和作用开始得到提升。另一方面，随着美军逐步撤出阿富汗，俄罗斯与中亚和中国合作来保持地区稳定就显得更加重要。美国的撤出不仅影响阿富汗的稳定与安全，还将对域外国家的安全形成冲击。① 2014 年 4 月 1 日，在塔吉克斯坦举行的上合组织国防部长会议上，俄罗斯国防部长绍伊古表示，莫斯科完全支持中国有关建立上合组织反恐中心的主张，确定将帮助中国打击跨境恐怖主义威胁。这是中国的倡议第一次获得俄罗斯国防部的支持。在阿富汗重建与中亚安全领域，上海合作组织和欧亚经济同盟能够扮演非常重要的角色，其中中俄的合作将起决定性作用。俄罗斯很清楚，在许多中亚安全保障方面，中国可以提供强大的资源支持，所以其特别希望中国在 2014 年后地区问题的解决上给予协助。②

在这种背景下，俄罗斯对中国倡导的“丝绸之路经济带”战略也由怀疑、担心到理解和接受，最终于 2015 年 5 月签署了《关于丝绸之路经济带建设和欧亚经济联盟建设对接合作的联合声明》。在声明中，俄罗斯表示支

① Fatima Kukeeva, “The U. S. Troop Withdrawal from Afghanistan and Regional Security in Central Asia”, Russian Politics and Law, Vol. 51, No. 1, January-February 2013, pp. 49 - 58.

② Weitz, Richard, “For U. S., Dividing China, Russia in Central Asia Easier Said Than Done”, World Politics Review, April 7, 2015.

持“丝绸之路经济带”的建设，愿意同中国密切合作推进该倡议的落实。中国也在声明中对俄罗斯推进欧亚经济联盟框架内的一体化进程表示支持，并希望尽早启动与欧亚经济联盟就经贸合作方面协议的谈判。中国是欧亚经济联盟的最大贸易伙伴，战略对接将为欧亚经济联盟发展带来更多机遇。在西方制裁压力下，“丝绸之路经济带”与欧亚经济联盟成功对接有利于俄罗斯摆脱困境，其中的互联互通项目对制约俄经济发展瓶颈的基础设施建设具有重要意义。普京指出，二者对接将在整个欧亚大陆上建起统一的经济空间，同时有利于推动俄远东地区的发展，这是双方在促进欧亚地区一体化方面迈出的关键步伐。“丝绸之路经济带”战略具有高度的包容性，与欧亚国家的发展战略有着良好的契合性。① 这一点在中国与白俄罗斯、哈萨克斯坦等中亚国家的战略对接中已经反映出来。

有鉴于此，实现“丝绸之路经济带”与欧亚经济联盟的战略对接就成为上合组织俄罗斯乌法峰会的重要议题。《上合组织至2025年发展战略》指出，上合组织成员国应对“丝绸之路经济带”倡议形成统一立场，利用该倡议为推进上合组织经济合作创造有利条件。乌法峰会确定的上合组织新发展方向中很重要的一个方面，就是寻找与欧亚经济联盟和“丝绸之路经济带”两大项目的合作契合点。“丝绸之路经济带”与欧亚经济联盟对接合作实际上有两个层面：一是“一带”与整个联盟的对接，中国要与欧亚经济联盟进行谈判，达成相关协议、文件，首先应该是自由贸易区协议；二是“一带”与联盟成员之间的战略对接，这方面已经启动。例如，“一带”和哈萨克斯坦“光明大道”对接，已经签署了总额240亿美元的合作协定，以及中国与白俄罗斯的“巨石”工业园项目。

上合组织、欧亚经济联盟和“丝绸之路经济带”三者之间协作的关键其实有两个因素：一个是中、俄对欧亚大陆开发的立场；另一个是三大倡议或战略之间是否存在相容性或共同的发展前景。随着国际形势的变化，在上合组织、欧亚经济联盟和“丝绸之路经济带”框架下，近两年来中俄两国的战略性接近明显，双方不仅在上合组织未来发展和扩员问题上达成

① Larisa Smirnova, “The real meaning of Xi Jinping’s visit to Moscow”, May 15, 2015, http://www.russia-direct.org/analysis/real-meaning-xi-jinpings-visit-moscow.

一致，而且欧亚这三大项目如何对接也正成为热议的话题。① 关于“丝绸之路经济带”建设和欧亚经济联盟建设对接合作的联合声明的签署表明，经过一段时间的沟通和磨合，中俄两国对在欧亚空间的经济开发中可以实现互利共赢的合作达成了基本共识，从而为这两大战略的对接提供了必要前提。

就第二个因素而言，近年来在开展安全合作的同时，上合组织成员国间还不断加深经贸、科技、人文等其他领域的合作。上合组织未来十年发展战略强调，要利用丝路倡议为推进上合组织经济合作创造有利条件，表明其已经接受了中国所提出的上合要安全和经济两个车轮并驾齐驱的建议，从而三方在战略前景上呈现出极大的交集，那就是保障地区安全和促进共同发展。这样，创建上合开发银行和储备基金被再次提上日程，当然也在考虑中国资本进入由哈萨克斯坦、俄罗斯和白俄罗斯组建的欧亚开发银行的替代方案。不仅如此，欧亚经济联盟与上合组织两者的成员基本重合，前者中的白俄罗斯已成为上合组织观察员国，而亚美尼亚也成了对话伙伴国。同时，上合组织成员国都是丝路经济带的重要参与国，而“一带一路”建设并不主张建立太多的新机制，强调依靠在现有的机制上逐步推进。经过十余年的发展，在上海合作组织内部已经形成了诸多合作机制，包括元首峰会、总理会议、安全会议秘书、外交，以及国防、经贸及文化等各领域部长会议机制，可以为“丝绸之路经济带”和欧亚经济联盟的对接提供不同层次和领域的合作机制与平台。由此，结合自身的特殊地位和较为完善的组织架构，借助已有的机制和合作平台，上合组织在进一步打造欧亚经济联盟和“丝绸之路经济带”协作机制的过程中，可以发挥黏合剂的作用，当然中俄的协调是决定性的。相应地，经贸合作正愈来愈成为上合组织的重要合作内容，而丝路基金、亚投行等可以为上合组织框架内的大型项目建设提供金融支撑。反过来，上合组织也可以借助两大项目对接平台而获得新的发展契机。随着全球经济的深刻调整，上合组织各成员国也面临着不同发展问题的挑战，希望借助本组织成员国间的合作来应对挑战和提振经济。对于上合组织来说，经贸领域的互利合作不仅可以增加组织

① Christopher Hartwell, “Russia and China are frenemies both in Central Asia and globally”, May 18, 2015, http: //www. russia-direct. org/opinion/russia-and-china-are-frenemies-both- central-asia-and-globally.

凝聚力，更能够为其可持续发展增强驱动力。在“一带一路”战略下，作为欧亚地区维护和平稳定的有效机制，上合组织被赋予了安全治理与互联互通等经济使命。在这方面，中、俄都已经明确表态支持，希望在未来几年中基本形成区域内互联互通格局。

四、结　语

自20世纪90年代中期以来，对独联体外交就一直是俄罗斯对外战略的优先方向。21世纪以来，普京治下的俄罗斯依据独联体各国的不同情况，通过双边关系和不同速度的次区域一体化，来维持在自己“后院”的影响力。随着俄罗斯与西方特别是美国关系的不断趋冷，普京更加紧了对后苏联空间的整合以应对北约和欧盟东扩所带来的地缘压力。在后金融危机时代，在欧盟和俄罗斯都加强区域整合的背景下，乌克兰成为双方争夺的焦点，进而导致了乌克兰危机的爆发。乌克兰危机既是普京试图加快对后苏联空间整合的结果，其也反过来逼使俄罗斯更快地推进这一进程，以此应对来自西方的封锁和军事压力。普京对后苏联空间的整合主要通过集体安全条约组织和欧亚经济联盟来推进，也即安全和经济两个车轮，这也是独联体国家大都面临的两个挑战。普京的欧亚一体化规划从战略上看是要为俄罗斯的重新崛起打造地缘经济和政治架构，从战术上看则是为摆脱美欧的制裁和孤立而寻求突破的重要举措。在俄新版的国家安全战略说中，再次确认了发展同独联体、集体安全条约组织、欧亚经济联盟国家的关系是俄罗斯国家外交政策的优先方向。① 欧亚经济联盟自2014年5月正式启动后，2015年马上扩员了亚美尼亚和吉尔吉斯斯坦，未来塔吉克斯坦也将加入。但其进一步发展仍面临俄罗斯“输血”能力下降，和成员国金融结构及经济发展水平差距较大等因素的制约；集体安全条约组织内部建设有了较大的进步，包括各类型部队的装备和训练水平的提升，及统一防空体系的建设，但仍面临如“乌兹别克斯坦问题”（屡次加入、退出，最终退出集安组织）的困扰。此外，普京推动的欧亚一体化更面临主权的政治敏感性问题苏联时期的经历，使独联体国家对一体化涉及部分国家主权让渡

---

① Владимир Путин утвердил обновленную Стратегию национальной безопасности РФ. http：//tass. ru/politika/2568006.

的问题都极为谨慎。例如俄罗斯与白俄罗斯两国就货币一体化及政治一体化模式，直到现在也无法谈拢；近来哈萨克斯坦对欧亚经济联盟就只强调是经济领域合作而不涉及政治问题，也是如此。不可否认，普京的欧亚战略取得了较大的成绩，但仍面临诸多挑战和困境，这其中最主要的原因在于，未能建构出共同认同的价值观和地缘政治及经济利益，从而也就不可能彻底甩掉苏联的“历史包袱”和更好地利用“历史遗产”。

乌克兰危机后，除了强推欧亚经济联盟外，普京外交突围的最大举动，就是推动中俄关系再上新台阶和军事介入叙利亚危机。面对美欧的封锁和孤立，普京“向东转”的步伐迈出了实质性的一步，两国共同努力全面夯实中俄战略协作伙伴关系的基础：4000 亿美元的能源大单签署后，东线天然气管道已经开工，西线也紧锣密鼓地落实，而且俄方还正式对中方开放能源领域战略投资，双方的企业投资持股合作已经取得成果；中国成为购买俄罗斯最先进的防空导弹系统 S—400 和最先进的苏—35 战斗机的首个海外用户；俄罗斯对中国“一带一路”战略的认识发生转变，并明确表态将参与其中，还让中国参与其高铁项目；政治上，两国最高领导人相互参加对方主办的大规模战争纪念活动，在其他多边国际舞台上双方也互相支持。随着俄罗斯对中国参与中亚事务看法的转变，上海合作组织也迎来了新的发展契机。中俄不仅就上合组织未来发展规划达成共识，还就该组织的扩员及与中国“丝绸之路经济带”战略对接达成一致，充分反映了两国特殊的战略伙伴关系的定位。由此，上合组织将加快由传统安全、反恐合作向经济金融领域合作延伸，而且其在“丝绸之路经济带”与欧亚经济联盟的战略对接中也可以发挥独特的作用。考虑到美国从阿富汗撤离和“伊斯兰国”的影响很可能外溢，中亚地区的安全未来仍将面临更大的挑战，对中俄各自的边境地区安全构成的威胁也不容忽视。上合组织不仅可以在应对本地区安全威胁上发挥不可替代的作用，在诸多国际事务上也应该争夺话语权和展现影响力。

报告十一

亚太安全架构建设中上海合作组织的角色与定位

封 帅*

【内容提要】2014—2015年，亚信会议与上合组织都迎来了新的发展机遇期，以亚信上海峰会为标志，中国具备了能够同时协调上合组织和亚信会议两组重要地区机制发展的基础性条件。于是，在围绕着未来亚太安全架构建设的博弈过程中，建构以“上合—亚信模式”为核心的地区安全体系便具有了现实可能性。所谓“上合—亚信模式”，就是充分利用上海合作组织和亚信会议现有的机制性安排，依托亚信会议机制作为主要框架，建立讨论亚洲安全问题的平台；并且以上合组织作为其核心机制，推动具体的亚洲安全的解决并承担为地区提供安全公共产品的任务，从而构建起以亚洲大陆国家为核心，吸纳域外国家参与的新型地区安全架构。

【关键词】“上合—亚信模式”　上海合作组织　亚太安全构架

2014—2015年，习近平主席提出的“一带一路”国际合作倡议在欧亚地区国家获得了广泛响应，为上海合作组织带来了新的发展机遇期。2015年7月，上合组织乌法峰会召开，延宕多年的上合扩员进程正式启动，如无意外，印度和巴基斯坦将在不久之后成为上合组织正式成员国，而柬埔寨、尼泊尔等国则将获得观察员席位。新成员的加入不仅使得上合组织的地缘空间和国际影响力进一步扩大，而且在很大程度上稀释了上合组织原

* 封帅，上海国际问题研究院助理研究员。

本较为强烈的原苏联色彩，展现出更加清晰而明确的亚洲身份，为上合组织更全面、更深入地参与亚洲事务奠定了坚实的基础。同时，新的发展机遇也对上合组织研究提出了更高的要求，尤其是当上合组织的亚洲身份进一步明确之后，针对上合组织在地区安全领域的研究就必然会突破上合国家之间安全合作的范畴，转而从地区安全体系建构的视角出发，进一步考察上合组织在未来亚太安全架构中最为合理的战略角色定位，分析上合组织对未来亚洲安全可能产生的影响。当然，在亚太安全环境剧烈变动的今天，各种地区安全机制即将迎来新的重新分化组合的关键时期，加强区域层面的战略研究对于上海合作组织未来中长期战略规划的顺利实施也具有非常重要的意义。

一、亚太安全议题的属性与地区安全架构的需求

毋庸讳言，当前亚太地区正面临着复杂且严峻的安全挑战，表现为安全领域的历史顽疾难以根除，而新的热点问题和突发事件层出不穷，令亚太诸国疲于应付。但需要正视的是，目前亚洲地区的安全事件无论从规模还是烈度上看，较之冷战时期已大幅下降。[①] 然而，基于亚太地区目前所积累的各种类型的安全议题的复杂属性，在地区秩序的转型时期形成了相互羁縻、相互制约的复杂结构，从而使亚太安全领域陷入了系统性困局。从安全议题的属性和特点出发，当前亚太地区安全领域的各种热点问题大体上可以被划分为三类：

（一）冷战的遗产

尽管全球意义上的冷战格局已经随着苏联的解体而终结，但冷战所遗留下来的各种有形和无形的遗产仍然深刻影响着世界。其中，亚太安全领

---

① 参见 Michael Swaine（ed.），Conflict and Cooperation in the Asia-Pacific Region：A Strategic Net Assessment，Washington，D. C.：Carnegie Endowment for International Peace，2015；另可参考 Stockholm International Peace Research Institute：SIPRI Yearbook，http：//www. sipriyearbook. org/。

域便是冷战遗产最为“丰富”的区域之一。① 作为冷战时期两大阵营对抗的前线，东亚地区仍旧保留了大量残余的冷战结构，依然随时干扰地区安全环境的建设。目前亚太地区蕴含风险最大的几项安全议题均属这一类别。

其一，朝鲜半岛安全问题。20 世纪 50 年代的朝鲜战争塑造了冷战在亚洲的基本格局。作为战争的遗产，朝鲜半岛南北对峙的局面一直延续至今。当年参战各方至今仍未达成正式的和平条约，半岛的和平仅仅维系于《朝鲜停战协定》。从法理上说，战争状态仍未结束。由于对相关各方的安全利益缺乏明确的制度性安排，在苏联解体之后，朝鲜半岛在安全领域仍然延续着冷战时期的对峙状态。任何围绕半岛局势出现的安全问题都会引起世界的关注，无论是旷日持久的朝核问题，还是如“天安号”事件、延坪岛炮击等突发事件，都是带有明显冷战色彩的安全议题，同时也构成了地区最大的安全风险。

其二，钓鱼岛及南海岛屿主权归属争端。引发亚洲国家之间最多争议的岛屿主权争端，也同样根源于冷战。在世界反法西斯战争结束后，由于冷战的快速爆发，战胜国集团迅速瓦解，对于战败国责任的追究以及法西斯国家扩张过程中强占的领土主权的重新划定工作始终没有完成。在东海方面，由于冷战对峙的出现，美国采取了拉拢和纵容日本的政策，人为地“制造”了钓鱼岛问题。而在南海方面，岛屿主权归属始终没有以国际条约的形式确定下来，从而为目前的岛屿主权争端埋下了伏笔。

除此之外，诸如台海问题、日韩、日俄、中印领土争端、印巴冲突等亚太空间中的其他很多次级热点问题，也都属于典型的冷战遗产。这类议题属于同领土主权等敏感问题密切相关的高政治问题，往往难以在短时间内解决，而处理不当则很容易引发高烈度冲突。可以说，冷战结构是亚太地区最棘手的安全难题的主要来源，它的存在为亚太国家之间在安全领域构建相互信任和理解设置了巨大障碍，极大地提升了地区安全机制建设的难度。

---

① 参见 Wendy Slater, Andrew Wilson (eds), The legacy of the Soviet Union, New York: Palgrave Macmillan, 2004; John Mearsheimer, “Why we will soon miss the Cold War”, The Atlantic, No. 266, 1990, pp. 35 – 50。

（二）结构性战略冲突

除了顽固且难以根除的冷战遗产，亚太地区作为当代大国利益的重要交汇点，地区国家之间围绕着关键资源和战略利益已经形成了复杂的竞争关系，国家间的竞争人为地制造或放大了地区间既有的安全矛盾，从而构成了当前亚太地区第二类安全问题。

首先，全球和地区大国基于争夺地区战略主导权的目的，人为激化安全矛盾。迄今为止，后冷战时代的亚太地区战略结构仍未成形，主要世界大国仍然将这一区域视为必须加以争夺的重点战略区域，从而人为地“创造”了部分地区安全问题。其中最有代表性的便是奥巴马政府执政以来美国“重返亚太”的进程。从2009年希拉里·克林顿提出“重返亚太”构想开始，美国通过加强军事存在、扩大同盟体系以及“跨太平洋经济伙伴关系协定”（TPP）的建设，从军事、政治和经济领域保持并扩大其在亚太地区的战略优势。① 在这一过程中，美国积极利用外交手段，挑动亚太地区国家之间的既有矛盾，主动支持部分国家积极提出对于长期无法解决的争议问题的利益诉求，或通过政治表态等方式激发安全热点问题。以此为支撑，试图扩大对亚洲安全事务的参与度，限制亚洲新兴国家影响力的扩展。这种一度被冠以“巧实力”外交的行为，实际上引发了一系列亚洲安全问题，形成了对整个亚太安全领域的严重干扰。② 除美国之外，日本、印度等国所采取的很多战略举措也产生了类似的消极影响。

其次，后冷战时代，中小国家对于地区资源的积极争夺引发新的安全问题。作为一种特殊的政治军事结构，冷战具有将中小国家的利益诉求暂

---

① Hillary Rodham Clinton，“Press Availability at the ASEAN Summit”，Laguna Phuket，Thailand，U. S. Department of State，July 22，2009，http：//www. state. gov/secretary/rm/2009a/ july/126320. htm.

② 参见 Nossel Suzanne，“Smart Power”，Foreign Affairs，March/April 2004；Eric Etheridge，“How ‘Soft Power’ Got ‘Smart’”，The New York Times，January 14，2009；Hillary Clinton，“Use ‘Smart Power’ in Diplomacy”，CBSNews，January 13，2009。

时冻结的特殊作用。[①] 在冷战时期，中小国家的安全利益完全维系在以超级大国为首的意识形态阵营中，其在安全领域的利益诉求完全受制于大国战略，无法获得充分表达的空间。而在冷战结束后，亚太地区中小国家原本被抑制的对于地区资源的诉求全面爆发，在民族主义情绪的推动下，形成了激烈的资源争夺态势，加之亚太地区本就在安全共识和安全机制等方面存在较大欠缺，从而引发了很多新的地区安全问题。其中最为典型的便是东亚、东南亚国家在海洋和大陆架划界问题上出现的复杂争端。

（三）非传统安全问题的严峻挑战

无论是冷战的遗产还是结构性战略冲突引发的安全问题，归根结底仍是以传统安全问题为核心，集中体现为主权国家间的互动关系。然而，随着亚太地区全球化程度的不断加深，进入21世纪之后，亚太区域内长期存在的非传统安全问题浮出水面，并且展现出越发明显的跨国性和流动性特征，逐渐成为区域内国家共同的安全问题，从而构成了当前亚太安全领域的第三类威胁。

当前亚太国家所面对的非传统安全挑战已经非常严峻，不仅类型繁多，影响区域广泛，更重要的是，目前大多数亚洲国家在非传统安全问题方面都缺乏有效的处置能力，更遑论预防风险的能力。现阶段对于整个地区影响最大的非传统安全威胁包括：恐怖主义活动、金融风险、毒品走私、跨国有组织犯罪、环境恶化、自然灾害、流行性疾病防治、信息安全、食品和水资源短缺等。[②] 这些问题虽然在冲突的烈度和对于国家层面的影响力方面不及传统安全问题，但其往往关系到普通民众的日常生活，容易对相关国家国内的政治与社会稳定产生直接的影响。如果不能够得到有效应对，

---

① 参见 John Lewis Gaddis, The Long Peace: Inquiries Into the History of the Cold War, Oxford: Oxford University Press, 1988; John Mearsheimer, "Why we will soon miss the Cold War", The Atlantic, No. 266, 1990。

② 参见 Mely Caballero-Anthony, Ralf Emmers, Amitav Acharya (eds), Non-Traditional Security in Asia: Dilemmas in Securitization, Burlington: Ashgate Publishing, 2006; 余潇枫等：《非传统安全概论》，浙江人民出版社 2006 年版；傅勇：《非传统安全与中国》，上海人民出版社 2007 年版。

地区国家的稳定恐难持久。

（四）系统性困局与安全架构的评估标准

上述三种在亚太地区广泛存在安全问题的性质不同，在地区安全问题上所产生的影响也具有明显的功能性差异。理论上它们应该属于不同的历史时段，但却相互联系、相互影响，在同一时间出现在共同的亚太空间中。这种时间与空间的错位，使得亚太安全领域形成了复杂的系统性安全困局。

从时间轴的视角来看，冷战遗产类的安全隐患属于历史遗留问题，是本该已经“过去”的安全问题。围绕这类安全问题的互动仍然延续着冷战时代的诸多规则和程序，在冷酷的核威胁与战争风险面前，所有理想化的解决方式都很难改变冷战延续而来的部分国家之间已根深蒂固的认知与互动模式，大规模的武装对峙和赤裸裸的军事竞争仍然主导着这类议题的话语体系。

战略冲突类的安全问题在时间上则属于“现在”的问题。在后冷战时代，地区秩序进入了转型与重构的过渡时期，主要的地区大国和对于自身发展具有期许的中小国家纷纷尝试在新的地区秩序中争取于己有利的位置。这种国家战略层面的竞争趋势，很自然地超越了对于制造新的安全问题的忧虑。作为地区秩序的重要组成部分，安全问题的管控和解决很大程度上受制于地区国家战略层面的冲突。也就是说，在亚太地区的国际秩序建构完成之前，战略冲突的存在就是一个结构性的矛盾，很难获得彻底解决。

非传统安全类的安全问题是国际体系中的新议题，在亚太安全的时间轴内，很大程度上是属于“未来”的议题。非传统安全问题所具有的流动性和国际性，使得任何国家都无法孤立地应对其所带来的挑战。新的安全问题需要各国之间超越旧的国家关系模式，建立共同的安全认知和良性的互动合作关系，以全球治理的视角和方式加以应对和解决，国际组织和其他非政府行为体能够在这一领域发挥独特的作用。

虽然从理论上看，针对三类安全问题都可以找到较为清晰的解决路径，但是在国际关系现实中，当处于不同时间轴的三类问题同时出现在亚太空间内时，应对难度就将呈几何系数提升。一方面，冷战遗产的清理是对地区秩序的重新洗牌，其结果将改变整个亚太地区的地缘政治版图，需要全球与地区大国在充分磨合的基础上达成一致，否则将会引发难以预估的安全风险，而目前条件显然尚未成熟。但如果不解决冷战遗产，亚太地区就始终难以在安全领域建立实质性的互信，也不可能完全摆脱冷战思维和情绪的影响。在不触及残余冷战结构的情况下，亚太国家就不可避免地需要对自身在未来地区秩序中的地位更多地加以考虑，大国为获取地区战略主导权积极布局，中小国家则希望尽可能抢占眼前的安全利益，并且尽可能多地获取地区安全问题上的话语权，以便在未来体系中获得相对有利的位置。这种在地区战略层面的进取态势又会导致新的安全问题的产生。在大国利益缺乏有效协调、中小国家的舒适度难以保障的情况下，亚太空间内建构起有效的安全架构的条件很难被满足。

另一方面，在亚太地区传统安全问题的解决多陷入僵局的情况下，新的非传统安全挑战也在同时兴起，并直接威胁着亚太国家普通民众的正常生活，事实上为亚太国家提供了安全领域开展合作的契机。当前亚太地区很多安全制度的尝试，都是以应对非传统安全挑战为基础而展开的。但是，在冷战残余和战略竞争结构没有改变之前，亚太国家无法真正基于非传统安全问题形成理想化的治理结构。在需要付出成本的议程上，战略竞争所形成的猜忌会使各国不愿做出足够的努力；而那些能够对于地区战略结构产生影响的议程，又会成为地区大国竞相争夺的阵地。很多非传统安全问题都被大国视为战略博弈中的具体“议题”，而非真正需要解决的“问题”。所以，即使是在非传统安全领域，亚太国家形成共识的难度依然很大。

作为国际体系中最重要的高政治议题，亚太安全架构的建设直接关系到亚太地区秩序的转型和建构，这也就意味着必然会经历一个漫长且艰苦的过程，很难在短时间内形成最终结果。

然而，从研究的角度来说，基于对于当前亚太安全形势的考察，我们完全可以通过归纳地区安全问题的不同诉求，提出评估亚太安全架构合理与否的基本标准，那就是：

第一，有能力处理残余的冷战结构，使之不再成为地区安全的威胁；

第二，能够有效地协调与安置亚太地区大国的战略利益，并且能够为地区中小国家所接受和认同；

第三，能够为亚太地区安全领域提供充足的公共产品，有效应对非传统安全问题对于亚太国家的挑战。

基于这一标准，我们可以对当前亚太地区现有的地区安全机制展开深入分析，并据此更加准确地确定上海合作组织在未来地区安全事务中可能发挥的作用，以及确定该作用得以发挥的方式与路径。

二、上合组织在处理亚洲安全问题上的条件与缺陷

亚太地区安全问题复杂多发，地区大国在不同时期围绕着安全机制建设进行了多次尝试。目前在亚太空间内，能够对地区安全局势产生不同影响的多边框架和对话机制有将近 20 个，其中既包括各种次区域国际组织、国际机制，也包括各种类型的国际会议和国际论坛。① 然而，只要我们按照前文所述的评估标准进行衡量，就不难发现，在复杂的地区机制网络中，上海合作组织毫无疑问占据着特殊的重要位置。

（一）上海合作组织具有和平处理冷战遗产的宝贵经验

上海合作组织是整个亚太地区为数不多的具有成功处理冷战遗产经验的国际组织。从某种意义上说，上合组织本身就是对中亚地区残留的冷战结构处理完毕后水到渠成的结果。

上海合作组织的历史渊源，最早可以追溯到 1991—1995 年中国、俄罗斯、哈萨克斯坦、吉尔吉斯斯坦和塔吉克斯坦五国关于边境划界和裁军谈判。1991 年苏联解体之后，从 1989 年中苏关系正常化之后开始的中苏边境和裁军谈判被中、俄、哈、吉、塔五国联合谈判所取代，这是中国第一次在多边框架下进行有关安全问题的谈判（虽然形式上仍是双边谈判）。

---

① 目前在亚洲领域内最主要国际组织、国际机制包括：上海合作组织（SCO）、东南亚国家联盟（ASEAN）、南亚区域合作联盟（SAARC）、东盟地区论坛（ARF）、亚信会议（CICA）、亚太安全合作理事会（CSCAP）、东亚峰会（EAS）、亚太圆桌会议（APR）、美国同盟体系、中日韩三边机制、中俄印三边机制、美日澳三边机制、六方会谈机制。此外，诸如香格里拉对话、香山论坛、博鳌亚洲论坛等主要的地区论坛一定程度上也可以被视为安全问题的讨论平台。其他如跨太平洋经济伙伴关系协定（TPP）、区域全面经济伙伴关系（RCEP）、亚太经合组织（APEC）等经济对话平台，以及湄公河流域开发机制等依托具体议题形成的多边机制对安全问题也可能产生一定的影响。

1995年谈判顺利结束，并且确定了次年五国元首签署相关协议的安排。1996年，中、俄、哈、吉、塔五国元首在上海举行首次元首会晤，共同签署了《关于在边境地区加强军事领域信任的协议》。该协议的签署不仅标志着中亚地区的冷战结构不复存在，五国之间边境安全得到保证，而且为后冷战时代亚洲各国在多边框架内建立互信，共同维护地区和平与稳定提供了一种可资借鉴的新模式的雏形。

边境问题解决之后，五国定期会晤并未结束，反而得到了进一步发展。1997年，在中国与俄、哈等国的共同努力下，五国元首在莫斯科举行了第二次元首会晤，在签署具体的合作文件的同时，也对未来地区安全问题进行了初步的探讨。从1998年的阿拉木图会晤开始，五国元首定期会晤机制正式形成，每年会晤一次，在五国轮流举行，形成了“上海五国”机制。

最终，在经过了数年的协调和筹备，2001年6月五国元首在上海举行首脑会议，接受乌兹别克斯坦加入“上海五国”机制，六国元首共同签署了《上海合作组织成立宣言》，标志着上海合作组织正式成立。①

可以说，上海合作组织的建立见证了内亚空间清除旧的冷战结构，重塑新时代安全格局的历史性变革。在上海合作组织的推动下，中亚地区迅速走出了苏联解体初期内战与冲突多发、地区安全环境不断恶化的阶段，逐渐开启了地区安全合作的新篇章；并且在随后十余年的时间里，在面对亚洲复杂多边的安全挑战时，保持了地区安全形势的总体稳定。这种经历为亚洲地区清理冷战残余提供了宝贵的经验，对于处理当前敏感的亚太地区安全问题具有极大的参考价值。

（二）上海合作组织具有提供地区安全公共产品的基础性条件

经过十多年的发展，在中国和俄罗斯的共同推动下，在所有成员国、观察员国和对话伙伴国的共同努力下，上合组织已经发展成为一个机制较为完整、功能相对完善、在地区和全球性问题上具有一定发言权的重要地区国际组织。

上合组织以元首理事会为最高决策机构，首脑峰会每年一次，由各成员

---

①　上海合作组织的创建过程参见上海合作组织官方主页的相关介绍：http://www.sectsco.org/CN11/以及王健：《上海合作组织发展进程研究》，上海人民出版社2014年版。

国轮流举办，截至2015年已举办15届。同时上合组织还设有议长定期会晤，安全会议秘书及外交、国防、司法等各部部长定期会晤制度，在北京和塔什干设立了上合组织秘书处和上合组织地区反恐机构，作为上合组织的常设机构。多年以来，上合组织在维护地区安全、反恐合作、军事合作、经济合作、教育合作、司法合作等领域都发挥了巨大的作用。从2004年开始，上合组织以稳健的节奏逐渐扩大，蒙古国、伊朗、巴基斯坦、印度和阿富汗先后成为上合组织观察员国；白俄罗斯、土耳其和斯里兰卡成为上合组织对话伙伴国。2015年，随着印度、巴基斯坦等国成为正式成员国的进程启动，上合组织的影响力已经遍及整个欧亚大陆，开辟了后冷战时期由大小不同、体制不同、发展程度不同、宗教信仰不同的各国开展务实合作的新模式。①

上合组织的组织结构比较紧密，规模较小，但核心国家比较稳定。长期以来，中国与俄罗斯是上合组织的核心国家，两国相互协调，共同推动着上合组织的发展。中亚各国对于上合组织的行动，基本上保持了积极参与的态度。上合组织凭借自己的地缘优势，协调中亚地区的安全反恐事务，并积极推动在经济、文化等方面的合作，在维护中亚国家政治稳定方面发挥了重要的作用，已经成为亚洲地区具有较大国际影响力和行动力的国际组织。随着上合组织扩员的实现，印度有可能凭借其国家实力和地区影响力成为上合组织中的“第三极”，进一步扩大上合组织在南亚地区的国际事务参与度。总的来说，上合组织在欧亚区域内已经具备了一定的集体行动能力，能够参与处理众多复杂的国际和区域热点安全议题，已经初步具备了为亚洲大陆区域提供安全公共产品的能力。这也将构成上合组织参与亚太安全新架构建设的基础性条件。

（三）上海合作组织是中国和亚洲大陆国家推进地区安全体系建设的重要支点

推进合理的亚太安全架构建设是亚洲各国的共同愿望，但亚洲国家和

---

① 上海合作组织扩员问题的学理分析可参见曾向红、李廷康：“上海合作组织扩员的学理与政治分析”，《当代亚太》2014年第3期，第120—155页；陈小鼎、王亚琪：“东盟扩员对上海合作组织的启示与借鉴——兼论上海合作组织扩员的前景”，《当代亚太》2013年第2期，第100—127页。

部分域外大国对于亚太地区安全的理解和认知存在明显的分歧，导致亚太各国在安全机制建设的立场和路径上存在明显的背离。而以美国为代表的域外大国往往尝试通过主导的同盟体系等对其明显有利的机制性安全推动亚太安全体系的建设，实质上却在维护自己和盟国安全的同时损害了大部分亚洲国家的安全利益。因此，为了维护自身合理合法的安全利益，建立更加符合地区国家需要的安全体系，亚洲国家迫切需要找到推进地区安全体系建设的支点机制，而在目前的情况下，上海合作组织是能够承担这一支点任务的最佳选择。

必须明确，在当前的亚太安全格局中，无论是在经济、政治和军事的任何方面，中国现有的能力都不足以实现凭借单边力量解决复杂的亚洲安全问题的终极目标。因此，在未来的亚太安全架构内，中国仍然需要借助次区域多边机制的力量应对具体的安全挑战。然而，由于中国在地区机制建构方面起步晚，建设经验不足，迄今为止能够在其中发挥主导作用的地区安全机制非常有限。而在地区安全领域，能够发挥最大作用的显然是上海合作组织。经过十多年的发展，上合组织已经成了组织较为严密、在地区反恐和其他安全问题上具有较强行动能力的地区安全机制。中国与上合组织成员国之间基于共同的安全威胁，已经在相应的议题上形成了某种类似伙伴机制的共同行动默契。在中国、俄罗斯等欧亚大陆大国的影响下，上合组织国家对于地区安全逐渐形成了具有倾向性的共同认知，建立了一定的共同行动逻辑。[①] 依托于上合组织的平台，上合成员国、观察员国和对话伙伴国能够在维护地区安全、制定亚太地区安全规则方面发挥更大的作用。以中国为代表的亚洲大陆国家可以充分利用上合组织的支点作用，打造能够充分发挥上合组织影响力的新型亚太安全体系。而对正处于发展瓶颈期的上合组织而言，这也是其寻找新的发展方向的积极尝试。

（四）上海合作组织在亚太安全问题上存在的缺陷

在肯定上海合作组织在未来亚太安全体系建设过程中所具备的各项优

---

① 参见赵华胜："上海合作组织的发展路径"，《新疆师范大学学报（哲学社会科学版）》2012 年第 2 期，第 39—47 页；王桂芳："上海合作组织与地区安全"，《俄罗斯中亚东欧研究》2008 年第 4 期，第 11—15 页等。

势的同时，也必须看到，其在发展过程中也存在一些功能性与结构性的缺陷，具体来说主要有以下两个方面：

一方面，上海合作组织尚无力为新的亚太安全体系提供完整的机制性框架。依据上文所述的评估标准而言，上海合作组织的优势在于能够为亚太地区冷战遗产的解决提供有益的经验，也能够为亚太地区提供一定限度的安全公共产品，促进地区非传统安全问题的解决。然而，上海合作组织在短时间内无法实现安置地区大国的战略利益的目标。在上合框架内，以美国为代表的域外大国由冷战时期延续下来的在地区安全领域的地位及影响力很难获得充分的体现。上合组织更多地代表着欧亚大陆大国对于亚洲安全的观点，在推动亚太地区大陆国家与海洋国家的利益协调与对话方面能力相对不足，也很难依托上合组织机制打造具有泛亚性质的机制性地区安全框架。

另一方面，随着上海合作组织成员国规模的扩大，机构内部整合的压力将会进一步增大。虽然上合组织通过十多年的发展获得了全面的进步，但与当前国际上成熟的国际组织相比，在机制建设方面仍然存在不小差距，尤其是近年来中俄在组织未来发展方向上的分歧已逐渐凸显。扩员过程固然会带来上合组织影响力的扩大，但也有可能造成组织内各成员，尤其是核心成员在价值理念、未来发展战略等方面差异化的进一步加剧。制度接近和外部压力带来的机构发展红利已消耗殆尽，共同认知的流散完全可能会影响上合组织的进一步发展，使得上合组织逐渐滑向进退维谷的发展瓶颈期，这种内部陷入结构性缺陷的风险在扩员之后恐怕将会更加明显。①

综上所述，上合组织在未来亚太安全架构建设中既具有难以替代的优势，又潜藏着功能与结构性的缺陷。从这个层面上讲，上合组织与未来亚太地区安全架构之间形成的互构关系是非常复杂的。基于在处理冷战遗产和提供地区安全公共产品方面的优势，上合组织能够成为中国乃至所有欧亚大陆国家推动的地区安全架构建设的重要支点和抓手，但却很难成为未

---

① 上合组织内部整合问题可参见赵华胜：“上海合作组织发展的可能性和限度”，《国际观察》2011 年第 3 期；王奇主编：《中俄战略伙伴对话：现状、问题、建议》，中央编译出版社 2014 年版；Bobo Lo，Axis of Convenience：Moscow，Beijing and the New Geopolitics，London：Brookings Institute Press and Chatham House，2008。

来亚太安全架构的基础性制度框架。在这种情况下，如果想使上合组织的作用得到充分发挥，则必须借助其他机制的力量，通过更加合理的路径选择，才能实现推动安全体系建构的目标。

三、上合—亚信模式：亚太安全架构的合理选择？

在现阶段亚太安全架构建设过程中，上海合作组织的优势非常突出，但缺陷也同样比较明显，这种局面在短时间内恐怕难以得到根本性改善。所以，同时利用其他有效的机制性安排与其协调配合，弥补上合组织的缺陷，使其优势能够更好地发挥，自然也就成为推动于我有利的亚太安全架构建设更为合理的路径。然而，现阶段亚洲国家之间在安全领域矛盾重重，国家间互信不足，在这种情况下，另起炉灶创设新的机制必然事倍功半。因此，积极利用现有的国际机制与框架，通过调整和改革推进新的安全体系建设，无疑是一种理性选择。而当前在亚洲范围内能够满足上述要求，且中国能在其中发挥重要作用的机制首推亚洲相互协作与信任措施会议（CICA）。

（一）亚信会议与上合组织的渊源和纽带

亚洲相互协作与信任措施会议的历史渊源，最早可追溯到1992年。在第47届联合国大会上，哈萨克斯坦总统纳扎尔巴耶夫提出了建立一个亚洲范围的地区性安全合作组织的倡议。该构想的目标是希望能够在亚洲启动类似赫尔辛基议程的安全合作议程，并且以此为基础，通过充分的对话和协商，在亚洲地区建立安全保障机制，推动亚洲地区的和平、安全与稳定，促进地区经济发展和社会繁荣。经过多年的曲折发展，尤其是在中国成为亚信会议主席国之后，亚信会议机制获得了长足的发展。迄今为止，亚信会议已经发展为拥有26个成员国、11个观察员（国家或国际组织）的多边国际平台，在机制建设方面也取得了一定的进展，完成了基础性文件的制定，在推动亚洲各国在安全领域深入了解、加强交流合作等方面都做出了贡献。①

以 2014 年上海峰会为标志，亚信会议已经初步发展为覆盖全亚洲的多边安全对话平台，而且作为当前亚洲范围内唯一的泛亚安全机制，亚信会议的成员国遍及亚洲各个区域，具有较强的代表性。亚信会议以高层安全论坛的形式开展活动，可以为亚洲各国和各次区域机制提供对话的平台，能够最大限度地包容分歧，避免冲突，在最低层面上维护亚洲国家的安全联系和交往。目前，亚信会议仍然处于发展的初级阶段，但已经展现出很强的可塑性，能够成为构筑亚洲安全新架构的基本框架。

2014 年 5 月 20 日，亚信秘书处执行主任奇纳尔·阿尔德米尔与上海合作组织秘书长梅津采夫签署了《亚信会议与上合组织秘书处之间的谅解备忘录》。根据该备忘录，双方将扩大在保障地区安全稳定，打击恐怖主义、非法贩运毒品以及应对新威胁新挑战等领域的互利和建设性合作。该协议的签署为两组织建立了正式的合作关系。② 然而，亚信会议与上海合作组织的渊源与内在联系却远不止于此，这种内生性的纽带也表现为：

首先，上合组织国家构成为亚信会议的核心成员主体。从成员国的规模上看，亚信会议的规模远远超过上合组织，而且几乎涵盖了上合组织框架内的所有国家。在现有的上合组织框架中，除了对话伙伴国白俄罗斯因地理原因不属于亚信成员国之外，其他所有成员国、观察员国和对话伙伴国均为亚信会议成员国（且仅有斯里兰卡为观察员国）。从亚信会议创建之初，上合组织国家就对其提供了积极的支持，亚信会议的创始国为上合组织成员国哈萨克斯坦。迄今为止，亚信会议历任主席国均为上合组织国家。上合组织框架内各国能够对于亚信会议的价值给予充分的重视。以 2014 年上海亚信峰会为例，在全部 14 位参会的国家元首和政府首脑中，有 11 位来自上合组织国家。③ 虽然亚信会议的成员国规模庞大，但其中能

---

① 关于亚信会议早期的发展情况，可参考李新等：《亚洲相互协作与信任措施会议：回顾与前瞻》，上海国际问题研究院研究报告，2013 年 9 月，下载地址：http：//www. siis. org. cn/ index. php？ m = content&c = index&a = show&catid = 130&id = 7。

② 亚信会议与上合组织合作的相关情况可参见 http：//www. chinanews. com/tp/2014/05—20/ 6192292. shtml。

③ 亚信会议上海峰会的相关情况可参见 http：//scitech. people. com. cn/n/2014/0522/c1057 – 25049413. html。

够发挥积极作用的仍主要是上合组织各国，可以说，上合组织框架内各国目前是亚信会议的核心成员国，亚信会议未来的发展在很大程度上要依赖上合组织国家的积极推动。

其次，亚信会议与上合组织拥有共同的目标和宗旨。亚信会议主要关注亚洲安全方面的议题，积极扩大国家间的合作，保障亚洲的和平、安全和稳定，创造成员国之间互信和友善的环境一直是亚信会议的基本目标，当前亚信会议机制内的各种讨论基本上都围绕着安全议题而展开。相对而言，上海合作组织所关注的问题更加广泛，涉及地区经济、政治、文化等多个领域。但打击恐怖主义、极端主义和分裂主义，维护上合区域内各成员国安全始终是上合组织的核心目标。共同致力于维护和保障地区的和平、安全与稳定也是上合组织的基本宗旨。亚信会议与上合组织在发展过程中都将维护亚洲的安全与稳定视为自己的关键任务，将亚洲安全议题视为推动机制发展的核心问题，在地区安全架构建设方面将具有非常广泛的协调与合作空间。

最后，中国同时在两组国际机制中扮演关键角色。中国同时是亚信与上合两组国际机制的创始会员国，在两组国际机制中都拥有较大的发言权。在上合组织方面，中国和俄罗斯是该组织运行的核心，中俄两国的双边关系和政策导向决定着上合组织未来的发展方向。而从 2014 年开始，中国接过土耳其的接力棒，成为亚信会议的主席国，在未来一段时间内将承担起推动亚信会议转型与提升的重任。当前，亚洲地区的国际环境诡谲多变，区域内机制的竞争态势愈演愈烈。在这种情况下，只有那些获得大国支持，并且能够在区域安全和发展问题上发挥实际作用的国际机制，才能够在竞争中生存下来。因此，两组国际机制的发展都需要仰赖中国的战略选择，尤其是亚信会议未来的命运，在很大程度上要依靠中国在担任主席国期间的筹划和运作。另一方面，上合组织和亚信会议对正处于战略转型时期的中国也具有特别的意义。只有依靠多边国际机制，才能有效维护亚太地区的和平与安全已经成为地区国家的共识。然而，由于中国的多边外交活动起步较晚，在国际机制建构方面的经验较为缺乏，中国能够在其中发展主导和引领作用的地区国际机制数量很少。在亚洲安全领域，在美国及其盟友主导大部分现存的国际议程的情况下，留给中国的战略运筹空间比较有限。可以说，正是现阶段上合组织和亚信会议两大机制的存在，才使中国拥有了在未来亚太安全领域建设有利于新兴国家机制性框架的可能，充分利用“上合—亚信模式”，对于中国未来国际战略的实现和亚洲安全体系的建构具有重要意义。

（二）建设以“上合—亚信模式”为基础的地区安全架构

2014—2015 年，亚信会议与上合组织都迎来了新的发展机遇期，以亚信上海峰会为标志，中国具备了能够同时协调上合组织和亚信会议两组重要地区机制发展的基础性条件。于是，在围绕着未来亚太安全架构建设的博弈过程中，建构以“上合—亚信模式”为核心的地区安全体系便具有了现实可能性。

所谓“上合—亚信模式”，就是充分利用上合组织和亚信会议现有的机制性安排，依托亚信会议机制为主要框架，建立讨论亚洲安全问题的平台，并且以上合组织为其核心机制，推动具体的亚洲安全问题的解决并承担为地区提供安全公共产品的任务，从而构建起以亚洲大陆国家为核心，吸纳域外国家参与的新型地区安全架构。①

从理论上说，亚信会议与上合组织在自身定位、主要功能和发展程度等诸多方面都存在非常明显的差异，但通过协调和运作，完全能够充分发挥各自不同的特点，并且恰到好处地进行相互协调和补充，从外部框架和内部动力两个方面为新的亚太安全架构提供基础性的制度支持。

作为泛亚洲的安全磋商机制，亚信会议创立的基本目标便是为亚洲国家创造能够被普遍接受的多边安全合作平台，维护亚洲地区的和平、安全和稳定。而且亚信会议的基本制度仿照欧洲安全与合作会议而设置，虽然不能说完全适应亚洲的地区情势，但可以为未来亚洲安全机制架设基本的框架。亚信会议随着在机制建设方面的不断完善、议程设置方面的不断成熟，可以逐渐在大国推动下，承担起讨论具体的亚洲安全议题的任务。既可以利用亚信会议框架内建立起来的争端解决机制，对亚信国家之间的安全问题进行调解，通过谈判解决国家间的安全争端；也可以针对复杂的地区议题，在亚信基础上搭建次区域或区域间多边对话平台，讨论和管控地

① 该模式的基本特点及其与其他模式的关系可参见封帅：“亚太安全架构的未来图景：路径差异与模式谱系”，《国际展望》2015 年第 4 期，第 30—31 页。

区安全问题；亦可利用亚信的平台为成员国及观察员国提供安全领域的资源和信息共享，共同应对恐怖主义等非传统安全挑战。

然而，仅仅有框架性和平台性的机制，并不能完成维护地区安全的任务，解决地区安全问题、消除安全风险仍需要拥有地区大国的机制性参与，而在以亚信会议为基本框架的亚洲安全新架构中，只有上合组织担任这一角色最为合理。这不仅是由于上合组织和亚信会议的历史渊源及重叠的成员结构，更是因为在目前亚洲安全领域所有由亚洲国家主导的国际机制中，上合组织在组织结构、机制建设、合作经验等方面都具有突出的优势。而且中、俄两国在上合组织中具有的核心国家地位，使得上合在欧亚大陆空间内的安全行动上能够获得更大的行动自由，更加有利于应对美国实力下降后亚洲可能出现的安全问题。上合组织多边合作机制的存在，也为中国在亚洲安全问题上合理合法地发挥积极作用提供了条件。如图 11.1 所示，随着上合组织扩员的实现，该模式可能会逐渐演变成由中俄印三国居于核心位置、以上合组织作为主要支撑、以亚信会议为框架、与金砖国家机制等其他国际机制建立稳定合作关系的新型地区安全架构。如果这一构想最终得以实现，在亚洲安全问题上，中国将获得更稳固的机制性依托和更大的发言权，从而改变长期以来由域外国家主导亚洲安全议程的局面，实现亚洲国家管理亚洲安全的历史性目标。

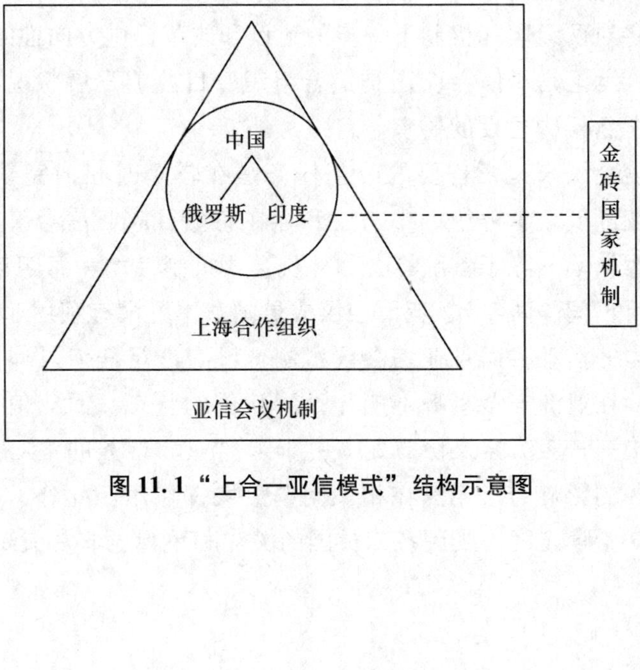

图 11.1“上合—亚信模式”结构示意图

亚洲安全新架构的形成和发展是一个复杂而漫长的过程，中国需要把握担任亚信会议主席国的有利时机，充分利用自己在上合组织和亚信会议中较为关键的地位，有目的、有计划地协调两个国际组织的发展进程，实现外交资源的有效配置与充分利用，充分将大国作用与中小国家的诉求结合起来，形成新型的集体安全体系。通过不断参与热点安全问题的解决，逐渐提升该模式在亚洲安全领域的权威性，最终实现建构被亚洲大陆国家普遍接受、在安全领域能够切实发挥作用的新型安全架构。在该模式的建构过程中，中国提出的亚洲新安全观将发挥重要的作用。

当然，由于该模式将最终目标直接指向泛亚安全机制，反映出亚洲国家和人民对于管理亚洲事务的强烈愿望。在执行过程中，或多或少蕴含着将美国的力量限制在核心的亚洲安全体系之外的意图，在短时间内很难得到美国及其亚洲盟国的配合。如果缺少美国的参与，亚洲地区的冷战结构无法消除，也无法形成能够被所有大国共同接受的亚太战略结构。因此，如何在该模式中合理安排美国的角色，是决定该模式未来前景的关键要素。

（三）上合组织与亚信会议的机制改革

上合组织和亚信会议为建立新的亚太安全架构提供了条件，而亚太安全架构创制实际上也是在为亚信会议和上合组织提供更加清晰的未来发展图景，最终将对两组国际机制下一步的建设和改革提供方向性的指导。

现阶段，无论是亚信会议还是上合组织，目前的发展状况都无法完全满足亚太安全新架构建设的要求。

对于亚信会议来说，首要的改革任务是在较短时间内完善机制建设，增强自身在亚洲安全事务中的参与度和存在感。目前亚信会议在机制建设方面存在较大缺陷，除了首脑峰会和外长会晤机制（均为每四年举行一次，两会交错举行，间隔两年），亚信会议成员国基本上没有利用亚信平台开展任何有影响力的活动，而且亚信会议机制也没有涉足任何具体的亚洲安全议题的讨论，在亚洲安全事务上明显处于缺位的状态。而亚信会议机制的唯一常设机构——亚信会议秘书处，由于远离亚洲事务的中心区域，且缺乏对安全事务的影响力，无法在相关问题上发挥作用。此外，亚信会议在公共传媒上缺少曝光度，受到各成员国的关注和重视也非常欠缺。

对于上合组织来说，最大的挑战则是如何突破发展的瓶颈，在新的国际和地区形势下成为有力地维护地区安全的核心力量。实事求是地说，上合组织的发展并没有达到各国预期的目标，中国和俄罗斯在上合组织的发展思路上存在一些分歧，组织的内部凝聚力仍有待提升。在安全领域，上合组织在地区反恐问题上取得了一定的成果，但在阿富汗问题等敏感的地区安全议题上并没有充分发挥多边机制的作用。在上合组织扩员实现之后，其内部整合的复杂程度可能会进一步提升，成员国之间很多潜在的矛盾有可能在未来一段时间内更加凸显。如何突破发展的瓶颈，更好地整合内部结构，在敏感问题上更好地发挥作用，将成为该模式下亚太安全架构建设能否顺利推进的关键。

四、结　论

在当下这样一个安全问题层出不穷、地区政治力量高速分化组合的时代，找寻上海合作组织在未来地区安全架构中的恰当位置，并不是一项容易的工作。由于要处理亚太地区长期存在的残余冷战结构，以及安置域内外大国对于地区战略主导权的诉求，未来稳定的亚太安全架构必然会带有明显的大国协调的特征，且需要容纳所有对地区安全能够产生关键性影响的国家。因此，以适当的现有多边国际体系为基础，以开放包容的姿态搭建地区安全架构的框架，以能够为亚太地区提供安全公共产品的国际组织作为推动安全机制建设的核心力量，将是未来安全架构建设的基本路径。在这一过程中，只有充分利用中国能够发挥主导作用的多边安全机制和安全国际组织的作用，才能更有力地在新的地区安全机制建设过程中贯彻亚洲国家的立场和主张。

在这种情况下，需要在地区安全领域充分运用上海合作组织及亚信会议这两组国际机制的作用，充分挖掘其发展潜力，发挥其功能，在思想上对上合组织和亚信会议未来的发展予以充分的重视，以战略视野看待其在中国未来国际战略构想及亚太机制建设中的重要作用，从全局的高度整体规划二者未来的发展方向，合理地增加对上合与亚信的战略投入，充分利用未来2—4年内中国将同时在两组国际机制中居于主导地位的有利时机，全面推动两组国际机制的建设，主动调整，积极改革，以期达到适应新安全架构发展需要的最终目标，从而提升中国在地区国际安全领域的主导地位，扭转周边外交中的被动局面，营造于我有利的国际环境。

当然，在积极推动“上合—亚信模式”的亚太安全架构的同时，也要客观地认识到亚洲地区的复杂性和亚洲安全问题的长期性。在充分发掘亚信会议和上合组织机制在亚洲安全领域潜力的同时，也要客观估计在机制建设和发展过程中将遭遇的障碍和挑战。任何亚太地区的安全平台的效力都有自身在空间和议题上的局限性。对于亚洲层出不穷的安全议题，必须坚持有所为、有所不为的立场，抓住影响中国安全和发展的主要矛盾，有重点、有目标地建立一个覆盖范围有限，但能够切实发挥效用的亚洲安全机制。

在未来的亚太安全架构中，中国周边地区的安全问题应该成为重点关注的对象，这不仅是因为周边安全对中国的和平和稳定至关重要，而且在于周边地区才是中国战略能力和影响力能够覆盖的主要区域。所以，运用多边机制管控中国周边地区的安全问题，应当成为新阶段亚太安全架构创建中的核心任务。当前，影响中国内陆周边安全的主要根源来自不稳定的中亚和南亚地区，尤其是阿富汗、巴基斯坦等周边国家或与之毗邻地区的安全问题日益突出，已经直接威胁到中国西部地区的稳定。这一区域内安全议题的解决离不开中国和上合组织国家的共同努力，同时该地区相关国家同属亚信会议成员国，该地区的安全问题可以最大限度地发挥上合组织和亚信会议的比较优势，为其作用的充分发挥提供重要的舞台。以此为契机，最大限度整合并运用上合组织的全部能量，在亚信会议平台下合作解决地区安全问题，能够为亚太安全架构最初的发展打下坚实的基础。

报告十二

乌克兰危机对上海合作组织的多重影响

顾 炜*

【内容提要】乌克兰危机是2014年影响地区和国际局势的重要事件，也对上海合作组织产生了多方面的影响。乌克兰危机使俄乌关系破裂，俄与美欧等西方国家的关系跌入谷底，俄罗斯经济遭受重创并推动俄罗斯转移外交政策重心，哈萨克斯坦等国的经济发展也不同程度地受到负面影响。上合组织成员国之间的关系也因乌克兰危机出现不同程度的变化，中俄关系更加紧密，俄罗斯与中亚国家的关系出现一些问题，中亚国家与中国合作的意愿更加积极。而乌克兰危机也成为催化剂，进一步推动上海合作组织向前发展。作为上合组织2015年的轮值主席国，俄罗斯推动了上合组织启动扩员程序、加强边界稳定和深化多领域合作。乌克兰问题的长期化趋势将主要在维护地区安全领域对上海合作组织构成考验。

【关键词】乌克兰危机　俄罗斯与中亚关系　中俄关系　地区安全

从2013年11月乌克兰前总统亚努科维奇（Viktor Yanukovych）暂停与欧盟签署联系国协定以来，乌克兰问题久拖未决，成为整个2014年至今影响世界局势的焦点事件。作为欧亚大陆的重要国际组织，上海合作组织也无法置身事外。乌克兰危机对上海合作组织产生了多重影响。

一、乌克兰危机的基本过程与本文的分析框架

本文的核心不是讲述乌克兰危机的发生和发展过程，但对危机本身的

---

* 顾炜，上海社会科学院国际问题研究所助理研究员。

回顾与思考，构成讨论危机对上海合作组织影响的基础，也是构建本文分析框架的前提。

（一）乌克兰危机之始

冷战的结束与苏联的解体改变了欧洲和世界的政治版图，无论是脱离了华沙条约组织的中东欧国家，还是新独立的原苏联加盟共和国，各自在进行国内转型的同时，也面临着寻找“新归宿”的任务。一般来说，“新归宿”的获得主要有两种路径：第一种，启动一个全新的国际政治地区进程；第二种，融入某个现有的国际政治地区。① 对中东欧国家而言，西侧蓬勃发展的欧盟显然要比东侧已丧失昔日超级大国地位的俄罗斯更具吸引力。因此，欧盟在冷战后的数次成功东扩已经证明了中东欧国家做出的选择。然而，随着欧盟日渐向东，当越来越多的原苏联加盟共和国或者说新独立国家面临着“向东走还是向西走”的选择时，问题与矛盾就日渐凸显和尖锐。一方面，这些国家向往着西侧欧盟国家的舒适生活，但加入的门槛看起来高不可攀，需要克服的障碍非常多，所要达到的标准很严格。所以，入盟之路看起来美好，走起来却很艰难。但另一方面，部分国家与东侧的俄罗斯有着更紧密的历史渊源和现实联系，甚至是难以割舍的血缘关系，彼此间差距不大的现实使与东侧国家的合作看起来更容易实现，特别是当那些“立竿见影”的利益摆在面前时，与俄罗斯合作的诱惑就成倍放大了。而无论是欧盟还是俄罗斯，都采取各种措施极力拉拢这些国家，那么左右摇摆的“天平”究竟该如何倾斜？什么样的选择更好呢？

2013 年下半年，形势的发展使乌克兰需要做出选择，一侧是终于见到一丝加入曙光的欧盟，另一侧是能够很快给予实际利益的俄罗斯。11 月，乌克兰总统亚努科维奇做出了暂时中止与欧盟签署联系国协定的决定，“一脚急刹车”之后又将天平稍稍向东侧的俄罗斯进行了倾斜。这种短时期内的大幅度摇摆激化了乌克兰国内的矛盾。② 11 月 22 日，乌克兰亲欧派组织

---

① 解建群：“独联体的国际地位及前景”，《国外理论动态》2004 年第 2 期，第 30—33 页。

② 邢广程：“2015 年的乌克兰危机与俄罗斯的选择”，《现代国际关系》2015 年第 2 期，第 8 页。

民众在基辅展开反政府示威，乌克兰国内局势出现动荡，一场乌克兰危机就此爆发。

有关乌克兰危机的原因，见仁见智。历史文化因素、国内民族和认同问题、大国之间的地缘政治博弈、国家发展的困境等，都成为学界关注的重要方面。① 整体上看，虽然危机发生的原因很复杂，并且是多种因素综合作用的结果，但无论从哪个角度去解释，包括亚努科维奇本人在内，恐怕很多人都未曾想到，这次的选择会导致持续不断、愈演愈烈的危机，并产生久拖未决的问题。

（二）乌克兰危机的演变及其问题与矛盾

从 2013 年 11 月危机爆发至今（2015 年 8 月），乌克兰问题仍未能解决，也很难将其划分为发生、发展、高潮、平稳等时期，但几个重要事件可以作为观察乌克兰危机演变的节点。

1. 亚努科维奇被议会罢免总统职务

从 2013 年 11 月 22 日反政府示威爆发，到 2014 年 2 月 22 日乌克兰总统亚努科维奇被议会罢免总统职务的 3 个月时间里，乌克兰危机的范围主要局限在国内，表现为国内政治势力斗争引发的局势动荡。抗议者在基辅市政府和独立广场前举行集会，支持政府的群众随后也在同样地点发起抗议，两者针锋相对。美国和俄罗斯分别对相关团体给予了支持。2013 年 12 月，俄罗斯向乌克兰提供 150 亿美元贷款，并下调了向乌克兰出口天然气的价格。2014 年 1 月，面对严峻的国内局势，亚努科维奇向反对派让步，

---

① 赵鸣文：“乌克兰政局突变原因及影响”，《国际问题研究》2014 年第 2 期，第 68—78 页；冯玉军：“乌克兰危机：多维视野下的深层透视”，《国际问题研究》2014 年第 3 期，第 48—63 页；张昕、冯绍雷：“乌克兰危机的理论透视”，《世界经济与政治》2014 年第 6 期，第 145—155 页；刘显忠：“乌克兰危机的历史文化因素”，《当代世界社会主义问题》2015 年第 1 期，第 54—68 页；刘祖明：“乌克兰危机的一般政治系统理论分析”，《太平洋学报》2015 年第 5 期，第 86—95 页。俄文的相关评论可参见 Спиридонов В. В. Экономический подход к анализу причин политического конфликта на Украине// Международные отношения. 2014. №. 2. С. 254 – 261；Циткилов П. Я. Политический кризис в украине конца 2013 – 2014гг.：Истоки и предварительные уроки// Социально- гуманитарные знания. 2014. №. 4. С. 17 – 35。

内阁全体辞职。但抗议并没有就此平息，并在随后演变成街头流血冲突。2月21日，亚努科维奇与反对派签署和解协议；2月22日，亚努科维奇被议会免去总统职务。乌克兰政权发生更迭。

整体上看，这一时期与21世纪以来在乌克兰上演的权力争夺战似乎并无二致，其中也有“颜色革命”的影子存在。危机的导火索是乌克兰外交方向的选择问题，亚努科维奇的决定激化了乌克兰国内长期存在的亲欧派与亲俄派之间的矛盾。但危机的实际根源以及矛盾不断激化的原因却复杂和深刻，与俄美等大国在背后的支持和暗中较量密切相关。

2. 克里米亚脱乌入俄

乌克兰国内局势的动荡将已经长期存在的各种矛盾激化。位于乌克兰东南部的克里米亚地区成为斗争和矛盾冲突的新焦点。2014年3月1日，俄罗斯议会批准了普京总统提出的在克里米亚地区使用俄罗斯军队的请求。美国则针对性地宣布在资金、能源、技术等方面援助乌克兰。克里米亚议会于3月11日通过了克里米亚独立宣言。3月16日，克里米亚和塞瓦斯托波尔举行全民公决，宣布独立并要求加入俄罗斯。俄罗斯则趁势于3月18日收回了克里米亚共和国和塞瓦斯托波尔市，从而改变了乌克兰危机的性质。如果说此前的乌克兰危机还仅仅表现为大国支持下的乌克兰国内政治派别斗争的话，那么从克里米亚入俄以后，乌克兰危机就带有了更多的国际色彩，反映并激化了如下四对矛盾：首先是乌克兰与俄罗斯之间的矛盾，乌克兰认为俄罗斯侵占了本国领土，不承认克里米亚加入俄罗斯联邦，而俄罗斯则认为克里米亚是本国不可分割的一部分，俄乌关系因而破裂；第二是美欧国家与俄罗斯之间的矛盾，美欧等国指责俄罗斯破坏地区和平，对国际法和国际秩序造成损害；第三是乌克兰国内亲俄派与亲欧派之间的矛盾，他们在国家外交政策选择和对俄立场方面存在严重分歧，导致乌国内出现严重的对立局面；第四是乌克兰政府与地方分离主义势力之间的矛盾，乌克兰东部部分地区希望脱离乌克兰，谋求独立或加入俄罗斯，这与努力维持本国主权和领土完整的乌克兰政府存在矛盾。

3. 乌克兰东部持续不断的动荡和冲突

克里米亚入俄使得乌克兰东部地区的亲俄势力看到了脱离乌克兰独立的希望。2014年4月7日，乌克兰东部顿涅茨克地区的亲俄者宣布独立，拟效仿克里米亚采取全民公决的方式加入俄罗斯。乌克兰政府采取强力措施，对乌东部两州采取武力行动。由此，乌克兰危机开始出现长期化的趋势，东部的动荡和冲突持续不断。

5月，乌克兰举行总统选举，波罗申科在危急时刻当选为乌克兰总统，然而新总统也未能改变局势的动荡。7月，马来西亚航空 MH17 航班在顿涅茨克地区坠毁，美欧等国认为这是俄罗斯所为，随即加大了对俄罗斯的制裁力度，乌克兰危机由此更加吸引全世界的关注。8月，俄罗斯宣布对美国和欧盟采取反制裁措施，禁止进口大部分食品和农产品。9月，乌克兰政府与乌东部地区代表签署《明斯克协议》，实现停火，但这份停火协议并未得到切实执行，零星冲突仍然继续。11月，乌克兰总统波罗申科宣布废除乌克兰东部特殊地位法并实行经济封锁，俄罗斯则随后向乌东部地区运送了人道主义援助物资，乌克兰局势再度陷入动荡。

2014 年 12 月 6 日，法国总统奥朗德与俄罗斯总统普京举行会晤，商讨解决乌克兰危机的相关事宜。12 月 22 日，诺曼底四方——俄罗斯、乌克兰、法国和德国领导人举行电话会议，商讨外交解决乌克兰危机的可能性。2015 年 1 月底至 2 月初，德法两国领导人相继与普京进行电话会谈和直接会面，共同尝试和平解决乌克兰危机。2015 年 2 月 12 日，诺曼底四方明斯克峰会达成基本共识，签署了新的停火协议。尽管新的《明斯克协议》看起来似乎依然脆弱，同样也在经受着局势发展的考验，但它总归带来了一丝和平曙光，并显示了各方通过合作求和平的意愿。

整体上看，乌克兰危机至今未能全面化解，零星冲突依然存在，尽管危机的紧迫程度有所缓解，但乌克兰危机已经演变为乌克兰问题，并呈现长期发展的趋势，甚至可能成为欧洲的“中东”。[①] 这场危机改变了乌克兰、俄罗斯等国的命运，给欧洲和世界局势带来重要影响。

（三）本文的分析框架

本文的重点不在于讨论乌克兰危机本身以及其中的孰是孰非，而是关注乌克兰危机造成的影响，特别是危机给上海合作组织发展带来的多重影

① “Kiev’s actions may lead to Ukraine’s ‘disintegration’ -Russian speaker”, RIA Novosti, May 9, 2014, http://russialist.org/ria-novosti-kievs-actions-may-lead-to-ukraines-disintegration-russian-speaker/.

响。这场危机不仅改变了欧洲地区的局势，更造成了世界性影响，主要表现在俄美欧之间的关系因乌克兰危机降至冷战以来的最低点，由此使当事国之一的俄罗斯遭遇到前所未有的挑战。而俄罗斯是上海合作组织的主要成员国，因此作为欧亚大陆重要地区组织的上海合作组织不可避免地受到乌克兰危机和局势演变的影响。本文在讨论乌克兰危机对上海合作组织的多重影响时，将从三个层次展开。第一个层次是乌克兰危机对上海合作组织相关国家的影响，包括成员国、观察员国和对话伙伴国在内。上海合作组织的相关国家共计 14 个，乌克兰危机对各个国家造成了不同程度的影响，其中的关注重点是乌克兰危机对俄罗斯的全面影响。第二个层次是乌克兰危机对上海合作组织内部各国之间关系的影响，其中主要讨论危机对成员国内部关系，尤其是俄罗斯与中亚国家关系的影响。第三个层次是乌克兰危机对上海合作组织的发展前景造成的影响。

二、乌克兰危机对上海合作组织相关国家的影响

正如哈萨克斯坦总统纳扎尔巴耶夫所说，乌克兰危机的影响早已超越了乌克兰的边界。[①] 在上海合作组织的6 个成员国中，除中国外的其他5 个国家都与乌克兰一样，是原苏联的加盟共和国，因此历史传统和现实联系使得这 5 个国家因乌克兰危机受到了较为强烈的影响。但这 5 个国家所受影响的程度也存在差别，受影响最大的国家是作为当事国之一的俄罗斯，其次是哈萨克斯坦，另外 3 个中亚国家所受的影响相对小一些。而上海合作组织的观察员国和对话伙伴国中，因为同属原苏联的加盟共和国，并且同俄罗斯和哈萨克斯坦的合作更为密切，白俄罗斯也受到了较为明显的影响。

（一）乌克兰危机对俄罗斯的负面影响

乌克兰危机发生至今，俄罗斯在多个领域深受影响。尽管各界对俄罗

---

① Назарбаев：Масштабы влияния кризиса на Донбассе давно вышли за пределы Украины. 12. 09. 2014. http：//newsoboz. org/mir/nazarbaev-masshtaby-vliyaniya-krizisa-na-donbasse-davno-vyshli-12092014134000.

斯是赢家还是输家的判断各执一词，但俄罗斯在乌克兰危机中的最大收获，目前来看恐怕只有克里米亚和塞瓦斯托波尔的“回归”。这一地区的“回归”让俄罗斯彻底解决了黑海舰队的存续问题，维持了其在黑海地区的战略地位和军事存在。换句话说，克里米亚的“回归”在本质上改善了俄罗斯在黑海地区、欧洲和世界上的地缘政治地位。① 对普京政府而言，“收回领土”使其支持率再度飙升，并激发了俄罗斯民众的爱国热情，也在相当程度上发挥了凝聚民心的作用。但这仅仅是危机影响的一个方面，如果进行整体评价的话，乌克兰危机给俄罗斯带来的负面影响也很多，而且是多方面的。

1. 俄罗斯与乌克兰关系的破裂

起初，亚努科维奇宣布暂停与欧盟签署联系国协定，被普遍认为是有利于俄罗斯的决定。但当局势发生变化，亚努科维奇被罢免总统职务，乌克兰亲欧派将掌握基辅政权时，形势不利的俄罗斯却采取了一种令世人倍感意外的行动：不仅收回了克里米亚，而且有力地进行了反击。这一行动导致了俄罗斯与乌克兰关系的破裂，乌克兰更加坚定地走上了“脱俄入欧”之路。

2014 年 3 月 24 日和 6 月 27 日，乌克兰与欧盟签署了联系国协定的经济部分和政治部分。9 月，乌克兰议会批准了联系国协定，乌克兰将在经济、政治、安全等多个领域与欧盟和北约开展合作，乌欧关系进入新的发展阶段。12 月，美国国会参议院通过“支持乌克兰自由法案”，给予乌克兰、格鲁吉亚和摩尔多瓦三国以北约之外盟友的地位。② 作为回应，12 月 23 日乌克兰废除了亚努科维奇政府签署的不结盟地位法案，为加入欧盟和北约扫除法律障碍。上述种种进展表明乌克兰已远离俄罗斯，而与美欧等西方国家加强了合作。

在乌克兰与西方关系突飞猛进的同时，俄乌关系的破裂使乌克兰不再有加入欧亚经济联盟的可能，这对欧亚经济联盟的发展是一个重大打击。可以说，“乌克兰脱俄入欧，重挫了俄罗斯苦心经营多年的独联体一体化进程，最大限度地削弱了俄罗斯在原苏联地区的影响力，前所未有地离间了

---

① Украинский кризис: что приобрели и потеряли Россия, СНГ и Запад. 26. 08. 2014, http: //ria. ru/analytics/20140826/1021464105. html.

② “美通过‘支持乌克兰自由’法案”，新华社，莫斯科 2014 年 12 月 12 日电。

俄罗斯同传统盟友的关系”。[①] 因此，俄乌关系的破裂在地区内部具有破坏性影响。

2. 俄罗斯与美欧等西方国家关系跌入谷底

俄罗斯与美国在争夺乌克兰问题上的较量已经持续多年，无论是2004年前后的“颜色革命”，还是十余年来乌克兰领导人的每次更替，包括此次乌克兰危机，美俄两国都以各自的方式支持乌国内的亲己方势力，试图影响乌克兰政府的人员构成和政策走向。此次乌克兰危机中，俄罗斯强势收回克里米亚，在令美欧等国始料未及的同时，也使其自身与美欧等西方国家的关系跌入冷战以来的谷底。为了惩罚俄罗斯的行为，西方对俄罗斯祭起了经济制裁的大旗，也采取多种措施在外交上孤立俄罗斯。2014 年索契冬奥会的开幕式上，很多西方国家的元首或政府首脑缺席。原本由俄罗斯轮值主办的八国峰会也没能迎来西方七国的客人，八国集团（G8）将俄罗斯踢出，变成了七国集团（G7），七国领导人撇开俄罗斯在布鲁塞尔举行了峰会。“西方显然是想用一种巧妙的不过度刺激俄的方式，向俄表达无法接受其处置乌克兰危机方式的强烈信号。”[②]

面对西方的强力施压，俄罗斯也有力回应。2014 年 7 月 22 日，普京在俄罗斯联邦安全会议上指出，西方国家企图破坏俄罗斯的社会政治形势，搞“颜色革命”，资助政变。[③] 针对西方不断加码的制裁，俄罗斯也采取了相应的反制裁措施，宣布从 2014 年 8 月 7 日起全面禁止从欧盟、美国、澳大利亚等国进口农产品和乳制品等。禁令立即生效，为期一年。这一禁令给欧洲的农产品出口国带来不小的经济压力。2014 年 12 月通过的俄罗斯新版国家军事学说中，将在俄周边邻国煽动政权更迭、进行颠覆活动、波及俄罗斯核心利益等事项列入俄罗斯外部的主要安全威胁，认为北约持续东扩并逼近俄罗斯边界是导致一切恶果的源头。这些变化显示出俄罗斯对安全威胁的认知受乌克兰危机的影响而发生了转变，也是俄罗斯为应对乌克兰危机和美欧等西方国家的制裁做出的政策调整。

---

① 陈玉荣：“从克里索契之行看乌克兰危机走势”，《当代世界》2015 年第 6 期，第 31 页。

② 杨成：“‘黑天鹅效应’：与乌克兰危机演化的可能情境”，《世界知识》2015 年第 5 期，第 52 页。

③ Заседание Совета Безопасности，22 июля 2014г. http：//www. kremlin. ru.

北约与俄针锋相对，于2014年9月在英国威尔士举行峰会。从峰会讨论的内容和最终的成果上看，这是自冷战结束以来北约第一次将俄罗斯明确认定为“对手”，认为俄罗斯是大西洋安全的主要挑战，并决定组建一支名为“尖峰”的快速反应部队，增加在东欧的军事存在，同时开始在乌克兰部署武器甚至人员，对俄罗斯形成压力。① 同月，美国总统奥巴马在联合国大会的发言中将“埃博拉”、“俄罗斯”和“伊斯兰国”一起，并称为“当今世界三大威胁”。在2014年11月召开的二十国集团（G20）领导人峰会上，西方国家领导人对普京展开批评，普京随后提前回国。而一些重要的国际机构，如经合组织以及国际能源署等，都暂停了俄罗斯的加入进程。在2015年5月举行的纪念卫国战争胜利70周年的红场阅兵式上，完全不及十年前的60周年纪念仪式上显示出的团结，并未见到西方国家领导人的身影。6月的七国集团峰会仍然没有邀请俄罗斯参加，并发表了态度强硬的联合声明，表示准备对俄罗斯采取进一步的严厉制裁措施。2015年8月末，在五角大楼高官公开宣称俄罗斯是对美国的最大威胁后，美国又开始向欧洲部署其第五代战斗机——F—22“猛禽”战机。F—22首次在欧洲部署，表明美国对俄罗斯的强硬立场没有任何转变，也传递出俄美关系再度收紧的信号。

可以说，俄罗斯与西方国家的关系跌入了冷战结束以来的最低谷，甚至被认为是进入了“新冷战”。② 这一结果严重削弱了俄罗斯对世界事务和全球治理的参与和影响力，也使国际秩序的稳定与世界和平面临着挑战。

---

① “Wales Summit Declaration”, http://www.nato.int/cps/en/natohq/official_texts_112964.htm.

② 美国一些学者在讨论乌克兰危机引发的局势变动时使用了“新冷战”的提法，参见Robert Legvold, “Managing the New Cold War: What Moscow and Washington Can Learn From the Last One”, Foreign affairs, July/August, 2014; Stephen Cohen, The New Cold War and the Necessity of Patriotic Heresy: US fallacies may be leading to war with Russia, August 12, 2014, http://www.thenation.com/article/180942/new-cold-war-and-necessity-patriotic-heresy#; 俄罗斯的相关评论中也有文章在使用“新冷战”这一词汇，Вячеслав Дашичев. Украинская трагедия и новая холодная война США против России. 08.07.2014. http://www.km.ru/world/2014/07/08/protivostoyanie-na-ukraine-2013-14/744384-ukrainskaya-tragediya-i-novaya-kholodnaya; Леонид Доброхотов. Итак, новая холодная война? 07/04/2014, http://www.geopolitica.ru/node/4509#.VDVtPHExiAE。

3. 俄罗斯经济遭到重创

乌克兰危机的不断发展使西方对俄罗斯的制裁范围持续扩大，制裁力度也不断加强。而受技术革新、供求关系变化等多种因素的影响，国际油价也在 2014 年下半年大幅下跌。受上述两者的双重影响，俄罗斯经济出现严重下滑，外汇储备急剧缩减，资本外流严重，2014 年资金外流达到 1200 多亿美元。与石油价格存在密切联系的俄罗斯卢布在 2014 年年底出现大幅度贬值，从 1 美元兑换 32 卢布贬值到 1 美元兑换近 70 卢布。

为稳定卢布，俄罗斯央行采取多项措施，包括将存款利率大幅上调等，坚决地打起卢布保卫战。直到 2014 年 12 月 25 日，俄罗斯财长西卢阿诺夫才宣告“卢布危机结束”，[①] 汇率维持在 1 美元兑换 60 多卢布的位置上。2015 年 3 月后，卢布趋于平稳，维持在 1 美元兑换 50—60 卢布的汇率区间（见图 12. 1）。

图 12. 1　2013 年 11 月—2015 年 4 月卢布与美元汇率变化

资料来源：Динамика курса USD ММВБ, руб. https：//news. yandex. ru/ quotes/ 2002. html。

乌克兰危机引发的连锁反应，配合其他因素，导致俄罗斯经济受到重创。2013 年俄罗斯 GDP 总量为 2. 08 万亿美元，2014 年则减至 1. 86 万亿美元。世界银行也调低了对俄罗斯经济的发展预期。[②] 2015 年第二季度，

① “俄宣布卢布危机结束”，《环球时报》2014 年 12 月 26 日。

② 世界银行网站，http：//data. worldbank. org/country/russian-federation。

俄罗斯 GDP 比上年同期下降了 4.6%。[①] 从根本上说，独立之后的俄罗斯仍然没有解决过度依赖能源的经济结构单一性问题，因此油价大幅下跌本身已经对俄罗斯经济产成重要影响，而乌克兰危机则更进一步加重了俄罗斯经济的困境。在经济下行的压力下，俄罗斯对欧亚经济联盟的投入也将有所减少，这对欧亚经济联盟的前景同样构成负面影响。

4. 俄罗斯外交政策重心的转移

乌克兰危机恶化了俄罗斯同乌克兰以及美欧等西方国家的关系，使俄罗斯实施向西发展、同西侧国家合作的政策遇到阻碍，因此从战略层面俄罗斯必须寻求突围。在安全层面，俄罗斯的西部边界因与乌克兰接壤，也存在着一定的不安全态势，需要减少其负面影响。且从国家整体发展来说，俄罗斯内部各地区发展中长期存在的东西不平衡问题也需要进行调整。由此，正如 2014 年 3 月普京的新闻秘书佩斯科夫（Дмитрий Песков）所说："如果世界一方的一个经济伙伴对俄罗斯实施经济制裁，俄罗斯将把注意力转移到世界的另一部分。"[②] 在此背景下，俄罗斯在 2010 年颁布的《俄罗斯联邦同亚太地区国家合作发展战略》的基础上，进一步发展并加强同亚太地区国家的合作。

2014 年 5 月 20 日，普京访华并出席亚信会议，中俄发表联合声明，将中俄全面战略协作伙伴关系推进到新阶段。除中国外，俄罗斯还加强了同越南、蒙古国、印度、土耳其等的合作，显示出更加强烈的与亚太地区国家合作的意愿。在 2014 年的金砖国家巴西峰会上，普京表态支持建立金砖国家开发银行、设立金砖国家应急储备基金。俄罗斯对上海合作组织的态度也更加积极。普京在 2014 年举行的上海合作组织杜尚别峰会上，呼吁各国提高相互协作的效率，以应对时代的挑战。他在 2014 年 12 月发表的国情咨文中强调，俄罗斯在迅速发展的亚太地区有不少真诚的朋友和战略伙伴，俄罗斯将全面发挥自身作为一个太平洋大国的巨大潜力。[③] 这一表态再次显示了俄罗斯同亚太地区国家合作的决心。作为 2015 年金砖国家集团

---

① 俄罗斯联邦统计局网站，http://www.gks.ru/。

② РФ найдёт новых партнеров, если США и ЕС введут санкции, заявил Песков. http://ria.ru/economy/20140319/1000109498.html.

③ Послание президента федеральному собранию, 4 декабря 2014 года. http://www.kremlin.ru/events/president/news/47173.

和上海合作组织的轮值主席国，俄罗斯积极筹备两大组织的峰会，并围绕峰会举办了一系列活动。上海合作组织峰会于2015年7月在俄罗斯乌法举行，不仅会议本身取得了积极成果，也显示了俄罗斯对轮值主席国身份的高度重视。

这些举动反映出俄罗斯的外交政策在乌克兰危机的影响下，出现比较明显的转向。究其原因，主要在于“处理好同亚太国家的关系，打好‘亚太牌’，不仅可以带动俄罗斯东部地区的经济发展，还可以为俄罗斯同美欧博弈争取更大的地缘空间和平衡杠杆”。[①] 有学者更进一步判断认为，今后俄罗斯会采取的应对措施包括：“联东”（与东方大国合作介入亚太，中国是首选）、“依兴”（依靠新兴大国、金砖国家和上合组织等）、“制美”（调动资源制衡美国，但不大可能正面对抗美国）、“稳欧”（稳定欧洲，对欧洲有拉有抗）。[②] 这种调整在危机带来的俄美欧关系持续低谷、俄乌关系难以短期转变的大背景下，将具有一定的持续性。

（二）乌克兰危机对中亚各国和白俄罗斯的影响

乌克兰危机对后苏联空间内国家的影响主要表现在三个方面：第一是在经济领域，受局势动荡和经济制裁的影响，各国经济和对外贸易出现下行表现，负面问题增多，遇到一定的困难；第二是在政治和安全领域，因不同程度地存在与乌克兰相似的问题，各国对矛盾激化可能性增大的担忧明显增加；第三是在外交领域，各国受危机影响开始调整对外政策。

1. 乌克兰危机对各国经济的影响

在经济领域，中亚国家和白俄罗斯受乌克兰危机的负面影响主要来自两个方面：第一，各国同乌克兰、俄罗斯存在较为紧密的经贸联系。乌克兰局势动荡影响了俄乌两国的经济发展和对外贸易，也由此影响了各国同俄乌两国的经贸往来，间接对各国经济造成负面影响。第二，在俄罗斯受到西方国家制裁并采取反制裁措施后，欧洲对中亚国家和白俄罗斯的商品

---

① 左凤荣：“俄罗斯的亚太新战略及其对中俄关系的影响”，《国际政治研究》2013年第2期，第119页。

② 何维保：“乌克兰危机与国际战略格局的走向”，《美国研究》2015年第2期，第158页。

出口受到阻碍。而卢布的贬值使在俄罗斯的中亚劳动移民能够汇回本国的收入大幅减少，从而间接影响了各国的外汇收入和经济发展。

这其中尤以哈萨克斯坦受到的负面影响最大。根据世界银行公布的数据，2014 年哈萨克斯坦的国内生产总值为 2122 亿美元，比 2013 年减少近 196 亿美元。[①] 而其他中亚国家和白俄罗斯的 GDP 总量尽管有不同程度的微弱增长，但增速较前几年明显放缓。哈萨克斯坦之所以在经济方面受到的影响最大，是因为其一直是后苏联空间内积极同俄罗斯开展合作的国家，是俄罗斯推动的欧亚经济一体化的主要参与者。俄白哈三国共同建立统一经济空间和关税同盟，推动欧亚经济联盟的建设，是哈萨克斯坦和白俄罗斯近年来对外经济活动的重要方向。基于俄白哈三国紧密的经济联系，乌克兰危机在损害俄罗斯经济的同时，也导致哈萨克斯坦和白俄罗斯的对外贸易和经济发展也受到损害。

2. 乌克兰危机对各国政治安全的影响

乌克兰危机影响了中亚各国和白俄罗斯对政治和安全形势的判断。

首先，各国高度认识到社会团结、国家统一对本国的重要意义，特别是提高了对本国境内讲俄语居民的重视。那些讲俄语居民的聚居区，如果效仿克里米亚和乌克兰东部地区争取自治或独立的话，将对各国的领土完整、国家主权和内部稳定造成损害。特别是当内部矛盾被境外势力加以利用的话，将有可能产生颠覆性的巨大危害。这方面，哈萨克斯坦的担忧尤为严重。因为哈萨克斯坦境内说俄语的居民总数约 300 万，占哈萨克斯坦总人口的 21. 47%，大部分分布在哈的北部、东部等与俄罗斯接壤的地方。地理邻近使得俄罗斯对这些居民具有重要影响，如果当地居民如法炮制地举行公投，将极有可能损害哈萨克斯坦的领土完整和政治稳定。乌克兰危机在某种意义上鼓舞了各国内部存在的分离主义势力，因此各国皆对相关地区的民意情况和分离主义势力的发展提高了重视。

其次，各国通过乌克兰危机看到了国内的反政府势力在国外支持下采取大规模反政府行动的可能性，并认真评估其可能对政权存续和政治稳定造成的损害。中亚国家及白俄罗斯在冷战后转型的过程中大多采取威权主义的方式进行国家治理，白俄罗斯总统卢卡申科和哈萨克斯坦总统纳扎尔

---

① 世界银行网站，http：//data. worldbank. org/。

巴耶夫都是执政多年的国家最高领导人。这种治理模式在给国家带来稳定的同时，不可避免地在国内滋生出反政府势力，也被美国等西方国家指责为缺乏民主精神等。乌克兰危机的演化发展让各国不由得担心本国的反政府势力被外国支持，从而出现动摇政府执政基础和导致国家混乱的情况。因此，2014—2015 年间举行议会选举和总统大选的乌兹别克斯坦、哈萨克斯坦等国，都邀请了众多国际观察员观察和监督选举情况，并采取多项具体措施确保选举的正常进行。这些举措显示出各国对选举重视程度的提高。

再次，乌克兰危机导致大国竞争的加剧，安全形势的恶化使各国更加重视安全合作，努力提高防范地区冲突的能力。乌克兰危机凸显了大国争夺背景下小国生存的不易，相比乌克兰，同处在大国竞争性地缘政治环境中的中亚国家和白俄罗斯，其国家体量更小，维护本国独立和生存的能力更加有限。为避免重蹈覆辙，各国提高了对安全合作的重视，试图以团结的力量确保自身的生存。因此，各国提高了对可以发挥促进地区安全合作作用的相关组织的重视，上海合作组织就是其中的典型代表。

3. 乌克兰危机对各国外交的影响

乌克兰在欧盟与俄罗斯之间的摇摆最终导致了严重的国内危机，这对中亚各国和白俄罗斯的对外政策产生了重要影响。一方面，美欧等西方国家不可能提供实质性的帮助，与俄罗斯的合作和关系发展是中亚国家和白俄罗斯必须高度重视的外交方向；另一方面，各国又不能完全听命于俄罗斯，丧失本国的主权和独立，而需要加强多领域的对外联系，实现本国外交的多向发展和平衡发展。

哈萨克斯坦就更加清醒地认识到努力加强对外联系的重要意义，更加注重提高本国在国际舞台上扩大参与的主观意识。从这个意义上说，乌克兰危机在诸多方面发挥了“加速器”和“促进剂”的作用。① 例如，2014 年年内，哈萨克斯坦在外交领域推动了多方面的工作：同欧盟签署扩大合作的协议、完成加入 WTO 的最终谈判、参与中国提出的建设“丝绸之路经济带”倡议，以及加强同美国“新丝绸之路”计划的合作等。也就是说，乌克兰危机使哈萨克斯坦认识到要坚持本国的多元平衡外交政策，只有保持对外关系的多元发展，才能在保持哈萨克斯坦独立的同时，实现国家发

① Бауржан Толегенов. Украинский кризис и Казахстан：итоги года. Декабрь 25，2014. http：//www. szona. org/ukrainskij-krizis-kazahstan-itogi-goda/#t20c.

展的目标。

而从另一个侧面看，乌克兰危机也在一定程度上提升了哈萨克斯坦和白俄罗斯等国的地区影响力。在危机发生和演变的过程中，白俄罗斯和哈萨克斯坦利用外交场合积极施加影响。在两次明斯克会谈期间，白俄罗斯总统卢卡申科作为会谈地点的提供者，成功地扮演了东道主的重要角色，为明斯克会谈的顺利进行做了许多重要工作，为危机的和平处理发挥了建设性作用。相关当事国和地区内各国对这些行动有目共睹、积极评价，从而提升了白俄罗斯的国家形象和国际影响。

三、乌克兰危机对上海合作组织内部关系的影响

在乌克兰危机的影响下，上海合作组织的成员国不同程度地调整了本国的对外政策，由此不仅使各成员国之间的关系，还包括成员国与观察员国和对话伙伴国之间的关系都受到影响。而从发展机理上看，乌克兰危机中暴露出的问题也成为上合组织内部各国间关系调整的重要原因。

（一）俄罗斯与中亚各国的关系

俄罗斯与中亚国家的关系受到乌克兰危机的深刻影响，主要表现在两个方面：从正面的积极效果看，乌克兰危机成为欧亚经济联盟得以发展的某种推动力，特别是在经济领域，各国加快了合作步伐；而从负面的消极效果看，乌克兰危机增加了中亚各国对俄罗斯的担忧，成为彼此关系发展的不稳定因素。

1. 通过发展欧亚经济联盟深化一体化合作

无论乌克兰危机会持续多久，也无论其会向怎样的方向演变，有一点几乎是可以肯定的，这就是乌克兰已经不可能加入欧亚经济联盟。缺少乌克兰的欧亚经济联盟，其欧洲色彩将大大减少。并且，也正如目前局势所显现的，因为乌克兰问题出现长期化的趋势，俄罗斯和白俄罗斯西侧出现了极不稳定的冲突区，这本身已经威胁着欧亚经济联盟相关国家的边境安全。安全形势的不稳定导致经贸往来深受影响，在这样的压力下，各国需要深化经济一体化合作。

为此，参与并推动欧亚经济联盟的发展，成为深化一体化合作的主要路径。乌克兰危机让后苏联空间内的各国看到了急转弯式的“非敌即友”选择①的恶劣影响，由此引发各国在外交政策选择上的进一步分化。“选边站队”虽然存在问题，但在一定情势下却也是不得不做出的艰难选择。对中亚国家而言，乌克兰危机的发生一方面让它们看到了“选边站队”的恶果，但另一方面也在事实上阻止了欧盟和北约的继续东扩。因此，深化发展同俄罗斯的合作，成为各国外交政策的重要内容之一。从这个意义上说，欧亚经济联盟是目前最有可能参与和实现的经济一体化进程。

2014 年 5 月 29 日，俄罗斯、白俄罗斯和哈萨克斯坦签署《欧亚经济联盟条约》，联盟建设进入实质性快速发展阶段。2014 年年底，亚美尼亚和吉尔吉斯斯坦相继签署入盟文件。联盟于 2015 年 1 月 1 日正式启动。2014 年 12 月，俄罗斯与乌兹别克斯坦签署协议，免除乌欠俄的 8.6 亿美元债务，直接推动了 2015 年乌兹别克斯坦同欧亚经济联盟开展的自贸区谈判。塔吉克斯坦也正在评估同欧亚经济联盟开展经贸合作的利弊得失。②

2. 中亚国家对俄罗斯心存担忧

乌克兰危机引发了后苏联空间的领土变更，这使中亚国家感到忧虑，因为中亚地区存在很多可以重新审视领土划分的潜在原因，③ 或许乌克兰危机会打开一个潘多拉之盒，导致一连串问题的出现。

苏联的解体使大量俄罗斯族人被迫留在了新独立的国家中。尽管经过 20 余年的发展，很多俄罗斯族人迁回了俄罗斯，但在这些国家中仍然生活着很多讲俄语的居民，并且具有聚居分布的特点。克里米亚和乌克兰东部都有大量俄罗斯族人，他们对独立甚至是加入俄罗斯的向往成为乌克兰危机久拖不决的重要内部原因。与乌克兰一样，很多中亚国家也有聚居的俄罗斯族人，他们的政治诉求、国家和民族认同将影响各国的主权和稳定。

---

① 陈玉荣：“多维透视欧亚经济联盟”，http://www.beijingreview.com.cn/2009newstegao/2015-01/20/content_664625.htm。

② Таджикистан еще не определился относительно своего членства в ЕАЭС. 14.5.2015. http://www.interfax.ru/world/441574.

③ Болгова И. Последствия украинского кризиса для Центральной Азии: шок и трепет. 27.03.2015. http://geopolitics.by/analytics/posledstviya-ukrainskogo-krizisa-dlya-centralnoy-azii-shok-i-trepet.

因此，尽管说“哈萨克斯坦是下一个乌克兰”① 未必有依据，但此次乌克兰危机实际上加剧了中亚国家对俄罗斯的担忧心理。它们一方面担心俄罗斯如法炮制地损害本国的国家利益，另一方面也担心再次被俄罗斯控制，成为俄与西方斗争的受害者。克里米亚地区存在俄罗斯驻军，这是形势发展过程中发挥关键作用的一支力量。与此类似，塔吉克斯坦和吉尔吉斯斯坦同样有俄罗斯军事力量存在，塔吉两国在乌克兰危机的影响下也感受到本国的脆弱。

这种担忧影响了中亚国家的对外政策。一个非常明显的体现是中亚国家在乌克兰问题上并不坚定地支持俄罗斯。2014 年 3 月 28 日，联合国大会举行关于克里米亚问题的投票，哈萨克斯坦虽然表示理解俄罗斯的行为，但仍然投了弃权票，显示出对相关问题的担忧。也正是出于这些考虑，哈萨克斯坦并没有参与俄罗斯针对西方的反制裁行动。

另一个明显表现是，各国愿意加强与其他国家和国际组织的合作。2014 年 5 月，集体安全条约组织峰会前夕，哈萨克斯坦总统纳扎尔巴耶夫会见了美国大使，及时了解美国对相关问题的立场。也是在 2014 年 5 月，北约驻中亚地区代表处在塔什干成立，将全面负责北约与中亚五国合作的联络事宜，加强了北约同中亚国家的联系与合作。2014—2015 年，各国密切关注着中国提出的建设“丝绸之路经济带”倡议的发展。2014 年 10 月，正式签署《筹建亚投行（AIIB）备忘录》的 21 个首批意向创始成员国中，哈萨克斯坦和乌兹别克斯坦位列其中，反映了上合组织中亚各国同其他国家开展合作的积极意愿。2015 年 3 月，筹建亚投行的第三次谈判代表会议在哈萨克斯坦城市阿拉木图举行，显示出哈萨克斯坦对参与亚投行相关工作的积极性，也从一个侧面反映出各国拓展本国外交方向的意图。

（二）俄罗斯与中国的关系

乌克兰危机使俄罗斯与美欧等大国的关系严重恶化，因此从全球战略层面上看，加强与中国的关系是俄罗斯应对危机的战略选择之一。而中俄关系经过 20 余年的良性运行，也在逻辑上应当继续向前推进。2014 年，

---

① Richard Lourie，“Kazakhstan May Be the Next Ukraine”，May 4，2014，http：//www. themoscowtimes. com/opinion/article/kazakhstan-may-be-the-next-ukraine/499376. html.

中俄两国领导人在多个场合举行了会晤，高层之间的频繁互动推动了合作的全方位发展。2014 年 5 月，在亚信会议召开之际，普京访问中国。中俄两国签署中俄全面战略协作伙伴关系新阶段的联合声明，[①] 为双边关系在今后的发展定下基调。

从具体领域上看，2014 年中俄双边贸易额达到 950 亿美元，创出历史新高，显示出巨大的合作潜力和增长空间。2014 年 5 月，《中俄东线天然气合作项目备忘录》和《中俄东线供气购销合同》签署，这是双方在能源合作领域中具有里程碑意义的事件。2014 年 11 月，中俄签署《关于沿西线管道从俄罗斯向中国供应天然气的框架协议》，进一步密切了两国的能源合作。在西方制裁加码的背景下，中俄双边贸易用本币结算将更为有利，所以两国加快了货币和金融合作的步伐。2014 年 10 月，中俄两国央行签署了规模为 1500 亿元人民币/8150 亿卢布的双边本币互换协议。在人文交流领域，2014—2015 年，中俄两国在以往成功举办“国家年”、“语言年”和“旅游年”的良好基础上互办了“中俄青年友好交流年”活动，极大地增进了两国青年之间的友谊。2015 年 5 月，俄罗斯与中国在地中海举行首次联合军演，显示了中俄在周边之外的地区开展军事合作的意愿与能力。而无论是 2015 年 5 月在莫斯科红场举行的胜利日阅兵，还是 9 月在北京天安门广场举行的阅兵，中俄双方元首都参与其中，并互派军队代表方队参加了阅兵仪式。两国相互支持，开展了多种活动纪念世界反法西斯战争胜利 70 周年，共同为维护战后国际秩序做出努力。

在双边关系发展的基础上，中俄继续推动三边合作机制的建立和发展。2014 年 5 月的联合声明中明确提出，中俄双方支持开展网状伙伴外交的各种努力，二十国集团、金砖国家、上海合作组织、中俄印等机制已成为类似灵活机制的高效范例。[②] 中俄印三边机制的发展不仅巩固了三国之间的合作，也为上海合作组织的发展奠定了良好的基础。除印度以外，蒙古国到 2014 年已经获得上海合作组织观察员国地位十周年，与周边国家积累了丰富的合作经验，因而也是中俄两国发展三边合作机制的重要合作伙伴。2014 年 8—9 月，中国国家主席习近平和俄罗斯总统普京先后访问蒙古国。

---

① “中俄签署全面战略协作伙伴关系新阶段联合声明（全文）”，http://www.chinanews.com/gn/2014/05-20/6192687.shtml。

② 同上。

9月11日，中俄蒙三国元首的首次会晤在杜尚别举行，同意建立三国副外长级磋商机制，统筹三方合作的相关事宜。2015年7月，中俄蒙三国在上海合作组织峰会期间举行第二次元首会晤，批准了《中俄蒙发展三方合作中期路线图》。此外，中俄两国也开始探索机制对接合作的问题。2015年4月1日，普京总统表示“丝绸之路经济带”和欧亚经济联盟一样，都追求发展的目标，俄罗斯愿意和中国进行全方位、多形式的合作，“丝绸之路经济带”和欧亚经济联盟能够一起为生活在这些国家中的人民创造繁荣的机会。[①] 2015年5月，中俄发表联合声明，表示将共同协商，努力将“丝绸之路经济带”建设和欧亚经济联盟建设相对接。[②] 这一立场的明确，为中俄关系今后的发展，特别是中俄推动的地区机制之间的合作指明了方向。

（三）中国与其他欧亚国家的关系

中国与中亚国家的关系在冷战后一直比较稳定地向前发展。从21世纪起，上海合作组织成为中国同中亚国家开展地区合作的机制化平台，特别是在安全合作领域积累了丰富的合作经验，取得了比较明显的合作成果。2013年9月，中国国家主席习近平提出建设“丝绸之路经济带”的倡议以来，中国与中亚国家和白俄罗斯等欧亚国家的合作出现了新的契机，而乌克兰危机则进一步发挥了促进作用。正如前文所谈到的，乌克兰危机显示出在大国地缘竞争的夹缝中，小国的生存十分困难，中亚国家与白俄罗斯、蒙古国等国在吸取乌克兰的经验教训的同时，开始着重发展多元平衡性的外交。由此，中国因地理邻近和前期的良好基础而成为欧亚国家对外合作的主要大国。

哈萨克斯坦是最大的中亚国家，也是“丝绸之路经济”带上的重要国家，中哈两国关系的发展基础良好。2014年中哈进出口贸易总额为171.82

---

① Совещание с членами Правительства. 1 апреля 2015 года. http：//news. kremlin. ru/ news/48062.

② “中华人民共和国与俄罗斯联邦关于丝绸之路经济带建设和欧亚经济联盟建设对接合作的联合声明”，新华网，http：//news. xinhuanet. com/2015—05/09/c_ 127780866. htm。

亿美元，占哈全年进出口贸易总额的17.2%。① 在哈萨克斯坦公布的战略性文件《哈萨克斯坦—2050战略》中，中国在哈萨克斯坦优先发展对外关系的国家中排第二位，仅次于俄罗斯。② 2014年12月和2015年3月，中哈两国总理实现互访，签订了一系列合作项目协议。2015年5月，习近平访问哈萨克斯坦，两国元首明确表示要将中国的“一带一路”与哈萨克斯坦的“光明大道”进行对接合作。加上2013年9月习近平访问吉尔吉斯斯坦，宣布中吉关系提升为战略伙伴关系，中国实现了与5个中亚国家都建立起战略级别的关系，显示了对同中亚国家开展合作的高度重视。

不仅是中亚国家，乌克兰危机也提升了白俄罗斯与中国开展合作的热情。2013年，白俄罗斯与中国宣布建立中白全面战略伙伴关系。2014年1月，白俄罗斯总理访问中国，两国签署了《中白全面战略伙伴关系发展规划（2014—2018年）》等文件，进一步推动两国在多领域的全面合作。2014年9月，中白召开政府间合作委员会首次会议，双边经贸发展迅速，2014年经贸额近40亿美元。2015年5月，中国国家主席习近平对白俄罗斯进行了正式访问，两国签署《中国和白俄罗斯友好合作条约》和《关于进一步发展和深化全面战略伙伴关系的联合声明》，白俄罗斯表示愿意参与中国的“一带一路”倡议并成为重要支柱，中白两国加快工业园等大项目建设。而中国与欧亚相关国家关系的发展，也得益于中国经济的强劲吸引力。受乌克兰危机和油价波动等因素的影响，欧亚经济委员会预计2015年俄罗斯、白俄罗斯、哈萨克斯坦等国的经济均将有不同程度的下降，③ 亟须同外部国家合作发展经济。因此，中国同欧亚各国关系的发展是各取所需、合作共赢的结果。

四、乌克兰危机对上海合作组织发展的影响

上海合作组织在十余年的运行过程中取得了比较明显的发展，特别是

---

① 哈海关网站2015年1月28日讯，转引自中国驻哈萨克斯坦经济商务参赞处 http://kz.mofcom.gov.cn/article/jmxw/201502/20150200887864.shtml。

② Назарбаев Н. А. Стратегия《Казахстан—2050》. http://www.akorda.kz/ru/category/gos_ programmi_ razvitiya.

③ “2015年欧亚经济联盟各成员国整体经济预计下降2.4%”，http://kg.mofcom.gov.cn/article/ztdy/201507/20150701049398.shtml。

在安全领域，各国积累了合作经验，加深了彼此的信任。但在组织的发展方向问题上，对于是拓展不同领域、进行深度合作，还是扩大合作规模、吸引更多国家参与，各国存在一定的分歧。乌克兰危机的发生和演变不仅影响了上海合作组织相关国家的内外政策，也促使组织内部各国之间的关系出现调整。在此基础上，恰逢俄罗斯作为2014—2015年的轮值主席国，俄积极协调各国政策，从而不仅在扩员问题上取得一致和突破，也推动了上海合作组织多领域合作的深化发展。可以说，乌克兰危机成了上合组织扩员进程与深度合作的催化剂。

（一）上海合作组织的扩员进程启动

上海合作组织是在1996年启动的“上海五国”机制的基础上建立的。从2001年成立之日起，上海合作组织一直维持着6个成员国的规模。而随着形势的发展，无论是组织内部的发展需要，还是来自于组织外周边国家的申请，都使上海合作组织的扩员问题逐渐成为讨论的核心议题。

2014年乌克兰危机的发生对这一过程发挥了推动作用。首先，上海合作组织的扩员有助于增强组织的影响力和威望，巩固组织在维护地区和平稳定中的积极作用。各国需要上合组织在国际舞台上发挥更大的影响，特别是俄罗斯。乌克兰危机后，俄罗斯在世界外交舞台上遭到冷遇，亟须改变被孤立的状态。因此，推动上合组织扩员，在增加组织覆盖面和影响力的同时，也有助于俄罗斯打破外交孤立。所以，原本对扩员问题就持有积极态度的俄罗斯在乌克兰危机的影响下，意愿更加强烈。其次，上海合作组织的扩员有助于增加组织的发展活力，扩大和深化各国之间的既有合作。上合组织扩员后，新增加的国家可以为上合组织框架内的合作带来新的活力，不仅能巩固和发展双边合作，也能增加多边合作的组合方式；可以提升观察员国和对话伙伴国的身份地位，发挥各国的潜力，实现充分有效的合作。乌克兰危机的发生使俄罗斯、白俄罗斯等国需要巩固和深化同其他国家的合作，以摆脱遇到的经济困境，上合组织的扩员将为此提供契机。再次，上海合作组织的扩员有助于巩固组织内的既有合作，理顺内部关系。中俄合作已经发展到新的阶段，利用好上合平台，推动上合组织的发展，可以巩固既有合作的成果，增加新的合作内容。乌克兰危机导致中亚各国同俄罗斯关系的负面因素增多，上合组织的扩员可以增加中亚各国同周边大国的合作，减轻中亚国家对过于依赖俄罗斯的疑虑，稳定各国同俄罗斯的关系。因此，乌克兰危机的发生不仅提升了俄罗斯对上合组织的重视，也增加了各国利用上合组织平台深化合作的意愿。

2014 年，有关上合组织扩员的法律文件在经过认真准备和反复讨论的基础上，于杜尚别峰会上提请审议。各国元首们批准了《关于申请国加入上海合作组织义务的备忘录范本》和《给予上海合作组织成员国地位程序》两份重要文件，为上合组织的扩员和进一步发展提供了法律基础。

扩员的重要基础和主要工作之一是提高上合组织与观察员国和对话伙伴国的合作质量。2014 年 4 月，上合组织成员国国家协调员与观察员国外交部代表在北京举行首次会晤，就制定成员国与观察员国代表定期会晤机制达成一致。2014 年元首峰会后发表的杜尚别宣言提出，要强化成员国与观察员国的切实协作机制。此后，各项工作围绕这一目标展开。2015 年 4 月，上海合作组织成员国安全会议秘书第十次会议在莫斯科举行，印度、蒙古国等观察员国也首次派代表出席会议，由此开启了成员国与观察员国之间开展合作的“6 +5”模式，提升了观察员国在“第二路线”平台上参与相关合作的潜力。此次会议上，俄罗斯联邦安全会议秘书帕特鲁舍夫指出，上合组织的扩员将使地区安全更有保障，俄罗斯在此问题上的出发点是“进一步提高组织在国际事务中的威信，加强其作为全面的国际性组织的作用”。[①] 普京指出，“我们的组织日益发展壮大，除当前的成员国以外，12 个国家的伙伴对上海合作组织的工作表现出兴趣”，这些国家希望与上合组织巩固联系，“显而易见，是因为上合组织越来越举足轻重，因为上合组织在解决我们各国和地区所有问题上发挥着越来越重要的作用”。[②]

在经过法律文本准备和深化协作机制的基础上，2015 年 7 月上海合作组织元首峰会在俄罗斯城市乌法召开。与会元首同意启动接收印度和巴基斯坦为上合组织新成员的程序，将白俄罗斯从对话伙伴国提升为观察员国，阿塞拜疆、亚美尼亚、柬埔寨和尼泊尔成为新的对话伙伴国。上合组织自

---

① “俄安全会议秘书：扩员将促进上合组织地区内安全更有保障”，http：//cn. sco-russia. ru/ commentaries/20150414/1013342713. html。

② “普京会见上合组织成员国外长理事会会议与会人员”，2015 年 6 月 3 日，http：//cn. sco-russia. ru/ transcripts/20150603/1013405551. html。

此迈出扩员的重要一步，覆盖范围进一步扩大，影响力继续提升。

（二）上海合作组织深化多领域合作

乌克兰危机造成的紧张局势，使俄罗斯和中亚等国更加重视在上海合作组织框架内的多边合作。中国在推进“丝绸之路经济带”建设的过程中，也非常重视上海合作组织这一地区机制平台的作用。由此，2014 年以来，上海合作组织框架内的多领域合作活跃发展。

1. 上合组织在政治安全领域的合作

上合组织成立十余年来，关注的首要重点一直是维护地区安全，各国团结协作应对跨国威胁和挑战，打击“三股势力”、有组织犯罪、毒品走私等。这一宗旨在 2014 年安全局势变化的背景下继续坚持。2014 年 5 月，在杜尚别举行的“上合组织保障地区安全：问题与前景”国际会议，引起了各方的重视和关注。围绕国际安全援助部队从阿富汗撤军的相关问题，上合组织就阿富汗局势进行了多次商讨，并把阿富汗局势作为影响地区安全的重要因素认真对待。2014 年 8 月，“和平使命—2014”上海合作组织成员国武装力量联合反恐军事演习依照惯例举行，7000 余名军人参加。

乌克兰危机的持续发酵使各国不同程度地受到影响，部分国家对边界稳定存在担忧，上合组织对此做出了及时反应。2014 年 7 月举行的上海合作组织外交部长理事会例行会议上，各国外长达成共识，认为“上合组织的新任务应是致力于将世界和地区进程对上合组织，包括对成员国的不利影响降到最低限度”,① 显示了对乌克兰危机负面影响的关注。2014 年 9 月上合组织峰会后发表的杜尚别宣言中，明确写入了“成员国重申，决心恪守《上海合作组织成员国长期睦邻友好合作条约》，继续在共同关心的领域加强长期睦邻、友好、合作关系，包括使各国之间的边界成为永久和平与友好的边界”的条款。② 2015 年 7 月的乌法峰会上，各国签署了《上合

---

① “塔吉克斯坦共和国外交部长阿斯洛夫在上海合作组织外交部长理事会会议记者招待会上的讲话”，2014 年 7 月 31 日，http：//www. sectsco. org/CN11/show. asp？id = 753。

② “上海合作组织成员国元首杜尚别宣言”，2014 年 9 月 12 日，http：//www. sectsco. org/CN11/show. asp？id = 775。

组织成员国边防合作协定》，加强了相互之间的协作。这些举措安抚了各国因乌克兰危机产生的对边界变动的担忧情绪。在乌克兰局势的发展过程中，上合组织都有明确的立场表达。2014 年元首峰会后发表的杜尚别宣言中明确提出，“支持尽快在乌克兰恢复和平，继续旨在全面解决该国危机的谈判进程”，“欢迎 2014 年 9 月 4 日三方联合小组签订的关于落实乌克兰总统和平计划和俄罗斯总统倡议共同步骤的磋商纪要”。[①] 2015 年 7 月上合峰会后发表的乌法宣言中指出，“成员国主张各方在全面和无条件履行 2015 年 2 月 12 日明斯克协议基础上尽快在乌克兰恢复和平”。[②]

在其他地区安全问题上，各国也保持了高水平的合作。2014 年 5 月，中国、法国、俄罗斯、英国和美国在纽约共同签署了《〈中亚无核武器区条约〉议定书》。上合组织在杜尚别宣言和乌法宣言中都对此给予高度肯定，认为这是落实地区各国倡议的重要里程碑，有助于维护地区安全和巩固全球核不扩散体系。2014 年 12 月在阿斯塔纳举行的上合组织成员国政府首脑会议指出，上合组织的加强符合在联合国中心协调作用下构建公平的、多中心的、体现地缘和文明的多样性世界秩序的目标，强调要共同努力建立全面、公开和不可分割的安全架构。2015 年 6 月，在圣彼得堡召开的上合组织成员国国防部长会议上，各国签署了《上合组织成员国国防部 2016 年至 2017 年合作计划》，加强了在国防安全领域的合作。

2. 上合组织在金融经贸领域中的合作

经济合作一直是保障上合组织地区经济发展和社会稳定的重要内容。加强金融和经贸领域中的合作，促进组织内各国的经济发展，是 2014 年的重要工作之一。2014 年 6 月，上海合作组织论坛第九次会议在吉尔吉斯斯坦首都比什凯克举行。论坛以“上合组织区域经济发展面临的现代挑战”为主题，着重讨论了上合组织国家开展区域经济合作的相关问题。作为非官方的多边专家咨询机制，上合组织论坛为上合组织活动提供学术支持。7 月，上合组织成员国首次地方合作圆桌会议在中国黑龙江省召开，落实各国地方政府之间的合作。此外，上合组织成员国实业界和金融界、上合组

① “上海合作组织成员国元首杜尚别宣言”，2014 年 9 月 12 日，http://www.sectsco.org/CN11/show.asp?id=775。

② “上海合作组织成员国元首乌法宣言（全文）”，2015 年 7 月 11 日，http://news.xinhuanet.com/2015—07/11/c_1115889128.htm。

织实业家委员会和银联体等相关机构也开展了相互协作。乌克兰危机和经济制裁导致卢布汇率大幅下跌，给上合组织各国带来消极影响。为应对危机，2014 年 12 月召开的上合组织政府首脑会议上，各方表示将继续合作以建立上合组织开发银行和上合组织专门账户。

创新会议模式成为加强经济合作的一项重要内容。2015 年，在圣彼得堡国际经济论坛框架内举办了"上海合作组织日"，从而使阿斯塔纳经济论坛、哈尔滨国际经济贸易洽谈会、乌鲁木齐欧亚博览会以及成员国其他工商论坛相互联系，共同挖掘会议潜力。2015 年的上合组织经贸部长会议也采取了新模式，9 月底在中国西安除召开成员国部长级会议外，还邀请了观察员国和对话伙伴国部长们来参加。这是上合组织首次启用这种模式，即邀请"上合组织大家庭"14 个国家的部长。

3. 上合组织在人文科技领域的合作

发展上合组织框架内的多边和双边文化关系，开展文化交流，增进各国人民之间的相互了解，是上合组织在人文领域开展合作的重要目标。2014 年 8 月，第二届上海合作组织"青年创业和跨境合作论坛"在俄罗斯举办。10 月，上合组织国家青年创新论坛举行。上海合作组织青年委员会还推出了创建上合组织青年卡（SCO Youth Card）的倡议。青年卡将成为加入上合组织大学的高校学生、博士生和教师们的国际身份证明，有助于加强上合组织国家之间的相互联系。①

乌克兰危机引发的经济制裁，使俄罗斯等国民众在欧洲的旅游受到限制。上合组织在不断推进人文合作的同时，也针对这些新问题拓展了新的合作领域。2015 年 3 月，首次上合组织成员国旅游部门领导人会议召开，讨论进行深层次旅游合作的相关问题。

4. 上合组织与其他国际和地区组织的合作

作为一个地区性国际组织，上合组织需要通过与其他地区性和全球性国际组织开展合作，以提高本组织的世界影响。因此，上合组织活动的重要方向之一，是巩固和发展与其签署了合作文件的国际组织之间的伙伴关系。这其中包括联合国、东盟、欧亚经济共同体、经济合作组织、集体安全条约组织和独联体等。2014 年 5 月，在亚洲相互协作与信任措施会议第

---

① "上合组织成员国青年卡有助于扩大本组织国家间联系"，http://cn.sco-russia.ru/commentaries/20150323/1013315884.html。

四次峰会正式活动框架内，亚信会议与上合组织签署《上合组织秘书处与亚信秘书处谅解备忘录》，成为第九个与上合组织建立正式合作关系的国际组织。备忘录的签署有助于双方在保障地区安全稳定，打击恐怖主义、非法贩运毒品以及应对新威胁新挑战等领域开展建设性合作。2014 年秋，第 69 届联合国大会通过关于加强上海合作组织与联合国合作的新决议，实现了各国通过上合组织这一平台与联合国等世界性组织加强合作的愿望。

（三）俄罗斯在上海合作组织发展中的作用

上海合作组织启动扩员进程，以及在多领域合作的深化发展，与俄罗斯的积极推动密不可分。可以说，乌克兰危机对上海合作组织的影响，在很大程度上是通过这样的逻辑链条传导的：乌克兰危机全面影响俄罗斯的内政外交，使俄罗斯陷入困境；为了谋求外交突破和摆脱困境，俄罗斯借助上海合作组织的平台，加强上合组织的内部合作，推动上合组织向前发展。因此，俄罗斯是乌克兰危机影响上海合作组织发展的重要环节。

2013—2014 年，上海合作组织由塔吉克斯坦担任轮值主席国，确定的主题为“合作、共同发展、共同繁荣”。上合组织机制平台上的合作在这一主题的指导下不断向前推进，而乌克兰危机的发展也促使新的轮值主席国强化了部分领域的合作。2014 年 9 月，俄罗斯接替塔吉克斯坦成为上合组织轮值主席国后，将本国推动上合组织发展的优先任务确定为：制定并通过《上海合作组织至 2025 年发展战略》；加强政治团结，扩大相互协作，制定对待迫切国际问题的共同立场，扩大与主要多边组织的务实协作；扩大上海合作组织框架内的伙伴关系，创造条件扩大上海合作组织；加强上海合作组织作为对话平台的作用，就地区安全、打击“三股势力”和贩毒问题等进行对话与合作；成立对抗安全威胁中心，第一步是赋予地区反恐怖机构缉毒职能；加强经济和文化联系。① 对照这一目标与上两个部分讨论的上合组织的发展进程可以看到，上合组织的扩员和深化合作与俄罗斯的积极推动密切相关。俄罗斯利用轮值主席的身份优势，在多个领域开展多项活动。2014—2015 年间，在俄罗斯的推动下，上合组织成功举办了

---

① 上海合作组织 2014—2015 年俄罗斯轮值主席国官方网站，http：//sco-russia. ru/。

约80项各类活动，促进了组织的全面发展。2014年12月，主题为“俄罗斯在上合组织发展中的作用”的系列圆桌会议在莫斯科召开，总结和强调了俄罗斯在上合组织中的突出作用和贡献。俄方还积极提出发展倡议，2015年6月在圣彼得堡召开的上合组织成员国国防部长会议通过了俄方提出的成立军事顾问机构的倡议。

五、结　语

在过去近两年的时间里，乌克兰危机的发生和发展给欧亚地区的各国带来不同程度的影响，俄罗斯首当其冲。各国也调整了内外政策，以应对危机的负面影响。上海合作组织的内部关系和组织发展，也受危机影响而出现了新的变化趋势。从某种意义上可以说，乌克兰危机推动了上合组织的发展。

2015年2月新明斯克协议的签署稳定了乌克兰的局势，给该国和整个地区带来了和平的曙光。美国国务卿克里也在5月访问了俄罗斯，显示了俄美欧之间寻求关系缓和的态度和迹象。但乌克兰东部地区零星存在的武装冲突以及俄乌关系僵局的持续，都显示出乌克兰问题长期化的趋势。受到影响最大的俄罗斯将更加倚重上合组织以及同中国、印度等大国的合作，并加强同周边的中亚国家和白俄罗斯等国的合作，这对上合组织的发展而言具有一定的积极作用。但可能的武装冲突升级前景和局势动荡的不稳定因素，又使上合组织面临着一定的风险。因此，上合组织必须在维持地区安全方面做出更多的努力，这也是对组织未来工作的挑战和考验。

图书在版编目（CIP）数据

上海合作组织发展报告．2015/刘军主编．—北京：时事出版社，2016.6

ISBN 978-7-80232-986-7

Ⅰ.①上… Ⅱ.①刘… Ⅲ.①上海合作组织—研究报告—2015 Ⅳ.①D814.1②F114.46

中国版本图书馆 CIP 数据核字（2016）第 069971 号

出版发行：时事出版社
地　　址：北京市海淀区万寿寺甲 2 号
邮　　编：100081
发行热线：（010）88547590　88547591
读者服务部：（010）88547595
传　　真：（010）88547592
电子邮箱：shishichubanshe@ sina. com
网　　址：www. shishishe. com
印　　刷：北京市昌平百善印刷厂

开本：787×1092　1/16　印张：22.5　字数：360 千字
2016 年 6 月第 1 版　2016 年 6 月第 1 次印刷
定价：98.00 元
（如有印装质量问题，请与本社发行部联系调换）